田中正造と松下竜一

人間の低みに生きる

新木安利

海鳥社

田中正造（大正元年10月。佐野市郷土博物館所蔵）

明治43年８月，大洪水の直後の正造
（藤岡町〈現・栃木市〉河内屋にて。
佐野市郷土博物館所蔵）

『草の根通信』の発送作業をする松下竜一さん（1997年11月５日）

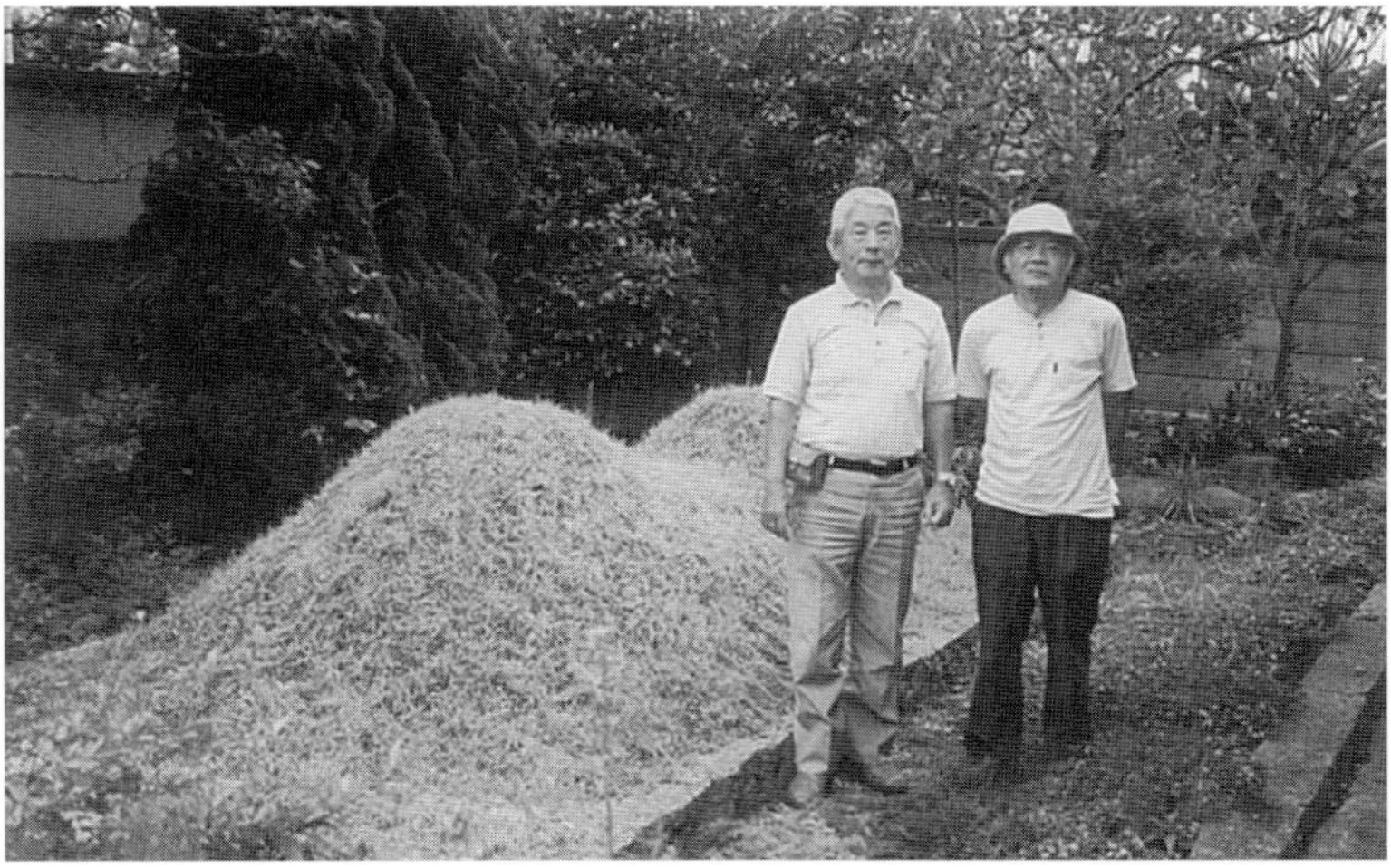
松下竜一さん(右)と梶原得三郎さん。筆者宅の樸山の前にて（2001年９月，著者撮影）

田中正造と松下竜一◉目次

田中正造と松下竜一

人間の低みに生きる

松下竜一の文学と社会化

松下竜一さんは一九三七年二月に中津で生まれ、幼い頃に肺炎になり高熱を発し、右目を失明、この時発症したと思われる肺嚢胞《のうほう》症のため、病弱な体でした。小学校の頃、みんなにいじめられ、泣いて帰った松下さんに、母光枝さんは「そんなに泣くと、目のお星様が流れ出てしまうよ。そうしたら、竜一ちゃんのやさしさも心から消えるのだよ」と言い、決して強い子になれとは言わなかった。ただやさしかれ、やさしかれと語りかけた（「瞳の星」『豆腐屋の四季』）。松下さんの人生の縮図を見る思いである。

中津北高を、肺結核の診断で（これは誤診だった。七七年に正しい診断〈多発性肺嚢胞症〉がつく）一年休学し、五六年、四年かかって卒業した。五月、母光枝さんの急逝により、進学をあきらめ、家業の豆腐屋を継いだ。

松下さんの一九五八年二月から六〇年一月まで（二一歳から二三歳まで）の「若き日の日記」である『あぶらげと恋文』（径書房、一九八八）は、豆腐屋の日常と福止英人さん（「絵本」の主人公）との交友と、読書と、映画ばかり見ていた青春の記であり、さながら日記が友達といった感がある。福止さんが結核で亡くなった（六〇年一月七日）後は、自分のつまらぬ日々を記録することにあきてしまった、と言って、日々の新聞記事から内外の動きを克明に書き抜いていくことになる、と記している。六〇年安保の前夜であった。社会的な関心は一〇年前から萌《きざ》していたのである。

そんな中で、松下さんは短歌に目覚めた。豆腐を配達していく小祝の三原商店の人にすすめられ、指を折りながら作った最初の短歌、「泥のごとできそこないし豆腐投げ怒れる夜のまだ明けざらん」を朝日歌壇に投稿すると、一九六二年一二月一六日、いきなり入選した。第一の啐啄同時《そつたくどうじ》である。親鳥が卵を殻の外から啄き、同時に生まれ出たいと思っている雛が殻の中から啐く。言い換えれば、表現したいと思っている松下さんの意志が、絶妙のタイミングで引き出されたのである。松下さんの文学が社会化されたのである。松下さんは投稿を続け、入選を続け、朝日歌壇の常連となっていく(五年一〇カ月で延べ二〇九首入選)。また『毎日新聞』大分県版「毎日サロン」に、「瞳の星」などエッセイを連載する。

それら短歌とエッセイをあわせ、六八年一二月に『豆腐屋の四季』を自費出版する。『豆腐屋の四季』には松下さんの全てが発芽していると言える。『豆腐屋の四季』は、三原商店の娘洋子さんへの相聞歌、六六年の結婚、家族のことを題材に、豆腐造りの労《いたずき》といのちき、生活の中の小さな詩を書きとめた短いエッセイという内容であり、松下さんのエッセイのスタイルはほぼ完成していた。ギッシングの『ヘンリー・ライクロフトの私記』の影響があり、「私記」を「四季」と言い換えたのだと思われる。中でも時事詠は社会化の始点でもある。

『豆腐屋の四季』は六九年に講談社から出版されると、緒形拳さん主演でテレビドラマ化され、「テレビ〝豆腐屋の四季〟を見ましょう!」という広告のチラシが、『朝日』、『毎日』、『西日本』、『大分合同新聞』各紙に折り込まれ、松下さんは町中で「模範青年」と持て囃された。しかし松下さんはそれに違和感を覚え脱皮をはかる。

一九七〇年七月九日に、松下さん（三三歳）は豆腐屋を廃業する。第二の啐啄同時である。もちろん突然やめたわけではなく、一週間前から得意先に廃業を伝えていた。九日の朝、松下さんはどうしていいただろう。今朝はもう起きないぞ、と頑張っていいただろうか。そしてやめた後、ふつふつと後悔が湧き起こって来るのだった。

豆腐屋をやめた理由はいくつかある。『NHKラジオ談話室　ビンボー暮らしのすすめ』（一九九七年二月二四～二八日）で松下さん自身が語っていることを参考にして言えば、まず、体力の限界がある。身体が弱く、腰痛で寝込んでしまう。そうなると全てお父さん（六四歳）に負担が行ってしまう。しかも豆腐業界が機械による大量生産の時代に入り、どうもなじめなかった。身体は弱いけれど、身体を使ってものをつくることが労働（いたずき）であり、いのちきだと考えていた。

第二に『豆腐屋の四季』という、自分の生活を書いた本に対する反響に追いつめられていた。さまざまな手紙やミニコミが届いていた。それらへの返事のつもりで『吾子の四季――父のうた・夫のうた』（七〇年二月）、『歓びの四季――愛ある日々』（七一年三月）を書いた。とりわけ「あなたを見込んでお願いするんだけれど、仁保《にほ》事件という冤罪事件が起きている。一緒に救援活動してもらえないか」という手紙が、宇部市の向井武子さんから届いていた（これが啄。向井さんは『汝を子に迎えん――人を殺めし汝なれど』河出書房新社〈一九九七〉の主人公である）。

第三に、自分の二〇代を振り返ると、家庭と豆腐を配達する小祝という小さな世界で生きてきたが、遅まきながら自由に主体的に生きたいと思った（これが啐）。それには作家という自由な立場が必要だった。それは同時に「歌の別れ」でもあった。

松下さんには元々作家になりたいという夢があった。お母さんの葬儀の席で、「作家になる」と誓っていた。豆腐屋をやめて作家宣言する以前から、松下さんは小倉で発行されていた『九州人』の同人となり、六八年九月号に、『相聞』への反響を綴った「小さな歌集」（『豆腐屋の四季』に収録）などを発表していた。テレビドラマで放映されると、同じく同人だった恒遠俊輔《つねとおとしすけ》さん（後に豊前火力反対運動を共に闘うことになる）が訪ねてきて、「緒形拳さんにそっくりですね」「あげ逞《たくま》しねえちゃ」と語り合った。豆腐屋をやめた後、『九州人』七一年九月号に「絵本を切る日々」など五編（「絵本」は含まない）を発表している。

この時期に書いたものは『人魚通信』（七一年八月）、『絵本切る日々』（七二年一二月）にまとめられている（この二冊からセレクトされて『潮風の町』が、七八年五月に筑摩書房から刊行される）。「作家宣言したけれど実際には何も書けやしなかった」と松下さんは言うけれど、珠玉の短編「絵本」は『絵本切る日々』の中に収録されている。そして「絵本」は八一年四月から『新しい国語　三』（東京書籍）の教科書に二〇〇一年三月までの二〇年間（！）掲載され、若い世代にも読まれている。他にも（！）「潮風の町」が『中学国語　二』（教育出版）、「鉛筆人形」が『標準国語　二』（尚学図書）の教科書に掲載されている。やるべきことはやっていたのである。

第四に時代背景としても、学生運動、沖縄返還、ベトナム反戦、反公害闘争が激しくなる時期でもあった（これも啄）。安保粉砕闘争にもかかわらず、日米安保条約が自動延長になるのが七〇年六月二三日である。松下さんは静か過ぎる中津の自宅で、社会の動きから取り残されたように「中国に木を植える会」の会報を読みながら歯痒く思っていた。

松下さんは「公害問題とか環境問題とかそう考えたことはなかった」と言うけれど、六月二九日、宇井純東大助手や石牟礼道子さんや俳優の砂田明さんらが東大工学部の教室で「東京・水俣病を告発する会」を結成し、宇井さんが「地獄の底までつき合えるか」と言ったことを『朝日新聞』で知り衝撃を受けていた（これも啄）。『豆腐屋の四季』の巻末に石牟礼さんの『苦海浄土』の広告が出ており、編集者から贈られて読んでいたが、衝撃を受けたにも関わらず、実際には何も行動しなかった。できなかった。そこに、七月三日、砂田明さんが東京から水俣まで巡礼の旅に出たことを知り、そのことが松下さんに転身をせまる衝撃となっていた。「人は他人の痛みをどこまで分け合うことができるか」（『歓びの四季』）というテーマがせり上がって来ていた（これも啐）。この呼応によって社会的な眼は開かれて行くことになる。社会情勢と文学志向、言い換えれば啐と啄が同時にあったのである。松下さんにはもともと社会的な関心があり、受難する資質だったのである。松下さんの文学の社会化である。

当面の課題は仁保事件の冤罪を晴らす運動だった。宇部市の牧師夫人向井武子さんから、金重剛二著『タスケテクダサイ——仁保事件と岡部さん』（理論社、七〇年）と手紙が届いていた（これが直接的な啄）。仁保事件は最高裁判決が七〇年七月三一日に迫っていた。九日に豆腐屋をやめた松下さんはオロオロと署名・カンパを集めてまわり（二万円のところを二〇万円集め）、『朝日新聞』の声欄（七月一七日付、等）に投書するという形で運動を開始する。向井さん、金重さん、多田牧師、恒遠俊輔さん、森田稔さんらと語らって、中津教会で集会を開く。最高裁は「広島高裁に差戻し」判決を出した。その後も大分、佐世保、山口などの集会に参加した。

そして七一年一一月、作家宣言して一年半、西日本新聞社からの原稿注文で、大分新産業都市の公害問題を取材して「落日の海」を一五回連載する。この取材の中で自分の足元の問題、周防灘総合開発計画——豊前火力発電所建設問題と出会う。七二年五月一六日、広島高裁で仁保事件差戻し審を傍聴したあと、広島大学で石丸紀興さんに会い、周防灘開発問題研究集会の相談をするという連鎖的展開になる。仁保事件は七二年一二月一四日、無罪判決を勝ち取る（「かもめ来るころ」『熊本日日新聞』一一月一四日〜一二月一八日まで三〇回連載）。

確かに、作家宣言し、幼児二人をかかえ、無職のような生活に不安は計り知れなかったが、松下さんはそこを一歩踏み出し、私小説的ずいひつとノンフィクションと児童文学という三本柱で進むべき方向を定めていく。「このときほど純粋な生き方をした時期もないように思う」と自ら振り返っている（『潮風の町』講談社文庫版「あとがき」）。

周防灘総合開発計画は、山口県・福岡県・大分県の周防灘の遠浅の海岸を、沖合一〇キロ、水深一〇メートルまで埋め尽くし巨大なコンビナートを造るという誇大妄想ともいうべき巨大な計画である（一八頁の地図参照）。これによって自身が歌い上げた山国川河口の風景が押しつぶされそうになった時、そのエネルギー基地である豊前火力発電所建設に反対して、松下さんは立ち上がった。「誰かの健康を害してしか成り立たぬような文化生活であるのならば、その文化生活をこそ問い直さねばならぬ」という「暗闇の思想」（『朝日新聞』七二年一二月一六日）と環境権を掲げ、梶原得三郎さん、恒遠俊輔さんら「荒野の七人の侍」と共に「ランソの兵」となって豊前環境権裁判を闘った。そっと生きたいと思っていた、内気で病弱な松下さんには似つかわしくないことだったが、自由に生きたいという内発的志望（啐）と、看過できない社会の問題という外発的要因（啄）が同時にあったのである。「人は他人の痛みをどこまで分け合うことができるか」という受難のテーマを自身に問うていた。

『草の根通信』を毎月発行し、「しろうと」だからと言って裁判長の許可を得て裁判を録音し、これをおこして通信に載せるなど、運動を逐一記録して行きながら、他方で「ずいひつ」を連載した。「松下センセ」という三人称の登場で、『豆腐屋の四季』三部作の一人称語りとは一味違う、ユーモアと滋味《じみ》と稚気と粗忽《そこつ》味が味わい深い文体となっている。七八年には「カンキョウケン確立」を書いている。長男がケンイチ、次男がカン、三人目の子をキョウコと名付け、「カンキョウケン確立」とした。同時に下筌《しもうけ》ダム反対闘争を取材して、『砦に拠る』（一九七七）を書いた。松下さんは「ランソの兵」の先達室原知幸の未来志向と勁さを学び継承しようとしたのである。

松下さんの言いたいことを僕なりに敷衍《ふえん》すれば、人間を含めて生き物は（地球も）開放定常系であり、身土不二なのだから、「清き空気、深き緑、美しき海」を、すなわち空気と土と水を、つまり環境を、硫酸銅や水銀やＮＯx、ＳＯx、ＣＯxや放射能などで汚してはならないという（単純な）ことである。ふつう歌人は自然が大好きで花鳥風月を詠い、あまり社会問題に関わろうとしないが、松下さんは「この自然破壊を見過ごせば自分の書いてきた歌も文章も嘘になってしまう」と言い、一歩踏み出し（社会化し）、突き抜けて生きた。本人は運動などに向いてなく、「本質は叙情詩人なのだ」と言っていたが。

町の繁栄を望む人たちからは〈民衆の敵〉と呼ばれ批判されることになった。しかしイプセンの『民衆の敵』（一八八二）は「虚偽の上の繁栄」を許容できないストックマン医師を主人公にした戯曲で、〈民衆の敵〉というのは先駆者という意味になる。ストックマン医師の言う「虚偽の繁栄」とは、松下さんの「暗闇の思想」が言う「誰かの健康を害して成り立つ文化生活」と同じ趣旨であり、問われているのは、人間がともに——共に、伴に、友に、朋に、倫に——生きる社会倫理である。

ストックマン医師の意志を引き継いだ松下さんの反骨の生き方は、受難の生き方でもあった。七〇年安保、沖縄返還、ベトナム反戦、四大公害裁判（中小の公害は数知れずあった）などの社会問題がうねっている時代であった。松下さんは環境権、反戦、反核、反原発、冤罪を晴らす運動、死刑廃止、人権を守る運動などに関わり続けた。局面負けても〇＋〇＋〇……が、いつか五になり六になることを信じていた。それは松下さんの生き方、敢えて言えば「松下竜一の文学」であったと思われる。もっとも、松下さんは、それが文学であるかどうかなんてどうでもいいことで、「そもそも自分には文学とは何ぞやということが分からないのだもの」と言っていて（実は僕にもよく分からないのだけれど）、その辺が一層文学（的）なのである。念のために言えば、それは文学学ではなくて、文学なのである。

二〇〇四年六月一七日、多発性肺嚢胞症に起因する肺の出血性ショックにより、中津で、六七歳で亡くなった。生涯に（没後も含めて）五〇冊の本を出版した（全集、共著、文庫、小冊子などは除く)。『松下竜一 その仕事』全三〇巻（河出書房新社）と『松下竜一未刊行著作集』全五巻（海鳥社）という全集もある。

しかし、松下竜一は生きている。特に二〇一一年三月一一日からの福島福島福島福島原発事故後、松下さんの、「一体、物をそげえ造っちから、どげえすんのんか」、「誰かの健康を害してしか成り立たぬような文化生活であるのならば、その文化生活をこそ問い直さねばならぬ」という「暗闇の思想」が注目を集めた。新聞では古城博隆「『暗闇の思想』原発を問う」（『朝日新聞』二〇一一年一〇月二九日）、内門博「暗闇の思想 松下竜一とその時代 1〜5」（『西日本新聞』二〇一二年三月一九〜二八日）、書籍では『暗闇に耐える思想――松下竜一講演録』（花乱社、二〇一二）、『暗闇の思想を／明神の小さな海岸にて』（影書房、二〇一二）、小出裕章・松下共著『今こそ〈暗闇の思想〉を――原発という絶望、松下竜一という希望』（一葉社、二〇一三）などが刊行された。また小出裕章さんは『100年後の人々へ』（集英社新書、二〇一四）の中で、「松下竜一さんの『暗闇の思想』に学ぶ」という章を設けて評価している。「暗闇の思想」は経済よりも社会を大事にし、社会の共生の倫理を築こうとするものである。

松下さんは豊前地方に住む人なら誰でも知っている「いのちき」ということを実践した人だと思う。清貧の思想と言うより、清貧の現実を、主張を枉《ま》げず、同調圧力に屈せず、人間の低みを生きぬいた人である。現代のヴァニティーフェア（虚栄の市・虚偽の繁栄）を逆照射する灯台のようである。

それは言い換えれば「暗闇の思想」であり、「いのちきの思想」であり、「ビンボーの思想」であり、老子以来の「知足の思想」であり、龍安寺の蹲《つくばい》が「吾唯足知《われただたるをしる》」と銭形で言ったところでもある。花崎皋平《こうへい》さんはサブシステンスと言っている。近頃はミニマリズムと言うそうだし、二〇一六年四月、ウルグアイから「世界で一番貧しい大統領」ホセ・ムヒカ前大統領がやって来て、質素に生きる尊さを説いていた。この思想は古くからあるもので、「暗闇の思想」は一つの中継点である。

僕には、人間の凄まじい欲望と飽くなき経済成長・繁栄志向を見ていると、人間は地球にとってガン細胞（一句）、と思えてくる。持てば持つほど欲しくなる、食えば食うほど腹が減る、仏教ではこういうのを餓鬼と呼ぶ。自然と倫理は背反することも多い。こんなヴァニティーフェアが何時まで続くのか知らないが、物事には春夏秋冬があると僕は思っているし（今は冬。春はまた来るにしてもそれは小さな春だろう）、「盛者必衰」という言葉も思い出される。

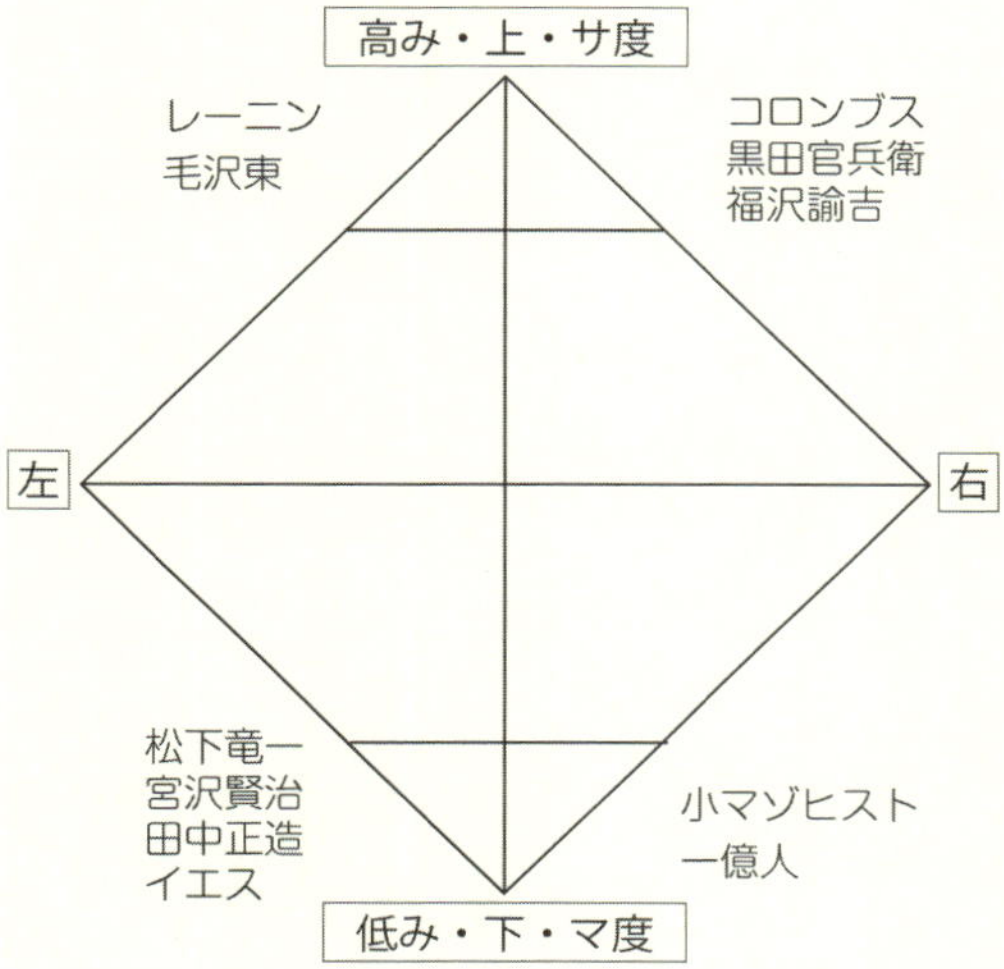

思うに、人間をいくつかのタイプに分け、座標軸の上に置いた時、右の下に小マゾヒストとして一億人ぐらいの人がいる。「民衆」（＝被支配者。「民」とは片目を潰された奴隷という意味）と呼ん

サディスト	マゾヒスト	ペシミスト
気が強い　明るい 逞しい	気が弱い　芯が勁い	気が弱い　暗い
自然　健康（病的なまでに） 肯定	統合失調症親和型	うつ病親和型
意味はないけど 楽しければいい	苦しいけれど 意味がある	苦楽ともに 意味はない
……だからやる	……なのにやる	……だからやらない
虚無　欲望自然主義 弱肉強食	情熱＝パシヨン ＝受難	虚無　否定
現実追従的　上昇志向 権力	理想　未来　希望	絶望　幻滅 四苦八苦
自分の神の共同化 建国神話	ユートピア　宙吊り	無い方がまだまし
されば　なぜと問わない 現実肯定	されど　屈折	さらば　もうだめ
今ここが祭り no-w-here	まだ　いつか 別の祭り	祭りは終った
今ここに所を得ている	今ここを革命する	ここは地獄だ
大人	子供　少年　青年	老人
逆どれい（権力）－どれい	志願どれい 自己犠牲	逃亡どれい
コロンブス　福沢諭吉 小マゾヒスト　１億人	宮沢賢治　松下竜一	中原中也　埴谷雄高
道教　ニーチェ	菩薩　イエス	釈迦

でもかまわない。右の上（高み）には支配者・権力者としてサディストがいて、飴とムチを駆使する。右の下と右の上とは、一つの階段の両端である。右の下の小マゾヒストは、どれい－逆どれいという同じレールの上のサディスチック・サバイバルである。どれい－逆どれいという同じレールの上のサディスチック・サバイバルである。

でもかまわない。右の上（高み）には支配者・権力者としてサディストがいて、飴とムチを駆使する。右の下と右の上とは、一つの階段の両端である。右の下の小マゾヒストは、どれい－逆どれいという同じレールの上のサディスチック・サバイバルである。多少の不遇・苦難は我慢し、明るく、逞しく、刻苦勉励、右の上（高み）を目指して立身出世の競争社会を生きぬこうとする。自分も（小さな）支配者になれるという小市民（プチブル）的劣等感／優越感意識を持ち、そのエネルギーは欲望自然主義で、現世利益で、事大主義で現実追従的上昇志向である。寄らば大樹の陰、長い物には巻かれよ（巻いてくれ）という感じで、時流に乗るリアリストで、同調圧力に流され、甘い水の方に流れ、追従し、雷同する（面従腹背の人もいる）。大抵、パンとサーカスがあれば変なことはしない。善男善女と言ってもいい人たちなのだが、場合によっては、草の根ファシズムの本体となる。権力とお金（政治・経済）に弱く（あるいは強く）、権力者は財界人に擦り寄り、財界人は権力者に取り入り、互いに釣られやすい。上から見れば、（飴とムチで）釣りやすい。逆兵糧攻めと言ってもいい。Ａ（アクセル）タイプで、右の上まで行った典型的な人を上げれば、コロンブス、ナポレオン、黒田官兵衛、福沢諭吉、古河市兵衛といったサディストである。

これとは別に、左の下（低み）に位置している人がいる。倫理的で、「民衆」の「虚偽の繁栄」にブレーキをかけ（Ｂタイプ）、低みに身を置き、権力に抵抗し、企業城下町の同調圧力にも屈せず、高みを目指さない。〈民衆の敵〉と呼ばれながらも、局面負けても主張を枉げず、未来に望みを託し、やがて時代が進み、状況が改革されれば、実は先駆者だったことが分かる。抵抗こそが歴史を切り開くと考える志願どれい。典型的な人を上げると、イエス、田中正造、宮沢賢治といったところである。勁き草の根を自任した松下さんもここにいる。社会の問題に受難（＝パシヨン＝情熱）し、その解決・革命（文字通り）を目指して力を尽す。僕はこのタイプを正しいマゾヒストと呼んでいる（花崎皋平さんによると、「低み」という言葉は、滝沢克己さんが用いた言葉だそうで、石牟礼道子さんも使っているということである）。（ちなみに僕はペシミスト。熱力学の法則が弱肉強食という形で現象する。ここはこわい所だと思っているから）

同じことかもしれないが、もう一つのタイプ分けをやってみる。人間には二種類あると言う人がいるが、三種類あると言う人もいる。『論語 陽貨第一七』に「上知と下愚とは移らず」という言葉がある。孔子がどんな統計をとったか知らないけれど、次のように分布する（三段階評価と五段階評価に相当する）。

①言わなくても分かる人。これが二〇％で、五％と一五％に分かれる。（昔の通信簿の五と四）

②言えば分かる人。これが六〇％。（同じく、三）

③言っても分からない人。これが二〇％で、一五％と五％に分かれる。（同じく、二と一）

このうち①が上知で、③が下愚でしょう。ただし、これはテーマ毎に分布する。例えば、僕にマラソン（どころか一〇〇〇メートル）を走れと言われても、絶対走れない（C型肝炎だから）。下の五％に決まっている。けれど読書は好きなので上の二〇％に入れるかなと思う。逆にマラソンが速い人に読書は簡単ではないかもしれない。また原発推進派にとって反原発派はいくら言っても政治・経済が分からないヤツラだろうし、反原発派も推進派を、原発は禍根を残すといくら言っても分からない連中と思っているだろう。立場が変われば認識も変わる。

問題は②の「言えば分かる」六〇％の民衆である。どちらにもなれる。教育、訓練、勧誘、利益誘導、懐柔、説得、拷問、洗脳、弾圧、マインドコントロールなどは、この（大勢順応で同調圧力に弱く、日和見な）層に向けて行われる。これは馬だと言って鹿を連れてくる者がいる。これが平和だと言って戦争を齎《もたら》す者がいる。権力、金力、景気のいい話、甘言、雄弁、説得、拷問などを弄すれば、目の前につるされた人参やトリ（ッ）クルダウンや黍団子を見て、「一つ下さい、お供します」と言って寄ってくる。アベノミ（ク）スはアベのミス。未来の侵略であり、トリックルダウンはやってこない。一番上のグラスが、バケツかドラム缶くらいでかいのだから。

うき世かなパンとサーカス飴とムチ（一句）

松下さんの、人間の低みを生きた不屈のいのちき（命／生活／人生）は、近・現代のヴァニティーフェアの対極にあって、道標のように、灯台のようにキラリと輝いている。さらに生き続けるためには継続と継承が重要である。継承の形は様々でしょうが、竜一忌が出会いと継承と展開の契機になればいいいと思います。

清き空気を、深き緑を、美しき海を

一、公害を考える千人実行委員会（『草の根通信』一九七二年九月一号〜一一月三号）

一九六九年五月三〇日、政府は新全国総合開発計画を決定、周防灘総合開発計画もその一環であった。それは山口県、福岡県、大分県の遠浅の周防灘を、水深一〇メートル、沖合一〇キロまで埋め立て、そこに巨大コンビナートを建設するというものであった（次頁の地図参照）。
鉄鋼年産二〇〇〇万トン（当時世界最大の日本鋼管福山工場が年産一二〇〇万トン）
石油精製一五〇万バレル（大分の九州石油が一〇万バレル）
石油化学工業四〇〇万トン（全国のエチレン工場生産能力が四八一万トン）
火力発電一〇〇〇万キロワット（大分の火力発電所が五〇万キロワット）
さらにアルミ工場も計画されている、という誇大妄想としか言いようのない途轍もない計画だった。

七一年一〇月二日、豊前市議会はなぜか夜中に全員協議会を開き、唐突に豊前火力発電所誘致を

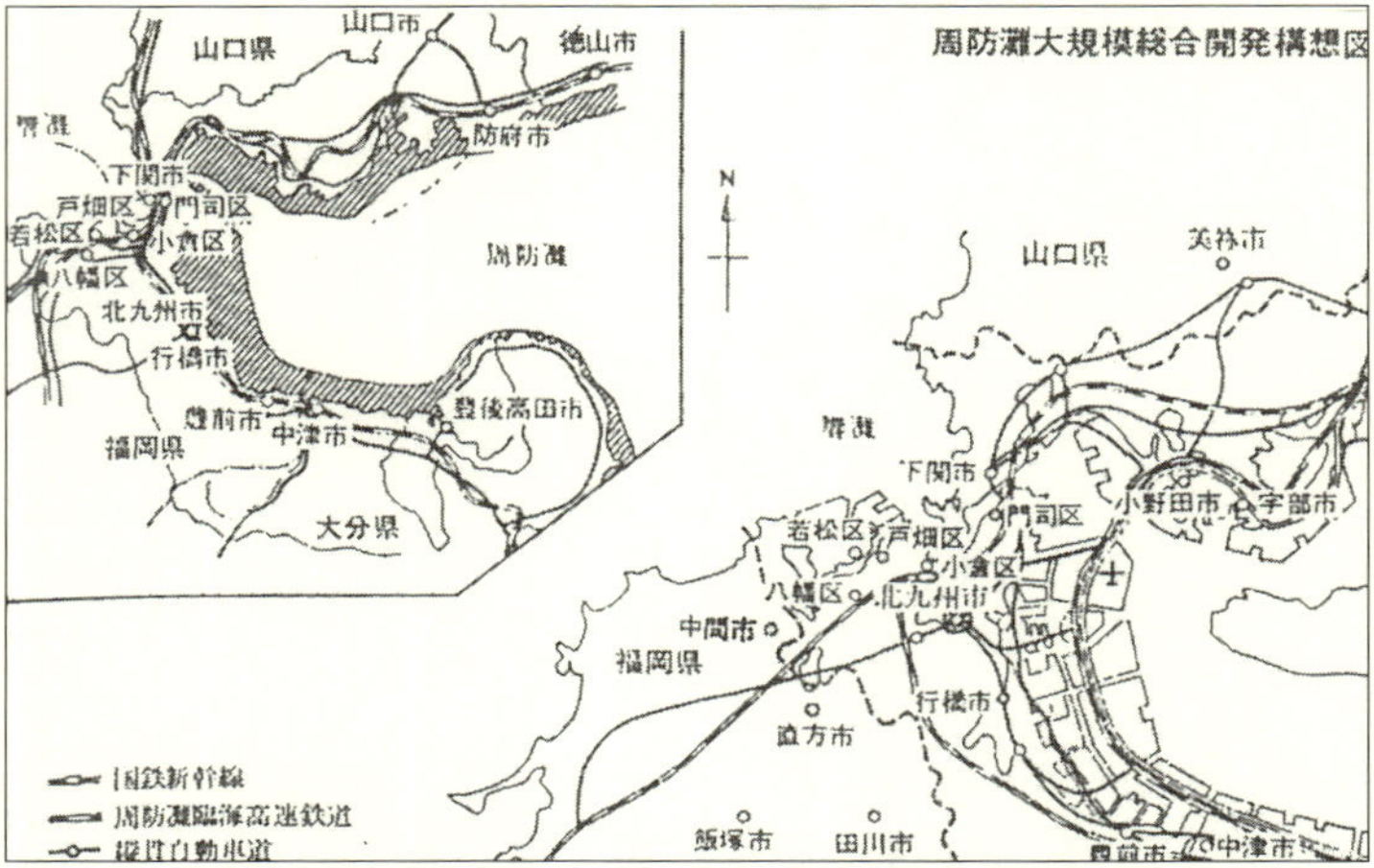

■図１　周防灘大規模総合開発構想図
（梶原得三郎『さかなやの四季』海鳥社）

■図２　発電所建設予定地
（梶原得三郎『さかなやの四季』海鳥社）

決議した。水面下の工作があったことは確実である。そしてそのシナリオ通り、一〇月一五日、九州電力は豊前市に、老朽化し、休止していた築上火力（石炭専焼）を廃し、豊前市八屋明神地先三九万平方メートルを埋立て、豊前火力発電所の建設を申し入れた。規模は五〇万キロワット二基、七五万キロワット二機。燃料は重油または原油。年間使用量は一機で七〇万キロリットル。建設費は、用地造成費、漁業補償費を含めて、一号機分だけで約二四〇億円（『西日本新聞』七一年一〇月一六日）というものである。これは周防灘総合開発のエネルギー基地として位置づけられるものであった（後に五〇万キロワット二機に変更。埋め立て面積は同じ）。

一九六八年、松下竜一さんは北九州で発行開始された『九州人』の同人となり、「小さな歌集」などの文章を発表していた（『九州人』六八年四月八号。『豆腐屋の四季』に収録）が、恒遠俊輔さんも同誌の同人だったので互いの名前を知っていた。六八年一二月に『豆腐屋の四季』を自費出版、翌六九年四月に講談社から公刊されると、七月から緒形拳さん主演でテレビドラマになり、松下さんは中津では孝行息子、模範青年として評判が上がった。松下さんを訪ねた恒遠さんが「緒形拳さんにそっくりですね」と言うと、寡黙な松下さんは「あげ混しねえちゃ」とはにかみながら答えた。この二人の交友が豊前火力反対運動以前に始まっていたことの意味は計り知れないほど大きい。

七〇年七月九日、松下さんは豆腐屋をやめ、多田牧師や恒遠さんと仁保事件の冤罪をはらす運動にとりくんでいた。七一年一一月から『西日本新聞』に、大分新産業都市の公害問題を扱った「落日の海」を一五回連載している。大分で取材をしている最中に、周防灘総合開発計画——豊前火力発電所建設問題がもちあがったのである。

まず豊前市での対応をみてみよう。

七二年七月一五日、豊前・築上地区労を主体として「豊前の公害を考える千人実行委員会」が結成された。代表は恒遠俊輔さん（高教組）。甲田寿彦さん、飯田清悦郎さんを迎えて行われた結成式には松下さんも出席しており、前田俊彦さん（『瓢鰻亭通信』発行者）と初めて会っている。この結成式の講演録を収録し、恒遠俊輔・伊藤龍文・釜井健介編で、『草の根通信』は七二年九月一五日、第一号を発行している。B５判、ガリ版刷り、袋とじ、二〇頁である。誌名にこめた志を、恒遠さんは幕末の吉田松陰の思想を紹介しながら、「野にあって志を同じくする者の決起によって社会の変革をめざすという、わが国における草の根民主主義の萌芽をそこにみるようだった」（『草の根通信』二〇〇三年九月三七〇号）と書き、自分たちの運動もそのような草莽《そうもう》の運動であると述べている。因みに恒遠さんの五代前の恒遠醒窓《せいそう》は、日田の広瀬淡窓の咸宜《かんぎ》園に遊学し、幕末（一八二四年）、豊前国上毛郡薬師寺村で私塾蔵春《ぞうしゅん》園を開き、有志を育てていた。恒遠さん自身、早稲田大学史学科に遊学し歴史を学んでいたのである。

恒遠さんは『草の根通信』第一号で、「豊前火力に反対し、今こそ一大市民運動を」という文章を次のように書いている。

　地球の片隅の日本のそのまた片隅のこの地で、我われは〈公害・こうがい・コウガイ追放〉の願いをこめて起ちあがった。かけがえのないふる里、かけがえのないこの生命を守りぬくために永い永いたたかいへと出発したのである。／言うまでもなく豊前火力建設問題はただ単にそれにとどまらない。とりもなおさずそれは「周防灘総合開発」という名の一大破壊計画のワンステップとして、「日本列島株式会社」の重要なポイントを握るところのものといえよう。したがって我われの「豊前火力反対」の運動とて、ただそこに終始するのではなく、工業優先の開発そのものに鋭いメスを入れ、生産性のみを指向する社会を拒否すべくたたかわなければならないだろう。（略）

恒遠さんは「豊前火力建設問題」の本質をきちんと捉え、豊前という片隅の運動が実は文化・社会を問うていることを自覚していた。この時、七二年六月、田中角栄通産相が『日本列島改造論』を発表し、七月五日、首相になるという危機的状況をこの国は迎えていたのである。

『草の根通信』は一〇月第二号、一一月第三号が発行された。運動は続いていたのだが、その後、発行が途絶えてしまった。

一方、中津では七二年五月一日、広島大学工学部助手で瀬戸内調査団の石丸紀興さんから手紙をもらった松下さんが立ち上がろうとしていた。五月一六日、仁保事件差し戻し審を広島高裁で傍聴した後、広島大学で石丸さんと会い、六月四日に中津で周防灘開発問題研究集会を開くことになった。しかしながら四日は、共産党も加わるべきということから市民組織発足にまで至らず、第二回研究集会を七月三〇日に設定しただけで終った。松下さんは七月一〇日には、『西日本新聞』に連載した「落日の海」と、「新全総の中の周防灘総合開発計画」を小冊子『海を殺すな――周防灘総合開発反対のための私的勉強ノート』にまとめている。

七月三〇日の第二回研究集会では、東大助手宇井純さんが講演した。二年ほど時間を遡るが、七〇年六月二八日、東大工学部都市工学教室で、東京・水俣病を告発する会が結成され、宇井純さんが代表になる。宇井さんは「患者とともに、地獄の底までつき合えるか、それがわれわれ一人一人の問題だ」と述べ、七月三日には、俳優砂田明さんらが東京から電車を乗り継いで、水俣へ巡礼の旅に出た。これらを『朝日新聞』で読んだ松下さんは衝撃を受け、もっと自由に生きたいと思い、また体力の問題もあって、七月九日に、作家へ転身することにした。『豆腐屋の四季』で得た模範青年像に自己欺瞞を感じていたし、宇井さんの言葉に衝撃を受け、「人は他人の痛みをどこまで分け合うことができるか」というテーマを抱え込むことになった。松下竜一の受難である。差し当たりの問題は仁保事件の冤罪を晴らす闘いであったが、豊前火力反対運動と同時進行になる。

宇井さんが周防灘開発問題研究集会の講師として呼ばれることになった経緯はよく分からないが、松下さんは上記のような事情もあり、『公害原論』全三巻を読み、何かの時には宇井さんに来てもらおうと考えていたのではないだろうか。おそらく手紙を書いてお願いしたのである。宇井さんも環境問題で全国の公害現場を飛び回っている時だった。

集会では、「一体、そげえ物を造っち誰に売るんじゃろうか」と松下さんが質問したのに対し、宇井さんは「二つの道しかありません。ひとつは外国に売りつける。ことにアジアに。しかし今でもエコノミックアニマル日本はアジアの嫌われ者ですから、これ以上ものを売りつけるには、武力による威嚇が必要になってきます。自衛隊の海外派遣にエスカレートします。もうひとつの道は国内に溢れる物をかかえこんで自爆してしまうしかありません。……」と答えた。高度成長－バブル－崩壊、そして石油権益を求めアメリカの尻馬に乗って自衛隊派兵という道筋をたどったことを知っている現在の僕たちからみると、宇井さんは全く正確な指摘をしていたことが分かる。

この日（三〇日）、社会党、共産党、公明党、地区労、市民団体、婦人会などを結集して「中津の自然を守る会」（以下「守る会」と略す）が結成された。会長は八幡大学教授で魯迅研究家の横松宗《たかし》氏、副会長は中津市連合婦人会会長向笠喜代子氏、事務局長に松下さん、会員五〇人。

そしてこの日、松下さんは梶原得三郎さんと出会っている。梶原さんはちょうどその日は勤務が休みで、朝、新聞を見ていてこの集会のことを知り、行ってみようかと思い立った。「この人（松下さん）に出会ったばっかりに、人生がくるってしまった」と言って笑っている。二人は高校は違っていた（松下さんが中津北高、梶原さんが中津南高）が、同年の生まれ（松下さんが三七年二月、梶原さんが同年一〇月生まれ）で、住まいもすぐ近くだった。以後、梶原さんは家族ぐるみ、友人ぐるみで運動に参加していった。

八月八日から一一日まで、松下さん、恒遠さん、伊藤さん、滝口寛彦さんは、公害現地視察で水島、姫路、大阪府岬町を車で訪れている。松下さんはこの旅を「遅ればせの青春の旅とも思えた」と言い、山口泉さんは「眩しいばかりの青春の息吹」と評している（『松下竜一その仕事 一二――暗闇の思想を』解説）。この旅ばかりでなく、豊前火力反対運動はそれ自体青春の息吹に溢れている。もっと言えば、松下さんの生涯は、暗い眼をして働いていた豆腐屋の頃もふくめて、青春そのものだったと思う。豆腐屋の頃の松下さんは中津の町をあまり出たことはなかったが（出られなかったが）、以降全国の住民運動の交流や裁判傍聴、講演など、北海道から沖縄まで飛び回ることになる。この自由なフットワークで、松下さんは全国にネットワークを築いていったのである。

この時期、豊前で『草の根通信』は発行されていたが、松下さんは声をあげる場として、主に『朝日新聞』の声欄など新聞に投書している。七二年九月二七日「地域エゴ——涙もろさを起点に」（『西日本新聞』）、一〇月一一日「計算が示すこの害・豊前火力に反対」（『朝日新聞』声）、一〇月二九日「市民の声聞こうとせぬ九電」（同）、一二月九日「隣県を考えぬ公害協定」（同）、一二月一六日「暗闇の思想」（後述。『朝日新聞』文化面）などである。

「計算が示すこの害」の中で、松下さんは豊前火力が撒き散らす亜硫酸ガスの量を年間二・六八八万トンとはじきだした。これは四日市ぜんそくで有名な四日市コンビナートの全工場が放出する亜硫酸ガスが年間四〜六万トンであるから、大変な量である。また「暗闇の思想」の中で、松下さんは「誰かの健康を害してしか成り立たぬような文化生活であるのならば、その文化生活をこそ問い直さねばならぬ」と、環境問題のポイントを端的に指摘している。楽で楽しそうな文化生活というのは、実は「虚偽の繁栄」、ヴァニティーフェアではないのか。その足が誰かを踏みつけて成立しているのではないか、よく考えてみよう、ということである。

一〇月一七日、守る会は九電と第一回討論会を開いたが、会長・副会長の意向でおとなしい討論会だった。一一月二九日、その反省の上にたって、第二回討論会を行った。守る会の青年部とも言うべき「中津公害学習教室」（松下さん、梶原さん、今井のり子さん、須賀瑠美子さん、成本好子さんたち）が、豊前火力問題について学習した成果をもって激しく追及し、九時までの予定が深夜に及んだ。これが後の締め出しのきっかけとなる。守る会の会長らは市の政財界とことを構えたくなかったのである。

第三回は理論戦で、九電側が二〇〇メートルの高煙突からさらに二〇〇メートル吹き上げ高空で拡散させるから亜硫酸ガスの被害は全く無害だ（ボサンケの式）、などと言って、科学（風洞実験や計算式）の正当性を説いた（しかし実際、風のある日は煙突から出る煙は水平になびいている）。

また、物を高温で燃焼すると、空気の七八％を占める窒素が酸化現象を起こし、窒素酸化物（ＮＯｘ）が発生する。これは光化学スモッグの原因となる。その濃度は九電側は二五〇ｐｐｍだと言う。これは一時間に一五〇〇キログラム出るということである。自動車の排ガスと比較すると一万一〇〇〇台分に相当する（坂本紘二編『暗闇の思想』豊前火力阻止・環境権訴訟を支援する会発行、一九七三年九月）。松下さんたちはこうしたことを独自に学んでいった。

七三年一月二八日、豊前火力反対市民集会には五〇〇人が集い、松下さん、恒遠さんも参加したが、同じ日、公害自主講座として九州を巡っていた宇井純さんの講演を、守る会が受け入れなかったため、松下さんたちは会場を移して中津公害学習教室として受け入れた。集まったのは八〇人であった。動員などで集められた五〇〇人は何だったのか、と松下さんは思った。この後、松下さんたちは守る会から分かれ、公開公害学習教室として運動していくことになる。

二月一五日、中津公害学習教室と豊前公害を考える千人実行委員会は、合同で北海道の伊達火力の環境権訴訟（七二年七月二六日提訴）について勉強会を持った。その後も複数の弁護士に環境権訴訟の可能性について相談している。

二月二一日、福岡県、豊前市と九電が環境保全協定を結ぶ。協定が結ばれればそれで十分と考える者が多く、もはや豊前火力を止める方策は裁判に訴えるしかないように思えた。

三月一五日、中津公害学習教室と豊前公害を考える千人実行委員会と自治労現地闘争本部の三者は、「豊前火力絶対阻止・環境権訴訟をすすめる会」（以下「すすめる会」と略す）を発足させた。豊前の恒遠さんと中津の松下さんの、運動以前からの（文学的）交流があって、初めてできた共闘であった。しかし、不思議なことに、会長、副会長、事務局を決めていない。

この日、会費五〇〇円をもらっているし、裁判の実態を市民に知らせるための機関紙が必要ということになった。誌名は、豊前で発行されていた『草の根通信』の誌名をそのまま使うことにした。恒遠さんは「考えあぐねて『草の根通信』の名を引き継ぐことにした」と書いている。

決議文を松下さんは、文語調で、次のように書いている。

我らの棲みつく環境を破壊しようとする巨大火力発電所を阻止するか否かは、まさに我らが我らの子孫に負うべき歴史の決定的決断である。我らの戦いは厳しく苦しい。／我ら土着同朋の内部にあっても、土地の工業的繁栄を期して巨大発電所誘致に賛する者少なしとしない。現実的利益から発する彼らを説得するに〈清き空気を、深き緑を、美しき海を〉主張する我らは、心情的に過ぎるといわれるやもしれぬ。／とはいえ、我らは信ずる——我らが頑迷なまでに守り徹すものの、はかりしれぬ尊貴は、ますます破壊的な国土現象の中で、歴史と共に光芒を強めるであろうことを。／されば、我らはここに立つ。（略）　（『草の根通信』七三年四月四号）

環境はみんなのものだから、誰かが我が物顔で汚すことは許されない。空気と土と水を汚すのは、人間の生きる土台を台無しにすることである。人間が自然の中に生きる生物である以上、必要以上の自然の破壊や収奪は許されない。四大公害病の悲惨な結果を初め、この国はすでにそのことを十分過ぎるほど思い知っているはずである。

三月二三日、銚子市で開かれた「反火力全国住民組織第二回勉強会」で、松下さんは豊前の状況を報告し、「こうなった以上、伊達の皆さんのように、環境権訴訟を起こしてでも反対運動を貫くつもりです」と発言した。三月三〇日、中津市と九電が公害防止協定を調印すると、守る会は実質的な行動を終え、松下さんたちの運動は孤立していくことになった。中津地区労も支援しようとしなかった。しかしその一方で、一月に下関水産大に講演に招かれた松下さんは、数人の熱心な賛同学生（周防灘開発に反対する有志の会）を得ている。九大や近隣の大学からも学生が支援にやって来るようになる。学生たちは後、明神の浜のテント小屋に二年間常駐するようになる。

二、環境権訴訟をすすめる会編『草の根通信』（一九七三年四月四号〜八二年一月一一〇号）

『草の根通信』（以下、通信と略す）は、一九七三年四月四号が、環境権訴訟をすすめる会（以下「すすめる会」と略称）としては初号であり、これより第二期に入る。表紙に先の格調高い決議文を載せたのであるが、発行年を「一九七八・四」と間違えているのがご愛嬌である。昭和四八年と西暦一九七三年を混同してしまったためだ。松下さんは「当会は最初からズッコケでした」と、五年後の七八年三月六四号の表紙で語っている。

通信はB5判、四段組、タイプ印刷、一二頁という体裁で、発行部数は当初五〇〇部（一年後には一五〇〇部）である。事務局は豊前が釜井健介、中津が松下竜一で、共同編集である。しかしごく早い時期に（豊前からの原稿の集まりが悪くなり）松下さんの編集になっていく。一時期「編集長　原野嘉年」という表示があるが、これも松下さんが原野さんに押し付けようとして果たせず、松下さんが編集を続行することになる。松下さんは届いた原稿を通信専用の原稿用紙（一七字×三七行〈一頁はこれの四段構成〉）に書き換え（添削し）、文章の分量を見ながら、頁の割り振りや挿絵や図表など誌面のレイアウトをしていた。連載する人は初めから専用用紙に書いていたとはいえ、これはけっこう大変な作業である。印刷は当初フタバ印刷で行っていたが、早い時期に、松下さんの弟紀代一さんが松下印刷として独立し、一手に引き受けることになった。

「草の根通信」の題字（一二号から）は九大の学生青木保弘さんが書いた。

第四号は表紙に先の決議文を載せ、二頁に「環境権とは？」と題する巻頭提言を載せている。

我々が、より良い環境のもとに生きることの権利は、憲法の次の条文に徴して自明のことである。

二五条＝すべて国民は、健康で文化的な最低限度の生活を営む権利を有する。

一三条＝すべて国民は、個人として尊重される。生命、自由及び幸福追求に対する国民の権利については、公共の福祉に反しない限り、立法その他の国政の上で、最大の尊重を必要とする。

一一条＝国民は、すべて基本的人権の享有を妨げられない。この憲法が国民に保障する基本的人権は、侵すことのできない永久の権利として、現在及び将来の国民に与へられる。

このような理念を踏まえて提唱されはじめたのが「環境権」であり、当然これを侵害する恐れのある企業活動については、予防的に建設差止め請求が可能となるはずである。我々にとって、まことに自明ともとれるこの主張が、しかし、今の法廷では容易に通らぬことは、法律専門家指摘の通りである。だが、「環境権」という正当な常識をかかげて、法廷通念を住民の側が裁く気慨で挑戦していかねば、今のとめどない環境破壊の予防はならぬのである。

これはすすめる会の闘争宣言である。環境権という新たに提唱された法理のいまだ危うい状況であることを知りつつ、敗北を恐れて闘わないということではなく、運動していくことで環境権の地平を拓く、という先駆的な闘争宣言である。そこは荒野だったから。

五月一一日、松下さんは札幌地裁で伊達火力建設差止め訴訟（伊達環境権訴訟）第四回公判を傍聴している。松下さんは伊達訴訟の正木洋さんや花崎皋平さんたちを「北の兄貴」と呼んでいた。伊達の訴訟でも環境権を掲げて提訴することに危惧を言う法律関係者が多かった。拙速に訴訟を起こし、敗訴した場合、それが判例となって環境権の未来を閉ざすことになるというのである。しかし伊達の住民は「これほどに美しい伊達の海と陸と空を、なぜ公害で汚さねばならぬのか」と言い、「裁判長、ただ視るだけでなく、われわれの産物（ホタテガイやジャガイモ）を舌で味わっていただきたい」と言う。松下さんは「環境権などといえばむつかしくなる。なんのことはない、我々の『くらし』を守りたいというだけの願いなのである」と書いている（「伊達住民の魂」通信七三年五月五号）。この視点は豊前でも同じく生かされていく。暮らしを守るというのは豊前の方言で「いのちき」ということである。

松下さんは早く「暗闇の思想」とタイトルをつけて自分の考えを新聞に発表している（『朝日新

聞』七二年一二月一六日)。発電所に反対するのならまず自分の家の電気を消せという嫌がらせ電話に応えて、真冬の一夜、松下さんは本当に電気を消し、炬燵を消し、二人の子に『マッチ売りの少女』を語り聞かせた。マッチを擦りローソクに火をつけると、子供たちは目を輝かせて話しに聴き入った(キャンドルナイト!)。暗闇の中の小さい炎の美しさ。窓から見える夜空の星の美しさ。この暗闇のおはなし会は何度も続いた。そこには、暗闇の中の一つの光、という祝祭空間があったのである。また十数年前、病気の親友福止英人さん(六〇年一月死去、二五歳)と過ごした濃密な暗闇体験もよみがえってきた。電気を止められていた友の枕元から星を仰ぎ、暗闇のはらんでいるものを推し量った。窓の下には蛍が飛んでいた(しかし、暗闇には魑魅魍魎《ちみもうりょう》もひそんでいることも忘れてはならない)。

「暗闇の思想」のポイントは、度々言うように次の一行に要約できる。

誰かの健康を害してしか成り立たぬような文化生活であるのならば、その文化生活をこそ問い直さねばならない。

現代社会に電力は不可欠であるから、一部地域の多少の被害はしのんでもらおうという、受忍限度論というものがある。しかし「誰かの健康を害してしか成り立たぬような文化生活」とは「虚偽の繁栄」ということである。ヴァニティーフェアということである。

「暗闇の思想」というタイトルではあるが、それほど大したことを言っているわけではない。真っ暗闇に戻れとか江戸時代に返れなどと極端なことを言っているわけではない。そういう誤解もしくは曲解に基づく抗議もしくはいやがらせ電話が多く寄せられていた。町が発展し、経済的な潤いを期待する人から見れば、松下さんたちは「民衆の敵」である。当時、土着の思想とか都市の思想とか、農の思想とか砂漠の思想とか、「〇〇の思想」という言い方がはやっていたとはいえ、「暗闇の思想」という命名はちょっとものものしい。羊頭狗肉と言ってもいい。だいいち松下さんは暗闇が怖いのである。寝る時はいつも豆電球をつけたままである。定職を持ち、家族友人とともに生きている（いのちきしている）生活者の思想は、常に「適度に微温的であろう」（「われらが暗闇の思想」『月刊エコノミスト』七四年四月号）。

七三年六月一六日、すすめる会は豊前市の平公園で「反公害・くらやみ対話集会」を開いた。松下さんの位置づけは電気の明かりを拒絶した星空の下での集会ということである。小雨模様の暗闇の中、人々は松明とローソクをかかげ（キャンドルナイト！）、公害問題について話す人の言葉に、目を輝かせて聴き入った。恒遠さんは「集会は、文字通り、虚妄なる今日の電力文化を拒絶した、くらやみの集いであった。そしてそれは資本の論理に貫かれたイカサマな現代文明を否定し、それにかわりうる真に我われの論理を構築する場であった。参加者は各々電力はとめどもなく必要なのだという現代神話をみごとに論破し、開発の幻想をうちやぶり、われらの暗闇の思想を語りつづけたのである」と報告している（通信七三年七月七号）。これは前夜祭でもあった。

翌一七日、中津市の福沢会館で環境権シンポジウムを開いた。講師の仁藤一さんは、一九七〇年九月二二日、新潟市での人権擁護大会（日弁連主催）で環境権を提唱した一人。淡路剛久さんは民法学者で、皆さんは環境権を魔法の杖だと思っているようで困るんだなあ、と言い、さらに、すでに起きた公害の賠償をさせるだけでなく、公害を予防する環境権運動へと発展させねばならない、と述べた。星野芳郎さんは瀬戸内調査団の団長。瓢鰻亭前田俊彦さんは、人間は地球の主人ではなく客であり、客としての節度を保たねばならないと、「客の思想」を話した（余勢をかって、会員募集と裁判資金集めのため、一〇月一九日、豊前市民会館で浅川マキくらやみコンサートを開いた）。

恐らく人間には二つ乃至三つのタイプがある。人間はすでにつねに過剰な欲望にまみれているが、その中でもさらに過剰に欲望自然主義を発揮し、頑張り、欲張り、威張り、武張り、我が物顔でのさばる「アクセルタイプ」（A型）と、知足を弁《わきま》えた「ブレーキタイプ」（B型）の二つである。たいていの人は、A型寄り、B型寄りの偏りはあるであろうが、その中間型である。二〇％―六〇％―二〇％に分布する。

A型は、競争原理を取り入れ、大きいことはいいことだ、多いことは豊かだ、豊かでなければ幸せでない、という近代の幻想にとりつかれている（取り憑かれている、取り疲れている）。キャンドルナイトの呼びかけ人の一人辻信一さん（第四回竜一忌ゲスト）によれば、「幸せを豊かさが阻んでいる」（『幸せって、なんだっけ――「豊かさ」という幻想を超えて』ソフトバンク新書、二〇〇八）ということである。「大きい・多い」の他にも、この、エコノミックアニマルたちの、生き馬の目を抜く、ハードでサディスチックな競争社会に現れるキーワードを同書から拾うと、社会時間・速い・安い・便利・簡単・きれい・効率・能率・利益・虚飾・開発・環境破壊・工業・商業・ビジネス・経済成長・マネーゲーム……果ては、というより、すでに戦争といったサディスチックな言葉が並ぶ。貪欲に消費し、タフにのさばる。ギラギラと暑苦しい。玉蜀黍は人間の食べ物だったが、やがて牛が食べるようになり、今ではバイオ燃料となって車が食べるようになった……。例えば、ネズミの死体に群がる微生物というイメージ。一時は寄って集ってバブルだろうが、それも早晩食いつくし、ネズミが骨だけになれば、崩壊する、というイメージ。飽くことのない経済発展のため、原発にまで手を染め、大事故があっても止めようとしない。麻薬中毒のようだ。

人間は地球にとってガン細胞（一句）、と思えてしまう。

これに対してB型は、開放定常系である人間の存在を自覚し、共同原理を取り入れ、知足（老子）を弁えた、ゆっくり・のんびり型である。自然時間・環境共生・身土不二・農（業）・いのちの流れにそって生かされているという感じ、が涼やかである。さらに英語で言えば、slow life・slow food・soft・small・simple・smart・sincere・sustainable・soul・soil・society・relationship・reduce・reuse・recycle・recover・repair・friendship・smile などである。こういうタイプの人は昔から大勢いた（A型に較べたら圧倒的に少ないが）。エピキュロス、陶淵明、寒山、良寛、ソロー。無名の人は員《かず》知れずいたのである。

松下さんは「少しビンボーになって競争社会から降りようよ」（『Ｒｏｎｚａ』九七年四月号）と言っている。

有限な地球環境をまるで無限のように蕩尽してきて、いまや人類破滅の予感をチラッとでも抱かないものはよほど鈍感といわねばなるまい。このままでいけないと思う一人ひとりがほんの少しずつビンボーになり、ほんの少しずつ競争社会から「降りて」いくしかないのではないか。

と、ヴァニティーフェアに喘ぐ（A型の）人たちにスロウダウンを呼びかけ、自然の中に生きる人間として、それぞれの「底抜けの散歩」を薦めている。草花を愛で、かもめと遊び、スロウライフを楽しんでいながら、草の根の一人として社会運動にも携わっている。これも、辻さん風に言えば、クリキンディの一滴ということであろう。クリキンディ（ハチドリの名前）は森の火事を消そうとして、水を一滴ずつ運んで行ったり来たりしていた。皆がそんなことをして何になると笑うのに対して、「私は私にできることをしているだけ」と答えた（『ハチドリのひとしずく　いま、私にできること　アンデス地方の話』）。

さて、豊前海沿岸の一八漁協が反対決議をおろし、漁業権放棄が次々と決まっていく中で、八月九日、豊前の釜井さん宅に集まった松下さん、梶原さん、恒遠さん、伊藤さん、坂本紘二さん（後で市崎由春さんが来た）が話していた。

「どげえかなあ、俺たちみんな原告に立つか」「ああ、みんなで立とうや」

軽い気持ちで七人は環境権訴訟を起こすことを決めたのであった。カルハズミの心で、と松下さんは言うけれど、やはりそこには現実認識の鋭さと運動神経の良さがあると思う。むろん周到な学習もしたし、情勢がここに至ってはもはや法廷闘争しか手段は残されていなかったからである（翌日、福岡市の坂本さんが原告不適格ではずれ、坪根侔《ひとし》さんが加わる）。

伊達環境権訴訟の訴状を参考に、松下さんが訴状を書き上げ、七三年八月二一日、七人の原告は福岡地裁小倉支部に豊前火力建設差止め請求訴訟（豊前環境権裁判）を提訴した。弁護士なしの本人訴訟である。環境権を魔法の杖と思っていたわけではないが、恒遠さんは「権利とは、斗い取るもの」（通信七三年六月六号）と言っているし、松下さんも、運動していくことで環境権を広げて行くという考えであった。「濫訴の弊」というなら勝手に言えばよい。こちらは「濫訴（ランソ）の兵」となり、国も県も大企業も、訴えて訴えて訴えぬくことによって新しい庶民の世は到来する、これこそ日本国革命の確実な方法、と見定めたのである。

「荒野の七人の侍」を紹介する（通信七三年九月九号）。

松下竜一　三六歳　中津市　著述業、元豆腐屋
梶原得三郎　三五歳　中津市　住友金属小倉工場社員
恒遠俊輔　二八歳　豊前市　高校教諭
伊藤龍文　二八歳　豊前市　高校教諭
坪根 侔　三八歳　豊前市　高校教諭
釜井健介　二八歳　豊前市　毛糸商
市崎由春　四二歳　犀川町　自治労京築《けいちく》総支部専従役員

夕刻、豊前市民会館で開かれた「豊前火力絶対阻止　環境権提訴決起集会」には八〇〇人が集まり、松下さんが訴状を朗読。七人の原告が紹介され、市崎さんが決意表明すると、会場は熱気に溢れた。「豊前平野の歴史に刻まれるにちがいない壮挙」と松下さんは書いている（松下「あらたなる出発　ついにこの日が来た」通信七三年九月九号）。

一二月一四日、豊前環境権裁判第一回口頭弁論。この日、梶原さんが森永龍彦裁判長に、「我々はしろうとなので公判を録音して帰って勉強する必要がありますから、録音を許してください」とお

願いしたら、あっさりと許可されてしまった。そこで松下さんがカセットテープレコーダーのスイッチを押した。途端に音楽が流れだした。「荒野の七人」！

厳粛な法廷に喝采と爆笑がわいて雰囲気が和んだのであった。テープをひっくり返す時、あろうことか、もう一度音楽が鳴り響いた（「豊前裁判第一回公判・実況中継」通信七四年三月一五号）。同じギャグを二度使わない見識は持っている、機械オンチだから、と松下さんは釈明している。

公判は三、四カ月に一度開かれたが、折から第四次中東戦争（一〇月）に端を発した石油ショックで、スーパーの店頭からトイレットペーパーや石油製品が消えるなど、世情は騒然としていた。アラブで油がないと言っているそんな中で石油火力発電所を作って、燃やす油はあるのか、と燃料計画について松下さんがただすと、九電側弁護士は、そのことと裁判が関係あるかは裁判長が判断することです、と言ってのらりくらりとかわすだけであった。むしろ九電は、こんな危機的状況の中で、電力は何としても必要なのであり、硫黄分や窒素分の少ない上質の石油を焚いてなどいられないのだ、公害もやむをえないのだ、と考えていたらしいのである。

稲童漁協のおそまつ（総会議事録の捏造など）のため、知事の同意書が得られず延び延びになっていた電源開発調整審議会（電調審、二〇日）に上程するための実質審議が一二月一七日と分かり、松下さん、恒遠さん、坪根さんと支援者が東京霞ヶ関第四合同庁舎一二階で開かれていた電調審関係幹事会議に突入した。

「おれたちは原住民だぞ」と叫んだ松下さんは、さらに続けてこう言った。

「地元住民の声も聞かずに、なんで豊前火力を認可できるのか！　おれたちの声を聞け！」

そして委員の机の上に、「豊前火力に関しては、問題点を残したまま（電調審に）かけるのは問題であり、前例としない」というメモを見つけて激怒した。一八日に二時間だけ正式に話し合うということになり、その場はおさめた。一八日の話合いでは電調審側は不誠実な態度に終始し、廊下には機動隊も待機して出動命令を出し始めた。一九日、第四合同庁舎の前に座り込んだ松下さんたちを機動隊がゴボウ抜きしていった。二〇日には、電調審は豊前火力と酒田共同火力を認可した（松下「機動隊に守られて、奴等は豊前火力を認可した」通信七四年一月一三号）。

この時の松下さんの迫力について、恒遠さんは「彼のすさまじい怒りの形相を見たぼくには、あの心やさしくおとなしい物語（『豆腐屋の四季』）の作者と同一人物とはどうしても信じられなくなった」と言っている（通信七四年一月一三号）。審議官に鋭くせまる松下さんたちの姿を正面から撮り続けた沼本満恵さんの写真を見ると、確かにそれは肯ける。松下さんは本気で怒っていた。しかしそれは「闘うやさしさ」ということである。

電調審で負けたとしょんぼりしてばかりはいられない。一二月二五日からは豊前平野の気象調査（第一回）である。西岡昭夫さん（静岡・三島北高）の指導で、すすめる会の会員はもちろん、地区労や近隣の大学生（九大、山口大、下関水産大、明治大、宮崎大、京大、広島大、等）や市民の協力で行われた。五五人が一〇班に分かれて、豊前・中津に設定された七一の観測地点を三時間おきに廻って風向、風速、気温のデータをとる。本部（築上農高）に集められたデータを地図におとすと、みごとに豊前平野の気象の全体像が浮かび上がってきた。豊前火力の排煙は豊前、中津を直撃することが明らかになった。気温の垂直分布を計るため気球を上げ、みごとに逆転層をとらえた。

炊き出し班も含めて二七時間（実質三〇時間）全員が不眠でがんばりぬいた（坂本紘二「真の共同作業が生まれた」通信七四年一月一三号）。なお、第二回の気象調査は七七年四月一六、一七日に行われた。

七四年三月四日、一四日の第二回公判を前に、地裁へ第一準備書面を提出した（これは、みんなには通信とは別に小冊子として印刷配布された）。

一羽の鳥のことから語り始めたい。

ビロウドキンクロ。ガンカモ科に属する冬の渡り鳥で、遥かなシベリア方面からこの豊前海沿岸にやって来る。（略）来年冬、また懸命に飛翔してきたこの可憐な鳥が、明神浜に降り立とうとして、既にそこが海岸ならぬ埋立地と化していたときのとまどいを思うとあわれである。豊前火力建設が押しすすめようとしているのは、そういうことである。

それは例えば、次のようにいうこともできる。即ち、法的にいえばこれは「日ソ渡り鳥等保護条約」（一九七三年一〇月一〇日調印）を明らかにないがしろにしているのであり、国際信義にもとることだと。同条約が渡り鳥等の生息環境の保護をうたっている以上、それに逆行する明神埋立は、まさに申しひらきの出来ぬ同条約違反であるからだ。

だが、私達が語りたいのはそのような条約に触れる触れぬの論ではない。なによりも、可憐な渡り鳥そのものへのいとしさに執してこそなのだ。しかしこのような「いとしさ」の心情はしばしば勝手に忖度されて、かくもささやかな心情は、豊前火力建設という巨大問題に比すれば、歯牙にもかけえぬうたかたの如きものとして抹消され勝ちである。そのような価値判断は、

人間の尊厳の否定である。（略）

海が母の字より成るは、太古、最初のいのちを妊んだ海への古人の畏敬であったろう。その海への凌辱の今やとどまるところを知らぬ。豊前火力建設の為の明神地先三九万ヘクタールの埋立を、私達はいのちの母への凌辱として、自らを楯としても阻止する覚悟である。（略）

しかして私達が述べてきたひとつひとつのことが、法的にいえばどのような権利を侵害しているのか、それを私達は述べることができない。私達は法律に疎い原告らによる本人訴訟であるからだ。だが私達が懸命に述べてきたように、もし豊前火力が来れば、こうなるであろうというひとつひとつの事は、私達にとって怒りを誘うまでに理不尽なのである。これほどの理不尽をこらしめ、私達を救済する法律は当然に存在するはずだと信ずる。（略）

一羽の鳥のことから語り始め、海という字は母という字から成っていると説いていく準備書面というのは画期的なものだ。自然・環境とは母性のことであり、それを破壊することは許せないという主張は文学的・哲学的と言ってもいい。海は漁業者だけのものではなく、漁業権を買い上げた企業のものでもない。海は誰のものでもなく、みんなのものである。昔からそこで泳いだり、魚を捕ったり釣ったり、貝掘りをしたり、広々とした風景を楽しんだりして生活してきた、そこの住民みんなのものだ。春の潮干狩り、夏の海水浴に年に一度やって来る後背地の人のものだ。悲しい時、しみじみと「海が見たい」とつぶやく人のものだ（これらを高崎裕士さんは「入浜権」と言っている）。それだけではない、鳥や魚や貝や海草や微生物など、そこに棲息するものたちのものでもある。

そこには松下さんの志向が色濃く反映している。松下さんは豆腐屋青年だった頃、山国川の河口

にかかる北門橋を渡って小祝島へ日に何度も豆腐を配達して回った。河口の風景は松下青年の孤独をいやし、やがて、

瀬に降りん白鷺の群れ舞いており豆腐配りて帰る夜明けを

といった短歌を詠むようになる。そこに周防灘開発――豊前火力がやってきてブルドーザーで押し潰してしまう。

それを見過ごすならば、私の書いた歌も文章も嘘になってしまう。私は孤独であった自分の青春を支えてくれた風景を守る為に、立ち上がらざるを得なかった。

（「やさしさということ」八三年二月一五日の講演から）

松下さんはそう言って、「それは、優しさを守る為の闘いであった」と、「闘うやさしさ」の構造を説明している。染み入るように了解できることである。

また、自分たちは法律の素人であり、これは自分たちの暮らしを守る闘いだから、法律のことばではなく暮らしのことばで意見を言う。環境権というのが実定法上認められていないというのであれば、環境権でなくとも、環境破壊という理不尽をこらしめる法律は当然に存在するはずだ（まさか法律がないので裁判にならないというのでは、それこそ話にならない）。その法律適用は裁判長に任せる（通信七四年五月一七号一二頁）、というのもこの裁判に特徴的な主張である。

宇井純さんは、「豊前火力の場合は、これらの訴訟（注＝伊達環境権訴訟では漁民が原告となり、漁業権も主張していた）とは一線を画している。海の環境権を訴え「海は企業のものでも漁民だけのものでもない。みんなのものである」として埋立に反対し「白砂青松の自然を守ろう、それを子

孫に残そう」、金で購えないもの、代替不能のものを開発という名で破壊してはならない、一度破壊してしまった自然は二度と元には戻らない、という基本態度で、漁民ではない一般の市民が環境権を主張している。この環境権が世論となった時に日本でも人間が人間らしく住める時がはじめて来るであろう」（「環境権訴訟」の項『現代用語の基礎知識　一九七七』）と書いていて、守る会の発足に立ち会い、中津公害学習教室と交流し、何度も豊前を訪れた人として、また松下さんが七三年七月二日、東大自主講座第六学期で報告する（宇井「豊前火力と闘う作家」『公害自主講座15年』亜紀書房、一九九一）のを聞いた人として、最大の理解を示している。

一九七四年六月二五日、亀井福岡県知事は、すすめる会が出した公有水面埋立法第三条に基づく意見書（一六項目の疑問）を無視し、九電に埋立許可を与えた。翌二六日一〇時ごろ、明神地先の海上にクレーン船が現れ、捨石作業を開始し、埋立て着工した。この時の緊迫した模様は通信七四年七月一九号（七月五日までのことを載せ、一三日に発行された）に描かれている。

遥か大分県佐賀関から駆けつけた西尾勇・上田耕三郎さんの真勇丸に乗り込み船出する時、梶原さんは西尾さんの船が余りにきれいに掃除されているので、靴を脱ぎ(!)、靴下裸足で乗り込んだ。捨石作業をしている船に乗り移り、バケットの上で油でベトベトするワイヤにつかまり、作業をやめるよう学生たちとお願いした。作業船は四五〇〇トンのうち二〇〇〇トンを投げ込み、午後四時、撤退して行った。

海岸では、すすめる会や支援者が、「海を殺すな」と叫んでいた。松下さんは、薄笑いを浮かべる

機動隊や私服警官に対して、

「(略) お前たちはそうして笑っているがいい。やがて歴史がお前たちを裁くだろう。……私は……私は、今日のこの豊前海のくやしい光景を一生忘れないだろう」

(『明神の小さな海岸にて』朝日新聞社、一九七五)

と叫んだ。そして、「強靭な意志を、強靭な意志を」と心に念じていた。

因みにこの日のことを報道している『大分合同新聞』(七四年六月二七日)は、一面トップに「列島改造を強力推進へ/(田中角栄) 首相、再び積極姿勢/国土庁など体制整い自信」という記事を掲げ、その隣に「初日の作業を阻止/豊前火力埋め立て反対派、船を〝占拠〟」という記事を掲げ、コントラストを見せている。

この「海戦」の模様は「海上攻撃大作戦記」として梶原さんが書き、通信七月号に載るはずだったが、弁護士の忠告で急遽取りやめになった。そこにはあまりに生々しく状況が書かれていて、七月四日に、威力業務妨害、艦船侵入などで逮捕された三人の裁判に不利に働く恐れがあったからである。以降すすめる会は民事裁判(豊前環境権裁判)と刑事裁判(豊前海戦裁判、七九年四月一八日の判決まで三五回の公判を闘った)の二つの裁判に取り組むことになる。

『草の根通信』は、運動の逐一を誌上に報告し、写真入りで臨場感溢れる誌面となっている。特に許可を得て録音したテープを起こし、全ての公判の全容を逸早く掲載するというのは空前(にして絶後)のことではないだろうか。裁判をみんなのものとして闘うという姿勢の現れである。

次に一審の公判一覧を示す。上の(1)、(2)、(3)……は公判の回数である(なお通信七九年六月七九号に、松下さんによる「環境権裁判昭和四八年（ワ）第六一二号　年表」が載っている）。

⑴七三年　八月二一日　豊前火力発電所建設差止請求事件、福岡地裁小倉支部に提訴。

一二月一四日　豊前平野の代表として、日常語を使って裁判に臨む。「荒野の七人」のテーマ曲が流れる。

⑵七四年　三月一四日　七人の原告が意見陳述。

⑶六月二〇日　五〇万キロワット二機の他にもう二機の計画があるのでは？

⑷一〇月　三日　立証計画。先に、環境権があるかの立証をしようと九電。

⑸七五年　二月　六日　埋立差止の趣旨追加。

四月一五日　豊前現地検証。

⑹六月一二日　横井安友さんが水島コンビナートによる備讃瀬戸の漁場被害について証言。

一〇月　三日　埋立てた海を原状回復するようにと趣旨変更。

⑺一〇月　九日　星野芳郎瀬戸内調査団団長が瀬戸内海汚染について証言。

⑻七六年　二月一二日　星野芳郎さんがスライドを使って証言。

⑼六月一三日　市民が明神浜との関わりを証言。釜井千代、相本義親、吉永宗彦、広田恵惟子。

⑽九月一六日　市民証言。川本さかえ、澤田正広、上田日丸、林博美。

⑾七七年　一月二〇日　高崎裕士さんが入浜権について証言。
⑿　五月一三日　秋山章男さんが干潟について、狩野浪子さんが野鳥について証言。
⒀　九月　九日　讃岐田訓さんが底生動物について、柳哲雄さんが恒流について証言。
⒁　一二月　九日　生井正行さんが多奈川第一火力の公害について証言（この日、豊前火力一号機営業運転開始）。
⒂七八年　五月一二日　裁判官が三人とも交代。森永龍彦裁判長から塩田駿一裁判長へ。
⒃　八月二五日　また裁判長が代わっていた。森林稔裁判長。恒遠俊輔さんが豊前市の火力誘致について証言。
⒄七九年　一月一二日　西岡昭夫さんが豊前平野の気象について証言。
　五月　八日　松下竜一さんを証人として追加申請。
⒅　五月一八日　九電側が西岡さんへ反対尋問。その後、弁論終結を宣する。裁判長忌避。
　二五日　忌避却下。
　八月三〇日　豊前人民法廷（豊前市中央公民館）。地裁法廷で許されなかった最終弁論を行う。圧勝。
⒆　八月三一日　門前払い判決。「アハハハ……敗けた敗けた」の垂れ幕。
　九月一〇日　福岡高裁へ控訴。

「アハハハ……敗けた敗けた」の垂れ幕には法律関係者から不真面目だと異論が出た。一方、涙が出るほど感激したという人たちがいた。裁判でいつも敗北と絶望を味わい続けてきた人たちだった。松下さんはこう言っている。

われわれがコケにしたのではない。裁判所がわれわれをコケにしたのだ。最終弁論さえも許さずに裁判を打ち切った不真面目な裁判所に恐れ入る必要はない。笑い飛ばして次なる戦いへ進もうという決意が「アハハハ……敗けた敗けた」なのだった。

(『図録　松下竜一その仕事』草の根の会、一九九八)

負けは覚悟の上だった。そして、負けても負けてもしぶとく闘い続けるというのが松下さんをはじめ草の根の闘いなのである。「アハハハ……」と笑いとばし、あるいは「心に勁き砦を」、と念じながら、即時的な効果を求めるのではなく、○+○+○……が、いつか五になり六になることを信じているのだ。相当の時間がかかることが分かっているのである。松下さんは、未来を見つめ不屈の闘いを最後まで闘い貫いた(二〇〇一年二月、大分県日出生台での米海兵隊実弾砲撃演習反対集会でも、「ここで反対することにどんな意味や効果があるのか、と問うつもりはない。反対だという自分の思いに忠実に行動したいと思っているだけです」と語って、聴いている者は粛然たる気持ちになった)。

なお、七七年六月一一日、政府は三全総で見直しを行い、周防灘開発計画も棚上げとなった。運動の成果というわけではないし、豊前火力は試運転に入ろうとしていた。あまりに巨大な開発は不可能であるし、公害を生み出す重工業は、コストの安い、規制のゆるい海外(アジア)に進出(侵出)して行きはじめ、巨大な工場用地は不要になったからである。周防灘開発計画はまさに経済企画庁の机上の空論であった。

福岡高裁での控訴審の一覧も上げておこう。控訴審では公判の録音は許可されなかった。言うだけは言ってみたのだが。

(1)八〇年　一月二三日　第一回口頭弁論　原告側第一準備書面
(2)　　　　四月　七日　被告側第一準備書面
(3)　　　　五月二一日　原告側第二準備書面
(4)　　　　九月　三日　原告側第三準備書面　被告側第二準備書面
(5)　　　　一〇月二九日　原告側第四、第五準備書面　被告側第三準備書面
(6)　　　　一二月二四日　結審
(7)八一年　三月三一日　棄却判決。「破れたり破れたれども十年の主張微塵も枉《ま》ぐといわなく」の垂れ幕。
　四月七日　最高裁に上告。

三、草の根の会編『草の根通信』（一九八二年二月一一一号〜二〇〇三年六月三六七号）

『草の根通信』は八二年二月一一一号から第三期に入る。環境権裁判は八一年三月に控訴審で棄却判決があり、四月に最高裁に上告して審理中であったが、最高裁に何らの期待を持っているわけではなかった。もはや豊前火力反対運動は実質的に終わったとして、けじめをつける意味で、八二

年一月三一日、環境権訴訟をすすめる会は解散パーティを開いた。クラッカーがはじけ、あまりのにぎやかさに解散は偽装ではないかとの情報も一部で流れた。

解散報告の中で松下さんは、

当会は解散しますが、一人一人の反公害闘争への志、環境権獲得への志、エネルギー問題への関心などは消えるものではなく、それぞれがそれぞれのやり方で、いろんなことにかかわっていくのは当然です。そのことの、いわば確認作業として、当会解散後も『草の根通信』の発行を続けることは、結論として一致しました。(略)この闘いにかかわった十年間を、おそらく誰も後悔していないということをいい添えれば、これ以上の答はありません。

と書いている。

解散が『草の根通信』の廃刊を意味するのであったら、賛成する者は一人もいなかっただろう。『草の根通信』は残るという一点で、みんなは解散に同意したのだ。以後、一一一号から「草の根の会」が発行者となり、通信はそのサブタイトルを「豊前火力絶対阻止」から「環境権確立に向けて」に変える。「むしろ新しい出発のために」と松下さんは書いている。この時点で発行部数はおよそ一八〇〇部である。このネットワークを無にすることはない。

発行から一二年経過した時点である八四年一二月一四五号に、全国の読者分布が載っている。

北海道＝二二名、　岩手県＝三名、　青森県＝二名、　秋田県＝一名、　山形県＝七名、
福島県＝二名、　富山県＝三名、　石川県＝五名、　福井県＝四名、　東京都＝一六八名、
神奈川県＝四五名、　千葉県＝四七名、　茨城県＝一名、　栃木県＝四名、　埼玉県＝三二名、

群馬県＝一四名、　山梨県＝一名、　長野県＝七名、　新潟県＝二名、　愛知県＝四八名、
三重県＝八名、　滋賀県＝三名、　静岡県＝一二名、　奈良県＝九名、　和歌山県＝三名、
大阪府＝七四名、　京都府＝四五名、　兵庫県＝二三名、　岡山県＝三名、　鳥取県＝七名、
島根県＝九名、　広島県＝四四名、　山口県＝五九名、　香川県＝一名、　徳島県＝六名、
高知県＝二名、　愛媛県＝六名、　熊本県＝二九名、　長崎県＝四一名、　佐賀県＝一四名、
宮崎県＝一八名、　鹿児島県＝一一名、　沖縄県＝四名、
大分市＝五一名、　中津市＝五一名、　その他の大分県内＝四四名、　豊前市＝二五〇名、
福岡市＝一六四名、　北九州市＝六八名、　その他の福岡県内＝一四五名、
海外（ブラジル・ケニア）＝二名。
発行部数＝一八〇〇部（通信八四年二月一四五号）

一名というところもあるが、一応全県に読者がいる（また九三年四月二四五号には、それまでの総頁数が五四四九頁であることと、「草の根通信二〇年間の略年譜と主要記事」が載っている）。

第三期に入って読者数はさらに増えていった。月に三〇名新しい読者が増えたという。それは通信がいろんな意味で「おもしろい」からである。松下さんの「ずいひつ」や、マスコミには載らない少数者の運動や思想が読者の共感を誘うからでもある。一九八八年二月号が二五〇〇部発行されている。

九〇年一二月二一七号に、「草の根通信が恒常的に赤字です。歳末カンパを訴えます」という記事が出ている。一部三〇〇円。毎月二一〇〇部を発送し、印刷・郵送料が三二万円、編集作業費用三

万円、計三五万円。年間四二〇万円の経費がかかる計算である。このほかにイベントや講演会などを開くことが多いのでその費用が必要となる。しかし歳末カンパを訴えるとたちどころに翌年分の発行経費は集まった。勿論、毎月振り込むという人もいて、松下さんはカンパを送ってくれた人には、几帳面にその都度全員に礼状（葉書）を書いていた。事務局をあずかるということは大変なことである。

多発性肺嚢胞症という宿痾を抱え、病気がちの松下さんは、入院した時もベッドの上で点滴に繋がれながらも編集に精出し、三〇年以上一度の休号も遅滞もなく通信を出し続けた。それは松下印刷にムリを聞いてもらったからでもある。松下さんは代表、事務局、編集者を一人でこなしていた（イベントや講演会、通信〇〇年の集いなどは、読者が集う機会として、梶原さんや須賀さんたちと皆で計画した）。『草の根通信』は松下竜一のもう一つの作品である、と梶原さんが言う所以である。もちろん依頼に応じて原稿を書いた人、「発送作業請負人・縁の下の力持ち」（九五年三月二六七号から九七年四月二九三号まで二二回連載）がいて、読者がいて、初めてできたことであることは言うまでもない。

なお発送作業は梶原さん宅の離れで二一年間行っていたが、魚屋をやっていた梶原さんが中津市内の短大の寮の管理人になったその二年後、九四年七月から中津市北部公民館で行うようになった。

通信は豊前火力問題を中心に発行されてきたが、それだけを掲載してきたわけではない。一一一号以降（実はその前から）、テーマが拡大し、反戦、反核、反原発、反開発、環境問題、教育、人権、障害者問題、死刑廃止、反天皇制、獄中通信、九電株主の会など、マスコミがあまり取り上げない全国の市民運動の当事者による状況報告などが掲載されるようになる。松下さんのもとに送られてくるミニコミを読んで原稿依頼したり、松下さんが築いてきたネットワークをもとに原稿依頼をすることが多かった。鋭い問題意識と周到な目配りがあってのことである。ここでも松下さんは開けっぴろげで人間味あふれる編集方針を変えることはなかった。

最高裁に上告したが、後は最高裁が書類を審査して判決を下すのを待つだけである。すすめる会は期待も何も、とっくに解散して首を洗って待っていたのに、何を悩んでいたのか、最高裁がやっと判決を下したのは四年八カ月後のことであった。

一九八五年一二月二〇日　最高裁は原告適格なしとして却下。豊前環境権裁判終結。通信八六年一月一五八号に、原告団声明と環境権訴訟略年譜を載せている。

この時、草の根の会は、福沢諭吉が一万円札の顔になった（八四年）のを記念して中津市が主催した「豊のくにテクノピア」（八六年春）に、非核平和展を出展するという運動に邁進していた。『草の根通信』で特徴的なのは、最後の一頁分を占める「編集室録音盤」（のちに「ろくおんばん」）であろう。もちろん松下さんの「豊前火力反対運動のなかの環境権」という本論も重要なのであるが、そうした運動をやっている人たちのウラ話やドジ話がクスッと小さな笑いを（時には大爆笑を）誘い、それだけで等身大の人間味に触れることができる。権力・大企業に異を唱え、裁判に打って出るなど大それたことをする人はどんな偉丈夫かと思えば、何のことはない、普通の人たちではないか、と親近感もわくのである。この辺が住民運動をやりながら、しかも作家という、松下さんのセンスだと思われる。編集方針としてこんなことを言っている。

私小説に毒され、おのがことをあからさまに書いてこそ文学と心得ている三文文士松下センセは、隠さねばならぬことを思いつきもしなかった。（略）人と人がつながっていくきずなは、勿論、その考えであり理屈の共通性であろうが、それが本当のぬくもりで結ばれるには、丸ごとの人間を知ってのことでしかないだろう。（『80年代 №12』八一年一一月）

執筆者は本名で書くのを原則としている（むろんペンネームの人もいる）。とはいえ先にみたように梶原さんたちの着工阻止行動について、「海上攻撃大作戦記」を掲載しないというくらいの分別はあるのである。

また運動する人たちをできるだけ多く登場させようと、「私の五大ニュース」とか「私のゆめ」などの特集企画では、執筆者が三〇人とか六〇人とか九三人とか登場し、草の根の底力を示している。一号から三八〇号まで、執筆者総数七〇〇人というのも、草の根の底力である。民衆の歴史が書かれているのである。

こうした編集方針を「軟派」と言うのは、北九州で「共通の敵を共同の力で撃とう」を標榜して『蜂窩《ほうか》』というミニコミを発行していた「硬派」村田久さんであるが、勿論批判しているわけではない。

梶原さんはある本（佐藤文男『環境と人間』日本生産性本部）を読んでいてギャハハと笑ってしまった。そこには住民運動は自ずと終息すると書かれてあった。二年もすれば住民に飽きが来、指導者も本業に戻ろうとするから、というのである。しかし、これは草の根には当てはまらんな、と笑ったのである。

運動開始から二年たって、豊前火力反対運動はいよいよ盛り上がり、始まったばかりの裁判にみんな興味津々だし、本業よりも面白いし、生きがいとさえと思い、職場地域では孤立している感じだが、ここに来ると元気が出るという人ばかりなのだ。それは何年経っても同じようなのだ。終息なんてありえない。

村田久さんは、松下さんが村田さんに語った読者像として、次のように伝えている。

草の根に拠る読者は、現在の潮流にさまざまな形で棹を差そうとしている者たちであるゆえに、地域での少数者であるだろう。世間が流されていく大勢に背を向けて、こんな風に生きるしかないと信ずる少数者だと思う。

（村田久「タテマエとホンネの緊張関係こそ」通信八二年三月一一二号）

毎週学習会をし、毎月発送作業をしている梶原さん宅の離れ（築八〇年くらい?）を「美しい場所」と言う人もいるくらいだ（発送風景については、松下「ずいひつ　こうして今月号も」通信八七年五月一七四号を参照）。

しかも一応代表ということになっている松下さんは、本業の作家魂を発揮して、ほとんど毎号通信に文章を書き、豊前火力反対運動関係やエッセイを方々の新聞・雑誌に文章を書き（これらは単行本化されていなかったが、『松下竜一未刊行著作集』〈全五巻〉として、二〇〇八～〇九年に海鳥社から刊行）、さらに運動関係で七冊の本を書いている。

『暗闇の思想を――火電阻止運動の論理』（朝日新聞社、一九七四）

『明神の小さな海岸にて』（朝日新聞社、七五）
『環境権ってなんだ――発電所はもういらない』（ダイヤモンド社、七五）
『五分の虫、一寸の魂』（筑摩書房、七五）　『あしたの海』（理論社、七九）
『豊前環境権裁判』（日本評論社、八〇）　『海を守るたたかい』（筑摩書房、八一）

それだけではない。松下さんは通信七五年二月二六号から「ずいひつ」を連載し始めるが（二〇〇三年六月三六七号まで三三四回）、この「ずいひつ」から生まれた本が、次の九冊である。

『いのちきしてます』（三一書房、八一）　『小さな手の哀しみ』（径書房、八四）
『しかけてびっくり反核パビリオン繁盛記』（朝日新聞社、八六）
『右眼にホロリ』（径書房、八八）　『母よ、生きるべし』（講談社、九〇）
『底ぬけビンボー暮らし』（筑摩書房、九六）　『本日もビンボーなり』（筑摩書房、九八）
『ビンボーひまあり』（筑摩書房、二〇〇〇）　『そっと生きていたい』（筑摩書房、〇二）

「ずいひつ」の文体は、それまでの『豆腐屋の四季』三部作の一人称の語りとは全く異なり、「松下センセ」というキャラクターが三人称で語る文体が、松下さんを解き放ち、カン・キョウ・ケンの家庭や友人との日常生活の中の小さな詩を描き、軽みと稚気と粗忽味にあふれたものとなっている。草の根の仲間との軽口やジョークの和気藹々とした雰囲気が生み出した文体と言っていい。さらに言えば、松下さんは「ずいひつ」を連載することで、豆腐屋時代の孤独と、福止英人さんとの交友を描いた『あぶらげと恋文』（径書房、八八）以降、『豆腐屋の四季』から『そっと生きていたい』まで、間断なく自分の人生を記録することになる（単行本に収録されなかった「ずいひつ」もかなりある）。こうして通信と運動から生まれた本が、都合一六冊である。

その他に、そうした多忙の中で、運動関係以外にも、

『檜の山のうたびと――歌人伊藤保の世界』（『九州人』七二年七月～七三年三月連載。筑摩書房、七四）

『砦に拠る』（『文芸展望』七五年一二月～七七年四月連載、筑摩書房、七七）

『疾風の人――ある草莽伝』（「歯ぎしりの生」『西日本新聞』七七年一月一〇日～五月一八日まで五〇回連載。朝日新聞社、七九）

など重厚なノンフィクション作品を書いている。むしろ運動していたからこそ書けたとも言えるのである。

その他にも（この際先走ってまとめて言うが）通信や運動を通じて知り合った人のことを書いた本を加えると、もっと数は増える。次の八冊である。

伊藤ルイさん（『ルイズ――父に貰いし名は』講談社、八二。講談社ノンフィクション賞受賞）

古川佳子さん（『憶ひ続けむ――戦地に果てし子らよ』筑摩書房、八四）

山田悦子さん（『記憶の闇――甲山事件 1974－1984』河出書房新社、八五）

大道寺将司さん（『狼煙を見よ――東アジア反日武装戦線〝狼〟部隊』河出書房新社、八七）

梶原得三郎さん（『小さなさかな屋奮戦記』筑摩書房、八九）

森田三郎さん（『どろんこサブウ――谷津干潟を守る戦い』講談社、九〇）

野呂祐吉さん（『ゆう子抄――恋と芝居の日々』講談社、九二）

向井武子さん（『汝を子に迎えん――人を殺めし汝なれど』河出書房新社、九七）

松下さんは、「ずいひつ」とノンフィクションと児童文学という三様の文体を持ち、運動がその文体を支え、『草の根通信』と共に生きてきたのである。やがて終息するなんてことがあるわけがない。そもそも松下さんが豆腐屋をやめ、作家を志願した理由というのは、もっと自由な身になって、もっと自由に社会と関って生きたいということだった。松下さんはその初志を貫徹したのである。そして概して言えるのは、松下さんが選び、寄り添うのは小さいもの、弱いもの、少数者という、社会が見落としがちなテーマである。

梶原さんの場合も、逮捕され起訴され、依願退職してから図らずも自由な立場になって、反対運動に邁進していく。梶原さんの豊前海戦裁判は、高知生コン裁判の方針で行くことに梶原さんも松下さんも弁護士も同意していた。浦戸湾を守る会の山崎圭二さんと坂本九郎さんは、江ノ口川に褐色の廃液を二〇年にわたって垂れ流し続ける高知パルプにたびたび抗議し続けてきたが、これを無視し続ける工場に鉄槌を下すべく、七一年六月九日、専用排水管のマンホールに生コンを流し込んだ。二人は「俺たちは逮捕起訴されたが、実は俺たちが現代の文明を起訴したのだ」と語った。高知地裁に傍聴に行った梶原さんと松下さんは、二人の話を聞き、大いに勇気づけられた。海戦裁判では、抵抗権をかかげ、やむにやまれぬ行動こそが歴史を切り開いてきたのだと、その正当性を主張していく（通信七五年三月二七号参照）。

さらに言えば、通信連載から生まれた、あるいは連載をもとに生まれた本も数多い。

梶原得三郎『さかなやの四季』（草の根の会、一九八二）

梶原得三郎『さかなやの四季』（「ボラにもならず」も収載。海鳥社、二〇一二）
松下康子『耶馬の里ばなし』（草の根の会、八六）
平田誠剛『もぐら道3000日-――三里塚・管制塔被告獄中の詩』（柘植書房、八六）
土井淑平『反核・反原発・エコロジー――吉本隆明の政治思想批判』（批評社、八六）
土井淑平『人形峠ウラン鉱害裁判――核のゴミのあと始末を求めて』（批評社、二〇〇一）
柳　哲雄『風景の構造』（創風社、九〇）
伊藤ルイ『虹を翔ける――草の根を紡ぐ旅』（八月書館、九一）
伊藤ルイ『海を翔ける――草の根を紡ぐ旅Ⅱ』（八月書館、九八）
坂本信一『ゴミにまみれて――清掃作業員青春苦悩篇』（径書房、九五）
山口平明『娘天音　妻ヒロミ――重い障害をもつこどもと父の在り方』（ジャパンマシニスト社、九七）
西村有史『エイズ患者診ます――開業医が歩んだ長い道』（青木書店、九八）
横川輝雄『ボタ山の見える教育――全ての教育活動に解放教育の視点を』（碧天舎、二〇〇三）
小澤民子『おさんどん奮戦記――「草の根通信」連載随筆集』（海鳥社、二〇〇七）
の一四冊である。松下さんは、書く人であると同時に書かせる人でもあった。

ところで、豊前火力発電所は、一号機が七七年一二月九日に、二号機が八〇年六月六日に営業運転に入ったが、前後して玄海原発一号機が七五年一〇月一五日、二号機が八一年三月三〇日に運転開始している。電力事情が原子力発電にシフトしていったため、豊前火力の二機はほとんど稼動していない。原発の長期点検の時、また故障・事故があった時の待機電力（バックアップ）という位置づけである。逆に言うと、原発一〇〇万キロワットを動かすためには、同量の火力・水力などの裏づけが必要なのである。しかし原発は禍根を残す。放射性廃棄物の処理ができない。「トイレなきマンション」というのは初めから分かっていたはずである。電力会社が四〇〇年、国が一〇万年管理するというが（『朝日新聞』二〇一六年九月一日）、一〇万年はおろか、一〇〇〇年後、八〇〇〇年後、この国が存続しているかどうか？

参考までに、梶原さんが聞き出した豊前火力の稼動の状況を表に掲げておきたい。

■豊前発電所の利用率推移

（単位：%）

年度	暦日利用率	年度	暦日利用率
1974		1993	25
1975		1994	30.4
1976		1995	15.9
1977	91.8	1996	22.1
1978	71.2	1997	4.5
1979	76.5	1998	10.3
1980	41.5	1999	7.4
1981	52	2000	4.3
1982	37.2	2001	5.6
1983	25.2	2002	6.1
1984	13.6	2003	1.2
1985	7.2	2004	5.9
1986	6.7	2005	4.3
1987	5.7	2006	7.9
1988	32.1	2007	19.4
1989	23.4	2008	5.6
1990	28.5	2009	3.3
1991	26.7	2010	12.6
1992	46.9	2011	

四、草の根の会編『草の根通信』（二〇〇三年六月特別号〜〇四年七月三八〇号〈終刊号〉）

二〇〇三年六月八日、松下さんは毎日新聞はがき随筆大賞授賞式（福岡市）で「私のエッセー作法」を講演した後、午後二時頃、小脳出血で倒れた。済生会福岡総合病院に運ばれ緊急手術が行われた。

梶原さんが十数人の人に逐次ファックスで病状を知らせていたが、通信読者全員にも知らせるため、六月二五日、特別号を発行した。共同編集に当たったのは、梶原、渡辺ひろ子、新木安利で、他に中島康子さん、大木洋子さん、梶原和嘉子さんたちが原稿をパソコンに入力したり、カンパの整理などを手伝った。

松下さんのもう一つの作品である『草の根通信』を、三人で（勝手に）発行していいものかという逡巡はあったのだが、松下さんの病状を見ながら、一年間は出そうということになった。

松下さんは七月に小波瀬《おばせ》病院（福岡県苅田町）に転院し、リハビリに励んだ。気管を切開しているため、声が出せず、物が食べられない。手が震えて書く文字の判読が難しい。文字盤を押さえるのだが、「ようこ」、「かえりたい」など簡単なことに限られる。二〇〇四年一月からパソコンで「涙通信」を書き始めたが、それもやめてしまった。四月には「いずれ、今度の病気のことは書きます」と紙に書いたのだが。

二〇〇四年六月一日、いつも入院していた中津市の村上記念病院（新館）に転院し、ついに松下さんは中津に帰ってきた。倒れてから一年ぶりである。早速（松下）洋子さんに車椅子を押してもらい近所を散歩している。六月一四日、弟の紀代一さん（松下印刷）ががんで亡くなった。六月一七日、松下さんは、多発性肺嚢胞症に起因する肺出血に出血性ショックより、家族に見守られながら亡くなった。六七歳。

『草の根通信』も、松下さんの死とともに、二〇〇四年七月三八〇号で終刊となった。「終刊の辞」で、渡辺ひろ子さんは次のように書いている。

松下竜一の草の根通信は終わるけれど、彼が育て続けた「草」は全国に種を飛ばし根を張っていることでしょう。ひとりひとりがそれぞれの「場」でセンセがくれたものを育てて生きましょう。「闘う」ことの意味を自分のものとして生きて行きましょう。

八月一日、中津文化会館で、草の根の会主催「松下竜一さんを偲ぶ集い」が開かれ、全国から九〇〇人以上が集い、二九人がお別れの言葉を述べ、松下さんの冥福を祈った。梶原さんはパンフレットの「ご挨拶」の中で、次のように書いている。

今にして思えば、初志を貫き、多くの心ある人々と交わり、生前に自らの著作集を手に取り、四人の孫と出会えた松下さんの人生は、決して悪くはなかったはずで、次に会ったときにはそのことを初めにいうつもりです。彼とともに生きた日々を記憶し、人として恥ずかしくないよう生きていこうと自分にいいきかせているところです。

二〇〇五年六月、『勁き草の根――松下竜一追悼文集』（草の根の会編刊）が刊行された。内容は「偲ぶ集い」での二九人の送る言葉と一八人のメッセージ、一九四人の追悼文と梶原さんの「病状経過」と年譜である。書名の「勁き草の根」の意味を、梶原さんは次のように書いている。

「勁」は松下さんの作品にしばしば登場する文字で、（略）「強い」とはニュアンスに違いがあるようで（略）、人見知りで引っ込み思案だった一方で、芯がつよく、決して信念を枉げなかった松下さんに相応しい言葉だと思い、「勁き」と文語調にしました。「草の根」は、「社会の底辺をなす民衆」の一人であり続けた松下さんのことであり、彼が三十年を超えて一度も休むことなく発行を継続した月刊ミニコミ誌『草の根通信』のことでもあります。さらにいえば、「草の根たちよ、勁くあれ」という松下さんの願いと解することもできます。

同時に第一回竜一忌が開かれ、二〇一四年まで一〇回（一五年に番外編）開かれた。次頁にその一覧を掲げる。

松下さんは『草の根通信』とともに生きてきたのである。『草の根通信』は、自由な個の立場を貫き、自然を愛し、家族を愛し、人間のいのちきのために、それを侵すものと闘い続けた一人の人間松下竜一の作品である。そして多くの草の根たちの作品である。

最後に、蛇足ながら一言言わせていただく。二〇〇五年一〇月の自民党の憲法改正草案の中に「環境権」の条文があるのが、奇異な感じである。むろん自民党の改憲は九条を「改正」して自衛軍を持つことが最大の狙いである。それと抱き合わせであること、「環境権」が撒餌のように扱われていることと、「環境権」の中身がよく分からないことが居心地の悪さの原因である。

しかし、三十数年前に先駆けしていた環境権の主張が、四大公害裁判や伊達や豊前の環境権裁判、さらに各地の環境問題の広がりなどから、今になって認められるようになったということであろう

竜一忌開催一覧表

回数	年	テーマ	ゲスト	演題
1	二〇〇五	『豆腐屋の四季』の頃	柳井達生	シロツメクサを踏まぬよう（歌）
2	二〇〇六	作家宣言	向井武子	松下竜一さんと私
3	二〇〇七	上野英信と松下竜一	上野　朱	松下センセと英信センセ
4	二〇〇八	環境権／暗闇の思想	辻　信一 中村隆市 斉藤とも子	ハッピースローカルチャー 二人芝居『かもめ来るころ』について
5	二〇〇九	抵抗権	佐高　信	松下竜一に見る抵抗の形式
6	二〇一〇	伊藤ルイと松下竜一	鎌田　慧	言わなければならないこと
7	二〇一一	『狼煙を見よ』『記憶の闇』の頃	田中伸尚	明けやらぬ明日 大逆事件の一〇〇年
8	二〇一二	反原発	小出裕章	福島第一原発の今とこれから 松下竜一に学ぶ
9	二〇一三	反戦・反核・反原発	安川寿之輔	日本の近代を見直そう 諭吉神話の解体を通して
10	二〇一四	松下竜一の文学	下嶋哲朗	松下センセとお豆腐 どうしてこんなに懐かしいのか
番外	二〇一五		高橋長英 葉室　麟	

か。〇＋〇＋〇……が一（五や六ではなく）になったということであろうか。先見的な意見を、当時薄笑いを浮かべて弾圧していた側が取り込んでいくということかもしれないが、プライオリティはこちらにあることははっきりさせておきたい。

〈民衆の敵〉と〈ランソの兵〉

一、『民衆の敵』

松下竜一さんは、豊前火力発電所反対の運動をしている時に、人々から〈民衆の敵〉とみなされ批判されていた、と書いている。例えば次のように。

気がついてみれば、石油危機の深化とともに、私たちをとりまく周囲の気配に〈民衆の敵〉視は、なおいっそう強まっていた。

（『暗闇の思想を』朝日新聞社、一九七四）

（略）良識市民とは、常に社会の〈公序良俗〉を遵守して生きているのだという、揺るぎなき自己満足に支えられているらしく、それに刃を突きつけるごとき存在は〈民衆の敵〉として許せなくなるのである。電力のお世話になりながら、その義理も恩顧も忘れて発電所に反対する〈身勝手〉な徒輩に対して、積極的に怒りの電話くらいは叩きつけたくなるらしいのである。（略）

（「われらが暗闇の思想」『月刊エコノミスト』一九七四年四月号）

（略）だが、このように唱え始めた時、私達の考えは危険視され始めました。単なる反公害運動ではない、あれは過激な思想的運動なのだとされて、いつのまにか〈民衆の敵〉の如き烙印さえ押され始めていたのです。（略）

（「やさしさと抵抗」中村紀一編『住民運動〝私〟論――実践者から見た自治の思想』学陽書房、一九七六。創土社、二〇〇五）

松下さんがいう〈民衆の敵〉というのは、もちろん、ノルウェーの劇作家ヘンリク・イプセン（一八二八～一九〇六）の戯曲『民衆の敵』（一八八二。竹山道雄訳・岩波文庫、一九三九年一刷、二〇〇六年一〇刷）を踏まえた言葉である。

『民衆の敵』は、あまり上演されることもない作品であるが、優れて現代的な問題をはらんだ作品である。以下〈民衆の敵〉の構造を説明するために、まず、あらすじを多少くわしく追ってみる。

ノルウェー南部の海岸部にあるその町は、規模雄大かつ新鮮、しかもすこぶる良質の温泉によって潤っている。ストックマン町長はそれが自慢である。ところがその温泉医官を務め、それによって豊かな生活を手に入れた弟ストックマン医師は、医者として一つの懸念があった。大学に依頼していた検査結果が届き、この温泉全部が病毒の巣であることが分かった。山の上の水車谷に汚穢物《おわいぶつ》がたまっていて、そこから湯元の導管の水に伝染物（バクテリア）が流れ込んでいる。「この温泉全体は上塗りをした墓場だ」。去年、客の間にチブスや胃腸熱が続出したのはこれが原因である。しかし改善のためには導管を敷設しかえればよい。実に簡単な話である、とストックマン医師は考えていた。『民報』にも載せて皆に知らせよう、とホヴスタト主筆も乗り気である。自由な独立した新聞を味方に持ち、堅実なる多数（の民衆）も背後にひかえている。愛する生まれ故郷のためになれるのだ、ストックマン医師はそう信じていた。

ところが、汚染源はストックマン医師の妻の父の経営する皮革加工工場から出ている廃液であり、ストックマン町長の言うには、導管の取替えには一〇万クローネという莫大な経費と、工事に二年間という時間がかかる。その間、温泉は閉鎖しなければならない。この問題が出てきて、ことは簡単ではなくなる。町長は「お前は町を破壊する気か、いずれ適当な時期を見て改良工事は行う。想像していたほどの危険は無いと医官として公式に否定しろ」と言う。「そんな奸策には乗らない」とストックマン医師が応えると、町長は免職を口にし、「外面いかに栄えて見えようとも、実は虚偽の栄養を吸っている」と言うストックマン医師を、「社会の敵」と呼ぶ。

一方、医師の妻ケーテは社会に対して責任を果たしても、家族に対してはどうなのかと訊くが、ストックマン医師は、子供たちが成長した時に恥ずかしくないために、「断じて正義を枉《ま》げない」と意志を貫こうとする。

ストックマン医師は、『民報』の編集局で、ホヴスタト主筆やビリング記者や印刷所主アスラクセンから「民衆の友」と呼ばれ、事実を知らせる論文を発表しようとする。町が、これを契機に真に民主的な町になることを願って。ところが、やがて三人は町長に籠絡され、寝返ってしまう。かえって、町長の用意した官庁の声明を載せるという。

ストックマンは失望して、民衆大会を開いて町民に真実を知らせると言うが、会場を貸してくれるところが無い。「この町の奴らはどれもこれもみな婆根性《ばばあ》だからだ」。

船長ホルステルの家で町民大会が開かれることになった。なぜか印刷所主が議長になり、町長が発言する。「当温泉に対して信ずべからざる誇大なデマが流布されている。『民報』に声明したとおり、納税者に対し数十万クローネの無用な負担を強いることになる。医官は温泉問題を論じながら実は革命を企てているのだ」と。主筆も町長を支持してストックマン医師を攻撃する。

ストックマン医師は温泉問題よりはるかに重大なことについて語る。

「吾人の精神生活の源泉はのこらず腐っている。吾人の全社会は虚偽の病毒の巣の上に建っている。温泉設備の問題は温泉管理会有力者に責任がある、というにすぎない。しかしその有力者もおのずから死滅に向かって急ぎつつある。われらの公共社会において、真理と自由との最も危険な敵は、堅実なる多数である。多数は力を持っている。しかし正義を持つことは決してない。正義とは常に少数のみの所有するところのものだ。この国にあってごく少数な分散したエリートのことであって、この人々こそ、いまや芽生えつつある若々しい真理を身に体しているのである。私は、多数の声は真理の声である、などという虚偽に対して革命を起そうと考えているのだ」

ストックマン医師は延々と演説を続け、「生れ故郷を愛するゆえに、わが町が虚偽の上に栄えるのを見るより、むしろその滅亡を期するのだ。全国を滅ぼせ、全国民の根を絶やせ」と叫び、群衆の中の一人の男から、「そういうことをぬかす奴は、民衆の敵だぞ」と言われ、議長からも投票の結果として満場一致で「民衆の敵」を宣せられる。

ストックマン医師に対して、家主は家を空けろと言ってきた。妻はずいぶん不用意なことを言ったと責めるけれどもストックマンの理解者である。兵糧攻めが始まる。娘は小学校教師を免職になる。会場を貸した船長も免職になる。町長がやって来て、ストックマンも医官を免職になる。新世界アメリカに渡ろうと思っていたストックマン医師だが、この町に踏みとどまり、闘うことを決意する。船長が家を貸してくれる。ストックマンは医師として、貧しい者を診ていくことにした。息子たちが学校で喧嘩をして戻ってくる。ストックマンは「学校なんか行くな、私がお前たちを自由な高貴な人間に作り上げてやる。他にも襤褸《ぼろ》を着た子供を連れて来い、そういう中に素晴らしい頭脳があるものだ」と言い、「最大の強者は、世界にただ独り立つ人間である」ときっぱり言い放つ。未来に突き抜けていたのである。

そんな大見得を切って大丈夫か、と心配になるけれど、このケースには大きく言って二つの問題があった。一つは温泉の公害問題、二はそれに対する人間のそれぞれの立場からくる態度である。

ストックマン医師の言うとおり、本来簡単な問題であったはずである。汚染源と温泉をつなぐ導管に問題があり、それが原因で病気が発生しているのであれば、その導管を改修すればよい。また、病原菌を消毒すればいい。そうすることで被害が蔓延するのを防ぐことができ、人々は安心して温泉につかることができる。それだけのことである、はずである。

ところが、その改修に必要な一〇万クローネという資金の問題と、二年間営業できないことからくる生活不安、経済問題が絡むことになって、ことは簡単ではなくなる。だからといって、改修を先に延ばせば、チブスや胃腸熱の被害は広がるだけであろう。言を左右にして片付く問題ではない。実際にチブスに罹った被害者が黙ってはいないだろう。それとも、こういう場合にありがちなこと（「公害の政治学」と宇井純さんは言う）だが、原因は他にあると言い逃れの説をでっち上げ、問題を有耶無耶《うやむや》にしてしまうつもりであろうか。ストックマン町長（兄）は事態を大ごとにしない、という政治的・経済的な理由から、ストックマン医師（弟）の意見を押さえ込むことで町の破滅を回避しようとする。欲望は倫理に先立つ。政治・経済が先・兄で、倫理は後・弟!? 嗚呼。

しかし、そのような姑息なやり方こそ町を破滅（「亡国」と田中正造は言う）に追い込む、と倫理を大切に考える医師は考えている。白く上塗りをして糊塗しようとしても、その中身はぐちゃぐちゃである（マタイ二三−二七）。病毒の巣を放置することは虚偽の繁栄である。

ストックマン医師は「堅実な多数」とメディアを味方と思っていたが、それらが権力になびきやすい日和見な性質を持っていることを知らなかったようだ。甘い汁に群がる有力者の保身と、正確な情報を持たない多数の民衆（小市民）が雷同して、ストックマン医師を〈民衆の敵〉と呼び、追い落とそうとした時から、彼は民衆の声は天の声という神話から醒め、ドラスティックな衆愚論に陥っていく。兄弟という間柄からか、またその場の空気と自身の興奮のためか（もしくは演劇的効果のためか）、互いに遠慮なく言いあい、その対比のため問題の本質ははっきりする。

公害問題より重要なのは、虚偽の繁栄を許容する民衆の精神の問題である。「堅実なる多数は力を持っているが、正義を持つことはない」とストックマン医師は言い放つ。最大多数のマジョリティが正しいというのではなく、正義は常に目覚めた少数が把握している。その正義を広げていくためには、ストックマン医師はあえて〈民衆の敵〉の汚名を着てもなお、ただ独り闘おうとする。彼には枉《ま》げるわけにいかない正義があるから。

〈民衆の敵〉とは「虚偽の繁栄」（ヴァニティーフェア）を容認せず、企業城下町の同調圧力にも屈せず、主張を枉げず、先駆する者の謂《いい》である（政府の方針に従って、国民も戦争やるぞ、と言っている時、戦争反対を言う者は「非国民」ということになる。〈民衆の敵〉と同じパターンである）。闘うドン・キホーテには必ずドゥルシネア姫とサンチョ・パンサが必要である。妻や家族がついていて、ともに闘う同志がいれば、彼は決して孤独ではない。

しかし、民衆も愚かではない。前提として正確な情報・論料《データ》があれば、人間は正しい選択をする、はずだ。そういう状態を作り出すために彼は闘う。「独り立つ人間」は、なけなしの勇気をふりしぼり、一人先駆けし、孤独と辛苦を味わいながらも、時間をかけて人々を説得し、貧しい子供たちを教育し、やがて理解を得られるようになる、はずだ。民衆も真相が分かってそれでも平気でいられるほど鈍感でも愚かでもない、はずだ。歴史を切り開いてきたのはそのような勇気ある人間である。それはおそらくイエスの〈受難＝パシヨン＝情熱〉という祖形の反復である。

ちなみに、魯迅（一八八一〜一九三六）は、仙台医学専門学校に留学して医学を学んでいたが、一九〇四年、母国の民衆が、日本軍に同朋が処刑されるのを笑いながら見ている幻灯（ニュース映画）を見て、今必要なのは体の病気を治療することよりも、精神（どれい根性。ストックマン医師が「婆根性」と呼んだもの）を立て直すことであると覚《さと》る。このことは「虚偽という病毒の上にある民衆の精神」を立て直そうとしたストックマン医師の態度と共通である。魯迅は医学から文学の道を歩き始め、「狂人日記」、「阿Q正伝」などを書いた。中国の大衆は永久に観客であることを知っていた魯迅は、方法論において穏健であり、ストックマン医師ほど声高に言いはしないかったが、趣旨は似たようなものであろう。

また魯迅は「もともと地上に道はない。歩く人が多くなれば、それが道になるのだ」（「故郷」一九二一）と言っているが、草を分け、道を拓く者の苦難は先刻承知であった。

二、足尾銅山鉱毒事件

このパターンは多くの公害問題で見られる。例えば足尾銅山鉱毒事件である。銅の精錬のために木を切る。亜硫酸ガスを含む排煙により山が裸になり、渡良瀬川は洪水を繰り返す。硫酸銅を含む排水により流域三〇万人が鉱毒被害にあった。一八九一年、衆議院議員田中正造（一八四一〜一九一三）は議会で質問するが、政府は被害が足尾銅山によるものとは断定できないと応え、古河鉱業も粉鉱採聚器を備えたが全く不十分なものでしかなかった。強兵富国策をとる国は、企業を庇護し、近代化と、日清戦争、日露戦争を戦っていたのである。軍事用、民生用、輸出用に、銅は絶対必要だったのである。しかしそれは「虚偽の繁栄」である。

一九〇〇（明治三三）年二月一三日、「人のからだは毒に染み、はらめるものは流産し、二つ三つまで育つとも、毒の障りで皆な斃れ、悲惨の数は限りなく、……」と、鉱毒歌を歌い、第四回の押出しを敢行した被害民を、警察隊・憲兵が襲う（川俣事件）。正造は「亡国に至るを知らざればこれ即ち亡国」と議会で質問するが、軍事にしか興味のない首相山県有朋は、「質問の趣旨その要領を得ず。よって答弁せず」と答弁し、不明を露呈した。愚劣な人間は自分の愚劣さが分からない。正造は一九〇一年一〇月二三日、衆議院議員を辞職し、一二月一〇日、天皇に直訴したが、これも失敗した。

政府は洪水を繰り返す渡良瀬川の治水工事として、谷中村を遊水池とする計画を立て、栃木県は土地収用法を適用して土地買収に乗り出す。正造は身を挺して谷中村に入り、住み着く。キリスト教に傾倒していた正造は、被害民と苦難を共にしようとしたのである。一九〇七年六月二九日〜七月五日、正造は谷中村に残留していた一六戸の強制破壊に立ちあった。被害残留民は非暴力で抵抗した。

一九一一年六月九日、正造は、「予は天理によりて戦うものにて、斃れて止まざるは我道なり」と日記に書き、闘いの継続と継承を願った。キリスト教に傾倒していた正造であるが、一九一三(大正二)年九月四日、亡くなった時(七三歳)、遺品は菅笠と、頭陀袋《ずだ》に入っていた『マタイ伝』、『帝国憲法』、渡良瀬川の小石三個であった。田中正造はイエスという祖形を反復しているのである。

足尾銅山鉱毒事件における〈民衆の敵〉は、田中正造である(詳細は本書「田中正造の受難」で述べる)。

三、水保病事件

また、水俣病事件でも、このパターンは繰り返される。

熊本県水俣市はチッソ（新日本窒素肥料株式会社は一九六五年、チッソと社名変更）の企業城下町であった。チッソは戦後農業には欠かせない窒素肥料を主につくっていた。水俣の人口は会社の発展とともに増え、一九五六年には五万人を越えた。政治的には、市長は元チッソ工場長橋本彦七氏（一九五〇～五七年、六二～七〇年。五八～六二年は中村止氏）であった。橋本氏は酢酸工程の発明者であり、この工程の排水に含まれる塩化メチル水銀が水俣病の原因となった。市議にはチッソの会社従業員がいた。社会党であったが、むしろ会社党といったほうがいいくらい企業への帰属意識が強かった。経済的にも税収や産業や商業など、およそのものはチッソに依存していた。水俣病事件は、このようなチッソあっての水俣という、企業城下町の中で起こったのである。

一九五六（昭和三一）年四月にチッソ附属病院小児科を五歳の女児が受診する。症状は歩行障害、言語障害、狂躁状態などであった。さらにその妹二歳も同じ症状で受診した。さらにその隣の家の女児や、そのほか八人の患者も同様の症状があり、入院した。細川一《はじめ》院長は五月一日、原因不明の患者発生を水俣保健所に届け出た。この日が水俣病公式確認の日とされる（原田正純『水俣病』岩波新書、一九七二。以下、同書に多くを負っている）。

水俣病が発生したのは、そのはるか前であるはずだが、いつなのかはよく分からない。後に第一号認定患者になる溝口トヨ子さんは五三年一二月に発症している。それ以前から同様の症状を呈する人は存在していた。五二年にはすでにネコの奇病が現れ始めていた。ある女性患者は、小学校入学前の一九五〇年頃から言語障害、歩行障害があったが、水俣病は五三年以降に発病と思い込んでいた医師は水俣病とは診断しなかった（七一年に、川本輝夫さんや原田正純医師の尽力で認定された）。

水俣湾のボラ、エビ、片口イワシ、コノシロ、タチウオ、タコ、イカ、貝、カキなどに異常が起こっていた。つまり海全体ということである。そしてそれらを食べるネコの狂死が逸早く起こっていた。初めは伝染病かと思われ、病気がうつると周辺の人に忌避・差別され、患者自身がこの病気であることを恥じ、隠そうとしたが、附属病院の医師たちの調べで、何らかの中毒症であることは、五六年八月末には分かっていた。

原因の調査が始まる。チッソの工場廃水が原因ではないかという疑いは早くからあった。だが、それを言うことはチッソの城下町では〈社会・会社の敵〉になることだった。廃水の中には、鉛、水銀、マンガン、砒素、セレン、タリウム、銅、酸化マグネシウムなどが含まれていた

チッソのアセトアルデヒドの生産量は、一九三二年（製造開始）＝二一〇トン、四五年＝二三〇〇トン、五一年＝六〇〇〇トン、五七年＝一八一〇〇トン、六〇年＝四五二〇〇トンと飛躍的に増大していた。チッソは食糧増産、高度成長のための国策企業であり、窒素肥料やアセトアルデヒド、オクタノールの増産は必須だったのである。

「百間《ひやっけん》の港に舟をよこわせとけば、なしてか知らんが舟虫も、牡蠣もつかんど」

漁師たちはこのことをよく知っていた。老漁師江口某氏は工場の排水のドベ（ヘドロ）を熊本大学に持ち込んだが、問題にしてもらえなかったという。チッソは排水口に番人をつけ、ヘドロを取られないようにした。しかし、熊本県衛生部には、排水やドベを採取して調査・分析する権限はあったはずだし、しなければならなかった。

五七年二月、世良完介熊大教授は熊本市内で捕まえたネコ八匹を、水俣市湯堂、茂道、市内の家に預け、普通に飼いネコとして飼育してもらったが、三二日〜六五日目に八匹とも発病した。その後、そのネコを預けた家の人も発病した。五七年四月には、伊藤蓮雄保健所長は、水俣湾でとれた魚介類を与えることでネコに発症させる実験に成功している。細川院長らも集まり、八ミリフィルムで記録した。しかし、この実験結果が生かされることはなかった。伊藤所長は自分が水俣病の発見者だと言っている。

五七年八月一六日、熊本県衛生部長は厚生省公衆衛生局長に食品衛生法の適用について打診したが、九月一一日、厚生省は「水俣湾の魚介類すべてが有毒化しているという明らかな根拠が認められないので（略）食品衛生法を適用できないと考える」と回答した。これも奇妙な論理ではないか。対策より、どれが有毒化しているか原因究明を優先させ、原因がはっきりしない以上、漁獲禁止の措置は取れないというのである。漁獲禁止すると漁業補償をしなければならないからというのであるが、食品衛生法には告示者が補償するとは書かれていない。補償の主語はチッソであり、当時の奇病対策の責任者水上長吉副知事や橋本水俣市長はチッソ（吉岡喜一社長）が補償することになることを考慮に入れていた、ということなのであった。（七七年の川本裁判高裁判決が言うように、

「その気がありさえすれば」）食品衛生法の他にも水産資源保護法を適用することは可能であったはずだ。しかし水上副知事に「その気」はなく、現行法規では何もできないと言って手を打とうとはしなかった。

しかし工場排水が原因であることははっきりしたわけだから、排水の中の原因物質が特定できなくても、この段階で手が打てたはずである。全く行政の間違いである。原因究明とは無策の言い訳に過ぎない。エライ人が本当に偉ければこんなことにはならなかった。「亡国に至るを知らざれば、これ即ち亡国」。田中正造がそう言ったのは一九〇〇年だった。「虚偽の繁栄」が続いた。企業城下町では倫理より政治・経済が優先する。そして被害が続いた。

五八年九月、なぜかチッソは百間港（南側）に放出していた排水路を、北側の八幡プールを経て水俣川側に変更する。そのため水俣病被害は水俣湾から不知火海一帯、北の津奈木、南の出水、西の天草へ広がっていくことになる。

実は西田栄一工場長は知っていたのである（七一年一二月九日、熊本地裁、第一九回公判で馬奈木昭雄弁護士の尋問に、アセトアルデヒド工程で有機水銀が出ると証言した。「水俣病――封印された闇 二」『朝日新聞』二〇〇六年九月三〇日）。原因物質や水俣病の発生は人知も及ばなかったと、知らなかったことになっているが、それはあまりに迂闊な話である。工場の全工程を知り、どこの設備があやしいと知っていたからこそ、排水口を変えたのである。有毒物を八幡プールで落とし、不知火海で希釈する、という計画だった。変更計画を知った細川一病院長は「そんなことをして向こうに患者が出たら、排水が原因だと証明したことになる」と言った。事実、その通りになった。

不知火海全域に被害が広がった。

原因物質の究明は、マンガン説、タリウム説、セレン説、多重汚染説などが熊本大学医学部の研究で出された。喜田村正次熊大教授は水銀など高価なものを海に捨てるはずがないと言っていたが、武内忠男熊大教授はハンター・ラッセル症候群を知るにいたり、五九年七月に有機水銀説が熊大から出される。百間排水口あたりのドベからは、二〇一〇ppm（一トン当り二キログラム）の、水銀鉱山なみの水銀が検出された。

しかし、チッソ側は西田栄一工場長が真っ向から否定する。また御用学者を擁して反論する。五九年九月に大島竹治日本化学協会専務理事の爆薬説（日本軍が海に捨てた爆薬。捨ててないと判明）、六〇年に清浦雷作東工大教授や戸木田菊次東邦大教授のアミン説（腐った魚を食べアミン中毒になった）などの反論が出された。が、これらは問題を有耶無耶《うやむや》にする攪乱作戦であり、「なにも知らない人をゴマかすために作られる反論」である、と宇井純さんは怒っている。曲学阿世《きょくがくあせい》の御用学者というのはいつでもどこにでもいるものだ。

水俣の漁師は貧しくとも真っ当な生活を送っていた。石牟礼道子さんの美しい文章で聞いてみる。

魚は舟の上で食うとがいちばん、うもうござす。舟にゃこまんか鍋釜のせて、七輪ものせて、茶わんと皿といっちょうずつ、味噌も醬油ものせてゆく。（中略）／かかよい、飯炊け、おるが刺身とる。ちゅうわけで、かかは米とぐ海の水で。／沖のうつくしか潮で炊いた米の飯の、どげんうまかもんか、あねさんな食うたことのあるかな。そりゃ、うもうござすばい、ほんのり色のついて。かすかな潮の風味のして。

かかは飯たく、わしゃ魚ばこしらえる。わが釣った魚のうちから、いちばん気に入ったやつの鱗ばはいでふなばたの潮でちゃぷちゃぷ洗うて。鯛じゃろうとおこぜじゃろうと、肥えとるかやせとるか、姿のよしあしのあっとでござす。あぶらののっとるかやせとるか、そんときの食いごろのある。鯛もあんまり太かとよりゃ目の下七、八寸しとるのがわしどんが口にゃあう。鱗はいで腹をとって、まな板も包丁もふなばたの水で洗えば、それから先は洗うちゃならん。骨から離して三枚にした先は沖の潮ででも、洗えば味は無かごとなってしまうとでござす。／そこで鯛の刺身を山盛りに盛りあげて、飯の蒸るるあいだに、かかさま、いっちょ、やろうかいちゅうて、まず、かかにさす。

あねさん、魚は天のくれらすもんでござす。天のくれらすもんを、ただで、わが要ると思うしことって、その日を暮らす。／これより上の栄華のどこにゆけばあろうかい。（後略）

（石牟礼道子『苦海浄土　天の魚』一九六九）

＊石牟礼が水俣病に関して初めて書いた文章は、谷川雁、上野英信、森崎和江が発行していた『サークル村』一九六〇年一月号所載の「奇病」である。

水俣の漁師は腐った魚など食ってはいない。全く御用学者の言いがかりは無責任で無様である。しかし、その新鮮な魚がすでに有機水銀で汚染されていたとしたら……。

一九五九年七月、熊大研究班が中心の文部省科学研究所水俣病総合研究班は、水俣病の原因は水俣湾でとれる魚介類に含まれるある種の有機水銀が有力である、と中間発表した。水俣市内の鮮魚小売組合は水俣湾でとれた魚は売らないと宣言した。漁民たちは当惑し、生活が成り立たなくなってしまうことをおそれ、チッソに補償を要求した。しかしチッソは、工場で使っているのは無機水銀であり、水俣病と工場廃水は無関係として要求を拒否し、シラをきった。加害者が加害を認めようとしないのである。事の重大さに戦《おのの》いていたのかというとそうではない。西田栄一工場長は「天皇」と呼ばれ、強気一辺倒の男だった。「虚偽の繁栄」を選んだのである。結局六八年まで原因物質は垂れ流しのままだった。

五九年一一月二日、水俣病患者家庭互助会と不知火海区漁協組合三千余人は市立病院前で国会議員調査団（のお父さま、お母さま）一六人、県議たちに陳情し、午後、決起集会を開き、市内をデモ行進していた。デモ隊はチッソ工場責任者に会見し決議文を手渡す予定だったが、チッソは鉄条網を補強し門を閉ざし、会見に応じる風もない。デモ隊の先頭にいた者たちが工場内に「乱入」した。水俣病という大事件に関しては決して動かなかった警察だが、機動隊がすばやく駆けつけ、衝突した。まるで会社のガードマンである。

四日、チッソ従業員大会が開かれ、水俣病の原因は未確定であり、工場の操業停止には絶対反対、暴力を否定し、工場を暴力から守る、と決議する。「虚偽の繁栄」を選んだのである。これが企業優先の城下町の実態である。患者は〈民衆の敵〉ということになる。被害者が「乱入事件」を起こしアピールしなければ問題は表に出ないのである。

患者互助会七八人は補償金二億三四〇〇万円、一人当たり三〇〇万円を要求した。チッソは病気の原因は明確でないとして、ゼロ回答をした。互助会は工場正門前に座りこむ。しかし、市長、市議会議長、商工会議所、農協、チッソ労組、地区労は共同で、「工場排水をとめることは工場の破壊であり、市の破壊になる」と寺本広作知事に斡旋を要望する。そして互助会は、この案を呑まなければ手を引くと脅されて、一二月三〇日（借金の年末決済の前日）、水俣病紛争調停委員会の斡旋案を呑まされ、見舞金の形で調印する。「おとなのいのち十万円、こどものいのち三万円、死者のいのちは三十万」。石牟礼道子さんが念仏にかえて唱えている言葉である。

さらにこの契約書には次のような高圧的で、罪障感など微塵もない条文がある。

第四条「甲（チッソ）は将来水俣病が甲の工場排水に起因しないことが決定した場合においては、その月を以って見舞金の交付は打切るものとする」

第五条「乙は将来水俣病が甲の工場排水に起因することが決定した場合においても、新たな補償金の要求は一切行わないものとする」

原因が工場排水でないと分かった時は補償は打切る、工場排水が原因であった場合でも新たな補償はしない、というのである。西田工場長は「不満な点もあるが社会不安を除くためとみなさんの努力に報いるため」と語ったし、工場総務部長は以前「貧しい隣人が病気すれば、金を持っている者が出してやる。まあ、そんなところです」（『西日本新聞』五八年八月九日）と「隣人愛」を嘯《うそぶ》いたことがあるが、なんとまあ猛々しくも傲慢尊大であることか。

後述するように、この時チッソは細川院長のネコ四〇〇号の実験を知っていたはずであり、原因は工場排水にあることを知りつつシラをきったのである。原田正純さんは破廉恥な条文だと言い、事実、厚顔無恥で卑劣で無責任な取り決めである（七三年の第一次訴訟の判決で、この契約は患者の無知につけ込んだもので、公序良俗に反するとして無効とされた）。

もう一つ将来に禍根を残す条文がある。

第三条「本契約締結日以降において発生した患者（水俣病患者審査協議会の認定した者）に対する見舞金については甲はこの契約の内容に準じて別途交付するものとする」

患者審査協議会は「医学的な体質は消滅し、チッソの患者認定（補償を受けとる資格があるか否かの判定）の下請機関として生まれ変わる」（原田正純『水俣病』）。医師は自らの医学的知識で、この人は水俣病とか、この人は風邪とか診断することはできるのだが、それだけでは無効となったのである。メンバーは熊大、市立病院正副院長、市医師会幹部、市保健所長ら八人であったが、「水俣市以外にも発生しているので、国費治療や補償問題もあり、正式な審査機関を設けることになった」として、厚生省管轄のものになった（六二年、県所管の水俣病患者診査会。六三年、県条例による水俣病患者審査会に改変）。

チッソが破廉恥な契約を結んでいた時、五九年七月から一〇月にかけて、細川一チッソ附属病院院長らは、チッソに所属する人間としては会社に不利になりかねない様々な実験を行っていた。酢酸工場の排水を食餌にかけて、ネコ四〇〇号に食べさせた。ネコは一〇月六日（七八日目）に水俣病を発症した。ネコの脳の標本の一部を東大の斎藤氏に送り検討を依頼したが、斎藤氏はこれを「紛失」してしまったという。細川院長は「酢酸工場アセトアルデヒド工程の蒸留廃水中の水銀化合物の大部分がメチル水銀化合物であり、ネコに投与すると水俣病を発症する」という最終報告をチッソ技術部に提出した。しかしこの実験に対しチッソの市川正技術部次長は、ただ一例では確かとは言えないとして、公表しなかった。細川院長は、一例でも発表してよかったのだ、と後悔した。

同様の実験は他者によってすでに行われていたし、実験を継続すれば二例目、三例目は二、三カ月で結果は出たはずであるが、それは会社が許可しなかった。「ぴしゃっといけないとはよういわないんですよ。だから、なかなかむつかしいもんだと思ってそのままに……。一例だけ宙に浮いた形になった」（細川一談録、七〇年三月二六日。フジタ・アサヤ録取。二〇〇八年、水俣病資料館で行われた「その時細川一チッソ附属病院院長はどう動いたか」という特別展でもらった資料。同展によれば、細川院長は「詩人の谷川雁に勧められてイプセンの『民衆の敵』を読んでいた」ということである。原田正純著『水俣・もう一つのカルテ』にも、「愛読した」という記載がある）。

附属病院の医者として逡巡や葛藤はあったのだろうが、彼は勇気ある〈民衆の敵〉「ストックマン医師」にはなれなかった。細川元院長が裁判の中で病床から証言したのは、実験から一一年後（一九七〇年七月）のことであった。

このネコ四〇〇号の実験を公表した（六五年）のは、宇井純東大助手だった（宇井さんは富田八郎というペンネームで水俣病問題を『月刊合化』に告発し続けた。とんだやろう、とは、〈民衆の敵〉といったような意味であろう）。六三年、宇井さんが工場の若い研究者や医師とつっこんだ議論をしていた時、電話がかかってきて、研究者はノートを置いたまま席を立った（そうした彼の意図は分からない）。そのノートを、三、四分のうちに、宇井さんは手で、桑原史成さんはカメラで写した。その後、愛媛県大洲に隠退していた細川元院長を訪ね、これが本物であることを確かめた。しかし宇井さんは公表を躊躇《ちゅうちょ》した。そしてその間に、六五年五月、新潟水俣病が発生する。宇井さんは躊躇したことを後悔した。

熊大研究班は五九年七月に原因は有機水銀であることは発表していたが、排水内の無機水銀がどのようにして有機化するかの問題に突き当たっていた。医学的にはそれは一つの未解決な事項であり、それに拘っていたわけだが、社会的には、排水が原因であればまずそれを改善することが企業の責任である。五九年一二月一九日、チッソは八幡プールにサイクレーター（排水浄化装置）を設置し、排水対策を実施したが、それは水に溶けた有機水銀は除去できない、何の効果も無い代物であった。そのことをチッソは知っていた。しかし、世間的には排水対策がなされたということになってしまった（足尾銅山鉱毒事件における粉鉱採聚器に相当する）。

一九六〇年、入鹿山《いるかやま》且朗熊大教授は偶然、酢酸工場の反応管より直接採取したスラッジの入った小ビンが保存されていることを知り、これを分析した結果、無機水銀の他に有機水銀が含まれていることをつきとめた。原因物質メチル水銀は工場のアセトアルデヒド生成工程から直接垂れ流されていたことが分かった。

（触媒として水銀）
⇦
アセチレンC_2H_2＋水H_2O＝アセトアルデヒドCH_3CHO
アセトアルデヒドCH_3CHO＋酸素O＝酢酸CH_3COOH

オクタノール製造のために中間原料としてアセトアルデヒドが必要であった。カーバイド（炭化カルシウムCaC2）を原料として、水を加え、ここから出てくるアセチレンを、無機水銀を触媒として使ってアセトアルデヒドに変える。このアセトアルデヒドを酸化して酢酸を作る。この工程で、無機水銀が有機化していた（しかもこのことは「公式確認以前にたやすく知り得たはずだ」と、七三年の判決は述べている）。

入鹿山教授はこれを六三年二月一六日に発表する。患者の発見から七年経っていた。チッソの隠蔽体質が大きな原因である。翌一七日の『熊本日日新聞』は一面で大きく伝えているが、その後、国も県も対策に乗り出すことはなかった。

六三年三月、徳臣晴比古熊大教授は、「水俣病の疫学」という論文で、水俣病は昭和三五（一九六〇）年一〇月で終息したようだ、と書き、これが一定の効力を持った。しかし、水俣病は終息してはいなかった。六〇年六月、チッソは一部排水循環方式をとり、六六年六月から完全循環方式をとった。しかし、廃水はオーバーフローや洗浄のため大量に海に流されていた。六八年五月、アセトアルデヒドの製造は中止となるが、水俣湾にはドベ（ヘドロ）がたまり、環境が汚染されており、水銀汚染は続いたのである。

悲惨な事態が進行していた。海水中の水銀濃度は希薄であったが、魚介類からは多量の水銀が検出されていた。食物連鎖を通して生物体内で水銀が濃縮されていたのである。ネコも、人間も、そして胎児も、生体濃縮を繰り返していた。

人間は脳血液関門や胎盤などが、自然界の毒物から防御する機能を持っているが、メチル水銀やＰＣＢ、ダイオキシンなどの人工的に合成された、自然界にきわめて少ないか存在しない有機物（環境ホルモン）に対し全く無防備なのである。ある母親は「この子は魚を食べていないから水俣病ではなく、脳性小児麻痺だ」という。そういう診断を受けていたのである。しかし、母親の食べた魚介類のメチル水銀は胎盤を通過して、胎児に蓄積していたのである。ある母親は「この子がおなかの中で私の水銀を全部吸い取ってしまってくれたので、私はおかげでまあなんとか元気です」と語った。こんな悲しいことがあるだろうか。脳性マヒ様の一六人が胎児性水俣病と認定されたのは六二年一一月になってからだった。

六八年八月、チッソ第一組合はようやく倫理的に目覚め、「今まで水俣病と闘い得なかったことは正に人間として、労働者として恥ずかしいことであり……」という「恥宣言」を出し、水俣病市民会議に参加した。「虚偽の繁栄」を恥ずかしく思ったのである。しかし、第二組合は相変わらず会社寄りの立場をとった。

六八年九月二六日、厚生省はやっと「水俣病の原因はメチル水銀化合物で、新日本窒素水俣工場のアセトアルデヒド酢酸設備内で生成されたメチル水銀化合物が排水に含まれ、水俣湾の魚介類を汚染した」と、企業責任を認定した。五三年に溝口トヨ子さんが発症（後に認定患者第一号となる）してから一五年、公式発見以来一二年が経っていた。

九月二七日、チッソの江頭豊社長（日本興業銀行常務であった六二年、常務取締役としてチッソ入社、六四年から七一年まで社長を務めた。彼が重役、社長の間もメチル水銀は垂れ流され続けていたのだから、責任はある）は患者家庭を謝罪して回った。

茨木妙子さんは言い放った。

「よう来てくれなはりましたな。待っとりましたばい、一五年間！　あやまるちゅうその口であんたたち、会社ばよそに持ってゆくちゅうたげな。今すぐたったいま、持っていってもらいまっしゅ。ようもようも、水俣の人間にこの上脅しを噛ませなはりました。あのよな恐ろしか人間殺す毒ば作りだす機械全部、水銀も全部、針金ひとすじ釘一本、水俣に残らんごと、地ながら持っていってもらいまっしょ。東京あたりにでも大阪あたりにでも。

水俣が潰るるか潰れんか。天草でも長島でも、まだからいもや麦食うて、人間な生きとるばい。麦食うて生きてきた者の子孫ですばいわたしどもは。親ば死なせてしもうてからは、親ば死なせるまでの貧乏は辛かったが、自分たちだけの貧乏はいっちょも困りゃせん。会社あっての人間じゃと、思うとりゃせんかいな、あんたたちは。会社あって生れた人間なら、会社から生れたその人間たちも、全部連れていってもらいまっしゅ。会社の廃液じゃ死んだが、麦とからいも食うて死んだ話はきかんばい。このことを、いまわたしがいうことを、ききちがえてもろうては困るばい。いまいうことは、わたしがいうことと違うばい。これは、あんたたちが、会社がいわせることじゃ。間違わんごつしてもらいまっしゅ。(後略)」

(石牟礼道子『苦海浄土』講談社文庫、一九六頁)

江頭社長は茨木さんの言っていることが分かったであろうか。罪の意識を感じることがあったであろうか。

補償問題は混迷していく。一〇月から始まった補償交渉で、患者互助会が、死者一三〇〇万円、患者年額六〇万円を提示したが、チッソはゼロ回答で応じた。第三者機関斡旋の寺本県知事に、江頭社長は「五九年一二月三〇日の見舞金契約(乙は将来水俣病が甲の工場排水に起因することが決定した場合においても、新たな補償金の要求は一切行わないものとする)は現在も有効であり、補償交渉はチッソの好意で行われており、補償金ではなく、見舞金の上積みを考えている」と答えたのである。この期に及んでもなお責任逃れをしようとした。この倫理的に恥ずかしくなるような回答に患者が怒ったのは当然である。

「銭は一銭もいらん。そのかわり、会社のえらか衆の上から順々に、水銀母液ば飲んでもらおう。上から順々に、四十二人死んでもらおう。奥さんがたにも飲んでもらう。胎児性の生れるよう。そのあと順々に六十九人水俣病になってもらう。あと百人ぐらい潜在患者になってもらう。それでよか」／もはやそれは、死霊あるいは生霊たちの言葉というべきである。

（同。三〇〇頁）

チッソは患者の人間の尊厳を踏みにじっている。それに対抗して、患者も呪詛の言葉を吐くことになる。人間にこのような呪詛の言葉を吐かせるようなことをしてはいけない。人間は抵抗する。間違ってはいけない、これは、あまりにも厚顔無恥で無責任で尊大であるチッソという加害企業に、患者が、人間の心を取り戻せと言っているのである。

前田俊彦さんは言っている。人間には（人間であれば）罪の意識があるはずだ。

人間の尊厳ということをいうばあい、人間には「人間の罪」の意識があるということをのぞいてはその根拠はないのです。（略）侵略している者が侵略をみとめず、抑圧している者が抑圧をみとめず、加害している者が加害をみとめないばあい、すなわち人間が集団として生存するのに平和が維持される基本条件である自由と平等がそれらの公然たる行為によって危うくされるばあい、ましてや特権をあたえられた一部の人は他を侵略し、抑圧し、加害してもよしとするような体制があるばあい、人びとは当面の平穏無事をかなぐりすてて抵抗のたたかいに立ちあがるのはさけがたいことといわねばなりません。なぜならば、その抵抗は侵略、抑圧、加害という基本的な「人間の罪」をゆるさないという人間性そのものの発露であるからです。そして、ここできわめて大事なことは、このような基本的な「人間の罪」についての「共感」が万人のあいだでかならず成立するという条件のもとで、人間の志の自由は保証され、いわゆる価値観の千差万別も平等に容認されるということです。

（前田俊彦著・新木編『百姓は米をつくらず田をつくる』海鳥社、二〇〇三、二五三頁）

交渉は難航し、六九年二月、厚生省は第三者機関を設置し、調停に乗り出したが、互助会に対し補償処理委員会の結論に異議を出さないという誓約書の提出を求めた。互助会は、これをやむを得ないとする一任派と、もう騙されないといってこれを拒む自主交渉派に分裂し、六九年六月一四日、自主交渉派二九世帯、一一二名は熊本地裁に六億四二三九万円の慰謝料請求訴訟を提訴した（第一次訴訟）。訴訟代表は渡辺栄蔵さん。川本輝夫さん、浜元二徳さんも一員。

「血迷うたか。会社さまにむかって裁判するのなんの。（略）会社が倒れるちゅうことは水俣市がつぶるるちゅうことぞ。水俣市民四万五千のいのちと水俣病患者百人あまり、どっちのいのちが大切か」とか、「患者さん、会社を粉砕して水俣に何が残る、と言うのですか」などと、チッソに隷属している側から信じられない中傷が出る中、〈民衆の敵〉川本輝夫さんたちはチッソ側と実地交渉を行った。

一九七〇年一一月二八日、一株株主たちは大阪で開かれたチッソ株主総会に巡礼姿で乗り込み、御詠歌を唱えた。緊張のせいか、能面のような無表情の江頭社長は責任回避の答弁をしようとして、患者らに制止され怒声を浴びた（土本典昭監督『水俣――患者さんとその世界』一九七一）。

七一年七月三日の交渉で、築地原シエさんは「うちがいつ死ぬるか。生きとれば生きとるだけ、わたしゃ仕事はできんとですばい。今まで会社に義理立てて来て、来たがもう、こげんふうなら義理も切れた……」と述べた（石牟礼道子『天の魚』講談社文庫、二二八頁）。

七一年八月、環境庁が川本輝夫さんらの認定申請棄却処分取り消しの裁決を出し、有機水銀の影響が否定できない場合は水俣病とするという、いわゆる「疑わしきは救済を」という方針を出した。自主交渉派の川本輝夫さんは水俣病認定申請患者協議会（八九年から水俣病患者連合）を立ち上げ、患者の掘り起こしで走り回った結果、認定申請者が急増した。

七一年一一月一四日、島田豊チッソ社長は「水俣市を明るくする市民連絡協議会結成大会」に出席し、水俣市に三億九〇〇〇万円の文化センターを寄付すると申し出て喝采をあびた。これで帳消しになるとでも思ったのだろうか。翌一五日、渡辺栄蔵訴訟派代表の家に島田社長が現れた。平木甲子さんの「人間を生きて返して下さい！　そしたら文句なか」ということばを引き取って、田中義光さんが「返さんでもよか。ここで水銀を思うしこ飲んで見て下さい。人間も返さんでよか。ここであなたが水銀を飲んで見せる度胸があれば、私はなんにもいいません」と言った。石牟礼道子さんは、「すらすらという。もうこの言葉にも風化のきざしがあり、予期していたように、その言葉の調子に合わせるように、神妙な声でこれもすらすらと社長がいう」という解説を付している。島田社長は「それではあの、まことに恐れ入りますが、どなたか、水銀をお持ち下さい」と居直った。

患者家族たちは一瞬気後れしたように、うろたえ、沈黙してしまう。後ろの方で「ふんふん、水銀を飲むとならば、自分家の会社から持って来て呑まじゃ。いっぱいあるじゃろうが！　患者がそげんと持っとるもんけ」と小声で言う者があったが、この声はやりとりの中心部・社長には聞こえなかった（『天の魚』講談社文庫、二七四頁）。

七一年一二月八日から、患者・支援者は自主交渉を求めて東京のチッソ本社に乗り込み、三一日からは上野英信さんと原田奈翁雄《なおお》さんも、「飢餓新年／み民われ生けるしるしありあめつちのほろぶるときに逢えらくおもえば」という短歌を掲げ、ハンストに加わった。この座り込みは一年六カ月間に及んだ。この間、チッソは川本輝夫さんをチッソ社員への暴行罪で告訴した。

石牟礼さんは怒ってこう書いている。チッソは水俣病事件を起こしておきながら、ただの一度たりとも公権力から取り調べは受けていない。この時点で公式認定患者は三〇〇人を超え、公式死者五〇人、それまでの実質の死者はゆうにこの三倍はいた。天草にまで認定患者が見つけ出され、不知火海沿岸住民には万を超える潜在患者がいるだろうという事態になっているというのに。川本さんの水俣の自宅、杉並区荻窪の患者の宿舎にも家宅捜索が入った。東京地検は七二年一二月二七日、川本さんを起訴した（七五年一月一三日、東京地裁は川本さんに有罪判決。同日、患者たちはチッソ歴代幹部を殺人・傷害罪で告訴した）。

川本裁判では、七七年六月一四日、東京高裁は裁判史上初めて、公訴（オオヤケ訴）棄却（起訴無効つまり起訴したのが間違い）と判決した。判決は、「患者にたいするこれまでのチッソの対応を見ると、チッソとしては相当程度我慢しなければならないし、川本さんらに行き過ぎがあったとしても、直ちに刑罰で臨むのは妥当を欠く。熊本県警も熊本地検も、その気がありさえすれば、水産資源保護法、工場排水等の規制に関する法律、漁業法、食品衛生法などに基づいて加害者チッソを処罰し、被害の拡大を防止できたであろう」と言い、行政の怠慢・不作為を厳しく批判した。かねてより、浜元二徳さん（第一次訴訟原告）は言っていた。「検察が今まで殺人や傷害罪で（加害者を）告訴しなかった罪は、どうやったら告訴できるか。チッソに対する口惜しさはもちろんあるが、国や県のやり方はもっと口惜しい。水俣の患者は三度殺された」（原田正純『水俣病は終っていない』岩波新書、一九八五）

七三年三月二〇日、第一次訴訟で原告側は全面勝訴判決を勝ちとった。水俣病の原因はチッソ水俣工場から放流された排水中の有機水銀化合物であり、チッソは放流に当たって危険物が混入しないよう安全性を確認する注意義務を怠った過失責任があり、事後の対策や措置にも極めて適切を欠いた。五九年一二月三〇日の見舞金契約は被害者の無知や窮迫に乗じたもので、公序良俗に違反し無効。患者・家族の受けた精神的苦痛、経済的困窮、社会的迫害、治療効果のなさ、などに対して、慰謝料一六〇〇万～一八〇〇万円、総額九億三〇〇〇万円を支払うよう命じた。チッソは控訴しない方針を決めていた。これより前、七三年一月二〇日には第二次訴訟が提訴された。その他自主交渉や調停などの補償交渉が進められている。この時点での認定患者は三九六人だが、認定申請者の数は増加している。

判決後の座談会（『朝日新聞』）で、星野芳郎さんは、「チッソの過失が明らかになったから検察庁は刑事責任を追及して起訴できないのか」と述べている。早く、奇病患者互助会はすでに五九年一一月三〇日の座り込みでも「殺人犯、日窒、この体どうしてくれる」というプラカードを掲げている（七五年一月一三日、患者らはチッソ歴代幹部を殺人・傷害罪で告訴した。七六年五月四日、熊本地検は、死後解剖され胎児性水俣病と診断された下村耕一君に関して、吉岡喜一元社長と西田栄一元工場長を業務上過失致死罪で起訴。七九年三月二二日、吉岡氏、西田氏に禁固二年、執行猶予三年の〈軽い〉判決。被告控訴。八八年二月二九日、最高裁で確定）。

七四年一月、熊本県は水俣湾に延べ四キロメートルの仕切り網を設置、湾内の魚を封じ込めようとした。しかし漁船の出入口として二カ所・三〇〇メートルは開いていたし、小魚は網をすり抜けて行き来していた（九七年八月、安全宣言の後、撤去）。

七五年八月七日、杉村国夫熊本県議会公害対策特別委員会委員長と斉所市郎同委員は環境庁に陳情に出かけ、「水俣病の認定申請者の中には、補償金が目的で申請している者がいる。あなた達は真実を知らないので、今日は私が教えに来た」と発言した（いわゆる「ニセ患者発言」）。患者団体の抗議にあうと、半月後、杉村氏は県警と連絡を取り、警察はすばやく動き、患者と支援者を四人逮捕した。認定業務は遅滞することになり、棄却や保留者が続出した。

七七年七月一日、環境庁は「後天性水俣病の判断条件について」を通知し、認定基準を厳格化し、これまでの感覚障害の他に運動障害など複数の症状が必要、とした。水俣病には症状の軽重があり、典型的な症状は感覚障害、運動障害、平衡機能障害、両側性の求心性視野狭窄、言語障害などを同時に発症するが、非典型的な場合、感覚障害のみという場合もある。経年変化によって重症化する場合もある。政府が判断基準として複数の症状を条件としたため、棄却、保留者は減ることはなく、患者切捨てと患者側は反発した。

なお、未認定患者問題では申請患者協議会が一九七八年一二月、いわゆる「待たせ賃訴訟」を起こし、八三年七月、熊本地裁は県に賠償を命じたが、県は控訴した。八五年一一月、福岡高裁は一審判決を支持したが県は上告、最高裁は判決を破棄し、差戻した。九〇年一二月、高齢の被害者のために福岡高裁は和解案を提示した。これは国が拒否した。

一九七七年七月から一一月まで、土本典昭さんや西山正啓さんらは自作の映画『水俣——患者さんとその世界』(七一)、『医学としての水俣病』(三部作、七四)、『不知火海』(七五)、『水俣病——その20年』(七六)などを持ち、「不知火海巡海映画行動」と銘打って天草の島々(天草上島、天草下島、横浦島、牧島、御所浦島、獅子島、伊唐島、諸浦島、長島、桂島、等)六五カ所を七六回上映して回った。このうち御所浦島には毛髪水銀記録九二〇ｐｐｍの世界最高の蓄積者がいた。その中で様々な実態が表面化する。「いわば親鸞の辻説法でしょうが」と言って協力してくれる公民館主事もいた。一方、龍ヶ岳の大道の森一族のように、家族全員に水俣病の疑いがあるにもかかわらず、漁協の組合長であった家長が「わが村から水俣病は出さん。皆さんもそうしてくれろ」と言った手前、その約束を破れないというケースもあった。

被害者が「風評被害」を怖れて被害を隠したがる構図がある。魚が売れなくなる、嫁が来なくなる、などの経済的・社会的理由による水俣病隠しの実態や、七三年の判決後、補償金をもらったために妬まれるなどの実態が明らかになった。また映画の中で、「ここの水俣病は大方神経痛じゃろう」と思っている」と言う助役や、「私はひとりも（申請者を）出していない」と言う医者もいて、失笑が起こった。この巡海映画を通して、「かくれキリシタン」ならぬ「かくれ申請者」に次々に出会うことになり、潜在患者の掘り起こしは一段と進んだ。しかしそれはジレンマを生む。

結果的には体制側（町）の水俣病始末への一大警鐘を鳴らしつづけている点で、むらに対する先鋭な抵抗の行動におのずとつながってしまうことになる。だが申請者にとってむらから八分にされてよかろうはずはなく、かといって水俣病とわかれば救済のルールに乗ることを切に求める――このジレンマは水俣病の社会的病理的現象である所以を絵に描いたような構図である。

（土本典昭『わが映画発見の旅――不知火海水俣病元年の記録』筑摩書房、一九七九）

土本さんはこう述べて、水俣病の社会的側面――〈民衆の敵〉となることは容易なことではないことを実感している。むら共同体の分裂を結果することになりかねないからである。

七七年一〇月一日、水俣市は水俣湾公害防止事業（ヘドロ処理）を始め、百間港沖五八万平方メートルを埋立て、中に二五ｐｐｍ以上の水銀汚染されたヘドロを封じ込めようとした。二次汚染を恐れる市民の反対もあったが、四八五億円を投じて九〇年三月三一日に完成した。九四年五月一日、水俣病犠牲者慰霊式で、吉井正澄水俣市長が初めて「いわれなき差別を受けた犠牲者に十分な対策がとれなかった」と陳謝した。現在水俣エコパークとなっており、野球場や市立水俣病資料館、国立水俣病情報センターなどがある。真前に越路島が涅槃像のように浮んでいる。中央の池には蓮の花が咲いている。二〇〇四年八月二八日、石牟礼道子さんの新作能『不知火』が奉納された。

九三年頃、チッソの経営は累積赤字一三六〇億円になっていた。補償金を支払わせるために、国は何とかチッソを存続させようとし、基金を設け支援しようとした。かつて「チッソあっての水俣」と言われたが、今では「水俣病あってのチッソ」という皮肉な様相を呈している。

九五年一二月一五日、村山富市内閣は政府解決策で政治決着を図った。国と県はチッソに対し一時金支払いのための資金として、二六〇億円を新設する基金を通じて融資。有機水銀の影響を否定できない者を対象に、熊本県、鹿児島県の判定検討会が判定し、一人二六〇万円の一時金支給と、医療費が無料になる医療手帳が交付された。また主な患者五団体へ計五〇億円の団体加算金も支給され、もやい直しセンターの建設の助成などが行われた。団体も個人も、訴訟の取り下げなど紛争の終結が条件であった。一時金支給の対象者は一万三五三人だった。一二月二〇日、福島譲二熊本県知事も遺憾の意を表した。

この政治決着に当たっての首相談話について、宮澤信雄さんは次のように徹底批判している。

「水俣病問題の発生から今日までを振り返る時、政府としてはその時々においてできる限りの努力をしてきたと考える」というその努力とは、ありていにいえば、被害の拡大を防ごうとしないための努力、その結果生じた被害を消し去ろうとするための努力だった。(略)いわく「重い歴史を背負いながらも苦渋の決断をされた各団体の方々」、いわく「多年にわたり筆舌に尽くしがたい苦悩を強いられてきた多くの方々」、いわく『原因確定や企業に対する的確な対応をするまでに結果として長期間を要したこと』。／これらはありようからすれば、「苦渋の決断をさせた」であり、「苦悩を強いた」であり、「長期間にわたって的確な対応をしなかった」でなければならず、それが、水俣病の重い歴史に正対しそれを背負おうとすること、つまり責任

をとるということにつながる。（略）（『水俣病事件四十年』葦書房、一九九七、四六九頁）

政治決着とは、補償金額を少なくして、いわば広く浅く救済しようということである。しかも談話の文章を受動態にして、政府・行政は不作為の責任を曖昧《あいまい》化した。

しかし、責任を明確にするため判決を求めて、この政治決着を唯一拒否した関西訴訟（原告患者五八人）の最高裁判決（二〇〇四年一〇月一五日）が出て、再び混迷していく。国の責任を認め、現行の認定基準を否定した判決に政府解決策の前提が崩れた。国と司法の二重基準が出来し、認定制度はストップした。環境省は見直しを否定したままである。

二〇〇五年一〇月三日、関西訴訟最高裁判決を受けて、判決後の認定申請者でつくる不知火患者会が、国、県、チッソを相手取って（第四次）訴訟を熊本地裁に提訴した。

二〇〇六年五月（公式確認から五〇年経って）、認定－補償の状況は膠着したままで、三八〇〇人が認定申請しているが、国は認定基準を変えようとしない。石牟礼道子さんは「国は患者が死ぬまで待とうと決心しているんじゃないですか。潜在患者がいるのが分かっていたのに、チッソの加勢をして、故意に患者さんを見捨ててきた。犯罪ですよ」と批判している（『毎日新聞』二〇〇六年五月一日）。

現行の被害者補償は、

一、公害健康被害補償法に基づき行政が認めた「行政認定患者」への補償（慰謝料一六〇〇万～一八〇〇万円。医療費無料。手当）

二、裁判所が認めた「司法認定患者」への補償（損害賠償＝関西訴訟で四五〇万～八五〇万円、

二次訴訟で六〇〇〇万〜一〇〇〇〇万円。医療費無料。手当）
三、政治決着による未認定患者の救済（①医療手帳、一時金二六〇万円。医療費無料。手当。②旧保健手帳、一時金なし。医療費月七五〇〇円まで。手当なし）
四、最高裁判所の新たな救済策（新保健手帳〈二〇〇五年一〇月〜〉。一時金なし。医療費無料。手当なし）

の四つに大別される。被害者の多くは、同じような健康被害を受けながら、格差があることを不満に思っている。

公式確認から五〇年たった二〇〇六年二月末現在、認定患者二二六五人（うち一五七三人死亡）、棄却一万四九七三人。この他、九五年一二月の村山内閣の政府解決策による救済対象者一万一一五四〇人もいて、被害者の実数は不明（『毎日新聞』『読売新聞』）。

二〇〇七年三月一〇日、水俣病認定審査会は二年七カ月ぶりに再開され、一五日、緒方正実さんが認定された。九七年から四回申請してすべて棄却されたが、その都度国の不服審査会に申し出、二〇〇六年一一月に棄却処分を取り消す裁決を下していた。熊本県で緒方さんが一七七六人目の認定患者となる。緒方は、自分が認定されたのは、（認定基準の）何かが変わったからだと思うと述べている。しかし、その直後、三月二六日、関西訴訟で勝訴した二人に対し、国の公害健康被害補償不服審査会は、不服審査請求について棄却の裁定をした。認められる症状は一つで、複数の症状が条件とされる国の認定基準（七七年七月）を満たさないというのである。司法と行政の二重基準は変わっていない。

二〇〇七年五月一六日に大阪地裁で豊中市の女性が、一八日に熊本地裁で、関西訴訟の原告団長だった川上敏行さん（八二歳）夫妻が、行政基準ではなく、最高裁の示した基準での認定を求める訴訟を提訴した。

二〇一六年一〇月一日、四月の熊本地震のために延期された水俣病公式確認六〇年の行事があった。九月二六日の時点で、認定患者は二二八二人（内一八八九人が死亡）ということである。国の救済策や訴訟で約七万人の被害が認められたが、今も二一四〇人が患者認定を求め、約一四〇〇人が裁判で損害賠償などを求めている（『朝日新聞』二〇一六年一〇月三日）。

水俣病は終わらない。

【参考文献】

原田正純『水俣病』岩波新書、一九七二
原田正純『水俣病は終っていない』岩波新書、一九八五
原田正純『いのちの旅――「水俣学」への軌跡』東京新聞出版局、二〇〇二。岩波現代文庫、二〇一六
宇井純『公害の政治学』三省堂新書、一九六八
宇井純『公害言論 I』亜紀書房、一九七一
石牟礼道子『苦海浄土』講談社文庫、一九七二
石牟礼道子『苦海浄土 第二部 神々の村』藤原書店、二〇〇六

石牟礼道子『苦海浄土　第三部　天の魚』講談社文庫、一九八〇
土本典昭監督『水俣——患者さんとその世界』、一九七一
土本典昭『わが映画発見の旅——不知火海水俣病元年の記録』筑摩書房、一九七九
宮澤信雄『水俣病事件四十年』葦書房、一九九七
熊本日日新聞社編『水俣病50年』熊本日日新聞社、二〇〇六
熊本学園大学水俣病研究センター編『水俣学ブックレット3　水俣を歩き、ミナマタに学ぶ』熊本日日新聞社、二〇〇六
高峰武編『水俣学ブックレット6　水俣病小史』熊本日日新聞社、二〇〇六
『そのとき細川一（新日窒〈現チッソ㈱〉水俣工場附属病院長）はどう動いたのか』市立水俣病資料館・同「語り部の会」・国立水俣病総合研究センター　合同企画展（二〇〇八年五月〜一〇月）資料
《図録》水俣フォーラム編『水俣展』水俣フォーラム、一九九九
《展示》『水俣・福岡展』二〇一三年五月
『毎日新聞』『朝日新聞』『西日本新聞』『読売新聞』等を参照

四、土呂久鉱毒事件

土呂久鉱毒事件でも同様のパターンが見られる。

延岡から五ヶ瀬川沿いに国道二一八号を遡り、県道七号に入り、天岩戸のその奥の谷間の村土呂《とろ》

久《く》（宮崎県西臼杵郡高千穂町大字岩戸字土呂久）の土呂久鉱害事件の場合、鉱害の発生から五〇年以上放置されていた。勇気ある〈民衆の敵〉「ストックマン医師」がいなかったのである。

土呂久は戦国時代の末期に府内（大分）の大友宗麟の家臣森田三弥之助が銀山として開いた古い鉱山である。幕末、延岡の内藤藩が銀を掘りつくした後、大正の頃（一九二〇年）から亜砒《あひ》焼き鉱山として復活し、三〇〇〇人ともいわれる従業員を抱え、栄えた。亜砒焼きとは、硫砒《りゅうひ》鉄鉱を砕いて焼き、毒物の亜砒酸を生産することである。

一九七一年五月、佐藤鶴江さんは、「俺の病気は公害のせいと思うったい」と言って、「佐藤鶴江が子どもの頃から、眼病や気管支炎を患って治療を受けてきたのは、鉱山の煙害の影響であることを証明します」と書かれた署名用紙を持って村中を回っていた。

その頃、四大公害事件とその裁判の話がテレビを賑わし、判決を迎えていた（全て患者側勝訴）。

新潟水俣病　（六七年六月提訴、七一年九月二九日判決）

四日市喘息　（六七年九月提訴、七二年七月二四日判決）

イタイイタイ病　（六八年三月提訴、七一年六月三〇日と七二年八月九日判決）

水俣病　（六九年六月提訴、七三年三月二〇日判決）

鶴江さんは自分の病気も公害だと思い当たったのだ。一九二一（大正一〇）年生まれの鶴江さんは土呂久に生まれ、三歳の時、父の仕事の関係で土呂久鉱山内の窯から二〇〇メートルほど離れた長屋に移ってきた。五歳の頃には焼野が原のような、草木も無く、立ち込める煙の中で暮らさねばならなかった。小学校に上がる頃には目もただれ、鼻の横もただれ、唇が割れて血がにじみ出ていた。岩戸小学校まで六キロを通うのは難儀であったが、友達が鞄やなんか持ってくれたりしたけれども、息切れする、目は悪い、時には咳が激しくなる。のどの血管が破れたことは何十回もある。

一九三三（昭和八）年には精錬所の亜砒酸窯が二つ増え、病人が続出した。（佐藤）喜右衛門さん一家は飛び回るように苦しみながら、あげくのはては腹が腫れて苦しみ、棺の中で破裂するような有様だった。佐藤操さん・ツルエさん一家は九人が死に、佐藤アヤさん一家も五人、ミキさん一家は一三人死んだ（土呂久訴訟原告団代表意見陳述より。宮崎地裁延岡支部、一九七一年五月二六日）。

鶴江さんは右半身がしびれ、内臓疾患、胃腸炎、呼吸困難、右目は失明（七〇年）、左は〇・〇一しか見えず、全身障害に苦しんでいた。生活保護を受けていた鶴江さんは、国の世話になるのを心苦しく思っていたが、鉱山から補償金をとって生活を立て直そうと考えたのだった。「公害証明書」は法務局へ提出したが、病気と煙害との因果関係がはっきりしないし、補償する企業も特定できないとして、倉庫に眠ることになった。そんな時、鶴江さんは斎藤正健《まさたけ》教諭と出会うことになった。

六六年、高千穂町立岩戸小学校に赴任した斎藤教諭は、土呂久から通学する子どもたちが病弱であることに気付いた。村で出会った女性（斎藤夫人となる）の小学校時の記録を見ると、やはり病気で欠席する日数が多かった。六九年一二月の小学校のＰＴＡで亜砒鉱山問題を取り上げることになり、子どもたちと共に調査が始まった。

七一年一一月一三日、斎藤教諭は、宮崎市の小戸小学校で開かれた宮崎県教職員組合教育研究集会の公害と教育分科会で発表し、この土呂久鉱害事件は一般に知られるようになった。発表に使われた症状を示す写真は鶴江さんのものが多かった（斎藤教諭は七四年に須木村の小学校に転勤になり、さらにえびの市の小学校に転勤になった。しかし、「鉱毒被害者に真の救済が実現するまで、告発を続ける」と言っている。斎藤さんの奥さんは佐藤ツルエさん〈鶴江さんとは別人〉の長女である。土呂久には佐藤姓が多いが、源義経の家来佐藤忠信の遺児、佐藤忠治の末裔と伝えられている)。

七三年二月、土呂久公害は第四の公害病、慢性砒素中毒症として指定された。これは国にしてはかなり素早い行動だが、その意図は鉱害問題の早期終結をもくろんでのものだった(後述)。

亜砒焼きの工程は次の通りである。鉱山から運び出され、金槌で砕かれた硫砒鉄鉱に水を加え、裸足で踏んで捏ね上げ、それを手で丸め、こぶし大の団子にする。その団子を窯(登り窯)の中に並べ、薪で一〇日から二〇日くらい焼く。その煙(亜砒酸と亜硫酸ガスなどが一緒になったもの)が一号室、二号室、三号室と呼ばれる煙室に行く。火を落とし冷やされると白い亜砒の結晶が煙室に付着する。一号室の亜砒酸は純度九九%以上で、それを取り出して袋に詰め、製品にする。二号室、三号室のものはもう一度焼きなおして製品にした。煙突から吐き出される煙の中には亜砒酸や亜硫酸ガスが含まれていた(登り窯の絵は川原一之『口伝 亜砒焼き谷』〈岩波新書、一九八〇〉一六頁の川原由起子さんの挿絵〈版画〉に描かれているが、一之さんの案内で土呂久を訪れ、人々からの証言を元に描かれた妹尾河童さんの絵が分かりやすい。川原『浄土むら土呂久――文明といのちの史記』一四一頁)。

焼きガラ(ズリ)は土呂久川の土手に捨てられ、雨が降ると亜砒酸の混じった水が流れ出る。川には魚は一匹も棲んでいない。今でもその水で金魚を飼うと、死ぬ。水は流れ下り、五ヶ瀬川と合流する。

亜砒酸は正確には三酸化砒素といい、〇・一グラムが致死量という猛毒である。一九三一（昭和六）年、全国で五六五トンが生産されたが、うち土呂久で一三〇トン。二五年から四二年までの間に二二五〇トン（全国では一万三八三六トン）生産されている（ただし「不明」の年がある）。

被害はまず現場で作業する者に起こった。さらに工場の出す煙によって付近の住民が被害にあう。眼がただれ、皮膚がかぶれ、激しく咳き込み、内臓障害も起こしていた。眼病、気管支炎、喘息、肺炎、胃腸病、高血圧、神経痛、皮膚病（砒素斑点）、腎臓病、肝臓病、心臓病などの全身症状が出た。ガン化していくケースもあった。土呂久の産物である稲、椎茸、ゆず、蜜蜂、牛、馬などにも被害が及ぶ。燕も蛙もいなくなり、ネズミなどは炊事場の隅でミイラになって死んでいた。工場から排出された化学物質は亜砒酸だけでなく、亜硫酸ガス、鉛、銅、アンチモン、亜鉛などがあった。

村の和合会は一九二三（大正一二）年から何度も鉱山に対して煙害の対策を求めるが、鉱山は「交付金」を出すだけで抜本的な対策をしようとしない。「煙害料」をめぐって、鉱山に協力的な者と被害者との間で内輪もめも起こったりしている。亜砒焼き窯のすぐ近くに住んでいた「かな山」の佐藤喜右衛門一家七人は鉱山で働き、鉱山に肩入れしていたが、有毒の煙に襲われて、一九三〇（昭和五）年から一二年の間に六人が亡くなっている。家屋敷を売り払って村を出、筑豊など九州各地を流れ歩いていた息子の佐藤正孝さんも鉱毒に蝕まれており、五一年、門川町で行旅病人として亡くなった。喜右衛門一家は鉱毒に死につぶれた。

当然のことであるが、人々は医者にかかり治療していたのである。岩戸で昭和五年に開業した土持栄士医師は土呂久に往診に出かけ、状況を知っていたはずである。しかし保健所に届け出ることもなく、喘息とか肺結核などの診断を下していた。町の行政も住民の苦しみや訴えを見て見ぬふりをするだけだった(「自分の身がかわいいですけねえ」と佐藤鶴江さんは言っている)。一九二五(大正一四)年の池田牧然獣医による牛の解剖報告書も、村長が宮崎県に持っていったが黙殺され、岩戸村でも握りつぶされた。土呂久には「ストックマン村長」はいたが、勇気ある「ストックマン医師」はいなかったのである。佐藤鶴江さんが動き始め、斎藤教諭や川原一之記者が現れるまで五〇年かかった。

川原さんはその後(七五年)朝日新聞記者をやめ、土呂久鉱害に取り組んでいる。田中正造の祖形を反復している、のかもしれない。川原さんは、「僕の記者としての初心は、底辺に生きる民衆の声を汲み上げたいということだったのだが、その初心を貫くには、集権化と官僚化の進む新聞社に身を置くよりも、いっそ記者を辞めて土呂久に飛び込んだ方がよいと考えたから……」と言っているが、上野英信さんや松下竜一さんの影響を受けていることは明らかである。特に「文章の息の短さが全体を軽くしている。もっと粘って」という松下の評言は、新聞記事のような文章の限界として、川原さんも感じていたことだっただろう(『草の根通信』八二年一二月一二一号を参照されたい。川原『辺境の石文』〈径書房、一九八六〉に収録)。

次に、川原一之著『口伝 亜砒焼谷』の僕の感想文を再録する。『草の根通信』八一年二月九九号に書いたものである。なお、「尚付言すれば……」以降は松下さんの加筆である。

*

一九二〇(大正九)年、土呂久鉱山に宮城正一が亜砒酸工場を開いた。谷間にツンといやなにおいが立ちこめた。「毒物亜砒酸」の用途は、医薬品、殺虫剤、除草剤、染料、印刷用インク、そして毒ガスであった。

従業員はアヒ負けを防ぐため練白粉を手足に塗りたくり、手拭で顔をおおった。しかし煙害は防ぎようもない。大豆、椎茸、カボス、蜜蜂、魚、小鳥、竹林、木、馬、牛、野菜、稲、そして人間に被害が及ぶ。つまり、谷間全体に、である。

一九二五（大正一四）年に解剖された牛――中毒症状は、呼吸器、消化器、肝臓、心臓循環器、神経に及ぶ。つまり牛全体である。

この牛の解剖書と臓器をつめた瓶をもって、村長が宮崎県庁に出かけた時、こっぱ役人が、「瓶に封印がないので、本物かどうか信用できん」と冷たく言い放った。

そして、「もしやと思うが、宮崎県も福岡鉱務署も、土呂久鉱山の経営者とグルになっち、鉱毒を隠蔽しようとしとらんか」という疑念。

前後するが、大正一二年の和合会総会は、「害毒予防トシテハ、完全ナル設備ヲナシ……」と満場一致で決めた。鉱山長川田平三郎（大正一〇年から）は、「一日耳かき一杯くらいの亜砒酸は薬になる」とか、専門家を擁して「亜砒酸は重いから飛散することもない」と言い逃れをする。鉱山をめぐる利害が対立し、村は分断されそうになる。

被害で生活が立ち行かなくなると、鉱山に働きに出たり、坑木を売ったりという方向になって行く。「土呂久の者は、煙害にやられても土地をすてて逃ぐる訳にゃいかん」

いや、「かな山」の（佐藤）正孝さんは鉱山に土地を売り故郷を捨てた。一九五一年、彼は遺体の引き取り手のない行き倒れ人として果てた。「かな山は鉱毒に死につぶれた」

ひどい話だなあ。あんまりやないか。

儲かることは何でもするというのが資本の論理＝経済合理主義なら、外部不経済というのは、儲からんことは何もしないということなのだろう。村の和合会が再三要請した「完全なる設備」を、川田は無視する。あさはかさとあさましさとあつかましさの三つ組の資本の論理を絵に描いたような男の絵が、二六ページにある。著者の奥さんの由起子さんの版画です。

一九三三（昭和八）年、中島財閥系（中島飛行機は陸軍の隼や海軍の月光など、軍用機の三割を作っていた）の中島商事に経営が移る。鉱山の主力は錫に置かれるようになり、一九三六年、岩戸鉱山と名を改め、最盛期を迎える。同じ時、瀬戸内海の大久野島で毒ガスがつくられていた。

一九四一（昭和一六）年に切り倒された杉の木の年輪は、「……そのあと急に幅が狭うなったのは、大正九年に亜砒焼きが始まったからじゃ。七、八年後にやや広がって来た時期は、業界の不況で亜砒焼きの下火だったころにあたる。ここ五、六年は間隔のねえごつ狭まって、中島に経営が移ったあと、いっそう害は激しゅうなったことを証明しておった」。

一九四一年、鉱山は「選鉱物焼失により休山」した。中島は土呂久を見限って東南アジアに錫を求めた。やがて開戦。実に徹底した日帝ぶりである。

ところでこの本は、土呂久の古老の語りの体裁になっている。聞き書きをまとめた口伝の口伝ということだが、たとえば一六三ページ、大切坑、反射炉、遊煙タンク、気管といったような言葉は、土地の語りになじまない。神話の里の高千穂のも一つ奥の村は、もはやそれらの言葉抜きでは語れない。そして、土呂久で悪さをしたのは、まさにそれら「近代」という闖入者であった。

尚付言すれば、著者川原一之氏は、元朝日新聞記者で、豊前環境権裁判を担当していたこともあって、当会（草の根の会）との縁は浅からず、松下さんとの交友関係も深い。新聞記者という傍観的取材に限界を感じて、記者をやめ、土呂久へと飛び込んで行った結果がこの本になって結晶したのである。

*

一九七三年二月、国は土呂久鉱害を第四の公害病に指定したが、これには大きな問題がある。七一年一一月一三日に斎藤教諭の告発があって間もなく、一一月二八日、初めての住民検診が高千穂町立岩戸小体育館で行われた。これは斎藤教諭らの素人の調査にかわり、専門家という権威によって鉱害を小さく見せかけようとする意図があった。土呂久からも二二四人が受診し、県から委嘱された宮崎県医師会の医師一八人などが診察に当たった。二回の検診の結果、七二年一月一九日、八人が砒素中毒の後遺症の疑いがある、と県に報告した。しかしその杜撰《ずさん》な報告に、住民からは強い不満が出た。公害被害者は皮膚病、眼病、歯、鼻、咽喉、気管支炎、肺炎、肝臓病など全身症状を呈していたにもかかわらず、認定審査は皮膚病（色素沈着、砒素斑点、角化）だけを対象にしていた。耳鼻咽喉科の検査や、レントゲン撮影などは行っておらず、したがって異常も発見されなかった。異常は無かったことにされた。また過去の被害者、死者については問題にされなかった。

県は結論を急ごうとし、鉱害の矮小化をもくろんでいた。

県は住民検診の結果、精密検査が必要になったとして、鶴野秀男さん、鶴野クミさん、佐藤鶴江さん、佐藤一二三さんたち四人を熊本大学医学部附属病院に入院させた。七二年二月二一日から一〇日間の予定が、四月一日までかかって、心電図、レントゲン、眼科、耳鼻科、脳波、胃透視、泌尿器などの検査を何度も受けた。生体検査で皮膚や胸、背中、下腹、掌、足の裏などを切り取られ、一時は逃げ出したこともあった、と鶴野クミさんは語っている。そして熊大の出した結果は、皮膚病は慢性砒素中毒症と思われるが、他の肺気腫や、全歯脱落、骨粗鬆症、音感系難聴、臭覚障害、視野障害と砒素との関係は現時点では学問的に見て不明である、ということであった。全く不可解な結果である。

七二年八月、熊大で検査を受けた四人と、県立延岡病院で検査を受けた佐藤アヤ子さん、佐藤ノブ子さん、佐藤シズ子さんの三人が慢性砒素中毒患者に認定された。

村の中には、「いまさら昔のことをいうてどうなるか」、「土呂久の恥を外部にさらすようなもんじゃ」、「嫁の来てがおらんようになる」、「シイタケや農産物が売れんようになる」などと言って反対、ないしは消極的な人も多かった。ここでも被害者が被害を隠そうとする傾向がある。

七二年一二月二七、二八日、黒木博宮崎県知事は、鉱業権を引き継いだ住友金属鉱山との斡旋に乗り出し、土呂久公害認定患者七人を宮崎市内の旅館日向荘に呼び出した。その後、追って来る新聞記者（川原一之さん）をまくために、町をぐるぐるまわってまわって、平安閣に場所を移し、外部との連絡が取れない状態で補償交渉の斡旋案を呑ませた。鶴江さんはマスコミにいてほしかったのだが、県側に、相談中にマスコミが入ると相談ができないからと言われた（佐藤鶴江さんから支援者でクリスチャンの生態来吉氏宛の手紙、七三年一月一四日）。鶴江さんは、県側が「何にも知らんいなか者じゃけん、だまし込んでしまおうという腹ですよ」と悔しがる（高浜政利県議と佐藤鶴江の対談）。

水俣の時もそうだったが、ここでも年末攻勢である。被害者の立場を口にしながら、巧妙で卑劣な雲隠れ・缶詰め作戦に出た。補償額案は最高三二〇万円、最低一六〇万円、七人で総額一五二〇万円、平均二百余万円。これが五〇年間苦しめられてきた代償とは、あまりにひどい内容である。いや、二〇年遡ると請求権はないので、斡旋案は一九五二（昭和二七）年からの分というのである。また呼吸器や内臓疾患は砒素中毒ではない（熊大の結論）ので補償の対象にならないというのであった。亜砒焼きの過程で起こった全ての病気が補償の対象でなければならないはずなのに。

二八日、交渉の結果、補償額は最高三五〇万円、最低二四〇万円、総額一六八〇万円、平均二四〇万円。上積み分は三年間分であった。この他に地域振興費が一〇〇〇万円。例によって「補償金を受領した以後は、名目のいかんを問わず、将来にわたり、一切の請求を行なわないものとする」という条項がついてきた。こういう条項入りの確認書がすでに用意されていて、それを読み上げる形で承諾を迫った。「鶴江さんと秀男さんが粘るんで年内に片づかん、と他の人が言ってますよ」と後藤環境長に言われて、「わたし一人頑張ってもしようがないから納得しましょう」と、佐藤鶴江さんは交渉の経過を明かした。生活保護は打ち切られ、三〇〇万円は生活費、二カ所の医療代、タクシー代などに消えていく。後に鶴江さんはこれを「神と頼んだ黒木知事に裏切られた」のだと怒る。鶴江さんは新たな運動に乗り出すことになる。

鶴野秀男さんは「住友金属鉱山は自分たちが操業して公害を起こしたわけでもないのに、補償していただきありがとうございました」と挨拶している。その場の雰囲気に呑みこまれてしまっていた。

住友金属鉱山は一九六七年、亜砒焼きが終わって（六二年）から鉱業権を獲得したのだが、それ以前から中島鉱山にてこ入れしていた。戦後の土呂久鉱山（会社名）は細々と銅の採掘を行っていた。一九四八年頃、亜砒焼き再開を和合会に申し入れたが反対にあい、採鉱だけを始め、鉱石は佐賀関や直島の精錬所に売った。後には気仙沼の鹿折精錬所に送り、亜砒酸をつくった。五一年、中島鉱山と改名した頃、大切坑で黄銅鉱の鉱脈に当たると、五三年一月、亜砒焼きも現地でしたい、新型の焙焼炉を導入するから煙害の心配は全くない、と和合会に申し入れた。鉱山に働き口を求める人と、命まで売ろうとは思わないと考える人との間で、和合会は大揺れに揺れた。県も岩戸村長も地域の発展を口実に切り崩しに乗り出し、鉱山から三〇万円の協力金を取り付けると、和合会の男たちは賛成に回ってしまった。それでも女たちは反対した。

五八年七月、大切坑の坑内で水脈に当たり、坑道は水没、鉱山は休山に追いこまれた。そこで住友金属鉱山がてこ入れし、五九年三月から再開した。亜砒焼きも続けられた。しかし、六二年一二月、海外の安い鉱産物に太刀打ちできず、採算が取れなくなり、経済的な理由によって閉山に至る。

住友金属鉱山は事実上の経営権を握っていた。鉱業法一〇九条には「損害の発生の後に鉱業権の譲渡があったときは、損害の発生の時の鉱業権者及びその後の鉱業権者が（略）連帯して損害を賠償する義務を負う」と書かれており、鉱業権を譲り受けた者も連帯して賠償責任を負うことになっているが、譲り受けたのは住友金属鉱山が当事者であったからだ。

年内に斡旋妥結し、収束をはかるという策戦は上手く行ったように見えた。「小学校出の百姓が大学出の県庁職員にごまかされた」と鶴野秀男さんは口惜しがる。県や企業は純朴で人のいい土呂久の人を手玉にとったのだ。第三次斡旋の際（七四年一二月）、あまりの低額に怒った佐藤仲治さん、佐藤数夫さん、佐藤ミキさんは斡旋を拒否し、訴訟への道を切り開いた。

手玉に取られていたと知った佐藤鶴江さん、鶴野秀男さん、佐藤仲治さん、佐藤数夫さん、佐藤ミキさんたち患者五人と故佐藤勝さんの遺族は、知事斡旋を無効として、七五年一二月二七日（黒木知事による斡旋の三年後）、住友金属鉱山を相手取って、一億七三五〇万円の損害賠償を請求し、五〇年にわたる鉱害被害の全てを補償するようにと宮崎地裁延岡支部に提訴した（第一陣）。原告・支援者二〇〇人は　延岡駅前から裁判所まで、「怨訴」と書かれたプラカードを掲げ、デモ行進した。斎藤正健教諭は、「告発後も証拠の隠滅、認定ワクの狭さ、不当なあっせんと被害者にとっては不満なことばかり続いた。最後の手段として裁判しかなかった」と述べて、企業と行政を批判している（『朝日新聞』）。

七六年五月、第一回口頭弁論で佐藤鶴江さんは、

神と頼んだ知事さんに裏切られた。

どうしてもこらえきれない自分たちの無念さを、なんとかして住友を相手取って、私達は救済の道を開かねばならない。たとえどんなに根治の見込みはないと言われましても、生きてゆ

く権利があります。また生きとうございます。（略）

と陳述した。七八年までに四次にわたり、原告は二三人になった。

七七年三月、行政不服審査を請求したが、一〇人中一人認定が取れればいい方ではないか、という難しい審理であった。再申請によって、七九年、五人が認定された。

七三年二月、名古屋大学の大橋邦和講師は、認定されていない人で希望する人、二三人の自主検診を行った。殆どの人に眼、鼻、咽喉などの粘膜異常、慢性気管支炎、喘息、肺結核、胃、肝臓などの内臓疾患、リューマチ、皮膚疾患、神経痛、歯、骨などの症状のうち、幾つかが複合してみられた。また七五年二月、岡山大学の検診団も、健康被害は皮膚、神経、呼吸器、消化器など全身に及ぶことを確認した。八一年九月、環境庁から認定要件見直しの作業を委嘱されていた「慢性ヒ素中毒に関する会合」が「皮膚、鼻の病変、多発性神経炎の現行三要件に加え、慢性気管支炎も加味する」という検討結果を報告し（熊大の結論が否定された）、続いて八四年までに一四〇人が認定を受けた。

八四年三月二八日、八年三カ月の長期戦の末、地裁延岡支部で勝訴した。亜砒焼きが始まって六四年目の判決である。「住友金属鉱山に賠償責任あり」の垂れ幕がおどった。涙をぬぐう老婦人がいた。遺影に語りかける人もいた。裁判所の庭では原告二三人、うち一人を除く二二人に、総額五億六〇〇〇万円を支払うよう命じた。国の慢性砒素中毒の認定要件のほか、一部内臓疾患や循環器障害、肺、喉頭癌など全身に被害が及ぶと認定した。提訴以来、原告二三人のうち一三人が亡くなり、三人が病床を離れられなかった。

佐藤鶴江さんも七七年九月に亡くなった。五六歳。その数カ月前に、再び生活保護の申請をしなければならなかった。

吾人生の宿命なれど　毒の煙がなかりせば
この世に幸の多かりし　うらみはつきぬ窯のあと
公害にかかりし人は死に果てつ　残る我が身ぞたえゆかん
遠い昔に夢見た夢は　おどりにうたに看護婦と
重き病がなかりせば　希望かなえて今頃は

などの歌をつくっている（佐藤鶴江「魂の叫び　百歌撰」『生きとうございます――鉱毒患者の遺稿』土呂久・松尾等鉱害の被害者を守る会、一九七九）。

宇井純さんは、当時の知事の斡旋が公序良俗違反にならなかったのと、一人が除外されたことが物足りないと述べている（『朝日新聞』）。

三月二九日、住友金属鉱山は福岡高裁宮崎支部に控訴した。二九日、患者と支援者は東京新橋の本社に攻め上り、社長への面会を求めた。「住鉱償え！」「宮崎土呂久」と書かれたゼッケンを付け、鉱毒被害者三〇人、支援者五〇人は、四月一九日まで本社前にテント村をつくり、抗議の座り込みを敢行した。佐藤トネ土呂久鉱山公害被害者の会会長は「原告の半数以上が亡くなっているというのに、控訴するとは、みんな死んでしまえということではないか」と怒っている。交渉で藤森社長は「控訴は取り下げない。謝罪の必要はない」と用意した文を読み上げて席を立った。

八四年一〇月には患者一五人と四遺族が第二陣訴訟を提訴した。

八八年九月三〇日、控訴審でも勝訴、高裁宮崎支部は総額三億八〇〇〇万円の支払いを命じた。一審で認められなかった佐藤ハツネさんの訴えも認められたが、原告は「命の値段を値切られた」と怒っている。原告・支援者は、判決前の一九日から再び東京新橋の住友金属鉱山本社に座り込んでいた仲間と合流し、抗議した。会社はシャッターを閉ざし、話し合いに応じようとしない。患者はまたもや座り込みに入り、一〇月三日、佐藤ミキさんは、「わたしたちは、控訴審の判決をいただいて、社長さんに会いに参りました。りっぱな判決をいただいて、何十年もの償いをしてもらおうと思って、やってきました。社長さん、どうか玄関に出てきて、会ってください」と呼びかけたが、何の応答も無かった。住友は判決を不服として、最高裁に上告した。

九〇年一〇月三一日、第一陣、第二陣とも最高裁で和解した。住友金属鉱山の責任を明記せず、賠償金ではなく、一、二陣の原告がそれぞれの一審判決で受け取った仮執行金四億六五七五万円を住友鉱山に返し、住友金属鉱山は同額を「見舞金」として支払い、原告の損害については、今後公害健康被害補償法と、労働者災害補償保険法の給付で解決する、というものであった。原告は、命あるうちの苦渋の選択だったと語る。亜砒焼きが始まってから七〇年、提訴以来一五年もかかった決着だった（『朝日新聞』）。

しかし立入り禁止の大切坑跡からは、今も基準値の五〜一〇倍の砒素が検出されている（『西日本新聞』二〇〇六年一一月一日）。

川原一之さんは『里見八犬伝』の八つの玉になぞらえて、一人の〈民衆の敵〉「ストックマン医師」が周囲の理解を得ていった経過を描いている。いのちのために、「隠されていた被害を発掘した教師の情熱、義憤に燃えて奔走した土呂久・松尾等鉱害の被害者を守る会の会員の努力、カトリック信徒が実践したキリストの愛、誠実な医師が明かした医学の真実、弁護士が説いた患者救済の法理、共に闘う決意で支えた宮崎県内の労働者、広く世間に実情を伝えるジャーナリストたち」、そしてそれらに呼応する天の声、地の声、人の声。八つの玉には、熱、義、愛、真、理、共、伝、声と書かれている（『浄土むら土呂久』二〇七頁〜）。これこそ、独り立ち上がった〈民衆の敵〉「ストックマン医師」が、苦難の末、少しずつ民衆の理解を得て、共に進めていく闘いの発展過程ではあるまいか。

【参考文献】
佐藤鶴江『生きとうございます――鉱毒患者の遺稿』土呂久・松尾等鉱害の被害者を守る会、一九七九
田中哲也『鉱毒・土呂久事件』三省堂選書、一九八一
川原一之『口伝　亜砒焼き谷』岩波新書、一九八〇
川原一之『辺境の石文』径書房、一九八六
川原一之『浄土むら土呂久――文明といのちの史記』筑摩書房、一九八八
川原一之『土呂久羅漢』影書房、一九九四
『朝日新聞』『西日本新聞』等。

五、豊前環境権裁判 1〈ランソの兵〉

さらに、豊前火力反対問題でも〈民衆の敵〉のパターンは繰り返される。

松下竜一さんは一九六八年に『豆腐屋の四季』を自費出版、六九年に講談社から出版した。すると、緒形拳主演でテレビドラマになって放映され（六九年七月～七〇年一月）、中津では人気が上がった。貧しくとも豆腐屋として真面目に働き、学生のように社会に不平も言わず、家族を支え、日々勤勉、穏やかに暮らしている姿は、模範青年として、県知事から表彰までされた。

しかし、松下さんはそれに違和感を感じ苦く思っていた。『豆腐屋の四季』の巻末に石牟礼道子著『苦海浄土』の広告が載っていた。編集者に贈られて、松下さんはそれを読み、企業のやり方に怒りがこみ上げてきたが、実際には何もしなかった。また『豆腐屋の四季』には社会的な発言が織り込まれているが、それを読んだ読者から、様々な手紙やミニコミ誌が送られてきていたものの、それらにも応えることはできなかった。そのことを心苦しく思っていた。

とりわけ、宇部市の向井武子さんから、「あなたを見込んでお願いするんだけど、仁保《にほ》事件という冤罪事件が起きている。一緒に救援活動をしてもらえないか」という手紙と、事件のことを書いた金重剛二著『タスケテクダサイ』（理論社、一九七〇）という本が送られてきた。読んだ松下さんは、これは冤罪だと確信した。最高裁判決が七月三一日に迫っていた。

六月二三日には安保が自動延長になった。俺はまた何もしないで見過ごすのか、という思いが湧いていた。しかし、豆腐屋でいる間は社会的な問題に関わっていくことは不可能だということも分かっていた。

一九七〇年六月二八日、東京・水俣病を告発する会（代表宇井純東大助手）は東大工学部八号館で結成大会を開いた。石牟礼道子さん、砂田明さんも呼びかけ人として出席していた。宇井さんは「患者とともに地獄の底までつき合えるか、それがわれわれ一人一人の問題だ」と述べた（『朝日新聞』七〇年六月二九日）。

砂田明さん（劇団地球座俳優・四二歳）は初め、一人で三カ月くらいかけて水俣まで歩いて巡礼する心算だった。劇団員や学生など九人が同行希望したため、電車を乗り継いで行くことになった。七月三日、東京―水俣巡礼団はチッソ東京本社前で抗議集会を開き、「厚生省がそのような恐るべき病を引き起こしたチッソの責任を問わず、むしろチッソの側にたった行政を遂行していることは絶対に許せないことです。私達は今後ともチッソの犯罪を鋭く追及していくと同時に、厚生省の企業ベッタリの姿勢を絶えず告発していかねばなりません」と抗議文を読み上げ、水俣へ向けて巡礼の旅に出た（『朝日新聞』七〇年七月三日夕刊）。巡礼姿で電車を乗り継ぎ、「浄財を水俣へ」と書いた頭陀袋を下げ、カンパを集めながら、厚生省、川崎、横浜、富士、名古屋、四日市、小牧、京都、万博、大阪、神戸、広島、岩国、徳山、南陽町、小倉、戸畑、中間、博多、熊本、水俣という、全国の公害の現地を巡る遍路であった。

五日、砂田さんは万博会場で「水俣漁民を一七年もほったらかしにしておいて、何が進歩と調和じゃ！」と叫び、一〇日は熊本地裁で公判を前に、

（略）もし　あんたが　人やったら
起ちなはれ　戦いなはれ
公害戦争や／水俣戦争やでえ（略）　　　　　　　　（砂田「起ちなはれ！」）

と叫んで、各地で集まった浄財を手渡した（砂田明『海よ母よ子どもらよ――夢勧進の世界』樹心社、一九八三。土本典昭監督『水俣――患者さんとその世界』一九七一）。

その後水俣に向かい、一二日、チッソ水俣工場で工場長に面会を求めたが、居ない、という。そして石牟礼道子さん宅に行き、解団式を行った（岩瀬政夫著『水俣巡礼――青春グラフィティ70～72』現代書館、一九九九。『朝日新聞』七〇年七月三日）。

砂田明さんたちが東京―水俣巡礼の旅に出たというニュースを知った松下竜一さんは衝撃を受けていた。「私にとって〈水俣〉は一つの原点となっている」と松下さんは書いている（「私に転身を迫った衝撃」『水俣東京展ニュース』九六年一月一日）。

その時、松下さんは湯布院や国東での講演の後で、持病の腰痛と風邪と結核（当時はそういう診断であった。七七年に多発性肺嚢胞症と診断）で臥せっていた。お父さん（六四歳）が「どうするか、俺はひどうでもうでけんだい」と言った。自身も体力の限界を感じていた松下さんは、「父ちゃん、もうやめよう」と応えた。しかし、豆腐屋をやめて何をするというあてがあったわけではない。ただ高校生の頃、作家になりたいという夢を描いていたし、お母さんの葬儀の時、作家になると誓っていた。『豆腐屋の四季』の成功は一つの方向を指し示していた。もっと自由に生きたいという志望があった。

外から卵の「殻」を啄く音が聞こえ、同時に自分自身の中のもっと自由に生きたいという啐《さけ》びを聞き、七〇年七月九日、松下さん（三三歳）は豆腐屋をやめ、作家に転身することにした。「人は、他人の痛みをどこまで分け合うことができるのか」（『歓びの四季』講談社、七一年三月）と松下さんは書いているが、この言葉は宇井さんの「患者と地獄の底までつき合えるか」という問いを松下さん自身が自分に問うたものである。ここから松下さんの社会的な眼は開かれていくことになる。これは松下竜一の受難であり、社会化である。以後、松下さんの生のテーマになった。松下竜一の文学、ということである。松下さんは、「私にとって〈水俣〉は一つの原点となっている。その〈水俣〉に対しておまえは何をなしたかと問われれば、うなだれるしかないのだけれど」と書いている。しかし、これは逆で、松下さんは「水俣」に直接関わることはなかったのだけれど、「水俣」は、松下さんが自分の持ち場で闘う時の、受難の原点となっている、ということだろう。

当面の問題は仁保事件の雪冤《せつえん》活動である。松下さんは『朝日新聞』声欄に投書し、中津や各地で集会を開いた。七月三一日、最高裁で高裁差戻し判決が出る。その後も、広島高裁で無罪判決が出るまで誠実に活動した。

この時期、松下さんは様々な問題が同時進行していた。そうした活動のためにも作家・著述業という（自由な）立場は必要だったのである。すでに『毎日新聞』大分版の毎日サロン欄に短文を書いていたし、六八年九月から松下さんは北九州で発行されていた雑誌『九州人』の同人になり、作品を発表していた（それらは、未発表の作品と合わせて、『人魚通信』〈七一年八月〉、『絵本切る日々』〈七二年一二月〉にまとめられ、七八年、セレクトされて『潮風の町』として筑摩書房から刊行される）。ドラマ放映中の六九年夏、同じく『九州人』同人だった恒遠俊輔さんが訪ねてきて、唐揚げをつまみに、ビールを飲みながら、「緒形拳さんそっくりですね」「あげ堤しねえちゃ」と語り合った。豊前火力反対運動以前から二人が出会っていたことの意味は計り知れず大きい。

七一年、作家宣言して一年半たって、西日本新聞社からの依頼で大分新産業都市の公害問題を取材し、一一月、「落日の海」を一五回連載した。さらに臼杵市風成《かざなし》に取材して『風成の女たち――ある漁村の闘い』（朝日新聞社、七二）を書いた。その取材中の一〇月、自分の足元で、周防灘総合開発計画――豊前火力発電所建設問題が持ち上がる。

七二年五月一六日、広島高裁で仁保事件差戻し審を傍聴した後、広島大学で石丸紀興さんと会い、周防灘開発問題研究集会の相談をする、八月には『風成の女たち』の刊行という連鎖的展開になる。ところが、『風成の女たち』は風成の人たちからクレームがつき、本の回収と絶版を迫られた。松下さんはたまたま訪れた上野英信さんに相談する（七二年八月二九日）。上野さんは、「君ねえ、そんなことでうろたえるくらいなら、今後記録文学はやめたまえ。命をはらずに記録文学は書けないものなんだ」と、作家の覚悟を叩き込まれる。上野さんの叱責を肝に銘じ、松下さんは風成の人たちの要求をきっぱりと拒み、やがて誤解も解けた。

仁保事件は、七二年一二月一四日、広島高裁で無罪判決を勝ち取る。

豊前火力発電所は周防灘総合開発のエネルギー基地として計画された石油火力発電所であった。周防灘総合開発とは、六九年五月三〇日、政府が決定した新全国総合開発計画の一環で、山口県・

福岡県・大分県三県の沖合一〇キロ、水深一〇メートルまで埋め尽くして、そこに巨大なコンビナートを造ろうというものであった。

一九七一年一〇月二日、九州電力は、福岡県豊前市に、老朽化した築上火力（石炭火力・一四万五〇〇〇キロワット）を廃して、その沖合の明神海岸三九万平方メートルを埋立て、そこに五〇万キロワット二基と七五万キロワット二基、計二五〇万キロワットの石油火力発電所の建設を申し入れた（後に五〇万キロワット二基、計一〇〇万キロワットに変更した）。

公害の発生は必至である。まず発電所が空気を汚染することで健康被害が予想される。埋立てが海水を汚染する。干潟の生物や海鳥が被害を受ける。農業被害、漁業被害も予想される。七度高温で一日三五〇万トンの温排水は生態系を壊し、海苔に被害を与えるだろう。これらを未然に防止する必要がある。四日市喘息の悲劇や、富山火力の排煙により気管支喘息で急逝した成田栄子さん（一〇歳、七二年六月一七日）の悲劇を繰り返してはならない。

七二年七月一五日、豊前市で豊前・築上地区労を主体として、豊前公害を考える千人実行委員会（代表は恒遠俊輔さん）が結成された。また七二年七月三〇日、中津市で婦人会、地区労、社会党、公明党、共産党などを結集して、中津の自然を守る会が組織された。会長は横松宗（大学教授・魯迅研究家）、副会長は向笠喜代子（中津市連合婦人会会長）、事務局長は松下竜一である。この日の講師は宇井純さん。そしてこの日、松下さんは梶原得三郎さんと出会う。

横松宗氏（一九一三〜二〇〇六）は、守る会の会長として松下さんと意見・方法を異にしていた。例えば七二年九月二八日朝、松下さんは守る会として緊急号外ビラを出した。N議員の八百長質問、暴論珍論を批判する内容である。これについて向笠副会長は横松会長に、「けさのこのビラはいったいなんですか！　市議や市長を一方的に個人攻撃するようなやり方は大嫌いです。これではますます敵を作ってしまうばかりじゃないですか。あなたは会長として、ちゃんとビラの統制くらいとりなさいよ」と言って詰問した。「いえねえ、ぼくもあのビラを見て、困ったなあと思ったんですよ。松下君の全くの一存で……」と会長は弁明した。

松下さんは「（略）横松先生には電話でビラを出しますからと相談しただけで内容まで見てもらわんじゃったもんですから……でもこのビラに書いてあることは全部事実じゃから……」と答えたが、副会長は「事実がどうこうではありません。こういう決めつけかたをすると、相手にいい口実を与えて、きっと利用されるもんです」と言って松下さんを叱った。そのあと、総務委員との交渉で、推進派の市議から、「このビラはなんだ」と言われて、会長は「これは会としての正式なビラとしては認めません」と言い、お詫びのビラを五〇〇〇枚作って議会事務局に提出することになった。「君もいいぶんがあるだろうが、この際忍んでください。……いいよ、詫びの文章はぼくが書くから」と会長は言い、松下さんは「どうも御迷惑かけました」と頭を下げた（松下『暗闇の思想を』朝日新聞社、一九七四年三月、五六頁）。

また、一一月二九日、守る会は九電との第二回討論会を行った。守る会の青年部ともいうべき「中津公害学習教室」（松下さん、梶原得三郎さん、成本好子さん、須賀瑠美子さん、今井のり子さんたち）は、火力問題について学びあった結果を持って厳しく追及し、深夜に及んだ。このことが後の締め出しの一つのきっかけとなる。

七三年一月二八日、守る会は中津市公会堂で市民大会を開いた。五〇〇人はその後婦人会を先頭にデモを行った。副会長の意向で、ヤッケなど異様な服装はしない、赤旗を掲げない、プラカードには豊前火力反対以外を書かないなどの条件が付けられていた。松下さんはデモを途中で抜けて、宇井純さんの九州一巡の自主講座受け入れの準備に当たった。

これらのことから言えるのは、守る会は、市の名士や政財界とことを構えたくなかったということである。彼ら自身すでに名士（エスタブリッシュメント）だったから。松下さんは「今さらに後悔は深い。どうしてもっと激しく闘わなかったのか。市長を敵と規定し、市議会の大半を敵として闘わなかったことへの悔いに、涙がわいた。温和な中津の人情機微の中で、いっさい敵を作ってはならぬという守る会の幹部の方針に牽制され続けて、なんと私たちの行動はにぶらされてしまったことか」と書いている。

豊前市が九電と環境保全協定を結び（七三年二月二一日）、中津市が公害防止協定を結ぶ（三月三〇日）と、中津の自然を守る会は役割を終えたとして解散する。

防止協定の中身はこうである。豊前火力一〇〇万キロワットが年間に排出するチッソ酸化物は毎時一五〇〇キログラム（つまり自動車一万一四〇〇台相当）である。硫黄酸化物（硫黄分一・六％の重油を使った場合）は年間四・四八万トンであるが、このうち、四〇％を除去する排煙脱硫装置を設置する、つまり二・六八八万トンを放出するというものであった（これは、いわば足尾鉱毒事件における粉鉱採聚器、水俣病事件における八幡プールのサイクレーター、土呂久鉱毒事件における「完全なる設備」に相当しよう）。四日市コンビナート全工場から排出される硫黄酸化物が年間四

〜六万トンと計算されている。豊前火力は一つで四日市の半分の硫黄酸化物を出すことになる。これでは不十分である。海を埋立てるということ自体が問題である。他にも温排水の問題や環境に及ぼす多くの問題がある。問題は解決していないと考える松下さんたち中津公害学習教室と、恒遠俊輔さんたち豊前公害を考える千人実行委員会と、自治労現地闘争本部の三者は、七三年三月一五日、豊前火力絶対阻止・環境権訴訟をすすめる会を結成し、「清き空気を、深き緑を、美しき海を」と格調高く宣言した。

海は誰のものでもない。海は漁民だけのものではない。漁獲高だけが海の評価ではない。漁業権を買い取ってしまえば企業が埋立てていいわけでもない。一般住民にも貝掘りや海水浴や眺望を楽しむ権利があるとして、環境権という新しい法理を立て、七三年八月二一日、豊前火力建設差止裁判(豊前環境権裁判)を福岡地裁小倉支部に提訴した。

「濫訴の弊」とは、支配者が庶民を戒めて、濫《みだ》りに互いを訴えていては社会が混乱してしまうから、訴訟を辞めさせるためにする言葉である。松下さんはこれを逆手にとって、〈ランソの兵〉を名乗り、「日本中の庶民たるもの、総がかりで訴訟を起こさねばならぬ。日本政府に対してはいわずもがな、県知事、市長も血祭りに、大企業こそはひとつも余さず、ただひたすらに訴えて訴えて訴えくるうことによって、日本の新しき庶民の世は到来するのである」と叫んだのである(『五分の虫、一寸の魂』筑摩書房、一九七五)。

環境権は新たに提唱された権利であり、いまだあやうい状況にあるが、運動していくことで環境権の地平を拓くというのが松下さんたちの主張であり、〈民衆の敵〉と呼ばれようと、あえて〈ランソの兵〉として立ち上がったのである。

「権利とは斗い取るもの」という恒遠さんたちの所属する豊前築上地区労は勿論裁判に参加したのであるが、中津下毛地区労は参加も支援もしなかった。

松下さん（三七歳）はそうした一連の経過を『暗闇の思想を』（『朝日新聞』一九七四年三月一四日刊）に書き、出版した（『暗闇の思想を』というのは、七三年九月に坂本紘二編『暗闇の思想――なぜ豊前火力に反対するか』（豊前火力阻止・環境権訴訟を支援する会）という小冊子を既に発行しており、それと区別するためもあったであろう）。すると七四年五月に、松下さんは中津下毛地区労から名誉毀損で告訴された。同書の中に重大な誤りがあり、謝罪と販売中止を申し入れたが松下さんが応じないので、というのである。

「重大な誤り」というのはこうである。松下さんたちは環境権裁判を七三年八月二一日、福岡地裁小倉支部に提訴したわけだが、『朝日新聞』の七三年九月三日付声欄に、「田中安雄、中津市、工員、三七歳」の投書が載る。「（八月）二六日付で田川市の広田さんから「労組なぜ支援せぬ」と名ざしされた地区の一労組員として意見をのべたいと思う」と前置きして、「環境権訴訟はすすめるべきでない」という意見を述べたものである。この「田中」氏の意見を、松下さんは地区労の意見のように断定しているが、地区労の調査では「田中安雄」という人は組合員の中にはいないし、地区労は環境権訴訟に対して何ら公式見解を表明していない、というものである（『大分合同新聞』七四年五月二〇日。いかにも問題者のような人相の松下さんの写真つきで）。

これに対して松下さんの考えは、「田中」氏の投書は殆どの人が地区労の意見として受け止めるであろうし、自分もそう思っている、事実に反するものではない、というものである。

「田中」氏の文は、たしかに初めは「一労組員として」と書き始めているが、文の中頃と終わり頃には、「われわれにいわせれば」とか「われわれなりに」とかいった組織の意識が露見していて、労組のしかるべき地位にある人の発言と思われる文である。おそらく松下さんは地区労の人と話したことがあって、投書文の趣旨はその人の話と同じだと分かっていたのであろう。「田中安雄」という人は地区労の中にいないといっても、心当たりがあったのである。

松下さんは本の内容に自信があった。上野英信さんの言葉も脳裏に響いていた。地区労の要求をきっぱりと断り、裁判になっても受けて立つつもりだった。が、検察が不起訴処分にした。

「田中」氏の意見をさらに詳しく紹介する。「裁判で負けた一判例は次からの裁判にひとつの法令的影響を与える」ので「あの（環境権）裁判はすすめるべきでない」、「公害予防運動というものを純粋にやる気があるならばスタンドプレーでは方法をあやまる。もっと足が地についた実質的に勝てる道をとるべきではなかろうか」。

環境権訴訟に弁護士さえつかなかったのは、確かに負けた場合、判例になるという事情があった。それでも止むに止まれず裁判に打って出た松下さんたちの行動をスタンドプレーと非難し、「民衆の敵」と言いたいのである。妥協した者は自己弁護し、妥協せず闘い続ける者を攻撃する。よくあるパターンである。

これに対して〈ランソの兵〉松下さんの「田中」氏への反論は、運動の神髄と言ってもいいような本質的で徹底的なものである。
　敗北を恐れて闘わぬところには、もともと住民運動など育ちえまい。よしんば敗れたとて、真剣に闘い抜いた運動に、不毛などは遠い言葉であろう。（略）負けても負けても挑んでいく巨大な住民エネルギーだけが、「法律の壁」を破りうるのではないか。負けの判例を恐れて環境権主張を見送り続けるならば、ついにこの新権利獲得の日は来まい。（略）
「実質的に勝てる道」なるものを知っているなら、是非教示していただきたい。（略）それを見出し得ぬゆえ、困難な訴訟にかけたのだから。訴訟に立ち上がった以上、ただいちずに闘い抜くのみ。先での敗訴の責任など、今の時点で考えるはずもない。（略）
（松下竜一『暗闇の思想を』）
　このように反論・批判されたことも、地区労側の告訴の理由となったであろう。しかし、運動することで環境権の地平を切り拓くというのが松下さんのダイナミズムである。眼前の問題として火力発電所がＮＯx、ＣＯx、ＳＯxを排出し、住民の健康に影響があると予見される時、勝ち目がないと手を拱いてなどいられない。公害は何年か先に愛する子や孫を襲うだろう。心のやさしい人たちが、そのやさしさゆえ受難し、闘いに立ち上がっているのだ。それは闘うやさしさというものである。あえて〈民衆の敵〉の汚名を着てもなお、〈ランソの兵〉として立ち上がる。「斃れて止まざるは我道なり」（田中正造）。一見荒々しく闘った者のやさしさが、いずれ分かる時が来る。
　やさしさが、やさしさのゆえに権力からつけこまれるのでなく、やさしさがそのやさしさのままに強靱な抵抗力となりえぬのか。

（松下竜一『明神の小さな海岸にて』朝日新聞社、一九七五、一七六頁。松下竜一「やさしさと抵抗――或る読者への手紙」〈中村紀一編『住民運動〝私〟論――実践者から見た自治の思想』創土社、一九七六〉）

これは松下さんのテーマである。松下さんは未来を見ている。

七四年六月二五日未明、九電の強行着工に備えて浜の網干場に仮眠した松下さんが海を見ていた時、水俣から浜元二徳さんが駆けつけてくれた。「まだまだ日本の企業は、これでも人間を痛めたらんごたる」。浜元さんのことばを、松下さんははっきりと聞きとめた。

六月二六日、九電は明神海岸埋立てに着工した。遠く大分県佐賀関から西尾勇さん、上田耕三郎さんが「真勇丸」に乗って応援に来た。梶原得三郎さんや学生たちが「真勇丸」に乗りこみ、捨石作業をする作業船に乗り移り、工事の中止を要請した。その時松下さんは九電側との交渉に出ていた。午後、埋立て作業は中止になり、作業船は苅田港に引き上げていった。

翌二七日、巡視艇もやって来て、海岸の反対派に備え、その沖合には一八隻の作業船が出て捨石作業を始めた。「海を殺すな」と叫ぶ松下さんたちを、背後で機動隊と私服が薄笑いを浮かべて見ていた。松下さんは「強靭な意志を。小山のような機械とも対峙してなお揺るがぬほどの屹立した意志力を」と、祈りのように呟き続ける。

七月四日早朝、梶原さんが門司海上保安部に逮捕された。佐賀関でも二人が逮捕された。権力は薄笑いを浮かべて弾圧した。梶原さんは、「逮捕されたのが自分でよかった。松下さんが逮捕されていたらと思うと、身のすくむ思いがする」と言っている。

松下さんは三人が逮捕され、連日団結小屋に詰める中で、ある日茫然としたような気鬱に襲われる。動揺が胸に湧き起こる。

心中を占める寂しさが、誰にも見られていないそんな場所で、団結小屋に向かっていた私の足を不意に止めてしまったのだ。それは、思わず洩らした吐息ほどの停滞で、すぐに私は海岸の学生たちの方にあゆんでいったのだったが。／孤独が心を占めていた。

（『明神の小さな海岸にて』一五二頁）

リーダーでありながら、運動に不向きな性格であることを自覚している松下さんは、運動の方向を誤るのではないかという不安も抱えていた。

松下さんは「文学の師」上野英信さんを訪ね、孤立無援の状態で、少数の仲間の中から逮捕者を出してしまったことについて相談した。上野さんは、「君ねえ、本当に苦しい闘いというのはだね、仲間内に必ず自殺者の一人や二人出る闘いのことなんだよ」と言ってのけた。叱咤された松下さんは覚悟を決めなければならなかった。松下さんは突き抜けていった。

しかも、他方では松下さんは楽天哲学をモノにしている。原告や仲間との付き合いの中で、軽口や冗句を言い合う軽みから生まれてきたものであろう。

タタカイは一篇の笑い物でなければなるまい。イデオロギーをふりかざしタテマエを押し立てて、時代苦を一身にになった如き深刻な顔をしてテキに向かい、ついに敗れるや深甚なる挫折にくずおれて、以後の人生を灰色にしてしまうという悲愴なタタカイとは、もうここらで袂別せねばなるまい。「ん？　まだ敗けちょらんのやろ？」という底無しの楽天哲学によってしか、現実の状況に拮抗するテはあるまいではないか。そこに至るには、タタカイの過程そのものが、常に一篇の笑い物でなければなるまい。

（「タタカイは一篇の笑い物」『市民』七四年五月号、勁草書房）

この文章は『五分の虫、一寸の魂』（『終末から』連載時のタイトルは「立て、日本のランソのへイよ！——豊前火力反対闘争の七人衆」）を書く心構えを書いたものであり、楽天哲学は作品の文体（スタイル）にも現われている。また、着工阻止で梶原さんらが逮捕される以前からのものである。三人が逮捕された時、松下さんや他の原告や支援者も動揺は激しかったのであるが、上野さんの毅然とした言葉にも励まされたであろうし、自分で書いていたこの言葉にも励まされたであろう。強い者の楽天性は傍若無人の事態を招きかねないが、弱い者にこそ楽天性は必要である。それは困難を突き抜けるための一つの方法であろう。

『五分の虫、一寸の魂』で、この楽天哲学を松下さんに伝授したのが室原知幸さんである。というか、松下さんはこの作品の中で、室原さんを楽天哲学の体現者として造型した。松下さんは夢の中で、室原さんから、赤地に白丸の室原王国旗を譲り受け、〈ランソの旗〉としている。

「まだまだ日本の人民は負け続けるたい。敗けて敗けて敗け続けるたい。ばってん、その敗北の中に刻みつけていったものが、いつか必ず生きて芽を吹くとじゃ」

松下さんの胸中に室原知幸（一八九九〜一九七〇）という一人の老人の姿が息づいていた。松下さんは七四年二月一一日に（ぶつけて）、日田市に室原ヨシさんを訪ね、『砦に拠る』の取材を開始している（『文芸展望』筑摩書房に七五年一二月から七七年四月まで連載。七七年刊）。一九五三年、筑後川大洪水が起こり、国・建設省は治水と発電、地域開発を理由に、筑後川上流の津江川に松原ダム、下筌ダムを計画した。下流の住民がみなダムを望む中で、ダム湖に沈むことになる志屋の住民がこれに反対するというのは〈民衆の敵〉になることである。公共性と個人の人権の対立ということになる。

私（松下）が市民の敵のように言われた時、思い浮かんだのが彼だった。筑後川下流の八十万全ての人が望んでいるのに、〈人民の敵〉のように罵られ、奇人と嘲笑されながら一人で反対した。とてつもないことをやり遂げた。あの人はどうしてその孤独に耐えたのか。

と松下さんは書いている。反対運動をしながら、取材と執筆を同時にやっていたことを、梶原さんはすごいことだと言っている。室原さんは松下さんの心の支えであった。運動をしていたから書けたとも言える。「そのことが文体にある緊張を与えているように思う」と自身で書いている（講談社文庫版「あとがき」）。いわば『砦に拠る』に拠っていたのである。

下筌ダムに反対し、蜂ノ巣城を築き抵抗の拠点とした室原知幸さんこそは〈民衆の敵〉の手本、〈ランソの兵〉の先達だった。室原さんの言葉を『砦に拠る』から紹介する。

「ダム反対……大半無駄……わたしのやってきたことは、うわべだけみれば負けばかりだ。……今の社会ではそれがとうぜんなのだろう」

「現世でどのように思われようと、後世が必ず正義を証明してくれる」

「この戦い、今は理解す者、いくばくぞ、後世必ず多しと、わが心明るし」

「みちょってみい、日本中が段々おりどんのいうこつん正しさを分かってくるばい」

「礎石ですよ、わたしのやってることは」

室原さんは未来に突き抜けていた。そして「国の公共事業とは、理に叶い、法に叶い、情に叶うものでなければならぬ」と叫び、国を訴えること五〇件、国に訴えられること二六件のランソの兵となった。中でも事業認定無効確認請求事件（一九六〇年提訴、六三年判決）では、本当は勝っていたはずなのだった（講談社文庫版、二三一頁）。六〇年六月のいわゆる「夏の陣」で九州地方建設局を追い払ったが、後で室原さんら七人が逮捕され、有罪になり、志屋の人々が「時期を見て」去っていく中を、「斃れて止まざるはわが道なり」（田中正造）、室原さんは国を相手に一三年間闘い抜き、一歩も引くことはなかった。最後までついていったのは、赤地に白丸の「室原王国旗」を作った妻のヨシさんであった。

六四年六月の代執行で蜂ノ巣城が落ち、城を出された室原さんは何を思ったか。支援オルグと闘争継続を宣言し、九地建に対して、「お前たちは英雄じゃないぞ。記録に残るのだ。歴史の上に恥辱をつくったのだぞ」と言い募る（大島渚監督『反骨の砦』日本テレビ、六四年七月）。怒りは反骨のエネルギーである。室原さんは未来を見て突き抜けていたのである。

〈後日譚であるが、室原さんの闘いは川辺川ダム反対闘争に引き継がれ、生きている。〈ランソの兵〉室原さんの訴訟を受け持った一人が森純利さんであるが、彼は川辺川ダム水没者地権者協議会代理人を務め、「下筌を闘った一人として川辺川に取り組んでいるのだから、この中に明確にしていかなならんだろうし、今までダムで苦しんできた人がなしえなかったことを、突破口としても実現せにゃいかんという気持ちが強い」と語っている〈片島紀男ディレクター『明るい農村〈村の記録〉

——蜂ノ巣城からの歳月』ＮＨＫ、一九七九〉。「下筌ダム反対」の看板と、「公共事業は理に叶い、法に叶い、情に叶うものでなければならない」という言葉は、妻ヨシさんによって、川辺川ダム反対闘争に贈られていた。バトンは渡されていたのである。川辺川ダムは一九六三、六四、六五年の球磨川洪水〈原因の一つに森林の伐採によって山が保水力を失ったことが挙げられる〉の対策として六六年に計画された。それから四三年後、ダムによらない利水・治水は可能として、二〇〇九年に中止となった。）

（元に戻って）そんな勇ましい室原さんにも、ふっと心弱る時があったのではないか、闘いの哀しみを持たぬ闘争者を信じきれないという気がする、と松下さんは書いている（「闘いの哀しみ」『ちくま』七七年九月号）。それは松下さん自身、「わが心にも勁き砦を」と念じながら、覚悟を決めなければならなかったとはいえ、気鬱に襲われ、孤立に耐え切れず、いっそ安穏な生活に埋もれてしまいたいという思いを持つことがあったからである。それは運動の方向を誤ることであることを、松下さんはよく分かっていた。

事実、松下センセは一年に一度くらい、世間から隠れて幼児のようになってしまいたいという退嬰的な衝動に襲われ、細君にすがりついて甘える、と告白している（『小さな手の哀しみ』二一一頁）。松下さんはマザコンだった（追伸。室原さんも一〇日に一度、ヨシさんに髪を摘んでもらい丸坊主になることでさっぱり・すっきりした心を取り戻していた、という指摘を、松下竜一原作、東憲司作・演出『砦』〈トム・プロジェクト〈岡田潔〉、二〇一六年三月五日、東京芸術劇場〉もしていた。室原さんは、あれでけっこうマザコンだったのではないか）。松下さんの闘いは、己の弱さをもさらけ出しての、文学的な闘いであった。そして、闘いの哀しみを持たぬ闘争者は、勝利の時には、またぞろ権力者として立ち現れることになるのだろう。

威力業務妨害罪などに問われた梶原さんら三人は刑事裁判（豊前海戦裁判）で抵抗権を主張し、抵抗こそが歴史を切り開いてきたと述べた。抵抗権とは、百姓一揆などのように、支配される民衆が支配者権力者の圧政に対して闘う権利であり、人間の歴史とともに古くからある権利である。権力者はそれを謀反と呼ぶだろうが。松下さんは次のように書いている。

現今各地の住民運動が直面している公共性と私権の衝突にみられるように、多数者による民主的手続きに従って少数者の基本的人権が一見合法的に侵害される時、その少数者は法に逆らっても己が権利を守ろうとするしかない。

（「抵抗権は人民の見果てぬ夢か」『毎日新聞』七六年一月一〇日）

行政と企業が結託して、一見合法的に豊前海の埋立てがすすめられる。少数者はもはや身体を楯として阻止するしかない。その意味で〈民衆の敵〉となることである。

梶原さんは豊前海戦裁判冒頭陳述（七五年二月五日）で次のように述べている。

真に己が生存の環境を守り、更には子孫へ遺すべき義務を考えるとき、むしろ座してこれを見送ることこそ恥ずべきことと思えたのである。（略）いうまでもなく公正なる法なるものも、支配体制保持の為の強力な道具であるに過ぎず、人民とは乖離した一握りの権力者の利益を守るにふさわしく出来ているわけであり、されば我々の抵抗権は、現行法を超えて、歴史の発展法則に添う正当な権利として、そのような体制を打破し、新しい人民の社会を導くに至る行為を正当化しているのだと宣言して、冒頭陳述を終わりたいと思う。

松下さんも梶原さんも歴史の弁証法的発展法則を学び、抵抗こそが歴史を推し進めることを学び、むしろ未来を見ているのである。

七九年四月一八日、豊前海戦裁判判決は、梶原さんに罰金刑を言い渡した。その後、裁判長は、被告らの行動はひたむきで真摯であった、と言い添えた。梶原さんの誠実な人格に感じるところがあり、これは検察が描いて見せたような威力業務妨害事件ではないと分かったのであろう。

七九年八月三〇日、すすめる会は環境権裁判一審判決を前にして豊前市中央公民館で人民法廷を開き、圧勝した。が、翌三一日、地裁小倉支部は門前払い判決を言い渡した。松下さんは「アハハハ……敗けた敗けた」という垂れ幕を掲げた。これは、「斃れて止まざるは我道なり」という田中正造の不屈の志を受け継ぐ言葉である。未来に突き抜けた言葉である。松下さんは「われわれがコケにしたのではない。裁判所がわれわれをコケにしたのだ」と言って、司法を嗤った。敗けても敗けても闘い続ける楽天哲学の神髄である。「まだまだ日本の人民は負け続けるたい。敗けて敗けて敗け続けるたい。ばってん、その敗北の中に刻みつけていったものが、いつか必ず生きて芽を吹くとじゃ」ということを信じていた。

八一年三月三一日、環境権裁判福岡高裁判決で、松下さんは、今度は、

「破れたり破れたれども十年の主張微塵も枉《ま》ぐと言わなく」

という格調高い垂れ幕を掲げた。この中の「枉ぐ（と言わなく）」という漢字はめったに使われない漢字である。松下さんは前から知っていた字ではあろうが、『民衆の敵』（竹山道雄訳）のストック

マン医師が「断じて正義を枉げん」と言った時に使った漢字と通底しているのだと思う（あるいは『民衆の敵』を読んだ時に覚えたのかもしれない）。松下さんは〈民衆の敵〉「ストックマン医師」や田中正造、室原知幸の遺志を継承しようとしている。

宇佐市で障害児施設「歩みの会」を主宰する寄村仁子さんが、まるで坂道をころがり落ちるような状況に、もうじっとしておれなくなって、松下さんのところに相談に来た。憲法九条を護るために、新聞に意見広告を載せる運動を始めたいというのである。寄村さんのひたむきな姿勢に、病臥していた松下さんは協力を約束した。そして、機関紙として『赤とんぼ』を出し（八二年一〇月一五日創刊）、市民のカンパを募り、翌八三年の八月一五日に『大分合同新聞』など三紙に九条を護ろうと意見広告を出した（以後毎年、二〇一六年で三四回）。

この運動の中で松下さんは、横光陽子さん、大木洋子さんらとのつながりができ、横光さんの夫が中津・下毛地区労の委員長であったことから、地区労の関係者と同席することになった。一〇年前の執行部とは顔ぶれが全く違ってきていた。また国労の「ひまわり号」の運動（障害者が電車に乗って旅行する）でも、地区労と行動を共にすることが多くなった。こうして松下さんと地区労の関係は、小西秀生さんが事務局長になってから修復され、なかつ博覧会（豊のくにテクノトピア。八六年三月二一日〜五月一一日）に非核平和館をともに展示することになる。

過去の不幸ないきちがいを水に流すには、今が願ってもない好機なのだ。私はよろこんで「ひまわり号」に参加する中で、実に一二年ぶりに地区労の人たちと共同行動をとった。長い間、中津の町で孤立してきた私にとって、それは本当に嬉しい展開であった。非核平和展に取り組むことで、今度こそ中津市に草の根市民のネットワークをつくれないものか……。

（松下『仕掛けてびっくり反核パビリオン繁盛記』朝日新聞社、一九八六）

八五年一二月二〇日、最高裁が環境権裁判を却下した時、松下さんはそのニュースを小西さんの車の中で聞いた。非核平和展の準備に追われる中でのことであった（八七年一月五日～一二日、非核憲法が制定されたパラオ〈ベラウ〉にも一緒に行った）。

上告から四年九カ月たって季節外れに届いた最高裁判決であるが、上告棄却の理由は、上告人らは「当事者適格を欠く」ということであり、環境権については一切触れていない。

松下さんは、「環境権の解釈に触れることをためらった理由が、それを肯定もできないが否定もできないというジレンマにあったとするなら、安易な否定で一蹴する判決になったよりは、救いを残したといえるかもしれない」と述べている（『草の根通信』八六年一月一五八号）。環境権の有無に関しては判例にはならないということであろう。

豊前環境権裁判は七三年八月の提訴から一二年四カ月、完敗に終った。

しかし、われわれはそのことを恥じない。判決はいかにあれ、われわれがこの裁判を通して主張してきたことは、現実に立証されたのであるから。

と、松下さんは胸を張る。環境権という考え方はもはや社会的常識になっているし、周防灘総合開発計画は中止になり海岸線は守られたし、埋立てを強行して建設された豊前火力自体、休止状態である。原子力発電にシフトしていったからであるが、この非核平和展の期間中、八六年四月二六日、ソ連のチェルノブイリ原発四号機が大事故を起こし、放射能を地球に撒き散らした。非核ということは当然反原発を含むのであり、反原発は非核を含むのである。環境権・反戦・反核・反原発（一句）は一つのものである。環境権とは、生き物は（地球も含めて）開放定常系であり、身土不二であるのだから、空気と土と水を、松下さん風に言えば「清き空気を、深き緑を、美しき海を」、つまり環境を、硫酸銅や水銀、ＳＯｘ、ＮＯｘ、ＣＯｘ、放射能などで汚して台無しにしてはいけないということである。これが「暗闇の思想」の要諦である。それでも環境破壊を続ける、人間は地球にとってガン細胞（一句）と言えよう。

六、豊前環境権裁判２〈民衆の敵〉

いつだったか、宮沢賢治のことを調べていて、恩田逸夫著『宮沢賢治論２』（東京書籍、一九八一）所収の「宮沢賢治と『人民の敵』」という論文を読んでいた時、イプセンの戯曲『民衆の敵』のことが出てきた。賢治の「悪意」、「〔こぶしの咲き〕」（「詩ノート」）という詩に次のような一節が出てくる。

（略）
今日の遊園地の設計には、
あの悪魔ふうした雲のへりの、
鼠と赤をつかってやらう

（略）
食ふものもないこの県で
百万からの金も入れ
結局魔窟を拵へあげる、
そこにはふさふ色調である
（「悪意」一九二七・四・八）

こぶしの咲き
きれぎれに雲のとぶ
この巨きなまこ山のはてに
紅い一つの擦り傷がある
それがわたくしも花壇をつくってゐる
花巻温泉の遊園地なのだ
（「作品番号一〇五五〔こぶしの咲き〕」一九二七・五・三）
（引用は恩田の本から）

この詩句がさしているのは、花巻温泉の遊園地に花壇の設計を頼まれたが、温泉にはいずれ歓楽街ができ、「魔窟」が人民に害をなすかもしれない。それは人民の敵となることだ、という宮沢賢治の罪障感である。賢治が設計したのは「ティアフル・アイ」という花壇である（現在、宮沢賢治記念館に復元されているそうである）。

それで、ぼくは、これは読んでおかんといかんな、と思って、新潮社『世界文学全集』版（楠山正雄訳、一九二七年四月）で読んだ（賢治が読んだのはこの版か、『近代劇大系』版〈楠山訳、二五年〉であろう)。

それから二、三日して『草の根通信』の発送作業の夜、松下竜一さんに『民衆の敵』の話をしたら、松下さんは中津で発行されている『邪馬台』(八三年冬号六九号)という出たばかりの雑誌をちょうど持っていて(ぼくが『民衆の敵』の話をしたのを、ぼくもその雑誌を読んだからと思われたのであっただろう。ぼくは知らなかった)、「里の思想　里に容れられず――でよいか」と題する文章を示されたことがある。その執筆者横松宗氏はその雑誌の編集をしている人で、大学教授であり、魯迅研究家でもあり、中津の自然を守る会の会長でもあった人だ。で、ぼくはその場で読んだが、見開き二頁の文章は巻頭言ということであった。その文はずいぶん粗雑な梗概《こうがい》を掲げ、ストックマン医師を「暴走的純粋派」と言って非難していたのであった。これは『民衆の敵』の趣旨からかなりずれているみたいですね、と松下さんに感想を言ったことがあった(そしたら、松下さんは、「そいき何か書いちみらんか」と言われたのだが、その時はお断りした)。むろん、横松氏は遠まわしに、ではなく、明らかに、具体的に、豊前火力反対運動を続ける松下さんたちを「暴走的純粋派」と言って非難していたのである(この件で松下さんが直接反論したことはないようである)。

今これを読み返してみると、横松氏の文章は無残である。書き出しは、
ある友人が「里の思想」を唱えていた。しかし真面目な生活者ではなかったためか、里の人々でそれを理解してくれる人が少なく、ついに遠く離れた他人の里に移りすんでしまった。

となっていて、これは豊津の瓢鰻亭前田俊彦さんのことを当てつけて言っているらしいが(らしい、ではなく、横松氏は同誌を俊彦さんの元へ送り付けている)、全く的外れの言いがかりである。三里

塚廃港要求宣言の会の代表となった俊彦さん（六八歳！）は、里が破壊されようとしている三里塚に闘いに行ったのである（七七年五月）。おそらく田中正造のひそみにならって（俊彦さんの遺品の中に正造の写真がある）。田中正造はイエスのひそみにならっている。祖形の反復である。

続いて横松氏は、松下さんが運動することで環境権の地平を拓くと言っているのを知ってか知らずか、次のように書く。

またある種の人たちは、あちこちで草の根運動をしている。趣旨はなかなか立派だが、全国、とくに都市の大学などに散在する若干のものに注目されるだけで、かれの囲りの大衆からはほとんど顧みられない。なぜか。それはほんとうに根づいた思想ではないからである。／キリストはたしかに生れ故郷に容れられなかった。しかし、彼は最初から里を越えた人類的なものとして彼の宗教を唱えたものである。彼の目的は土俗的信仰を捨て、ユダヤの枠を破ることにあったのである。

一言二言、新しい木が根付くには時間がかかる、あるいはバケツに水が溜まるには時間がかかる、と言っておけば足りる。全国に散在する、妥当性のある草の根の運動が根付かず孤立するのは、運動の足を引っ張り、勝ちそうな馬にだけ乗るという現世利益の日和見な人間が多いからであろう。

そして、横松氏は突然キリストを登場させ（もっとも僕は格別唐突とは思わないが）、キリストの人類的な主張は里を越えており、里には容れられぬと言う。キリスト教がとくべつ人類を超えた考え方をしているかどうか、ぼくは詳らかにしないが、里でイエスが布教することを里人が拒む理由は特にない。あるとすれば、旧来の「ユダヤの枠」の中に閉じこもっている人々が「イエス」に、どこか他所でやってくれと言って、追い出しにかかる時であろう。よくあるパターンである。例えばエスタブリッシュメントが改革者を非難するように。しかも、松下さんは里で生活（いのちき）の思想を言っていたのである。あえて言えば、里にイエスもしくは「ストックマン医師」がいたことの幸運をかみしめるべきである。

本題の豊前火力問題について、横松氏はおそらく、「公害が大衆にとってさし当り大して痛切なものでなかったり、反対に公害を起こすかも知れない企業が大衆にとって相当な利益をもたらす場合」と考えて、公害防止協定の締結をもって了としたのであったろう。そして、なお反対運動を続ける松下さんたちを批判したのである。これもやはり、妥協した者が、妥協せず闘い続ける者を非難するパターンの一例である。

思想にしろ運動にしろ、里に根づき、土着性を持とうとするならば、まず向う三軒両隣りから、しっかりと根をはらなくてはならない。そして自らの住むコミュニティのマジョリティを獲得しなくてはならない。

と横松氏は大前提を述べている。この点、異議なしである。ストックマン医師もそうしようとしたし、松下さんも草の根の一人として、それをやろうとしたのである。しかし、それには時間がかかる。四大公害裁判や伊達環境権裁判に学び、松下さんはいのちきの思想に基づき、環境権を主張したわけだが、松下さんたちの考えていた環境権の思想は、三〇年くらいの時間が経って一般化した、ように思える。つまり、三〇年を先駆けていた。といってそれで確立したというわけではない。村や里で新しい考え方が根付くには、やはり相当の時間がかかる。

横松氏の掲げる『民衆の敵』の梗概と意見は次の通りである。

（略）その自慢の温泉が大学の実験によって毒物を含有していることが分った。兄の町長はこのニュースを弟に命じて打消させようとする。しかし弟は真実を曲げることができないといって対立する。しかし弟は真実を訴えたにもかかわらず町の繁栄を願う町民たちから反逆者呼ばわりされ「民衆の敵」になり、「社会をぶちこわす悪魔」にされてしまう。

以上がこの作品の梗概であるが、イプセンはこの作品で、ちょうど『人形の家』のノラに対してもったと同じように、弟のストックマンに対して「それでよいか」という問題を提起したのである。イプセンは大衆の愚劣さ(?)に対すると同時にストックマンの暴走的純粋性にも疑問を投げかけているのである。

（略）ここで問題なのは、こうした暴走的純粋派が、容易に追随してこない大衆を愚劣だとし、また卑怯者扱いするという場合である。彼こそは実は里から浮き上がった根っ子のない盲目なのである。もしそうでないとすれば、自分だけ正しいもの純粋なものとして、他を切り捨て、他を罵倒して自らを売り出すためのきわめて不純な動機をもつものであろう。（略）

なんともすさまじい「罵倒」であるが、しかし、ちょっと違うんじゃないか、的外れだよ、というふうに思う。まず、梗概がいかにも粗雑であり、イプセンの真意を伝えていない。横松氏は、単純に、民衆の敵と呼ばれるようなことをしてはいけないというふうに読んでいるようだ。

次に、イプセンはストックマン医師の行為を「暴走的純粋性」などと思ってはいない。演説の場では議論がおかしな方向に走り出し、激して「わが町が虚偽の上に栄えるのを見るより、むしろ滅亡を期するのだ」と過激なことを言ってしまったが、数日たって、ストックマン医師は時間をかけて向う三軒両隣から説得を始めようとする地道な闘い方を選ぶのであり、それは孤独で勇気ある行為である。町の繁栄を願う町民も、町が「虚偽の病毒の巣の上に建っている」という事実を知り、公害の原因を知り、対策について冷静に考えれば、平気でいられるほど愚かではあるまい（いや、足尾鉱毒事件や水俣病事件のような「公害の政治学」が働くかもしれない）。恥宣言を出すかもしれない。ストックマン医師の言うことの理を覚る者は少なくはない、はずだ。その間にも被害者は出るのであるから、いずれストックマン医師の言うことが正しいと認められる時が来る。むしろ、（土呂久のように）ストックマン医師がいないことの悲劇を考えてみるといい。

里の思想は、一方では科学性をもつと同時に、他方では大衆の遅れた(?)ムラ構造をしっかりと視野の中に入れた複眼的なものでなければならない。／私が恐れることは、こういった複眼を持つほんとうの土着した里の思想をもっている人は、たいてい常民的生活者であるためこれを書きとめる人は少く、逆に単眼的な純粋派には、書くことより外に能のないインテリが多いということである。そして、後者の書いたものが、一般に読まれ、後世に残されるということである。

これが横松氏の文の最後の一節であるが、これで松下さんを批判したつもりであろうか。横松氏は『民衆の敵』のストーリーを借りて、実は松下さんを批判しているのであるが、あらゆる点において、残念ながら全くの的外れである。

松下さんが科学性を持っていたことは論を俟たない。そして、松下さんが「常民的生活者」であったことは紛れもない。松下さんは家族や友人たちとの生活（いのちき）の中の小さな詩を書きとめようとして文章を書いてきた。飄逸と稚気と粗忽味と滋味のある文章である。そんな中で、過去と現在と未来を複眼的に見つめ、その生活を破壊しようとする巨大な開発勢力と闘い、その経過を文章に書いた。病弱な身体をおして、常に現場で闘ってきた者の困難な闘いの記録であり、リアリティ溢れる文章である。であればこそ、一般に読まれ、後世に残るのである。「書くことより外に能がないインテリ」などということは全く的外れの言いがかりに過ぎない。

松下さんは『暗闇の思想を』（一九七四）の「あとがき」の中に、周到にも〈民衆の敵〉という言葉を書き付けている。松下さんはあえて〈民衆の敵〉と呼ばれ批判されてもなお闘い続けたのである。松下さんには、孤立無援に思えたこの闘いの構図が見えていたのである。○＋○＋○＋……が、ある日五になり六になって生きてくるんだ、ということを信じ、未来に突き抜けていた。〈民衆の敵〉とは、虚偽の繁栄を容認せず、企業城下町の同調圧力にも屈せず、主張を枉げず、先駆する者の謂《いい》である。むしろ褒め言葉になる。繰り返すけど「斃れて止まざるは我道なり」と田中正造が言い、室原知幸が「礎石ですよ」と言ったその通りを歩いているのである。「もともと地上には道はない。歩く人が多くなれば、それが道となる」（「故郷」）と言ったのは魯迅である。〈民衆の敵〉の汚名を着てもなお主張を枉げず、闘い続けるのことが道を拓くことになるのである。福澤諭吉だってこう言っている。「古来文明の進歩、その初は皆いわゆる異端妄説に起らざるものなし」（『文明論之概略』）。

さらにもう一言、言っておかねばならない。魯迅研究家でもある横松氏も言及しているイプセンの『人形の家』（一八七九）に関してである。ノラは家出してからどうなったか、という問いは、魯迅をはじめよくある問いであるが、答はおそらく幸福なものではなかっただろう。

ざっとあらすじを言う。ノラは病気の夫ヘルメルの転地療養のために金貸しクロクスタからお金を借り、借用書に父の名前を書き偽造してしまう。このことが夫に露見した時、夫はノラを、「何ていうことを仕出かしたんだ、偽善者、嘘つき、犯罪者」と罵り、自分も犯罪行為に加担していたと世間から疑われる、と自分の体面を保とうと必死になる。そこに改心したクロクスタから手紙が届き、借用証書を返してきた。すると夫は、おれは助かった（お前は助かった、ではなく）、と言って喜びの声をあげる。ノラは夫の愛が欺瞞であることを知り、自分も夫を愛していないことが分かって、三人の子を置いて家出を決意し、出て行く。

魯迅はこう言っている。ノラが普通の人であれば、堕落するか、そうでなければ家に帰る、という二つの道しかなかっただろう。ただし金銭、つまり経済的に自立することができれば、展開は違ってくるだろう、人間は絶えず腹がへる生き物だから。しかし、もしノラが変わっていて自分から犠牲になるというタイプだと、問題は別になる。人に犠牲になれとすすめる権利はないが、人が犠牲になるのを妨げる権利もない。まして、世間にはよろこんで犠牲となり、よろこんで苦しみに飛びこむ人物も結構ある。大衆（ことに中国の。そして日本の、も）というものは永久に芝居の観客であり、一時にパッと驚かすような犠牲はむだで、じっくりと、ねばり強く闘うのが良い、と。

魯迅はノラをきちんと評価している。魯迅がノラを「自分から犠牲になるタイプ」と見、こちらに力点を置いていることは明白である。が、魯迅研究家でもある横松氏はノラに対して「それでよいのか」と言い、「普通の人」としか見ることができない。ノラの闘いを理解できず、ノラの不幸を放置する。というか、ノラが闘う相手はこういう人たちである。

ノラの踏み出した一歩は、ノラ一人のものではない。ノラがいて、野枝がいて、人々に受け継がれ、ねばり強く闘いは継続し、やがてその道を歩く人が多くなる。も一度言うけど、「斃れて止まざるは我道なり」と、田中正造が言った通りである。ぼくはこの受難する性格を、正しいマゾヒストと呼ぶならわしである。〇＋〇＋〇＋……が、何十年もたってようやく、婦人参政権、男女共同参画などに結実してきたのである。ある閾値《いきち》を越えると一気に突然変わると見えたりするかもしれないが、必ず礎石・伏線は在るのである。

余談ではないが、二〇〇〇年三月五日、茨城県東海村の核燃料加工施設で起きた臨界事故（一九九九年九月三日）に関して中津に講演に来た広瀬隆さんが、スティーブ・マックィーンが監督主演した『民衆の敵』（一九七六）のことにふれていた（長髪髭面のストックマン医師役の俳優を、これは誰でしょうと、みんなに尋ねながら）。この映画はなぜか公開されなかったのである。映画評論家の大黒東洋士氏によれば、この映画がアメリカでも日本でも未公開のままオクラになっているのは、「興行者に商売にならんとソッポを向かれたからである」。「しかし、この映画のようにお仕着せ企画ではなく、一般的な人気（興行価値）を顧みず、彼自身の選択で、このようなヒューマンな男の役を熱演していること自体高く評価していいことだ」（大黒「良心作『民衆の敵』が公開されない不条理」『ロードショー』八一年五月号、集英社）。なるほど社会派映画がハリウッドでは受けなかっただろうことは容易に察せられる。というか、このような問題作が広まっては困るという勢力がいたのではないかとも推察する。たしかに『民衆の敵』は問題作だから。

七、〈運動のことば〉・〈存在のことば〉

『朝日ジャーナル』一九七八年七月二一日号に、松下竜一さんは小田実《まこと》さんの『「共生」への原理』〈筑摩書房〉の書評を書いている。小田さんが、名詞＝〈存在のことば〉ではなく、動詞＝〈運動のことば〉で考えることが大事だと書いているのを、松下さんが「実によく分かる」と同意している。松下さんは、運動することで環境権の地平を拓くと言っていたわけだが、小田さんの〈運動のことば〉にいたく感じるところがあったのだ。既成の体制にアンチテーゼを対立させ、弁証法を仕掛けているのである。

松下さんは小田さんの本から次の部分を引用している。

この世の中、存在を規定してゆくのは、どうあっても力ある側です。「オレは王様だ」と規定する側があって、「オマエは家来だ」という規定が生じる。「デモクラシー」（のもともとの意味は、「ピープルズ・パワー」です）にしろ、「マルクス主義」にしろそういう規定を逆転させようとする原理ですが、その原理の実現のためにはさっきも言いましたが強力な運動（は往々にしてたたかいとなる）が必要だろうし、それがなかなか実現していないところを見ると、この存在を規定する力がいかに強いかが判ります。（小田『「共生」への原理』）

松下さんは、これを自分の体験に引き寄せて検討している。豊前環境権裁判の中で被告九電側や裁判所の優越者然とした態度を思い起こす。

彼らの思考の唯一の回路は法（すぐれて名詞的）の枠組みの中でがんじがらめとなっていて、従っていまだ実定法の中に認知されていない環境権などという原告側の主張が彼らを衝撃することはないのである。（中略）では、このような〈存在のことば〉による規定を突き破るにはどうすればいいか。それは、名詞を中心に考えずに、動詞で考えていくことだと小田氏はいう。実は豊前環境権裁判がそのとおりになっているのだ。「原告さんは海水浴、貝掘り、憩いの場の海岸が喪われるからといって埋立差止めを主張なさっていますが、一体、海水浴権、潮干狩権、眺望権といった法的権利がございましょうか」といった〈存在のことば〉で切り捨てようとはかる被告に対して、私たちは「確かにそういう法的権利（名詞で表現される）はないが、しかし現実に無数の市民が自由に海岸に出入りし、多様な行動で愉しんできているではないか」という動詞で突破しようとして、多くの市民を証言台に繰り出しているのだ。冒頭にドン・キホーテ的訴訟と書いたのは、〈存在のことば〉としての法体系が〈運動のことば〉を阻む力の大きさに直面して四苦八苦している者の自嘲をこめてである。／だが、ここを突き破って風穴をあけぬ限り、「ぴいぷる」はいつまでも浮かばれぬこととなり、「共生」も保証されないという小田氏の主張は熱い。

小田氏の主張は熱い、と松下さんが書く時、それは殆ど自己確信に近いものがある。それは小田さんの闘いでもあったが、松下さんの闘いでもあった。「ここを突き破って風穴をあけ」、環境権の地平を拓いて行く運動が、既成の円の中心に対抗して、もう一つの点を築き、楕円化して流動化させる。みんなそれぞれの持ち場で困難な闘いを敢行しているのだという連帯感さえ感じられる。
（ちなみに、この〈運動のことば〉、〈存在のことば〉というのは、小田さんとべ平連運動を共に闘った前田俊彦さんのいわゆる〈陳述〉、〈叙述〉ということばに対応していると思われる。〈叙述〉とは、独断を神聖なものとして民衆に強制することである。既成の「これこれである」という価値であり、それに平伏していることである。これに対して、〈陳述〉とは、叙述的な既成の権威を否定して、人間に内在する自由と平等のゆえに、主体的に行動することである。人間の自由と平等を阻むものに対して勇気をもって〈陳述〉し、民主主義をかちとらねばならない。そして〈叙述〉的権威に平伏しているものたちから見れば、〈陳述〉して逆らい、風穴を開けようとするものたちは、〈民衆の敵〉である。）

しかるに、七八年といえば、環境権裁判は提訴以来五年が経ち、年に三回の公判で原告側の立証も進んではいたが、大詰めが予想されていた時期である。被告九電側は人格権の侵害があったのか、という一点だけが問題であって、既成の体制に乗っかっており、環境権の主張など何の痛痒も感じていないのであった。

七九年八月三〇日、松下さんは豊前市中央公民館で「豊前人民法廷」を開き、「建設差止め」を「判決」した。が、翌三一日、福岡地裁小倉支部は門前払い判決を言い渡した。松下さんは「アハハハ……敗けた敗けた」の垂れ幕を出してこれに応じ、直ちに控訴した。

それから二〇年たって、小田実さんは、「「動詞」で考え、書いて来た評論撰四冊の「書きもの」」（『ちくま』二〇〇〇年一二月号）という文章の中で、右の松下さんの書評にふれている。おそらく

『小田実評論撰』（全四巻）を編集する中で『「共生」への原理』を読み返し、以前挟みこんでいた（のであろう）松下さんの書評を読み返し、いたく感じるところがあったのであろう。次のように書いている。

ここで松下氏は「自嘲」ということばを彼の「ドン・キホーテ的訴訟」について使っているが、今は、さっき述べたように、「環境」という一語はその発想とともにすでに人びとの思考にも社会にも定着して来ていて、政治の世界においても、「環境」は今や無視できないことばだ。しかし、こうした定着は自然に行なわれたことではない。松下氏らの「ドン・キホーテ的訴訟」をふくめて、〈存在のことば〉、その「名詞」によって強力に支えられた既存、既製の現実を覆す〈運動のことば〉の「動詞」を基本にした市民の長年の努力、たたかいがあってはじめてなされたことだ。　　　　　　（「「動詞」で考え、書いて来た評論撰四冊の「書きもの」」）

松下さん、小田さんにこう言われれば、もって瞑すべしかもしれません。何しろ、二〇〇五年の自民党の憲法改悪草案にも「国は、国民が良好な環境の恵沢を享受することができるようにその保全に努めなければならない」という「環境権」の思想が取り入れられているくらいだから（ただしその中身はよく分からないし、九条改悪の撒き餌のような感じは否めない）。

しかし、小田さんに褒められたといって喜んでいる場合ではない。二〇〇七年三月二六日、大分県佐伯市の大入島の廃棄物埋立護岸事業に反対する住民が起こした公有水面埋立免許取消し訴訟で、大分地裁は、「現行の漁業法では慣習法上の漁業権が存続、成立する余地はない。『磯草の権利』は慣習として地区に根付いていたことは認められるが、慣習上の利益として保護すべき内容を備えていない」として、住民の訴えを却下した。住民は福岡高裁に控訴した（『大分合同新聞』）。〈名詞のことば〉は依然根強く、環境権の道はまだまだ遠いのである。

環境問題は窮迫している。地球温暖化の回避を目的とした京都議定書（一九九七）に基づく二酸化炭素排出量の問題は、先進各国のエネルギー浪費社会にとっては克服が難しい。排出権取引などという訳のわからないものが広まっている。必要なのはCO_2の総排出量の削減であるはずだ。加えて中国やインドが大量にエネルギーを消費するようになった。夏の暴風雨、洪水、氷河の氷が融け、両極の氷が融け、太陽光が海面を温め、さらに氷を融かす。海水面が上昇する。シベリアの樹木が切られ、太陽光が地上に届き、永久凍土が融け、その中や下のメタンガスが表出する。一方で砂漠化、湖が干上がり、さらに暖冬など異常気象は地球温暖化の結果だと考えられる。太平洋の珊瑚礁の小島ツバルでは、大潮の時、海水が染み出し床上浸水になる。農産物が海水につかり（こういうことは年に一、二回あれば十分。平均を取って潮位に変化はないと言うのはおかしい）、農業ができないなど、状況は深刻である。被害を蒙っているのはCO_2を出す国ではないという皮肉な状況・構造である。加害原因は強いものにあり、被害を受けるのは弱いものという図式がある。

誰かの足を踏みつけた幸福、虚偽の繁栄など、恥ずかしいことだ。それとも、一杯の紅茶のためには世界が滅んでも構わない（ドストエフスキー『地下室の手記』）というのであろうか。そんなことは忘れていられるほど、パンとサーカスはたっぷり与えられていて、ヴァニティーフェアはさらに進む。ただ、パンの方は、最近あやしくなってきたようであるが。

大山と津和野にて

数年前のこと。信号待ちで止まっていた時、ふと横のガソリンスタンドを見ると、セーラー（水兵）の服を着た従業員たちが、忙しそうに給油やガラス拭きの仕事をしている。終わると九〇度のお礼をして送り出している。同乗の家族と、「あんなお仕着せの服を着せられるのはいやだし、そんな九〇度のお礼をされるようなことだろうか。あんなことはしたくないし、されたくもないな」と話したのだが……。しかし、彼らが客になった時は、同じことをそこの従業員に要求するのだろうか。あるいは、経営のマナーコンサルタントがそのように指導しているのだろうか。慇懃無礼なんて言葉も脳裏をかすめる。変な敬語や、「一〇〇〇円からお預かりいたします」とか「〇〇になります」などの妙な言い方も、そんな社員教育があるからだろうか。

米子シンポ（「田をつくる」二〇〇五年七月三〇〜八月一日）で、誰かが「ぺこぺこ稼いで、使う時に威張る」と言っていたのはそういうことだと思う。それは一般労働者の避けがたいありようなのかもしれない。彼らこそピープルの中身そのものであるはずなのに、小市民に堕《だ》しているのであろうか。資本主義の世の中では「お客様は神様です」という名目で、社長が威張り散らしているのだろうか。社長も従業員もそのように飼いならされてしまっているのだろうか。そうだとすれば、それは紛れもなく、どれい／逆どれい根性である。いちめんのいちめんの諂曲《てんごく》模様（宮沢賢治『春と修羅』）。

しかし社長－従業員－消費者の関係から離れている民衆はそうではない、と思いたい。というか、そういうどれい－逆どれいの関係性を打ち破り、草の根の民衆の一人として自立しなければならない。

花崎皋平《こうへい》さんは、「ピープルネスの思想」（『北九州かわら版　田をつくる(2)』二〇〇五年六月号）の中で、「人間の根源的平等を主張する思想の担い手は、人民、労働者、農民などであった。今日、平等という価値を重視することは、競争、能率、有効性を重視するグローバリゼーションの経済合理主義の中では反進歩思想と貶められている。そんな状況に立ち向かいたい」と述べている。

ピープルネスとは、ピープルの根っこを指し示す価値理念である。近代西欧の個人を主体とする思想は、個人の唯一独自性、他者からの差異性を強調するが、個人はその絶対性を類としての生命のつながりから得ている。唯一絶対的な個の下半身は個に収まりきらない生命の流れに浸されているとイメージすることができる。自由平等な唯一的個人をその生命的根拠から切り離さない思想が必要である。

（「ピープルネスの思想」『田をつくる(2)』）

たとえば、兼業農家Aさんは額に汗し土にまみれて田んぼ五〇アールを一年間耕して一〇アール当たり一〇万円ほど収入があるとする。他方、Bさんは株を運用して一日に何十万円を稼ぐ。両者の間には、越えられない溝、もしくは壁があるように思われる。人間の暮らしとしてどちらが真っ当かと問えば、それはAさんに決まっている。Aさんは、（まだ片足は）大地に根ざし、自然の中で暮らしているからである。自然を最も破壊したのは農業であることはたしかだが、農業は一定の状態で自然と折り合いをつけ、人間同士、また人間と土と作物（生物）という観点から、生命的根拠から離れず、類としての生命につながっている場である。

しかしBさんは、大地から離れ、自然の制約を受けず、投機の規模の大小という記号の世界に浮遊（ゲーム）している。耕さずして食べ、作らずして使う。高度資本主義の現代では、Bさんの方が勝者のように見える。もちろんBさんは、Cさん、Dさん……と熾烈な競争をして「有毒ガスをまきちらして」いるのである。現代はこの手の人々が多数を占めている。彼らをピープルネスと呼ぶのは抵抗を覚える。

人間は土から離れるとお金が頼りになり、架空の世界にゲーム感覚であらぬことを考え始める。そして、ぺこぺこ稼いで、使う時に威張る。しかし、それは倒錯なのである。前田俊彦さんはそのような倒錯に、農・NOと言ったのである。

ピープルネスとは人間の低みに身を置く「ただの人」ということである（「凡庸な」という意味ではない）。この思想の先駆者として、花崎さんは、田中正造、前田俊彦、阿波根昌鴻《あはごんしょうこう》、安里清信、石牟礼道子さんを挙げているが、僕は松下竜一さん（と宮沢賢治）をぜひ加えていただきたいと思う。どの人も受難する優しさを持っている人だと思う。

ところで、米子に行く時、山口線と山陰線を通って行ったのだが、朝の一〇時頃には津和野に着いていた。こんなに近いのかと思ったが途中下車するわけにもいかず、後でまた来ることにした。

そして二週間後、僕は改めて津和野に出かけた。津和野に行きたいと思ったのは、明治初期（一八六八〜七三）、長崎の潜伏キリシタンが捕えられ、「旅」に出され、津和野で拷問にあい殉教していた、その跡と、森鷗外と、安野光雅美術館を見たかったからである。鷗外はこのキリシタン迫害には一言も触れてないということである。

明治政府になってからも切支丹禁教令は続いていた。一方、神道国教化政策により廃仏毀釈運動が起きた。長崎・浦上の潜伏キリシタンに対する処分として、第一陣が一八六八年、津和野・亀井藩に二八人、萩藩に六六人、福山藩に二〇人が配流された（これを彼らは「旅」と言う）。第二陣は一八七〇年、鹿児島から富山まで、各地に三三〇〇人が流された。津和野へは新たに一二五人が送られた。津和野藩では乙女峠に通じる光琳寺が牢に当てられた（津和野駅の裏手の山の谷川筋を一キロほど登った所にある）。

満足な食べ物も与えられないまま、三尺牢に入れる、凍った池に沈める、寒晒し、鞭打ちなどの拷問（鷗外記念館の展示によると「説得」）によって棄教を迫った。一六人が「改心」した。和三郎、安太郎は死に、国太郎の息子甚三郎は生き抜いたが、その弟一四歳の祐次郎はサンタ・マリアに祈り、イエズスも同じ目にあったのだと思い、天国にいけるという殉教の栄光に支えられていた。晩秋、祐次郎は裸で竹縁の上に座らせられ、寒風に晒され、凍りつくような冷水を浴びせられた（藩士の中には、こんなことをして、自分は、はたして人間なのだろうか、と自問する者もいたという）。一四日を堪えて衰弱した祐次郎を、姉のマツは抱きしめて暖めた。祐次郎は、「風がひどく吹くと親すずめは風上に泊まり、ぴったりと体を寄せてやる。それを見ているうちにふっと気がついた。すずめでさえ親は子をあげんかわいがり、守ってくれる。のう姉よ、おらキリシタンよ、天主様の子よ。目には見えばってん、天主様はおらばかわいがってくださる。とはっきりわかってきたとたい」と語って、死んでいった。モリという五歳（三歳とも）の少女に、番人が「お腹がすいているだろう。おいしいお菓子があるよ。イエス様なんて大きらいだと言えば、これをあげるよ」と言ったが、モリはそんな誘惑には負けず、飢えのため死んでいった。津和野の殉教者は三六名、六三人が信仰を守りぬき、五四名が、形の上で、教えを棄てた。拷問に耐え切れず教えを棄てた者たちは、仲間のいるお寺にこっそりと食べ物を運んで支えた。

一八七一年一月、英国代理公使アダムスの抗議により、「説得」は和らいだ。一二月から七三年九月、岩倉使節団は米欧に不平等条約改正交渉の準備に出た。その中で米欧はキリシタン弾圧を抗議し、信教の自由を認めないのは野蛮国だと非難した。七三年二月にようやく禁制の高札は撤去された。正式には一八八九年の明治憲法によって、ようやく（一定の）信教の自由が認められた。一九三九年にカトリック教会は乙女峠のその土地を買い取り、一九四八年聖母マリア聖堂を建てた（永井隆『乙女峠――津和野の殉教者物語』サンパウロ、一九五二。浦川和三郎『「旅」の話――浦上四番崩れ』カトリック浦上教会、二〇〇五〈一九三八年刊の原著を西田健二が再編集したもの〉。ロバート・M・フリン『津和野の殉教者たち』エデック、二〇〇四）。

森鷗外は一八六二年に津和野で生まれ、一〇歳の時東京に出（つまり彼の少年時代にキリシタン拷問は行われていたのである）、二二歳で独逸に留学した（その時のエリート意識むき出しの写真は、見ているこっちが恥ずかしくなる）。三七歳で小倉に左遷されたが、その後は陸軍軍医総監、宮内省帝室博物館総長兼図書頭など出世街道をひた走り、生前津和野に帰ることはなかった（小倉から津和野はそんなに遠くはないのに）。しかし六〇歳で死ぬ時（一九二二〈大正一一〉年）には、「石見人森林太郎として死なんと欲す」と言った。鷗外は『かのように』などを書き天皇制がフィクションであることは知っていたと思われるが、今さらそんな（かっこいい）ことを言うには、「帝諡考」や「元号考」（いずれも『鷗外全集』第二〇巻〈岩波書店〉に収録）を書き、吉田学軒（福岡県勝山町〈現みやこ町〉出身。地元ではちょっと有名）に「大正」の次の元号選定を託すなど、天皇制に汚染されすぎていたのではなかろうか。鷗外をピープルネス（ただの人）ということはできない。

どちらかと言えば夏目漱石（一八六七～一九一六）の方が相応しい。漱石は、一九〇七（明治四〇）年六月一七日（谷中村の強制収容の直前である）、西園寺首相の文士招待会（雨声会）に招待された時、「時鳥《ほととぎす》厠《かわや》半場《なかば》出かねたり」と言って断ったことや、一九一一（明治四四）年、文部省からの博士号を辞退して、「小生は今日までただの夏目なにがしとして世を渡って参りましたし、これからもやはりただの夏目なにがしで暮らしたい希望を持っております」と述べたことこそ、素晴らしく涼しい。

戦殺・被戦殺

安部公房に『友達』（新潮文庫、一九六七）という戯曲作品がある。都会で一人寂しく暮らす男（婚約者がいるのだが）のアパートに、ある一家、九人家族が訪ねてくる。糸がちぎれた首飾りのような迷子を見捨てておけないと、隣人愛の理想に燃え、その善意を分かち合い、愛と友情を届けるため、そして真の共同を確立するために、ちょっとお邪魔したのだ。男は家宅不法侵入だと言って、警察を呼んだり、大家を呼んだりするのだが、取り合ってもらえない。

闖入者たちは、互いに穏当でないことを言ったら一〇〇円の罰金をとることを、多数決で決めてしまう。その上、男の財産を安全に管理して差し上げる義務があると言って、お金を取り上げてしまう。「ここはぼくの部屋なんだ」と男が言うと、「ここはぼくらが選んだ部屋なんだ」と三男が答え、「この靴、おれにもぴったりだぜ！」と、お前のものはおれのものとばかりに、次男が話を逸らせてしまう。

男はそれまでの強気から一転して哀願調になり、「おねがいだから、ぼくを一人にしてください」と言うと、父親が「なんとか君の幸せに役立ちたいと思ったのがそもそもの動機だったんだ」と悪びれるふうもなく答えた。

男は逃げ出そうとするが、捕えられて檻に閉じ込められ、ついに殺されてしまう。「さからいさえしなければ、私たちなんか、ただの世間にしかすぎなかったのに……」という言葉を残し、侵略者たちは次の迷子を求めて去る。

善意であれば何をしてもいい、と考える人が世の中にはいるかもしれない。しかし、「小さな親切、大きなお世話」というように、放っておいてもらいたいことも多くある。かわいそうだ、貧しそうだ、文明が遅れている、などと言って、「友達」面して手を貸す／手を出すのは、善意の押し売りになり、かえって不幸の原因になる場合がある。例えば、福音《エヴァンゲリオン》を全世界に伝えるとか、五族協和とか、大東亜共栄圏とか、または国家社会主義とか、さらには自由貿易とか、グローバルスタンダードなどという美辞麗句がそれである。加害意識がすっぽり抜け落ちている。

安部公房（東京生まれ、一九二四〜九三）は、少年期を主に満州国奉天で過ごしている。その体験が生かされているのかもしれない。

竹内浩三著・小林察編『戦死やあわれ』（岩波現代文庫、二〇〇三）を読んでいて、ふと思うのだが、「戦死」とは何か。「戦死やあわれ」という詩は一九四四年九月、満州で戦病死した友人風宮泰生のことを歌った詩「骨のうたう」の中に出てくる言葉である。

戦死やあわれ／兵隊の死ぬるや　あわれ
遠い他国で　ひょんと死ぬるや
だまって　だれもいないところで

ひょんと死ぬるや／／
ふるさとの風や／こいびとの眼や
ひょんと消ゆるや／国のため／大君のため
死んでしまふや／その心や（下略）

この時（一九四三年九月～四四年一二月一日）、竹内は筑波の挺進第五連隊東部一一六部隊（滑空部隊）にいて、戦闘訓練を受けていた。彼は友人風宮が満州で戦病死したことを悲しんで、「ひょんと死ぬるや」と言うのであるが、そもそも満州とは何か。大日本帝国がでっち上げた傀儡政権である。その侵略していった所で「戦死」するのは、いわば強盗に入って、抵抗反撃にあうようなものではないか。それを「ひょんと死ぬ」、唐突に、訳も無く死ぬというのは甘い認識で、訳はあったのだから、被害者意識のみが強いように感じられ、問題をあいまいにしてしまう。さらに言えば、国の「ため」、大君の「ため」というのは、「せいで」というふうに解読したい。国の「せいで」、被戦殺者にさせられた、と。

竹内の友人風宮は、おそらく戦闘で負傷したのであろうが、彼が放った銃弾で殺された敵もいただろう。彼は戦殺者でもあったのだろうから、「戦死」というより、「被戦殺」と言ったほうが正確ではないか。

「殺すな、殺されるな」というスローガンは小田実がべ平連運動の中で言った言葉だが、「戦殺するな、戦殺されるな」というのは、それと別のことを言っているわけではない。しかし言葉の指示範囲が狭い分、より明確な意識・自覚のある言葉だと考える。ただし、中国で日本兵が中国兵・民間人を戦殺した場合、中国で中国兵が日本兵を戦殺した場合、中国で日本兵が日本兵を自殺させた場合、沖縄で日本軍が日本兵を自決させた場合、沖縄で米軍が日本兵・民間人を戦殺した場合、沖縄で日本兵が日本民間人を見殺しにした場合、日本で米軍が日本民間人を空襲で戦殺した場合、広島・長崎で米軍が日本民間人を原爆で殺した場合など様々なケースがあり、質・量の違いがあるが、ここでは一様に戦殺・被戦殺として考える。そういうことは全てよくないことだという認識だから。

竹内は反戦思想を持っていたわけではない。良心的兵役拒否をやろうとしたわけではない。伊勢神宮のそばで生まれ、時代の大勢の中にいた。映画を作りたいという希望を持つリベラルではあったが、そのことを言うと反戦的にうつる時代に生きていた。

竹内は一九四四年一二月一日、筑波を出発し、広島の宇品港から出港するはずだったが、空母「雲龍」に積み残され、一九日、門司港から「日向丸」または「青葉山丸」で出港。二九日、ルソン島サンフェルナンド港に到着。四五年一月、バギオに向かい、被戦殺した。

同じ時期（四三年九月～四四年一二月一日）、筑波の一一六部隊に小谷博（一九二〇年生まれ）がいた。竹内と同じような訓練を受け、広島の宇品港から空母「雲龍」で出発。一二月一九日、台湾西方沖で米潜水艦の攻撃を受け沈没、被戦殺した。

竹内の『筑波日記』（小林察編『竹内浩三全集 二』新評論、一九八四）に小谷のことは出てこないから、特に親しいということはなかったのだろう。話したことはあったかもしれない。小谷は日記を残していない。

小谷博の母親小谷和子は、戦争でもう一人息子を亡くしていた。啓介は一九一七年生まれ、四五年五月二五日、ビルマ戦線で被戦殺した。和子は戦後、四六年五月に戦友からの手紙で知ったが、生存を信じきっていたから衝撃は大きかった。続いて博の「戦死公報」が六月になって届いた。和子は二重の衝撃に取り乱し、丁度いた来客に泣きくどいた。「ほんとに立派な子供たちだったのに。誰にも負けないいい子たちだったのに——」。そして、二人の息子を歌に詠んだ。

是れに増す悲しき事の何かあらむ亡き児二人を返へせ此手に

忘れむと努めしことの愚かさよ憶ひ続けむ生きの限りを

「返へせ此手に」という怒りの対象は、国という抽象的なものではなく、戦争の責任者である天皇という具体的な相手だと、和子は、娘にして啓介・博の妹である古川佳子に話していた（松下竜一『憶ひ続けむ——戦地に果てし子らよ』筑摩書房、一九八四）。

「憶ひ続けむ」というのは、その怒りの持続が、二人の子を悼むことになるという意味であろう。

一九七五年九月、古川佳子は神坂玲子の訪問を受けた。忠魂碑（大正五年に帝国在郷軍人会箕面村分会によって建てられ、戦後すぐに土中に埋められ、一九五一年頃、すなわち進駐軍がいなくなる頃、掘り出されて復活していた）を、プール建設のために、箕面小から西小前の仮設運動場に移転させることになったが、箕面市議会がその移転工事のための予算（用地代七八八二万円、移設費八〇〇〇万円）を可決し、工事が始まろうとしている、これをどう思うかというのである。

玲子たちは、一一月二九日、「軍国主義のシンボルである忠魂碑を公費で移転したのは憲法違反であり、不当な支出である」という趣旨で、当時稀であった監査請求を出した。これは却下されたので、七六年二月二六日、玲子や佳子たち九人は、箕面市長、教育長、各教育委員を相手取って大阪地裁に提訴した。弁護士なしの本人訴訟で、訴状や準備書面などは税理士をしていた玲子の夫・神坂哲《さとし》（あまり表には出なかったが、彼こそがこの裁判の中心人物である）が書いた。後に加島宏弁護士が原告補助参加人兼代理人として加わった。

忠魂碑とは、天皇に忠義（忠君）を尽くし立派に戦死した者たちの魂を祀るものであり、つまりミニ靖国神社であり、国民に後に続くように教えるものであり、「天皇制軍国主義、国家至上主義と戦争賛美の象徴であって、したがって国民主権、平和主義、基本的人権（憲法前文、九条、各種人権規程）を謳った憲法理念に反する」ものである。後には政教分離原則にも反することも問題にした。天皇制は天皇教と言い換えてもかまわないものだから。箕面忠魂碑訴訟とは、そのような忠魂碑の除去と移設に要した費用の返還を求めるというものである。

監査請求までと思っていた佳子が、提訴に加わるに当たっては、つまり「ランソの兵」に志願するに当たっては、松下竜一の『五分の虫、一寸の魂』が称揚する「軽はずみの心」が大いに力になった。佳子は「そそのかされた」と言っているくらいである。

七六年五月一九日、第一回口頭弁論が大阪地裁で開かれ、神坂哲は次のように陳述した。忠魂碑自体が軍国主義と天皇制ファシズムの思想を表現し宣伝するものであり、その前で当時の児童生徒が忠君の思想を植えつけられ、命を捧げることを誓わせられ、戦場にかり出されたことは忘れることのできない記憶である。この意味で忠魂碑には戦争責任があります。忠魂碑は戦争犯罪人でありますす（田中伸尚《のぶまさ》『反忠――神坂哲の72万字』一葉社、一九九六、二五三頁）。

ただし、神坂らは戦没者を追悼すること自体に反対しているのではない。国や自治体が、平和と民主主義の憲法に反する「忠魂」という言葉で追悼したり、「忠魂碑」に土地を提供してはならないと訴えているだけであること、どうしても碑を建てたいのであるなら、私有地に建てるべきであることを、「戦没者遺族の皆様」に宛てた親書の中で述べている。

一九八一年三月一九日、古川佳子は証言に立ち、「戦死したものをどのように美辞麗句で飾ろうともあの侵略戦争に加担させられて戦死したということは、もう犬死であるとしかいえないと思うんです。……」と言い切った。犬死にさせない方法はただ一つ、二度とあの過ちを繰り返させないことである。

小谷博は戦場に着く前に被戦殺しているので、敵を戦殺したことはないのであるが、古川佳子は侵略者の片棒を担がされたこと、戦殺者にさせられ、被戦殺したことを「犬死」だと認識し、誰も二度と国家によって殺したり殺されたりする（戦殺者・被戦殺者にされる）ことのないようにすることが、残された者の務めだと、箕面忠魂碑訴訟に加わった理由を述べた。和子の遺志を継いでいるのである。

誰にも注目されない裁判であったが、八二年三月二四日、第一審で勝訴した。この報を受けて松下は、「ツウカイナリ　ランソノタイチョウノヤクハソチラニユズル」と祝電を贈った。しかし原告には直後から抗議の電話、手紙などが届き、右翼の外宣車が「非国民」（民衆の敵）の声を浴びせた。中曽根内閣の支援で被告側が控訴し、八七年七月一六日、二審で原告は敗訴した。九三年二月一六日、最高裁は上告棄却。「忠魂碑は戦没者の記念碑的なもので、宗教的なかかわりは、戦後は希薄である」のだそうである。政治と宗教は分離されていると。しかし「忠魂碑」が宗教的なものではないと言われて、戦没者・遺族は怒らないのだろうか。田中伸尚は「実態として、政府権力の一機構に成り下がっている最高裁は、「ない」に近い」と言う（『反忠』四八四頁）。なお、神坂哲は一審勝訴後、八六年一月二〇日、気管支喘息の発作のため、死去、五五歳だった。

花森安治は満洲での体験を語る。

軍隊というところは　ものごとを／おそろしくはっきりさせるところだ
星一つの二等兵のころ　教育掛りの軍曹が　突如として　どなった
貴様らの代りは　一銭五厘で来る／軍馬はそうはいかんぞ／（略）
そのころ　葉書は一銭五厘だった／（略）／そうか　ぼくらは一銭五厘か／そうだったのか
〈草莽《そうもう》の臣〉／〈陛下の赤子《せきし》〉／〈醜《しこ》の御楯《みたて》〉
つまりは／〈一銭五厘〉／ということだったのか
そういえば　どなっている軍曹も一銭五厘なのだ
一銭五厘が　一銭五厘を／どなったり　なぐったりしている（後略）
（「見よ　ぼくらの一銭五厘の旗」『一銭五厘の旗』暮しの手帖社、一九七一）

この威張るタイプの軍曹も二等兵の頃、同じことを言われたのに違いない。小マゾヒストがサディズムの階段を昇っていく姿であり、国家主義（者）が兵士の（個の）命をぞんざいに扱い、蔑《ないがし》ろにしていることが分かる。これが〈赤子〉の実態である。ここでは刺突訓練はなかったようだ。

井上俊夫は初めて人を殺した場面を次のように描いている（井上『初めて人を殺す——老日本兵の戦争論』岩波現代文庫、二〇〇五）。

　昨日まで料理の係をしていた中国人捕虜リュウに目隠しをさせ、中国語で喚き散らすリュウに対して青木少尉は銃剣で刺突訓練を開始した。非常呼集で集合した順の、一番遅い者から先にやれという指示が出て（上官の命令は天皇の命令と思うべきである、という山県有朋がつくった「軍人勅諭」があって、命令には絶対服従であった）、馬場二等兵が突くことになったが、馬場は「かんにんしとくなあれ」と言って動こうとしなかった。馬場の処分は後回しにして、「われと思わん者から先に突かせろ」ということになった。しばらく沈黙が続いた。「はい、竹村二等兵、喜んで一番槍をつとめさせてもらいまっせ」という声を無視して、青木少尉が「幹部候補生はどうした」と言うと、正宗が「正宗二等兵、一番先に突かしていただきたいであります」と言った。正宗は教官や内務班長に気に入られたかったのだ。正宗が泣き叫ぶような声をあげて突くと、太股を突かれたリュウは「ぎゃあああ！」と叫んだ。次に二人の幹部候補生が突いたが、急所を外した。この後は整列の順序に従って全員が刺突した。

　井上俊夫二等兵も、「えらいことになったぞ。誰もこの場から逃げることは出来ないんだ。俺も人殺しをやらねばならないのだ。しかし、これも俺が男らしい男になるための、試練に違いない。こんな経験を積む機会はめったにあるもんじゃない」と思って型通りの突進をした。最後に馬場二等兵に、亀岡兵長と生駒上等兵が二人がかりでむりやり銃剣を構えさせ、突かせた。

　少尉は「よくやった。みんなはこのあと一期の検問を受けると、一人前の皇軍兵士になれるんだ。

特に本日行なった刺突訓練で、お前たちが最前線でツンコピン（中国兵を蔑視して呼ぶ言葉）と生きるか死ぬかの白兵戦がやれる度胸がついたと思う」と訓示した。これが「歩兵は軍の主兵」であり、白兵攻撃を重視した「天皇の兵士」のつくり方である。

一口に兵隊といってもいろいろなタイプがあることが分かる。出世のために進んでやろうという者（しかし彼にしても実は怯えていたのだ）や、仕方なく形だけやる者、まるでなっていないような弱い兵隊や、それをやらせようと命令する者（上官の命令は天皇の命令と思え！）、その頂点にいる者。そしてあたかも通過儀礼のように、これで一人前の「皇軍兵士」になれるというおぞましい思想。洗脳。それでも井上は戦友たちを悪し様に言うことはない。兵隊はそれなりに苦労させられたのだから。そしてやがて生きるか死ぬか、殺すか殺されるか、戦殺か被戦殺かの白兵戦が待っている。戦争は地獄である。

井上俊夫は馬場二等兵のことをあまり詳しく書いていないが、五味川純平が『人間の條件〈中〉』（一九五六〜五八。『グリーン版日本文学全集 四七』河出書房新社、一九六七年、一二八頁）の中で、やはり小心で臆病で間抜けで、まるでなっていない弱い兵隊として、小原二等兵を描いている（これは小説なのだが、モデルとなるような人物は実際にいただろう）。

小原は地方新聞の記者をしていた。家に残してきた老母と妻の折り合いが悪いのが気がかりで、体力がないため軍隊についていけない。行軍が始まれば落伍するだろうと自分でも分かっている。そうなれば、病死か、餓死か、殺されるか、だ。いずれにしても、敵も敵、砲弾も敵、行軍も敵、上官も上級者も悉く小原の味方ではない。軍隊は小原を苦しめ、死ぬまで苛め抜くためだけに存在する。待っているのはビンタの嵐、悪罵の洪水、駆け足四〇〇〇メートル、体前支え、女郎の客引き、そして戦闘。弾丸で吹き飛ばされるか、戦車で圧し潰されるか、火焔放射で焼き殺されるか、およそ想像もつかぬほど簡単な、そして惨虐な死が待っている。地獄だ。

どうせ死ぬのだ。小原はそう考えて便所で自殺しようとする。九九式短小銃の銃口を顎の下にあて、足で引き金を踏んだ、が、発砲しない。これは死なせない意味があるのかと思って自殺を思いとどまり、背を起こそうとした時、意志とは別の働きが足に伝わり、銃声がした。

このシーンは浜田知明《ちめい》の銅版画『初年兵哀歌（歩哨）』（アクアチント、一九五四。図録『浜田知明　銅版画作品1938–1975』北九州市立美術館、一九七五）を思い出させる。この初年兵の顔はすでに骸骨になっている。その頬に涙が一筋流れている。足を小銃の引き金にかけ、銃口は喉に当てられている。この世の地獄から逃れるため、彼をここまで追いやった者への抗議として、そして戦殺者とならないことを人間の矜持として。窓の外に広がるのは雪原であろうか、それとも故郷の田んぼであろうか。北中国（山西省）に出征し、「自殺のことのみ考えて生きてきた」という浜田の自画像であろう。

しかし、先の井上俊夫もそうだが、二度と過ちを繰り返すことのないように、そして自身の人間性を取り戻すために、自己の加害を語らないで人生を終えることのできないタイプの人間がいる。

四人の中国人捕虜が四本の柱に縛られ、実的（生きた標的）とされた。絵鳩伍長は初年兵たちに「必ず突き殺せ」と命令した。その日の夜、古兵たちは「これでお前たちもやっと一人前の兵隊になれたな。おめでとう！」と言って酒をふるまった。酒を飲まなければ眠れなかったのだろう。初年兵たちの表情は重苦しく、最後まで晴れなかった。罪の意識に耐えられなかった絵鳩は戦後、自分の暗い加害体験を語った（熊谷伸一郎『なぜ加害を語るのか――中国帰還者連絡会の戦後史』岩波ブックレット、二〇〇五）。また、高岩仁監督のドキュメンタリー映画『教えられなかった戦争 中国編――侵略からの解放・革命』には、戦殺した体験を語る人が何人も出てくるが、そういう人は極めて稀なのである。

「弱い兵隊」に「まるでなっていない」という形容詞を付したが、これは宮沢賢治の「どんぐりと山猫」からの引用である。森の中でどんぐりたちが、一番えらいのは丸いのだとか頭のとがったのだとか言って背比べをしている。この裁きをつけるために呼ばれた一郎は、「いちばんばかで、めちゃめちゃで、まるでなっていないようなのが、いちばんえらい」と逆転の判決をする。過酷な戦場で「まるでなっていない」弱い兵隊も、状況が変わって家や職場では、優しく、才能を発揮する、市井の人でありうるだろう。あるいは気弱で、ひかえめで穏やかな人でありうるだろう。

村に帰って来た兵隊が、戦争だったのだ、上官の命令（は天皇の命令）に従っただけだ、そうしなければ自分が殺される、オレのせいじゃない、戦争で起ったことだから無罪だ、と自分をなだめようとしても、しかし心は言うことをきかない。倫理的に見て、普通の神経をしていれば、この手は人を殺した手だと思い、罪の意識にさいなまれ、いたたまれなくなるのではないか。いくら封印しようとしても心的外傷（トラウマ）を発現し、自己嫌悪に責められ、夜、フラッシュバックに襲われ奇声を発したり、悪夢に魘されて目覚めることもあるだろう。墓まで持っていくしかないという覚悟であっただろうが。苦しい。

戦後の東京裁判の法廷で、被告たち(A級戦犯)は、軍隊という官僚組織・命令系統の中で起こったことだとして、「既成事実への屈服」、言い換えれば「客観的情勢にひきずられ、行きがかりに捉われてずるずるべったりに深みにはまっていった」ことと、「権限への逃避」、言い換えれば上位者から下位者へ「抑圧委譲」をしていたこと、を自己弁解の理由とした。彼らは相当「上」であったはずだが、主体性はなかったと言うのである。丸山真男は、彼ら政治的指導者はその実、官僚精神に浸潤され、全く矮小で無責任であったことを、「日本ファシズムの矮小性」と言う(丸山「軍国支配者の精神形態」一九四九〈杉田敦編『丸山真男コレクション』平凡社ライブラリー、二〇一〇〉)。フィクションが崩壊し、権力の後楯を失った人間の「矮小な」姿である。しかも最上位の天皇は政治的に免責されている。

この「矮小性」は、ハンナ・アーレントが「アイヒマン裁判」(一九六二)で観察した「悪の凡庸」の概念に、限りなく近い。アドルフ・アイヒマンはナチスの幹部で、ユダヤ人大量虐殺(ホロコースト)の責任者の一人であったが、戦後アルゼンティンに逃亡した。六〇年五月、イスラエルの特務機関に逮捕され、イスラエルに連行され(アルゼンティン政府は厳重に抗議した)、ユダヤ人に対する罪、人道に対する罪、戦争に対する罪により裁判にかけられた。アイヒマンは自分は祖国の法と旗、戦争の法則に従っただけであると述べ、無罪を主張した。六一年一二月、絞首刑の判決。六二年五月に最高裁判所への上告却下、刑が執行された(『ブリタニカ国際大百科事典』)。アーレントは『イエルサレムのアイヒマン』（一九六三）で、法廷の中の彼を「（防護）ガラス箱のなかの幽霊」のようだと言い、「アイヒマンは怪物的な悪の権化ではなく、思考の欠如した凡庸な男」と述べ、官僚制という「誰でもない者」による支配体制の中の歯車であり、「割り当てられた仕事」を忠実に遂行するあわれな男と見た。ここでも彼に主体性はなかったと言うのである。ブルーノ・ペテルハイムは同書の書評で、問題は、犠牲者までをも巻き込んだ全体主義体制であり、その体制下の人間が自分の魂と生命を救いうるかどうかである、と書いた（矢野久美子『ハンナ・アーレント——「戦争の世紀」を生きた政治哲学者』中公新書、二〇一四。マルガレーテ・フォン・トロッタ監督『ハンナ・アーレント』二〇一二）。

一九四二年一月、岡部伊都子の兄博はシンガポールですでに「名誉の戦死」を遂げていた。一九四三年二月、木村邦夫は婚約者伊都子に、「自分はこの戦争はまちがっていると思う。天皇陛下のためになんか、死ぬのはいやだ。君（伊都子のこと）のためならよろこんで死ぬけれども」と打ち明けた。彼は友人や先生と真剣な討議を重ね、戦争の偽りと残虐、非人間的な墜落、皇民教育が強いる恐ろしい犠牲、といった戦争の実態を見据えてそう言ったのだ。一番大事な人に、自分の一番大事な考えを伝えておきたかったのだ。それに対して、伊都子は彼の本音の言葉に驚き、こんな言葉を誰かに聞かれたらとても無事ではありえまい、と困惑しながら、「わたしならよろこんで死ぬけれども」と応えた。二〇歳の伊都子は当時の忠君愛国の皇民教育に洗脳されていて、それ以外の答えを知らなかったのだった（ここが重々つらい、と伊都子は言う）。

木村見習士官は中国北部に派遣され、一〇月の末、敵の部隊と遭遇し、抜刀して敵を斬った（ここがつらい、と岡部伊都子は言う。戦争が大嫌いだった人が、戦争殺人の訓練を受けていると、とっさの危機にこうなるのだろうか、と）。

一九四五年、木村は沖縄へ移り、石部隊に属した。首里での戦闘で両足を負傷、南部への退却についていけず、五月三一日、津嘉山で「自決」した。南風原《はえばる》陸軍病院壕で、二千余人の重症患者とともに青酸カリ入りのミルクを飲まされたらしい。伊都子は五月二九、三〇、三一日に、三日続けて彼の夢を見たという。

戦後（六八年四月）、伊都子は彼の被戦殺した沖縄に行き、その場に立った時、自身の加害にはっきりと気付いた。戦争で愛しい男たちを送り出した女たちは、自分は被害者だと思っているが、男の側から見ると、「なぜ喜んで死ねとばかりに送り出すのか。女なんて愛するとは口ばかり、当然のように男を殺す側に渡す」。伊都子は、彼がなぜ「この戦争はまちがっている」と言うのかを理解せず、その美しい魂と深い憂慮を踏みにじったと認識し、激しく自責した。この時、長い胎動の末、新しい岡部伊都子が生まれた（岡部『二十七度線――沖縄に照らされて』講談社現代新書、一九七二。岡部『生きるこだま』岩波書店、一九九二〈岩波現代文庫、二〇〇〇〉）。

国のために死んだ人を英霊として祭って何が悪い、と小泉首相は言うけれど、それはそう言わないと「国のため、大君のため」に死んでくれる（尽忠報国・忠君愛国）人を、つまり次の「英霊」を再生産できないからである。「国のため、大君のため」が、実は「国のせい、大君のせい」で死んだ天皇―国家の被害者だったのだ、などと絶対に思われてはならない。
国は、国のために戦殺者にさせられ（戦殺者たらしめられ）、また被戦殺者にさせられ（被戦殺者たらしめられ）た悲しみを圧殺し、逆に「名誉の戦死」として顕彰し、祭り上げ、「戦死者」として遺族に栄誉を与えなければならない。福沢諭吉は、日清戦争後、「及ぶ限りの光栄を戦死者並其の遺族に与へて、以て戦場に斃るるの幸福を感ぜしめざる可らず」（「戦死者の大祭典を挙行す可し」）と言って、靖国の思想を称揚した。そうしたことの中には、被戦殺者の存在と自身の加害（戦殺）意識がすっぽりと抜け落ちている。

一九三七年七月以降の日本の軍人・軍属・准軍属の被戦殺者概数は約二三〇万人とされる。この他に民間人の死者が国外で三〇万人、国内で五〇万人。計三一〇万人である（厚生省援護局、一九七七年）。軍人・軍属のうち、その六〇％強は「名誉の戦死」ではなく、「飢餓地獄のなかでの野垂れ死に」であった。「それはある戦場の特別な事例なのではなく、全戦場にわたって起っていたのである（注＝例えばガダルカナル島、略してガ島は餓島と言われたし、インパール作戦の失敗は「白骨街道」を出現させた。それは「靖国街道」とも呼ばれた）」。突撃してそこを占領しても、武器、弾薬、食糧、薬品など兵站が途絶えてしまう。現地調達というのは、略奪ということであるが、数千から数万の兵隊をまかないきれるものではない。「補給の不足、または途絶による戦争栄養失調症が常態化し、それによる体力の低下から抵抗力を失って、マラリア、赤痢、脚気などによる病死、つまり広い意味での飢えによる死、餓死を大量発生させたのである」。「（略）責任はもちろん最高統帥者である天皇とその補佐官である統帥部の長（参謀総長と軍令部総長）、そして各段階の軍司令部にある。しかし実際の経過をみると、作戦担当のいわゆる中堅幕僚層が、すべてのおぜんだてをして、（無謀な）作戦を動かしていたのであった」。藤原彰は積極的強硬論者として田中新一参謀本部作戦部長、服部卓四郎作戦課長、辻政信作戦班長のトリオを挙げている。しかも、「生きて虜囚の辱めを受けず」という「戦陣訓」により、捕虜になることが禁止されていた。さらに、餓死にも階級差があった。割合として将校や准士官の生還者が多く、兵の生還者は圧倒的に少ないという（藤原彰『餓死《うえじに》した英霊たち』青木書店、二〇〇一）。概数で日本側被戦殺者は二三〇万人＋八〇万人というのは、実数はよく分からないからであろうが、それぞれ個々の死である。

アジア・太平洋戦争のなかで、被戦殺者の公的数字があきらかな国でいうと、

中国＝一〇〇〇万人（東北部・台湾を除く抗日戦八年間の死者）、
　二〇〇〇万人（劉大年・中国社会科学院近代史研究所名誉所長報告）
ベトナム＝約二〇〇万人（ベトナム独立宣言）
インドネシア＝約四〇〇万人（サンフランシスコ講和会議インドネシア代表発言）
フィリピン＝一一一万一九三八人（フィリピン側の対日賠償要求）
インド＝約一五〇万人（ベンガル飢餓死者＝政府任命飢餓調査委員会調査）
ニュージーランド＝一万一六二五人（政府公表）
オーストラリア＝二万三三六五人（政府公表）
泰面鉄道建設投入労務者＝七万四〇二五人（英国調査）、四万二二一四人（日本側主張）
（以上、吉岡吉典『日本の侵略と膨張』新日本出版社、一九六六、二三九頁）

韓国・北朝鮮＝約二〇万人
台湾＝約三万人
ビルマ＝約一五万人
マレーシア・シンガポール＝一〇万人以上
オーストラリア＝一万七七四四人（上記と違う）
タイ、パプア・ニューギニア、太平洋諸島＝不明
（以上、小田部雄次・林博史・山田朗『キーワード 日本の戦争犯罪』雄山閣、一九九五、二二〇頁）
連合軍捕虜など＝約六・五万人（オーストラリア軍約八〇〇〇人と重複）
（インターネット「アジア・太平洋戦争での死者数」憲法9条ファンクラブ事務局ホームページ　資料「憲法と戦争」(22) http://www.toyamav.net/~fc9/sPDF/78-9.pdf）

ということである。

外国の被戦殺者（それぞれ個々の死である）とその遺族の存在が忘れられている。戦殺の事実は語りにくいものであっただろうし、語りたくはなかったであろう。また訊きにくいもの、訊いてはならぬもの、知らずにすますべきもの、知らぬふりをすべきものとされたのかもしれない。しかし、それでは被戦殺者の数と戦殺者の数の平仄《ひょうそく》が合わない。戦争の後期に奪いつくされ、殺しつくされ、焼きつくされたという被害者意識のみ強調され、初期には奪いつくし、殺しつ

くし、焼きつくし、姦しつくした加害事実が忘れつくされている（辺見庸『1《イ》★9《ク》★3《ミ》★7《ナ》』金曜日、二〇一五）。

このことを道場親信《ちかのぶ》は「遺族問題の国際性」を忘れ、内向きに閉じている、と言っている。そして内向きに閉じた中でも、遺族は、戦殺者／被戦殺者にさせられたことを問題にして国家と対峙しようとはせず、「公務」による被戦殺者の「自己犠牲」の国家補償を求める。

> 国家に補償させるという責任追及の論理は、ここではかけがえのない人々を死に至らしめた国家の作為に対して向けられることはなく、かけがえのない人々が「自己犠牲」によってつくした国家の側の応答に関わる不作為が追及されるにとどまり、そのことによって戦争責任は曖昧なものとなっているばかりか、「自己犠牲」は善なるものとして、あらかじめ批判を免れた位置に置かれている（「犠牲」によって守られた国家の正統性もまた守られている）。そこには「被害者」と「加害者」として、遺族と国家とが対峙する回路が予め除去されてしまっているのである。
>
> （道場『抵抗の同時代史——軍事化とネオリベラリズムに抗して』人文書院、二〇〇八）

靖国史観はアジア・太平洋戦争を日本の侵略戦争―過ちとは考えていない。「友達」のつもりなのである。この確信的なあつかましさはどこから来るのか。どれいのうぬぼれも手に負えないが、侵略者のうぬぼれも手に負えない。

日常的にはよき子であり、父であり、夫である者が、戦争では戦殺、放火、強姦など暴虐をおかして手柄を立てようとする。この倒錯。戦争はサディスト（になった者／にならされた者）がやるものであり、サディストになってしまえば罪の意識なぞ無いのであろう。しかし嫌々戦争に駆り出され、サディストになりきれなかった弱い者にとっては、やはり一生の傷になってしまう。そういう者たちは逸早く被戦殺しているのかもしれない。

あるいはやたら威張るタイプの上官のしごきに耐えられず、自殺しているかも知れない。上官に殺されるか、生きていても敵を殺さねばならない。殺されないように、殺さないように、そんな世界へ行こう、この世に生きる意味は無い、と絶望しながら。

僕は一九四九年生まれだから戦争体験はない（親も戦争には行っていない）。けれど、滅多に読まない戦争ものを何冊か読んだところ、右のような弱い兵の出てくる箇所に反応してしまった。僕は気が弱く、体も強くないから（C型肝炎）、そこに自分を見たのだろう。

最近（二〇〇六年）の、いやもう数十年も前から積み上げられてきた既成事実の山、憲法の平和原理を蔑ろにし、安保の戦争原理を太らせるきな臭い状況を見ていると空恐ろしくなってくる。憲法改悪、郵政民営化、米軍再編成、など、政治的に、経済的に、軍事的に、国はアメリカに籠絡《ろうらく》されている。「友達」の顔をしているが、グローバルスタンダードというのは、アメリカのニューフロンティアであり、資源収奪であり、経済権益の拡大である。民衆は企業に絡め取られ、パンとサーカスはたっぷり与えられ（飼いならされ）、ただの世間として逆らおうとしない。麻痺したように危機感が無い。そのことも空恐ろしいことである。

村田久の闘い

村田久さんに最初に出会ったのが何時か、思い出せない。瓢鰻亭だったか、築城基地前だったか。二〇一二年七月下旬に、膵臓ガンで入院したと聞いて、梶原得三郎さん和嘉子さんや渡辺ひろ子さんとお見舞いに行こうとしていたが、八月二日、渡辺さんが村田和子さんと電話で話した結果、もしかしたら喜ぶけど、後で疲れがドッと出るから、行かない方がいいということで控えていた。半年ということだったので、いつか機会があると思っていたが、八月九日に、「昨日（八日）お亡くなりになった」と和嘉子さんから聞いて驚いた。「えっ、誰が？」と聞き返したくらい。いくら何でも早すぎるでしょう。和子さんは、悲しむというより、怒っているようだ。

和子さんの話では、町内会長として忙しくしている中、六月初旬から食欲不振と胃痛で受診し、胃薬を貰った。七月一四日、別の医院を受診したら大きい病院に行くよう言われ、一八日、産業医科大病院（八幡西区）を受診。一九、二〇日に検査し、膵臓がんで、肝臓、脾臓、肺などに転移しており、手の施しようがないと言われ、退院してホスピスか緩和ケアに入るよう紹介された。二四～八月二日、自宅で過ごし、その間、二五～二六日、別府温泉につかりに行き、八月三日、容態が急変して再入院。八日死去。七七歳。葬儀は行わず、産医大に献体した（献体は三〇歳の頃から決めていた)。合掌。

最後に会ったのは、二〇一一年二月五〜六日、大分市コンパルホールと日出生台で開かれた「第一四回　許すな！　憲法改悪・市民運動全国交流集会in大分&日出生台——沖縄・日出生台から日本の今が見える」の時だった。村田さんは運動の継承が気がかりのようだった。翌日も和子さんの運転で日出生台にやって来て、米海兵隊実弾砲撃訓練抗議集会に椅子持参で参加した。腰痛ということだったが、今にして思えば、がんの症状だったのかもしれない。

村田さんは一九三五年（八幡西区）香月の生まれで、五〇年、中学卒業後一五歳で黒崎の三菱化成（現三菱化学）に就職、生産性向上運動に反対し、会社からマークされるようになった。

二三歳の時、谷川雁、上野英信、森崎和江さんたちが五八年九月に始めた『サークル村』の同人となった。文章を書くのは苦手であったが、谷川から「村田君、これからは文章が書けない人間はだめだよ」と言われて、文章を志すようになった。書かれたものは時空を超えるから。村田さんが『サークル村』に書いている文章（「蚤はひねりつぶせ」など）は、谷川の影響か、時代の影響か、少し堅い言い回しが見られる。

六〇年から始まる大正闘争の支援もし、『第Ⅱ期サークル村』（と名付けたのは村田さん）では編集委員となっている。村田さんの行動と文章表現を通しての社会変革の志望は、この時期に出来上がっていた。『だるま会』、『サークル村』以来、『わが「おきなわ」』、『九州通信』、『労災ぼくめつ』、『炎突』、『反公害通信』、『ブキメラ村から』、「強制連行の足跡をたどる旅」の『会報』、『地域をひらく』、『蜂窩』、『北九州かわら版』、『第Ⅲ期サークル村』、『田をつくる』など二〇を越すミニコミに携わってきたという。村田さんはテーマ・運動ごとにミニコミを発行した〈松下竜一さんは、あらゆるテーマを『草の根通信』に入れ込んだ)。

七二年から七四年まで、自分の勤務先である三菱化成黒崎工場で起こった労災認定闘争を支援した。七一年三月、新製品開発中、紀井という一人の労働者がキレート樹脂製造の廃液ガスを吸い込み、神経系を侵され、白血球・赤血球が減少し、不眠、寝汗、頭痛、吐き気などを訴え、労災を申請した。会社は廃液の毒性を調べることをせず、紀井さんは三菱化成附属病院を受診したが、医師は会社の意見を採用し、心因性のもの（ノイローゼ）だとし、肝機能と白血球数に異常があったのに、八幡労基署に「異常なし」の所見書を提出した（ここにも会社の敵〈民衆の敵〉になれなかった医師がいる)。

村田さんは、「こんなん許せん」、「これはオレがせなならん」と思い、一人で毎週二回、午前五時半から二時間、『労災ぼくめつ』というガリ刷りのビラ（六九週間に六九号発行。ガリを切ったのは連れ合いの和子さん）を門前で配るという形で「大企業の向こうずねを蹴」り、ついに和解に持ち込み、会社側の譲歩を勝ち取った。紀井・村田さん側に理があったからである（「大企業の向こうずねを蹴る——三菱化成の労災闘争」『第Ⅲ期サークル村』二〇〇三年夏一号～〇五年夏八号)。

しかし、こんな時につき物なのが転勤攻撃である。村田さんは福岡県金属試験場や名古屋の国立試験所へ研修に出されたが、これに怯むことなく、村田さんは名古屋では名古屋の市民運動に連帯し、闘いを継続した。三菱化成の他の工場が受け入れなかったので、黒崎工場に居残ることになった。このため職場では窓際に置かれ、社業に寄与しないまま定年まで二二年間を過ごした。以後関わった運動も、安保闘争、カネミ油症事件、水俣病事件、三里塚闘争、ベトナム反戦闘争、山田弾薬庫闘争、豊前火力反対運動、竜王プロパン闘争、土呂久鉱毒事件、築城基地「二の日」の座り込み行動、住基ネット反対運動など、この辺（九州）の反公害・反戦・反核・反原発運動で村田さんが関わっていないものはないくらい、六十余年を闘い抜いたのである。

八二年、三菱化成の子会社ARE（エイシアン・レア・アース）社がマレーシアのブキメラ村で起こした公害輸出事件があった。モナザイト鉱石からイットリウムなど希土類を抽出する過程でトリウム二三二（半減期は一四一億年！）という放射性物質が濃縮される。これを含む廃棄物を野ざらしに不法投棄した結果、環境汚染と健康被害が起き、住民はARE社を提訴した。

八五年にこれを知った村田和子さん（一九四六年、八幡東区枝光生まれ。六五年、三菱化成入社。久さんの労災認定闘争も支援）は、「こんなん許せん」、「これは私がせなならん」と企業内告発で立ち上がった。表に立ったのは和子さんであるが、久さんも裏方で支援した。曰く、出すぎた杭は打たれない。九四年、三菱化成は撤退表明したが、村田さんたちは健康障害に苦しむ子供たちへの医薬支援活動を続けている（『田をつくる』二〇〇五年七月号。安渓遊地・安渓貴子編著『出すぎた杭は打たれない――痛快地球人録』みずのわ出版、二〇〇九）。

二〇〇五年四月から一〇年間、市民運動情報誌『北九州かわら版』の発行を引き継いで来たが、七〇歳を期に、花崎皋平さんと共同で、「主張するミニコミ」に編集方針を変え、「田をつくる」をテーマに、鳥取県大山の大山レクリエーションハウスで、二泊三日（七月三〇日〜八月一日）の米子シンポを開いた。

「田をつくる」という言葉は瓢鰻亭前田俊彦さんの遺稿集『百姓は米をつくらず田をつくる』（新木編、海鳥社、二〇〇三）から来ている。前田俊彦さんは、米をつくることはできないが、田をつくれば自ずと米はできると言っている。人間の本来性から逸脱し倒錯している現代社会を「創造的に否定」し、NO・農と言い、自立・共同によって状況を耕す（田をつくる）ことを社会変革の方法とした。

米子シンポには前田賤さんと一緒に僕も参加したが、ほとんど眠ることができず往生したことを覚えている。ボーッとしていたのだろう、帰りに僕は靴に履き替えるのを忘れて宿のスリッパで帰ろうとしていて、途中、車の中で気付いて大慌てしたことがある。そのとき和子さんはテキパキと方々に電話を掛け、まだ宿に残っていた北海道の人の電話番号を聞きだし、その人に僕の靴を米子駅まで届けてくれるよう依頼し、無事届いて事なきを得た。その間、僕は久さんのサンダルを借りて履いていていたのだけど（久さんは自分の靴を履いて）、それは「ぞうりはいつもふまれてやくにたつ」（『北九州かわら版』二〇〇一年一一月号表紙の言葉）というか、久さんの履き癖というか、僕にはちょっと大きくて、人柄を体感したことであった。靴が戻ってきて、その後どうしたのだったか……。

シンポでは村田和子さんがブキメラ村の報告をし、花崎さんは、人間の低みに身を置く「ただの人（ピープルネス）」の話をした。花崎さんはその系譜に、田中正造、前田俊彦、阿波根昌鴻、安里清信、石牟礼道子さんを挙げているが、僕はぜひ松下竜一さんも加えてほしいと言ったことを覚えている（「大山にて」『田をつくる』二〇〇五年九月四号）。宮沢賢治も入れてほしい。

そして、僕はもう一人、村田久さんもこの系譜に加えてほしいと思う。村田さんは以上述べたように、六十余年を闘いぬいた筋金入りの反権力、反骨のアナーキストであり、その主張を枉《ま》げなかった（イプセンのいわゆる）〈民衆の敵〉＝先駆者の一人である（「民衆」と「ただの人」との間には、ねじれがある）。

二〇〇八年三月九日、僕たち瓢たん鰻の会は、河野靖好さんの案内で、中間市のサークル村と大正闘争の足跡を見学したが、加藤重一さんのケアハウスに村田さんもやって来て、いろいろな話をうかがった。その時の話は『サークル村の磁場――上野英信・谷川雁・森崎和江』（新木、海鳥社、二〇一一）を書く時の材料にさせてもらった。

村田さんがこだわったことの一つに、闘いの継続と継承ということがあったと思う。村田さんはこう述べている。

私は、人生の中で何度か自分を取り巻いている状況と勝負する時期があると思います。二〇代、学生時代に政治運動に入るとか、社会に出て不当な問題に出くわして、こんなん許せんとか、三〇代になって子供の教育問題でやりあうとかですね、さまざまなことに出くわす中で、これは私がせなならん、私が頑張らにゃいけんということが幾つかあると思うんです。そこで勝負するかどうかが、それから先のその人の人生を決めると思うんです。……

（『ドブロク祭通信』二〇〇三年五月号）

村田さんには「こんなん許せん」ということが一杯あったのだ。和子さんも、自分の会社が公害輸出しているのが「許せん」かったのだ。

もう一つは、村田さんは文章を闘いの方法の一つとしたわけですから、「次世代への伝達回路」として、村田さんの文集を、どなたか編集・刊行してほしいのですが。

二〇一二年一〇月七日、「村田久をしのぶ会」が小倉リーセントホテルで開かれた。同時に「村田久さんを偲ぶ」（九月三〇日発行になっている）が配られた。札幌ＰＰ21（ピープルズ・プラン21世紀）の越田清和さんが、村田さん没後二カ月の早業で編集・刊行した。

越田さんはスピーチの中で遺稿集を作ると言われていたので（しかも一年で作るつもりでいたようだった）、梶原さんとお願いに行ったら、一緒に、ということになった。僕はどなたかに作ってほしいと言ったのに。ところが、越田さんは二〇一三年二月、がんで亡くなってしまった。越田さんは急いでいたんだなあ、と思った。

その後、道場親信さんを中心に八人（新木安利、梶原得三郎、花崎皋平、原田さやか、水溜真由美、村田和子、渡辺ひろ子）で構成された村田久遺稿集刊行委員会は、没後二年、『響きあう運動づくりを——村田久遺稿集』（海鳥社、二〇一四年八月八日付）を刊行した。

その道場さんも、二〇一六年九月一四日に、がんのため四九歳の若さで亡くなってしまった。嗚呼。

福沢諭吉の権謀

福沢諭吉といえば、郷土の偉人という感じだった（僕の町から中津まで一五キロほど離れているが）。だから敬遠のフォアボールで、「天は人の上に人を造らず　人の下に人を造らず」というのは福沢の言葉だと知っていても、『学問のすゝめ』は読んだことはなく、明治の文章は読み辛いなあと思いながら、『福翁自伝』（一八九九。会田倉吉校注、旺文社文庫、一九七〇）だけは何とか読んでいる程度だった。福沢は「門閥制度は親のかたき」と言って中津を飛び出したが、結局慶応閥を作ったのでは、と思っていた。

一九八四（昭和五九）年に福沢が一万円札の顔になった時も（千円札は漱石だった）、そうかあ、慶応大学を作った人だし、慶応って（勿論例外はあるにしろ）日本資本主義の兵学校だし、それに福沢はマンモニスト（拝金主義者）という評価もあるわけだし、とヘンな納得感もあった。福沢という人は政・官・財・産・学界に人材を送り込み、後ろで糸を引いている、という、ちょっと胡散臭いイメージだった。「俳優ではなく脚本作者であった」と言う人（小泉信三『福沢諭吉』岩波新書、一九六六）もいる。日本近代化のお師匠さん、とも言われている。

松下竜一さんは福沢諭吉を相当意識している。『松下竜一その仕事』（全三〇巻）の巻末エッセイのタイトルは「諭吉の里で」であるし、『西日本新聞』（二〇〇一年九月）に五〇回連載のタイトルも「諭吉の里」である。他にも「諭吉の里から」という八回連載のエッセイ（『季刊 自然と文化』一九八八〜八九年）がある。一つは少年時代に福沢公園で遊んだ（「少年福沢会」）という親近感もあるだろうし、福沢旧居と松下現居は一〇〇メートルの近所である。もう一つ、松下さんにとっては、出て行って出世した者と居残った者の対比という意味があったと思う。

その松下さんが、「一万円札フィーバーの中で気にかかること」（『毎日新聞』一九八四年一一月一日）で、福沢の「脱亜論」に関して、「東アジアの人々の眼には福沢諭吉が、まさにこのような近隣諸国蔑視者、侵略主義者として見えているに違いないという点である。そうであれば、そのような人物を「国の顔」に選んだということは、傍若無人と受けとめられても仕方ないのではないか」と言って、そんなに浮かれていていいのか、と釘を刺した時は痛快だった（これを松下さんは「福沢精神」に則って言った、と言う。つまり「自由の気風」、「多事争論」ということであろう）。福沢は松下さんとは対極的な位置関係である。福沢が、座標で言うと、右の上の高みをめざしたA（アクセル）タイプであれば、松下さんは左の下のB（ブレーキ）タイプであり、人間の低みを生きた人、と言える。

また福沢旧邸の前に、「民主主義のふるさと中津」という看板に代わって「一万円札のふる／里なかつ」という看板が立った時、当時魚屋さんだった梶原得三郎さんが、「一万円札の降る里」と読み替えた時は爆笑もしたし、誰かが一万円札せんべいなどに負けじと「学問のするめ」を売ろうと言った時は、まさか、と思った。

決定的だったのは、去年（二〇一〇年）一二月二三日、大分市のコンパルホールで、安川寿之輔さんの講演を聞き、翌日、福沢旧居などを見学した安川さんのお供をしてからだった、というか、その前に予習として安川さんの『福沢諭吉のアジア認識――日本近代史像をとらえ返す』（高文研、二〇〇〇）を読んでからだった。うすうす感じてはいたが、福沢諭吉って、とんでもねえヤツだと。福沢をKOしよう。

福沢が『時事新報』に書いた社説は、他の記者（石河幹明ら）が書いたものがかなりあるという説があって、平山洋著『福沢諭吉の真実』（文春新書、二〇〇四）によれば、『時事新報論集』には、①福沢が書いたもの、②福沢が立案、記者が下書き、福沢チェック、③記者が書いたものに福沢チェック、④記者が書いたもの（福沢が修正の要を認めなかったものもある）の四種があり、アジア蔑視・侵略などの言説は石河のものである、と平山氏は石河を非難している。

しかし平山氏も「脱亜論」は福沢の真筆であることを認めている。他の論文も「脱亜論」の延長線上で書かれている訳で、福沢は『時事新報』の主宰者・オウナーであり、福沢がチェックして掲載されるわけだから、福沢の監督責任は当然ある。『福沢諭吉　朝鮮・中国・台湾論集――「国権拡張」「脱亜」の果て』（明石書店、二〇一〇）の編著者杉田聡さんは、そのありようを「福沢工房」と言い、福沢の全面的な関与を認めている。安川さんも同意見であり、『福沢諭吉の戦争論と天皇制論――新たな福沢美化論を批判する』（高文研、二〇〇六）で執筆者認定の一覧表を作っていて、殆どが福沢執筆であると平山説を論破した。

飯田鼎氏は『福沢諭吉――国民国家論の創始者』（中公新書、一九八四）において、『福沢諭吉全集』を読めば当然行き着く『時事新報論集』や日清戦争に関する福沢の言行を、「初期の民権論と晩年のこの国民主義的行動とは、いったいどのように結びつくのであろうか」と問題を提示しながら、肝心の答えを放り出している。それは後述の通り「国民主義的」などという甘いものではない。「慶応義塾関係者の場合、福沢は『塾祖』であり、『先生』であるため、どうしても、そこにある一定の偏りが伴うのを避けることができないのであって、著者も例外ではない」と飯田自身書いているが、福沢の帝国主義的言動を批判することは、「慶応福沢村」や、「作為的な引用と、不都合な部分は引用しないというご都合主義によって作りあげられた」（安川『福沢諭吉と丸山眞男――「丸山諭吉」神話を解体する』）「東大「丸山諭吉」村」の住人には望むべくもないのであろう（原子力村の住人が反原発・脱原発を言えないように）。

「中津村」も？　最近中津の町の界隈では福沢の、「学問に入らば大いに学問す可し。農たらば大農と為れ、商たらば大商と為れ」とか、「専ら勤むべきは人間普通日用に近き実学なり」とかいう、『学問のすゝめ』からの言葉が書かれたアクリル板が、北部校区青少年健全育成協議会によって掲示されている。駅前には「祝　福澤諭吉肖像一万円札発行30周年記念」という看板が設置されている（二〇一五年）。それから中津には福沢の著書を原文で読むグループがあるそうだが（『大分合同新聞』二〇一五年八月一二日）、福沢の実像を理解するためには、「我も亦奮起して中原に鹿を逐《お》はんのみ」とか、「文明国人と共に良餌を求めん」とかいう後期の問題発言も読んでもらいたいと思う。

で、安川さんに導かれながら、僕は『福沢諭吉選集』（富田正文・土橋俊一編、岩波書店）を拾い読みしてきた。以下、福沢の傷だらけの生涯を、年譜風にラフスケッチしてみる。

一八三五年一月一〇日（天保五年一二月一二日）、大阪で生まれる。父百助、母お順。一三石二人扶持。一兄三姉。

一八三六年、父死去、中津へ帰る。

一八四七年、白石照山の漢学塾・晩香堂で学び始め、四書五経、孔孟、老荘などを読む。たちまち上達。

一八五三年、ペリー来航。

一八五四年、兄三之助のすすめで長崎へ。蘭学を学ぶ。

一八五五年、大阪へ行き、緒方洪庵の適塾に入る。この時福沢は、「家老の家に生まれた者は家老になり、足軽の家に生まれた者は足軽になり、（略）門閥制度は親のかたき」と言って、中津藩の儒教的封建制度を批判し、洋学に自身の未来を託した。

一八五六年、兄、死去。養家から復縁し、福沢家を継ぐ。が「私は中津で朽ち果てようとは思いません」と言うと、母は「どこへでも出て行きなさい」と言ってこれを許した（『福翁自伝』）。野に虎を放ったようなものである。福沢の劣等感／優越感の綯《な》い交ぜになった上昇志向の縮図を見る思いである。福沢は適塾に戻り、五七年、塾長になる。

一八五八年、藩命で江戸へ。中津藩中屋敷に蘭学塾（慶応義塾の前身）を開く。

一八五九年、横浜の外国人にオランダ語が通じず、看板も読めなかったことを体験し、英学へ転じる。

一八六〇年一月、木村摂津守の従僕として「咸臨丸」で渡米、二月サンフランシスコ着。五月帰着。

上昇意欲に燃える福沢は、幕府の蘭医桂川甫周《ほしゆう》に懇願して木村への紹介状を書いてもらい、木村に会い、機敏に、猛烈に（従僕でもいいからと）売り込んだのだろう。I can speak English (a little).とか。木村の家来が行きたがらなかったから、と福沢は書いているが（『福翁自伝』）。

一八六一年、土岐錦と結婚。一二月、遣欧使節随行。一八六二年一二月、帰着。

この途中（文久二年一月六日）福沢は、「香港の土人は風俗極めて卑陋《ひろう》、全く英人に使役せらるるのみ」（「西航記」。傍点＝新木）という情景を見た。ヨーロッパ文明の優越と、アヘン戦争（一八四〇〜四二）から二〇年が経とうとする、イギリスの植民地香港の悲惨である。弱肉強食、優勝劣敗、「パワ・イズ・ライト」の現実である。福沢は、日本がこうなってはいけないという危機感と独立の必要を痛感した。しかしこの時、日本もイギリスのように他国を植民地にして「土人を使役」しようとまでは考えなかっただろうと思いたい、のだが、実はそうではなかった（後述）。

それにしても、紳士（神のジェントルマン）の国イギリスは、やっていることが紳士的でない。性格悪い。倫理的でない（イギリス帝国主義は「智徳」的でない）。強い奴（サディスト）は何してもいいのか。植民地インドで栽培したアヘンを中国に売りつけ、麻薬中毒にさせておいてさらに稼ぐ、というのは暴力団の遣り口ではないか（暴力団が見習ったのか）。「野蛮」な「文明」もあったもんだ（後に日本も満州でやったのだった）。

一八六四年、中津から小幡篤次郎、仁三郎兄弟、三輪光五郎ら六人を連れてくる。一〇月、外国奉行支配翻訳御用を命じられ、幕臣となる。

一八六六年、第二次長州征伐。一二月、『西洋事情』初編刊行。

一八六七年一月、幕府の軍艦受け取り委員一行に加わり、三月、ワシントン着。六月、帰着。

これは福沢の三回目（で最後）の洋行であるが、英語力を買われての採用であった。しかし「彼の英語力は、今日のいわゆる観光英語の程度で、とうてい公務の遂行には役に立たないことがわかった。（略）英文和訳はまだしも、和文英訳の方はてんで駄目で、彼の訳文はとても公用文として使えるものではなかった」（藤井哲博『咸臨丸航海長小野友五郎の生涯――幕末明治のテクノクラート』中公新書、一九八五）。

しかも福沢は次の三点に関して小野から告発されている。①福沢が雑用をさせようとして現地で雇った英人が公金五〇〇ドルを持ち逃げした。②幕府が英書を購入することになったが、福沢に命じたところ、彼は卸値で購入し、定価との差額を手数料として要求した。私用の書籍代金を公用の支払いに潜り込ませた。③福沢は私用で三〇〇〇～四〇〇〇両の書物を購入したが、公用の荷物と一緒に船に積み込み、運賃は全て公金で支払った。福沢は、この三点について詫び状を書いている（礫川全次『知られざる福沢諭吉――下級武士から成り上がった男』平凡社新書、二〇〇六）。『福翁自伝』にも「はなはだよくないことだと思います」と反省している。

一八六八年四月、塾を芝新銭座に移し慶応義塾と命名（七一年、三田へ移る）。四月、江戸開城。五月、上野彰義隊の戦いにもかかわらず、福沢は平常通り講義を続けた。九月、明治改元。

一八七〇年一一月、「中津留別の書」。母を連れて上京。鵜ノ島（豊前市宇島）で増田宋太郎に暗殺されそうになる。増田は福沢の再従弟であり、中津にいて国学を学び、尊皇攘夷を信奉し、洋学の福沢を憎み、「奥平の若殿をそそのかしてアメリカにやろうとしているのはけしからぬ」といって、鵜ノ島で福沢を襲おうとした。福沢はこのことを、自慢話風に書いている（『福翁自伝』）。増田はその後西南の役で、中津隊を率いて西郷軍に加担、城山に自刃した。増田は松下さんが『疾風の人――ある草莽伝』で取り上げた人物である（増田は右の中、という感じ）。

一八七二（明治五）年二月、『学問のすゝめ』初編刊（七六年まで一七編が刊行され、八〇年に合本刊行）。

天は人の上に人を造らず人の下に人を造らずと以へり。

……されば賢人と愚人との別は、学ぶと学ばざるとによりて出来るものなり。

旧中津駅には「天は人の上に人を造らず人の下に人を造らず　福澤諭吉」という額が掛けられており、現在の駅にも引き継がれている。額に「と以へり」はなく、福沢の名言ということになっている。駅の観光案内所で初編の復刻版が売られているが、それには、もちろん「と以へり」はあって、富田正文氏は「『天は人の上に人をつくらず、云々』ということばがある」というふうに訳している。映画『福沢諭吉』（澤井信一郎監督、一九九一）は「……と申します」、齋藤孝氏は「……と言われている」と訳している（ちくま新書、二〇〇九）。僕は、「アメリカでは、人間は皆、生まれながらに平等である、と言われている」と訳したい。

「天は人の上に云々」という言葉は、アメリカ独立宣言（T・ジェファーソン、一七七六年七月四日）にいうAll men are created equal (by God). を福沢が意訳したものという。即ち、全ての人間は（神によって）平等に創られているという天賦人権論であり、「天」はキリスト教のヘヴン＝ゴッドのことである（しかしAll menというのは白人キリスト教徒のことであり、インディアンと黒人は入っていない。だから、マルティン・ルーサー・キング牧師は一九六三年（リンカーンの奴隷解放宣言から一〇〇年目）に、I have a dream 演説の中で、この言葉を繰り返さなければならなかった）。福沢は『西洋事情』の「千七百七十六年第七月四日、アメリカ十三州独立の檄文」では、「天の人を生ずるは億兆皆同一轍にて」と訳しており、当時「平等」という言葉がなかったからと言われている（が、「平等院」とか「平等施一切　同発菩提心」などの用例はある。福沢は思いつかなかったのであろう。それとも仏教には興味がなかった?）。「天は……」は、「檄文」に比べるとずいぶんすっきりとした言い方になっている。

「と以へり」という伝聞体が表わしているのは、この言葉は福沢の言葉ではなく、アメリカではそう言われているが、ということであり、しかも福沢はアメリカ独立宣言の言う天賦人権説に距離をおいている（同意していない）ということである。これが福沢の言葉でなくとも、福沢がほんとうにその通り人間は自由・平等であることを認識し、平和と民主主義と共和制を実行した人だったらよかったのに、と僕は思う。彼は全くこの逆をやったのだった。

『学問のすゝめ』は、他にウェーランドやチェンバースの著書を元に自分の意見を加えたものという（伊藤正雄校注『学問のすゝめ』旺文社文庫、一九六七）。おそらく、アメリカで買いあさった本の中にあったものだろう。おそらくは、『文明論之概略』の下敷きにしたF・ギゾー『ヨーロッパ文明史』、H・バックル『イギリス文明史』も。しかし、「賢人と愚人との別は云々」は、「性相近也、習相遠也、唯上知与下愚不移（生まれながらの性は近いが、その後学習したことから差が出てくる。ただし上知と下愚との差はうまらない）」（『論語　陽貨第十七』）から来ているだろう。

一八七三年に刊行された第三編には、「一身独立して、一国独立す」という一節があって、それ自体はなかなかの名言である。個人が国家に優先するというのは、欧米の個人主義の影響かもしれないが、福沢の事実とはかなりの乖離がある（あるいは順番を言い間違えたのかもしれない）。以下に見る通り、福沢は「一国独立」を優先させ、国家主義を標榜し、「一身の独立」が言う個人主義は二の次に後退させたから。福沢は前期の言動と後期の言動が違うのである。

さらに「国のためには財を失うのみならず、一命を抛て惜しむに足らず。是即ち報国の大義なり」と言うに及んでは、おや？　何だ？　これは？　と言いたくなる。帝国主義は愛国主義を経《たていと》（縦糸）とし軍国主義を緯《よこいと》（横糸）としてできている、と幸徳秋水（一八七一〜一九一一）が言ったが、愛国主義（国家主義）の要素は、「報国の大義」という言葉で顕著に宣言されている。これは、アウトではないか。

一九七三年一〇月、征韓論で西郷ら下野（七七年二月、西南の役。九月、西郷、増田、城山で自刃）。

一八七五年九月、江華島事件。七六年、日朝修好条規（江華条約）。かつて弱い日本は強い欧米諸国に不平等条約を結ばされていたのだが、弱い朝鮮に対しては、強い日本は不平等条約を結ばせた。

一八七五年、福沢は主著とされる『文明論之概略』を著し、「自由の気風はただ多事争論の間にありて存するものと知るべし」と、一人の気風ではなく、全国の気風として、自由に意見が言えることが大切なのだと言っている。後には福沢は言いたい放題になるのだが。

さらに「文明とは結局、人の智徳の進歩と云て可なり」と言う。智徳とは智恵と徳義である。徳義とは一人一人の行いであり、十誡、五倫など、古より定まりて動かないものであると言う。智恵はそれとは違って、古人が一つのことを知れば、やがて皆に知れ渡り、科学技術の発展となって現われる知識である。また、

〈略〉人智を以て天然の力を犯し、次第にその境に侵入して造化の秘訣を発し、その働を束縛して自由ならしめず、智勇の向う所は天地に敵なく、人を以て天を使役する者の如し。〈略〉山沢、河海、風雨、日月の類は、文明の人の奴隷というべきのみ。

と、鼻息が荒い。

福沢はよく「与化翁争境」（化翁と境を争う。化翁は自然・造化の神という意味。化翁というのは沙翁、奈翁、福翁の類か）と揮毫したそうだが、これは自然の領域を人智がだんだん侵蝕していくということである（『福翁百話』一八九七。丸山真男『「文明論之概略」を読む〈中〉』〈岩波新書、一九八六〉では、「与造化争境」、また「束縛化翁是開明」となっている）。洪水や旱魃、飢饉などの自然災害と闘い、自然を開発しコントロールしようとした。農業にしろ自然破壊の側面を持つのであるが、福沢は、自然は「文明の人の奴隷」とまで言う。福沢はやはりA〈アクセル〉タイプである（田中正造が、「真の文明は山を荒さず、川を荒さず、〈略〉。今文明は虚偽虚飾なり。〈略〉」と言っているのと比べてみよう）。

また、

都《すべ》て世の政府は唯便利のために設けたるものなり。国の文明に便利なるものなれば、政府の体裁は立君にても共和にても其名を問わずして其実を取るべし。

保元平治以来歴代の天皇を見るに、其不明不徳は枚挙に遑《いとま》あらず。

（略）元と君臣は人の生まれて後に出来たるものなれば、之を人の性と云う可らず。

と書いている。立君制でも共和制でも、国の文明開化に役立つものであればどちらでも有効な方を採ればよい、と言い、また君臣の別は人が生まれた後でできた制度なのだと、福沢は醒めたことを言う。それは生来の合理主義・実証主義の産物であろう（少年時、いなりの社の神体を入れ替えておいたが、天罰は何も起こらないという実験をし、合理主義に目覚めていた。『福翁自伝』）。立君制も共和制も人為的フィクション（制度）ということである。福沢にはその自覚があった。

そして文明は、①野蛮、②半開、③文明の三段階に発展するとし、アフリカ・オーストラリアが「野蛮」、日本・支那・朝鮮・亜細亜が「半開」、欧米が最上の「文明」、と区別した（後には中国も朝鮮も野蛮・不文と区別した）。日本は明治以降、逸早く文明開化（脱亜入欧）に乗り出し、近代化に成功しつつあるが、中国は陰陽五行・儒教思想の旧習に惑溺しており、「欧人の田園たるに過ぎず」と書いている。そして「文明の後るゝ者は先だつ者に制せらるゝの理」、すなわちパワ・イズ・ライトの現実があると言う。

それはまたなんとも暴力的な「文明」ではないか。「智徳の進歩」はどこへいったのか。智の進歩は徳によって裏打ちされていなければならないはずなのに。福沢はパワーポリティクスの現実に籠

絡されていったのだろう、この前後から疑問符が付く言動が目立ってくる。曰く、

（略）殺人争利の名は、宗教の旨に対して穢らわしく、教敵たるの名は免かれ難しといえども、今の文明の有様に於ては、止むを得ざるの勢いにて、戦争は独立国の権義を伸ばすの術にして、貿易は国の光を放つ徴候といわざるを得ず。

加之《しかのみならず》、福沢は、

（略）国の独立は目的なり。今の我文明はこの目的に達するの術なり。（略）先づ事の初歩として、自国の独立を謀り、其他は之を第二歩に遺して、他日為す所あらんとするの趣意なり。

と言う。『学問のすゝめ』において「一身独立して、一国独立す」と言っていたこととは順序が逆になった。国家主義者としては当然の言であろう。「今吾《こんご》は古吾《こご》にあらず」（『文明論之概略』）とも言っているから、矛盾はないと言うのだろう。前言を翻しているようだけども、今日の私は昨日の私ではない、と言うのである。借金取りを追い返せる。

また、『国権可分之説』では、

百姓車挽の議論を一方に置いて政府の権力に平均を取らんとするは、提灯を分銅にして釣鐘を掛るが如し。百姓車挽の学問を進めて其気力の生ずるを待つは、杉苗を植えて帆柱を求るが如し。

と言う。比喩の巧みさは認めるとしても、「百姓車挽」、つまり「愚人」に「学問をすゝめ」てもしょうがない、間に合わないと言って、「学問のすゝめ」は三年後には撤回した格好である（合本が出るのは一八八〇年なのに）。福沢の愚民論であるし、支配階級による「学問の独占」と言うべきもので

あろう。

さらに一八七九年には『民情一新』で、

下民の教育は其身の幸福を増さずして却って其心の不平を増すに足る可きのみ。

と言う。おいおい。そんな「学問のすゝめ」を等閑《なおざり》にするようなことを言って大丈夫か（→「貧富智愚の説」で後述）。

一八七八年、『通俗国権論』に次のように書く。

百巻の万国公法は数門の大砲に若かず。

大砲弾薬は以てある道理を主張するの備に非ずして無き道理を造る器械なり。

各国交際の道二つ、滅ぼすと滅ぼさるるのみ。

敵国外患は内の人心を結合して立国の本を堅くするの良薬なり。

露骨なまでの軍国主義宣言である。すでに独立から侵略へと歩をすゝめている。

僕らは「富国強兵」という言葉を学校で習ったが、安川は「強兵富国」と言う。強兵の方が先なのである。なぜなら、万国公法（国際法）なんて外面の儀式名目に過ぎず、大砲をぶっ放して既成事実を造れば「無き道理」を造ることができる。外国との交際は滅ぼすか滅ぼされるかの二つに一つ、と乱暴の限りである。世の中、力ずくだ、遣ったもん勝ちだと言う。どこでそんなことを学問してきたのか？　文明国欧米列強の帝国主義にすゝめられたのか（籠絡されたのか）。欧米コンプレックスなのだろう。

丸山真男（一九一四〜九六）は、「福沢が後期において初期の立場から転向して反動化したという見解がひろく行なわれている」ことを承知の上、この「百巻の万国公法は数門の大砲に若かず云々」を引用して、これは「福沢にとっては、それらすべて一定の実践的目的に規程された条件的な、いわば括弧付の認識であり、そのゆえにいずれも正当なのである」（「福沢諭吉の哲学」〈『国家学会雑誌』第六一巻三号、一九四七。岩波文庫、二〇〇一〉）と述べている。時勢に合わせて、あるいは時流をつくろうとお座なりなことを言う福沢を「正当」などと許していては、贔屓の引き倒しということにならないか。

さらに、福沢は一八八一年、『時事小言』でも、

金と兵とは有る道理を保護する物に非らずして、無き道理を造るの器械なり。（略）他人暴なれば我亦暴なり、他人権謀術数を用れば我亦これを用ゆ。

外の艱難を知て内の安寧を維持し、内に安寧にして外に競争す。内安外競、我輩の主義、唯この四字に在るのみ。

（略）西洋諸国の人民とほこさきを争はんとするには、兵馬の力を後にして又何物に依頼すべきや。武は先にして文は後なりと云はざるを得ず。

（略）専ら武備を盛んにして国権を皇張するの一点に在り。

万国公法、唯耶蘇宗派の諸国に通用するのみ。

など、現実に追従し、権道を行き、強兵富国論を繰り返し主張した。「皇張」とは天皇の威力において軍事力を増強し、武張るということであろう。あられもない軍国主義である。内憂外患の時、国内を一つにまとめるためには、国外に敵を作るというのは昔からの常套であり、「内安外競」という

のは独立から侵略へということである。

一八八一（明治一四）年、政府は北海道開拓使官有物払下事件に起因する自由民権派の反政府的、反藩閥的世情に危機を感じ、これを抑えるため、一〇年後に国会を開設するという詔勅で切り抜けた。一〇月、明治一四年の政変で、漸次ドイツ型の憲法を導入しようとする伊藤博文らに、政党内閣制と英米流の憲法を制定し、二年後に国会開設を主張する大隈重信や慶応門下生が逐《お》われ、福沢が依頼されていた政府機関新聞の発行も中止になる。大隈は東京専門学校（後の早稲田大学）を創る。

影響力が弱まると思った福沢（四七歳）は、一八八二（明治一五）年三月一日、『時事新報』を創刊し、自ら社説を執筆し、明治日本のオピニオンリーダーになっていく。

三月一一日、「朝鮮の交際を論ず」で、

西人東に迫るの勢は、火の蔓延するが如し。隣家の焼亡、あに恐れざる可けんや。故に我日本国が、支那の形勢を憂い、又朝鮮の国事に干渉するは、敢て事を好むに非ず、日本自国の類焼を予防するものと知る可し。

と書いている。意訳すれば、キミたちしっかりしてよ、でないとオレがやられるから、というのである。

福沢は「圧制もまた愉快なるかな」（一八八二年三月二八日）で、極めつけを言う。

圧制を憎むは人の性なりと言うといえども、人の己を圧制するを憎むのみ。己れ自ら圧制を行うは、人間最上の愉快と言いて可なり。

英国人民の圧制を羨むのほかなし（香港で中国人が英国人にこき使われるのを見て）。

今日、我輩が外国人に対して不平なるは、なおいまだに彼の圧制を免れざればなり。我輩の志願は、この圧制を圧制して、ひとり圧制を世界中にもっぱらにせんとするの一事にあるのみ。

とぬけぬけと書いている。全く言いたい放題である（「東洋の政略はたしていかん」『時事新報』八二年一二月一一日付でも言っている）。福沢の本性を見たりという気がする。進んだ「文明」国は、後れた「野蛮」国の「士人を使役」する側になると言い、そればかりか欧米の「圧制を（日本が）圧制して」世界中を支配すると言うのである。全てはこの気質（サディズム）から出てきているのか。とんだ「徳智の進歩」である。性格悪っ。多分、福沢は上昇志向の威張るタイプだったのだ。

五月、「帝室論」で、その冒頭に、

帝室は政治社外のものなり。

と書く。この「外」は「上」と読み替えてかまわない。つまり、天皇は「尊厳神聖」として民衆の「上」に立つということである。福沢は「天（皇）は人の上に人を造り、人の下に人を造る」ことを認め、民主主義から君主主義に転向したのである、というか、「天は人の上に人を造らず云々といへり」というのはアメリカの話であり、もともと民主平等主義には同意していなかった。ただいずれもフィクションであることは知っていた。

そして福沢は、帝室は「日本人民の精神を収攬するの中心なり」と言い、それを「愚民を籠絡する欺術」と言う者があるが政治が分かってない者の言い分である、と言い募る。即ち、日本人民・愚民を一つにまとめるには、帝室という「愚民を籠絡する欺術」、洗脳する手段が必要なのだ、と言う。人民を支配するためには帝室に従属し、支配体系（天皇制）を作ることが肝要である。支配するために従属すると。これは使えると。権力は権威を、権威は権力を、相互利用する。『文明論之概略』では立君制でも共和制でも有効な方を採用すればよいと言っていたが、ここに立君制（天皇制）をとることを宣言した。福沢の権謀術数の極みである。そして天賦国権・国賦人権という体制（この「天」は天皇のことである）を推し進め、一君万民・忠君愛国の文字通り帝国主義の道をひた走ることになる（ただし共和制の国が帝国主義でないということはない）。

河上肇（一八七九〜一九五六）は「日本独特の国家主義」（『中央公論』一九一一年三月号。『河上肇評論集』岩波文庫、一九八七）の中で、次のように分析している。日本では「国家は目的にして個人はその手段なり。国家は第一義のものにして個人は第二義のものなり。個人はただ国家の発達を計るための道具機関としてのみ始めて存在の価値を有す。（略）しかるに西洋人の主義は国家主義にあらずして個人主義なり。ゆえに彼らの主義によれば、個人が目的にして国家はその手段たり。個人は第一義のものにして国家は第二義のものなり。国家はただ個人の生存を完《まっと》うするための道具機関としてのみ始めて存在の価値を有す」。「西洋にありては個人が主にして国家は従たり。故に西洋の国体は皆な民主制なり。（略）しかるに日本にありては国家が主にして個人が従たるが故に、その国体はいわば国主制とも名づくべき一種独特のものなり」。

これを河上は、ヘヴン（キリスト教の神）と天皇の区別をしながら、「（西洋は）天賦人権・民賦国権、（日本は）天賦国権・国賦人権」という言葉にまとめた。天（ヘヴン）が個人に権利（基本的人権）を平等に賦与し、その個人が寄り集まって国家を作り国家に権利（権力）を賦与する、これが西洋の（民主的な）政治構造であるが、日本では、天（天皇）が国家に権利（権力）を賦与し、その国家（権力）が個人に権利を与える、という仕組み（君主制）になっている。日本人の神は国家であり、抽象的な国家神を具体的にした者が天皇である、と河上は説き明かしている。このありようはもう殆んど宗教である。明治国家神道の国教化である。天皇教である。

福沢は、初め「一身独立して、一国独立す」と個人主義を言っていたのを、後に、一国独立して、一身独立す、即ち、国があって個人がある、と言いなおし、個人主義から国家主義、それも大国主義に転じたわけであるが、河上はそこを、日本の国家主義は、国家のために個人が手段として存在するという独特のものである、と分析したのである（河上はもっと言いたかったふうだが、「甚しく迷惑なる誤解をこうむる危険を」感じて、「詳論を後日に延ばし」た）。

それは昭和前期には超国家主義になって道を誤り、奈落の底へ転がり落ちていくことになる。超国家主義とは、日本における、天皇制の絶対化と国家至上主義を唱える極端なナショナリズム。上からの強権的な国家の編成と対外進出が特徴（『日本史事典』・『広辞苑』）。超国家主義は丸山真男の用語であるが、それがこの「帝室は政治社外のものなり」に胚胎することに丸山は気付かなかったのだろうか。

もう一つ。福沢は、中国は「……数千年来陰陽五行の妄説に惑溺し」云々（『時事小言』）と、中国が陰陽五行の陋習《ろうしゅう》（儒教思想＝仁義礼知忠信孝悌を含む）を保持し近代化しないことを論っていた。また日本に関しても、

陰陽五行の惑溺を払はざれば、窮理の道に入る可らず。古風束縛の惑溺を除かざれば、人間

の交際は保つ可らず。

と言うのだが、すぐ続けて、

すでにこの惑溺を脱して心智活発の域に進み、全国の智力を以て国権を維持し、国体の基、初て定まるときは、又何ぞ患《うれう》る所かあらん。皇統の連綿を持続するが如きは易中の易のみ。

と書いている（『文明論之概略』）。福沢には、天皇とは「陰陽五行の妄説」そのものであるという認識がない。

天皇とは、天皇大帝、昊天上帝、天帝、皇帝、皇極、太極、太一などと同じ、道教・陰陽五行（木火土金水）の神であり、宇宙を統べる道《タオ》の神である。道は、宇宙の中心であり、宇宙がその周りを回っている北極星になぞらえられる。天皇は北極星をバックにして南面し、四方八方（全世界）を支配する。平城京や平安京や明治神宮は（中国の王宮をモデルにして）南北軸上にデザインされており、高御座《たかみくら》や天智陵、天武・持統陵が八角形にデザインされているのは、その道教・陰陽五行思想の表現である。『日本書紀』で（非在の）神武が言う「掩八紘而為宇」はもろにこの中国思想に拠っているし、『古事記』は道教・陰陽五行思想の影響をもろに受けて成立している（その記紀を聖典とし、「異国風のこざかしき料簡」、漢心《からごころ》を排除しようとした本居宣長の国学は、矛盾である。本居は、他国《あだしくに》にも似たようなことがあるが、それは「彼（他国）が吾に似たるにこそあれ、吾が彼に似たるに非ず」〈『古事記伝　十五』〉と言い、日本が本家元祖であると言うが、完全な間違いである）。

すなわち、『古事記』の冒頭に、アメノミナカヌシノミコトが出てくるが、天の真ん中の神ということで、北極星（＝道）を和風に言い換えたものであり、次に出てくるタカミムスビ、カミムスビの神とは陽と陰の神であり、ムスビとは産霊《ムスビ》のことであり、ムスコとムスメのことであり、男性と女性の性の原理のことを言っている。すなわち造化三神がそろって豊かな命あふれる世界が現れる、という古代哲学である。これは、『老子　第四二章』に謂う、「道《タオ》は一を生じ、一は二を生じ、二は三を生じ、三は万物を生ず。万物は陰を負うて陽を抱き、冲気《ちゅうき》以て和することを為す」という天地万物の創生の道《タオ》（宇宙を統べる原理）を和風に意訳したものである。このように『古事記』は神聖性（神権性）を作為・虚構し、権力の根拠（権威）としたのである。

中国では、天帝から天命を受けた、即ち、戦争に勝利した勝れた人物が皇帝となって下界で権力をふるい親政したので、王朝が次々に変わっていった。天帝は天界の抽象的なもので、具体ではない。しかし、日本では、天皇は具体でありながら天界にいることにして親政せず（親政した天皇もいたが）、天皇の（天）命を受けて官僚（藤原氏や徳川氏など）が支配する形を設定・虚構したので、官僚段階は変わっても、王朝は「連綿」して変わらなかった（王朝は変わったのだろうが、記紀は変わらなかったと作為した）。

『古事記』は七〜八世紀の歴史を陰陽五行で神話・伝説化したものであり、そしてその神話・伝説を歴史化し、権力の権威付けを行った政治的建国神話（二次神話）といえよう。古事記神話は開闢《かいびゃく》譚を陰陽五行で装飾、もしくは粉飾し、これも合理主義者福沢が徹底批判した「虚誕妄説」、神話、伝説を多く含んだ架空の古代妄想である。明治維新は近代化と古代化である。福沢は日本の近代化と同時に、古代化にも同意・惑溺し、天皇の絶対化と明治国家神道の国教化に道を開いたのである。福沢は、言うほど啓《ひら》けてはいなかったのである。

因みに丸山真男は、「福沢諭吉の哲学」の初めのほうで、『文明論之概略』は「軽重、長短、善悪、是非等の字は相対したる考より生じたるものなり」という書き出しで始まり、これは福沢の「全著作に共通する思惟方法を尤も簡潔に要約している」と述べている。福沢は相対主義者であり、絶対主義者ではないのだから、「惑溺」などするはずがないと言うのだが。

「惑溺」とは、丸山によれば、「固定的価値基準への依存」であり、「固定した閉鎖的な社会関係に置かれた意識」によって陥るものであり、言い換えれば、社会的フィクションに過ぎないものを自然的所与と受け取ってしまい、それを凝固させてしまう（丸山「肉体文学から肉体政治まで」『展望』一九四九年一〇月号。『丸山眞男セレクション』平凡社、二〇一〇）ことである。丸山は「福沢は単に価値判断の絶対化という問題にとどまらず凡そ一定の実践的目的に仕えるべき事物や制度が、漸次伝統によって、本来の目的から離れて絶対化せられるところ、つまり手段の自己目的化傾向のうちに広く惑溺現象を見出した」と言うのだが、天皇制は正にその「惑溺」ではないか。

さらに丸山は「一つの原理が、之と競争する他の原理の抵抗を受けることなく、無制限に自己を普遍化しうる場合には、価値がそこに向って集中し、人間精神がその絶対価値の方へ偏倚するから、必然に「惑溺」現象が起り、社会的停滞と権力の偏重が支配する」と言って、「惑溺」を批判する福沢を持ち上げたのであるが、ここではその相対主義者福沢が、「古風束縛」、「固定的価値基準」、「所与」の「執拗低音」、天皇制というフィクションが凝固したものに「惑溺」し、フィクションの実体化・固定観念化・絶対化に手を貸しており、自由に「多事争論」していないことを、丸山は見過ごしているのである（これが安川の言う、不都合な部分は避けて通るということなのであろう）。

あるいは丸山は「他日の機会を俟《ま》つことにした」のか？　そういう意味では丸山はすでに「超国家主義の論理と心理」（『世界』一九四六年五月号。『丸山眞男セレクション』）で、次のように天皇制を徹底批判している。丸山は「教育勅語が発布されたことは、日本国家が倫理的実体として価値内容の独占的決定者たることの公然たる宣言であったといっていい」と述べ、「国家が「国体」に於いて真善美の内容的価値を占有するところには、学問も芸術もそうした価値的実体への依存よりほかに存立しえないことは当然である」と続ける。つまり皇民化教育、というより明治国家神道という政教一致の天皇宗によって国体の価値、国体の真善美を独占的・絶対的に決定し（注＝「教育勅語」などによる刷りこみ・洗脳）、フィクションを固定観念化し、それ以外を非国民（注＝民衆の敵）として排除・弾圧するという構造分析である。そして、丸山はこの「超国家主義にとって権威の中心的実体であり、道徳の泉源体であるところの天皇は、この上級価値への順次的依存の体系（注＝官僚制）に於て唯一の主体的自由の所有者なのであろうか」と問い、「天皇も亦、無限の古（注＝神武創業の古）にさかのぼる伝統の権威を背後に負」い、「皇祖皇宗もろとも一体となってはじめて内容的価値の絶対的体現と考えられる」と分析した。天皇の権威は天壌無窮《てんじょうむきゅう》であり、全世界がこれに従うのが世界平和であり、「（欧米の）圧制を（日本が）圧制す」ること、即ち「八紘一宇」（田中智學《ちがく》）という独善的誇大妄想的超国家主義に陥った、ということである。もう一度言うが、この天皇制の絶対化が、福沢の「帝室は政治社外のものなり」の帰結であることを、丸山は見過ごしたのである。「多事争論」を言っていた福沢が、このように「惑溺」していることを、丸山は批判するべきであった。「超国家主義の論理と心理」の趣旨を「福沢諭吉の哲学」の中でも繰り返すべきであった。

一八八三年九月、福沢は「兵論」で、

支那国果して自立を得ずして果して諸外国人の手に落ちることならば、我日本人にして袖手傍観するの理なし。我も亦奮起して中原に鹿を逐はんのみ。

と言い、一〇月、「外交論」では、

世界各国の相対峙するは禽獣相食まんとするの勢にして、食むものは文明の国人にして食まるるものは不文の国とあれば、我日本国は其食む者の列に加わりて文明国人と共に良餌を求めん歟《か》、（略）

と言う。「中原に鹿を逐」い、「良餌を求め」るというのは、暴力の思想というか、力は正義なりというか、そうとうに好戦的であり、露骨な侵略戦争のすゝめである。この思想が「脱亜論」に収斂していき、やがて日清戦争（一八九四〜九五）に行き着く。

一八八四年一二月、朝鮮で甲申政変が起こる。朝鮮では大院君《テウオン》ら守旧派と開化派とが争っており、福沢は、朝鮮が文明化・近代化することを望み、それはとりもなおさず日本のためになることであるから、金玉均《キムオクキユン》ら開化派に武器を与え、クーデター（甲申政変）を支援した（シナリオは福沢が書いた）。しかし、これが失敗すると金は日本へ亡命し、福沢が匿った。これ以降、福沢は守旧派の朝鮮を見限った、ということであろう。

一八八五年一月、「御親征の準備如何」で「我輩の特に期望する所は御親征の準備是なり」と言い、三月九日には「脱亜論」を書く。日清戦争の九年前である。これまでの侵略主義思想の集大成であり、これ以後の指針でもある。

（略）むしろその（注＝亜細亜の）伍を脱して、西洋の文明国と進退をともにし、その支那・朝鮮に接するの法も、隣国なるがゆえにとて特別の会釈におよばず。まさに西洋人がこれに接するの風に従って処分すべきのみ。悪友に親しむ者は、ともに悪名を免かるべからず。我は心において、アジア東方の悪友を謝絶するものなり。

意訳すれば、ウカウカしていたら、中国・朝鮮のように、欧米帝国主義にやられるぞ、しっかり近代化・強兵富国すれば、欧米帝国主義のように、朝鮮・中国を取れるぞ、というのである。福沢は既に「我も亦奮起して中原に鹿を逐はんのみ」、「我日本国も文明国人と共に良餌を求めん」と言っていた。福沢は侵略思想に惑溺したのである。日本帝国主義は福沢路線を行く。そして日清戦争へと突っ走ることになる。これが「文明国の智徳の進歩」なのだろうか。いや、「国交際の主義は修身論に異なり」（『時事新報』八五年三月九日付）と言っているから「確信犯」であったわけである。

もう一つ。「悪友に親しむ者は、ともに悪名を免かるべからず」とはどういうことか？「悪友」とは誰のことか？「悪友」とは、アジア東方の国々ではなく、実は欧米帝国主義であり、それを見習い、朱に交わって赤くなり、アジアを蔑視し、帝国主義の道をひた走る日本のことではないのか。福沢のことを市民的自由主義者（リベラル）と言う人がいるが、実態は、臣民的国家主義者であり、強兵富国の軍国主義者ではないか。日本帝国主義のイデオローグと言ってもいい。「お師匠さん」とも言う。福沢には近代の毒が全身に回っている。そしてその毒を日本全体に及ぼそうとしている。

八月、「朝鮮人民のために其国の滅亡を賀す」が発禁になる。普通、左翼の刊行物が発禁になるのだが、これは右からの過激な発言が発禁になったのである。一八八七年一月、「朝鮮は日本の藩屏《はんぺい》なり」では「今日本島を守るに当りて、最近の防禦線を定むべきの地は必ず朝鮮地方たるべきや疑を容れず」と書き、一八八九年三月には、「貧富智愚の説」で、

此に最も恐るべきは貧にして智あるものなり。(略)世の中の総ての仕組を以て不公不平のものとなし、頻りに之に向て攻撃を試み、或は財産私有の法廃すべしと云ひ、或は田地田畑を以て共有公地となすべしと云ひ、其他被傭賃の値上げ、労働時間の減縮等、悉《ことごと》く皆彼等の工風に出でざるはなし。(略)

と書いている。

これが「学問のすゝめ」と言った者の言うことだろうか。福沢が目のかたきにしているのは「共産党宣言」であるらしい。先には百姓・車挽きに学問をすゝめてもしょうがないと言っていたが、今度は賢い貧乏人には学問をさせるな、へたに学問をすゝめると、デモをし、ストライキを遣り始め、革命を叫ぶから、と言うのである。資本主義支配体制にとって社会主義運動は邪魔ものであり、弾圧の対象である。「学問のすゝめ」と言ったのは昔のこと、「今吾は古吾にあらず」、君子は豹変するのである。福沢は決して「一以貫之」(『論語　里仁第四』)ではなかった。

一八九二年七月、「一大英断を要す」に、こう書いている。

(略)日本は朝鮮の開国を促したる第一着手の国にして、その先導者をもって自任すべきの義務あるは申すまでもなく、わが国はまず自ら国を開いて西洋の文明を輸入し、もって今日のありさまにいたしたる経験もあるゆえに、隣国のために文明の先導者たるには最も適任の地位に

あるものなり。
あつかましいにも程がある。「友達」（安部公房）の面をしていても、衣の下の鎧は透けて見え、咽喉から手が出ている。日本は他の民族に優越し、（いずれ世界を）支配する能力があると言いたいようだが、それは架空の妄想である。
一八九四年七月二三日、朝鮮王宮占拠。七月二五日、豊島沖海戦。七月二九日、福沢は、「日清の戦争は文野の戦争なり」を書く。つまり持論であった「文明」国と「野蛮」国の戦争であると。八月一日、日清戦争宣戦布告。一一月、旅順虐殺。福沢は「軍費の義捐《ぎえん》を祈る」と国民に呼びかけ、自ら「一命」ならぬ一万円を拋《なげう》って「報国の大義」とした（二位。一位は毛利元徳の一万五〇〇〇円）。また戦費調達のため酒税の増額を主張した。
日清戦争に関して、九月七日、福沢は、
　真実文明の主義に従て我日本国の政友たる可き人物を求め、之に国務の全権を（略）或は日本国人の中より適当の人を選んで枢要の地位に置き、之に万般の施設を任し（略）
と言い、戦勝後の構想を描いている。中国が事実上支配していた朝鮮を中国から独立させ、その後は日本が傀儡支配する。後の韓国統監府、日韓併合以降の朝鮮総督府のような機関を考えている。
一八九五年一月には、「戦勝の大利益」で、
　戦争よりも惨毒なるものはなしと雖も、独り今回の日清戦争のみは例外にして、我国の為に損害をなさざるのみか、寧ろ大幸福を（略）。今一つの大報酬は、近来欧米諸国の全面に日本の名声を轟かしたるの一事なり。

と手放しで讃えている。欧米帝国主義と肩を並べることができた、一等国になれたと、この大国主義者はことのほか大喜びしている。日清戦争は官民一体の勝利であり、「愉快ともありがたいともいいようがない。命あればこそコンナことを見聞するのだ、さきに死んだ同志の朋友が不幸だ、ああ見せてやりたいと。毎度私は泣きました」というのは『福翁自伝』（一八九九）における述懐である。

さらに二月には、「支那　上下ともに腐敗の中に棲息する其有様は、溝に孑孑《ぼうふら》の浮沈するが如し。文明の為め無理にも之を一洗」と書いて、中国本体をも狙おうとしている。その際には、「北京中の金銀財宝を掻き浚へて」（「支那将軍の存命万歳を祈る」『時事新報』九四年九月二〇日付）と、略奪のすゝめもしている。

四月一七日、下関講和条約。朝鮮の「独立」、遼東半島・台湾を領有。四月二三日、三国干渉により遼東半島を清国に還付。

五月二六日、「同盟国の必要」で、「軍備の拡張は目下第一の急務にして、殊に軍艦の製造は最も急を（略）、償金の如きも、其大部分は之を軍艦製造費に充て（略）」と書いている。

やがて三億円の賠償金で八幡製鉄所が造られることになる（一九〇一年、操業開始）。三国干渉に負けぬよう軍備の拡大を図ることをすゝめた結果である。八月一一日には、台湾での抵抗に対して、「台湾永遠の方針」に、「台湾の反民等は必死となりて抵抗を試みるよしなれども、高の知れたる烏合の草賊……」と書いて、大親分のように泰然と蔑視している。一〇月、朝鮮王后閔妃《ミンビ》を三浦梧楼公使らが暗殺し、日本は朝鮮支配の実権を握ることになる。

一一月には、福沢は、

（略）及ぶ限りの光栄を戦死者並其の遺族に与へて、以て戦場に斃るるの幸福なるを感ぜしめざる可らず。

（「戦死者の大祭典を挙行す可し」）

と言って、「靖国の思想」を唱えた。

この頃（一八八五年頃）から足尾銅山の亜硫酸ガスが山の木を枯らし、硫酸銅などが渡良瀬川を流れ下って、流域に被害が広がっていた。一八九〇年、渡良瀬川が大洪水を起し、流域の被害が顕著になった。一八九三年に古河鉱業は粉鉱採聚器を設置した。それは鉱毒防止には全く無効のものだったが、国は可とした。農商務大臣陸奥宗光（元海援隊）の次男は古河の養子だったし、陸奥の秘書原敬は古河の副社長となり、翌年内務大臣となるなど、国と企業が結託していたことが、渡良瀬川流域三〇万人の被害を増大させた。

一八九七年三月二日と二三日に鉱毒被害民が東京に大挙請願に押出すと、五月二七日、東京鉱山監督署長南挺三は古河鉱業に対して鉱毒除防工事命令を出した。福沢は、「該事件の処分は茲に終りを告げたるものなり」と言って落着を宣した。国家・軍備・近代化のためには銅は不可欠だった。しかも南はその後、足尾銅山所長におさまる。

しかし、重病人に膏薬を一枚貼るくらいの対策では鉱害は止まず、一九〇〇年二月一三日、「人のからだは毒に染み、はらめるものは流産し、二つ三つまで育つとも、毒の障りで皆な斃れ、悲惨の数は限りなく、……」と鉱毒歌を歌い、第四回押出しを行なったが、利根川直前で警察隊・憲兵が襲った（川俣事件）。この後一七日、田中正造（一八四一～一九一三）は衆議院で「亡国に至るを知らざればこれ即ち亡国の儀につき質問」を行ったが、山県有朋内閣は質問の趣旨が分からないと、不明を露呈した。一九〇一年一〇月、正造は衆議院議員を辞職し、一二月一〇日、幸徳秋水に書いてもらった直訴状を持って天皇に直訴したが、失敗した。

一八九八年一月、『福沢全集』（明治版）全五巻刊行。五月、『福翁自伝』脱稿（九九年刊）。九月、福沢は脳溢血で倒れる。症状は重くはなかったのか。

一九〇一（明治三四）年二月三日、死去、六六歳。法名は大観院独立自尊居士。四月『福翁百話』、五月『明治十年 丁丑公論・瘠我慢の説』刊行。

大日本帝国はこの後も、福沢路線を突っ走る。一九〇四年二月、日露戦争。一九〇五年九月、ポーツマス条約。韓国保護権、南樺太、南満州鉄道などを獲得。福沢が生きていたら、ついに西洋（人）に勝ったぞと、泣いて喜んだことだろう。同じ豊前豊津出身の堺利彦（一八七一～一九三三）が日露非戦論を唱えたこととは、対極的である。

一九一〇年五月、大逆事件。八月、日韓併合。一四年、第一次世界大戦。一五年、対華二一カ条要求。一七年、ロシア革命。一八年、シベリア出兵。二三年、関東大震災。二五年、治安維持法。二九年、大恐慌。三一年、満州事変。三七年、日中戦争。

こうして一九四一（昭和一六）年一二月八日、「大東亜戦争」（アジア太平洋戦争）を始め、台湾、中国大陸、東南アジア、太平洋の諸島等も侵略、支配し、転落の道を走り続ける。「亡びるね」と漱石が言った通り。

田中正造の受難

一、自由民権

田中正造は天保一二（一八四一）年一一月三日、下野国《しもつけのくに》安蘇郡小中《こなか》村（現・栃木県佐野市小中町）に生まれた。近くを旗川が流れ、やがて渡良瀬川に合流する（天保三年には古河市兵衛が生まれ、五年には福沢諭吉、六年に三島通庸《みちつね》、九年には山県有朋、大隈重信、一二年には伊藤博文が生まれている）。父富蔵、母サキ。幼名兼三郎。小中村は旗本高家六角家と旗本佐野家が地行する相給の村であった。六角家は他に足利郡にも六カ村と武蔵国埼玉郡に二カ村の合わせて二〇〇〇石を知行した。小中村は石高一四二一石、戸数一六〇戸ほどで、六角家が一〇一二石、約一二〇戸を支配した（日向康《ひなた》『田中正造ノート』田畑書店、一九八一）。父富蔵はこの六角家小中村の名主であった。名主は、身分は百姓で、小中村では百姓相互の公選により、村の民生を司った。

正造は村の赤尾小四郎の漢学塾で読み書きを習った。成績はそれほどでもなかった。赤尾の指導は厳しく、『四書五経』『唐詩選』古文等が無点本で読めるようにならないと講義をしなかった。正造が一六歳（数え年。以下同じ）の時、講義を聞かないまま赤尾は亡くなった。江戸に留学する気にもならず、正造が塾・学校に通ったのはこの時だけである。

正造は「余は下野《しもつけ》の百姓なり」と自伝『田中正造昔話』の冒頭に書いている。ただの下野人であること、これは正造の矜持である。安蘇郡に俵藤太（藤原秀郷）を祭る唐沢山があり、門葉末閥を好む者はその旧家臣になりたがった。佐野常民《つねたみ》（佐賀藩出身、元老院議長、日本赤十字社創立者）もそうであった。継統を調べて田中家は旧家臣と知らせる者があったが、正造は、我が家は代々百姓であり、農民百姓土民の子で十分である、と答えた。

この「田中正造昔話」（『読売新聞』連載、明治二八〈一八九五〉年九月一日～一一月二四日、『田中正造全集　一』）は、正造に（三回の）入獄話を話せという『読売新聞』（主筆高田早苗）の求めに応じ、正造の語る数万言の梗概を読売新聞記者が漢文調で筆記したものに、正造が訂正を加えたものである。衆議院で活躍する奇傑田中正造の、過去の三厄事、即ち六角家払奸事件での入獄、陸中国在職中の殺人疑獄、三島通庸県令に対する反抗運動の中での入獄、という三回の入獄について語ることを強く求められたのであった。

まず幼少期のことから始まる。五歳の時の思い出として、描いた絵を家の下僕から下手と言われ、ならば自分で描いてみよと彼に強いた。このことで正造は母から叱られ、夜の雨の降る中に立たされたことがある。

　　母より加えられたるこの刑罰は真底心をさして、まことに悔悟の念を起こさしめぬ、思うに予をしてながく下虐の念を断たしめたるゆえんのものは、まことに慈母薫陶の賜物ぞかし。

と、母の教えをかみしめている。そしてこの教えは生涯徹底していた。正造の人生の縮図を見るようである。絵や挿花諸礼なども学んだがものにならず、喧嘩相撲が強く、人の評判が気になる性質だった。一五歳の時、悪友に唆かされて、梁田《やなだ》の青楼に遊び、三年不治の性病にかかったことを正直に告白している。

正造の日常は、田畑の耕耘は常のこと、朝飯前に草一荷を刈ること、朝食後に藍ねせ小屋に入りおよそ二時間商用に従うこと、その後子どもたちに手習い読み書きを授けることなどを日課とした。藍玉生産は、桐生や佐野、真岡など近隣の絹織物、綿織物の染料として重要であり、正造は三〇〇両を稼ぎ出した。これは領主六角家騒動の際に役立った。

安政四（一八五七）年、父富蔵が足利・安蘇七カ村の総元締めに昇進したため、正造は村の者から選ばれて、一七歳で小中村の名主になる。文久三（一八六三）年四月、大沢カツと結婚。

正造は一二年間名主を務めたが、文久三年頃からの後半は七カ村を組織して村の自治を守るため、仲間と一揆して六角家と五年間闘った。六角家用人林三郎兵衛らが、村の自治、即ち名主は村内百姓の公選によって選ぶ、という好慣例を無視したからであった。

　即ち名主《なぬし》は村内百姓の公選に依りて挙げられ、これに村内一切の公務を委ね且非常の権力を授けて、村費臨時費の徴収及び支払い等悉《ことごと》く其意に一任し以て之れを決算報告をなさしむるに過ぎず、然れども一方に於て総代組頭等は年暮の決算報告会に其出納を検査監督して、一点の私曲を挟ましめざるの制なれば、此自治的好慣例を遵法するに於ては、永く領内の平和を維持し得て或ひは格別の事もなくして止みたらむやも知るべからざれども、（略）

（「田中正造昔話」。原文は総ルビつきであるが、省いた）

この「自治的好慣例」を破って、林は江戸屋敷普請に関して年貢を加増し、金銭を無用有害に用いて表門・両長屋を改築し、出入りの商人に賄賂を要求するなどをしたため、この弾圧と私利私欲に対して、正義派と語らって改革を申し入れた。この時既に「佐久良宗吾」をもって任じる気概があったが、名主の使命感といったところであろう。

下総佐倉藩では、堀田正信の重税に苦しめられていた二百余の村民が百姓一揆を起こし、指導者名主佐倉惣五郎（宗吾、宗五郎とも。本名木内惣五郎。正造は時によって佐久良宗吾郎など表記が違う）は将軍に直訴し捕らえられ、一六五三年?、妻子と共に磔に処された。その時宗五郎は次のように叫んだ。「この度の御仕置き心得がたし、暴政下を虐し、重斂民を苦しめ、剰さえ正義に依りて倒懸を救い、公道を履みて暴政を除かんとするその者を怒戮する、正邪はたして何れにかある、見よ、見よ、神明必ず知し召さん」。万治三（一六六〇）年、正信は改易された。宗五郎はその義挙によって今に名を知られている。因みに義人とは、わが身の利害をかえりみずに他人のために尽す人（『広辞苑』）のことである。

慶応四（一八六八）年四月、正造は奸党林らを除くため、六角家本家の烏丸家に、「（林）三郎兵衛以下関係の者共厳重御処分の上、御当主様御暗君の趣に付、恐奉入候得共、御隠居被遊、御次男様を以て御家督被遊度候事」（読点を補った）と、嘆願書を書いた。林が領主幼君を蔑如して政事を私しているから、これを払奸し、次男に家督を継がせるように、というのである。しかしこの文書が林の手に渡ったため、正造は捕らえられ、同年四月、江戸屋敷内の広さ三尺立法の牢につながれた。毒殺をおそれ、同志庄左衛門の差入れた鰹節二本を齧り三〇日を凌ぎ、一〇カ月と二〇日間を獄中で過ごした。明治二（一八六九）年、判決により、次男が家督を継ぎ、林らは「永の暇」となった。正造は領内徘徊禁止と他領への追放となったが、正義派の意見は全て貫徹された。

　この間に正造は明治維新を迎えている。五箇条の誓文（慶応四〈一八六八〉年三月）にいう、「一、広く会議を興し万機公論に決すべし」、「二、上下心を一にして盛に経綸を行うべし」など、正造は「御一新の世」を歓迎し、君民共治は自由民権の基礎であると考えた。

　八月、正造（三〇歳）は赤尾塾の先輩織田龍三郎を頼って東京に出たが、織田が免官になっていたため学問ができなくなった。この頃祖父の名を継いで正造と改名した。同じ頃、父も庄蔵と改名していた。織田は一銭の収入もなく困窮していたので、正造は書画を売り払って三六両を得、これを六カ月分の食料月謝として前納すると、織田は朋友と久々に一杯やったと言って、たちまち使い果してしまった。

　江刺《えさし》県大属《たいさかん》早川信斎に勧められ、明治三年三月、江刺県附属補として花輪分局（現・秋田県鹿角《かづの》市花輪）に赴任した。正造は「救助窮民取調」を命じられ、村を回り、百姓たちの窮状を調べ、「御用雑記公私日誌」に記録した。米はなく、稗、粟の粥を食べるのが精一杯で、何もなし、という家も多かった。正造は東北農民の窮状に衝撃を受け、救済の道を立て秋田米五〇〇俵の救援米を手配した。四月には聴訟掛兼山林掛となり、軽い事件の取調べと裁定と、山林の開墾事務の仕事をした。明治三年の五月から一二月までに、二六〇口、田畑二三六〇町の起返りと新開地の許可を与えた。正造は多忙を極め、冬に入って僂麻窒斯《リウマチス》の症状が酷くなり、服を着るのも座るのも人の手を借りねばならなかった。

ところが明治四年六月、晴天落雷、上司木村新八郎殺害（二月三日）の犯人として逮捕され、算盤攻めなどの拷問を受けた。全くの冤罪であった。通弁と身の回りの世話をしてもらうために顔の黒い鼻のへこんだ少女を雇っていた（このことを「予が失策」と反省している）が、事件について彼女は聴訟に、眠っていて一向に分からない、と証言した。取調べで聴訟は正造が即答に窮すれば拷問し、聴訟が議論に窮すれば拷問し、弾正台の審判を請求すればまた拷問という状態であり、証拠は正造の脇差に曇りがあるというだけのことであった。その刀は、同僚の木本半次郎が辞職する時に交換したものであった。その後、事件の起こる一四、五日前、ある史生《ししょう》の食客が酒席で正造の刀と取り違え、少時間の後返してくれたものであった。もしかしたらこの男が、この間に鳥獣などの生血を塗りつけたのか。江刺の監獄は異常に寒く、凍死した者が四人いたが、たまたま同室の囚人がいたので、その衣服を貰い受けてなんとか寒さを凌いだ。

廃藩置県（明治四年七月）によって江刺県と盛岡県は廃され岩手県となった。裁判は長引き、翌五年江刺獄から盛岡の岩手獄に移され、一一月、新しい監獄則が制定されると畳の部屋に移され、待遇が良くなった。そこで同房者に差入れられたスマイルズ著・中村正直訳『西国立志編』（一三分冊。原著『Self Help《セルフ・ヘルプ》〈自助論〉』）などを借りて読み（吃音矯正のため音読した）、西洋思想に触れ大きな影響を受けた。正造もまた監獄で勉強したのである。正造が『西国立志編』を読んで影響を受けたのは、その冒頭に言う「天はみずから助くるものを助く」という天賦人権説と、自助（セルフ・ヘルプ）の精神である。この場合の天はキリスト教のヘヴン＝ゴッドのことであるが、正造は、天皇と混同しているかもしれない。同書は、イギリスで貧しい若者が自ら勉強忍耐して身を立て、名をあらわし、高位顕職に至った政治家、実業家、科学者、芸術家の列伝である。

二年九カ月後、明治七年四月になり、木村の遺子桑吉の証言により嫌疑は氷解、ようやく無罪放免になった。真犯人は捕まっていない。母さきは出獄一月前の三月九日に亡くなっていた。正造は世話になった人々にお礼をして回り、ほぼ決まっていた江刺県の職を断って、五年ぶりに故郷小中を目指した。その途次、贈られた福沢諭吉著『英国議事院談』を読み、イギリスの議会事情を知った。小中に戻り無罪を母の墓に報告した。小中では正造は三年前に死刑になったということで、除籍になっていた。村役場はあわてて戸籍簿を訂正した。

小中村は栃木県第九大区三小区となっていた。正造は『西国立志編』「第一〇編一一　ウエリントン、ワシントン借債を懼《おそ》れしこと」に言う「債欠は自主の人を化して奴隷とするものなり」という言葉を肝に銘じ、六角家事件などで貯まった負債を、田畑を売って整理し、自主・自立を図った。

正造は隣の赤見村の酒造兼酒屋の蛭子屋の番頭となったが、じきに雨が降りそうな天気なのに、客が馬と荷をそのままにして酒を飲もうとするので注意したら、主人が正造は商売に適さないと言ったので蛭子屋を辞め、夜学を開いた。折から西南戦争（明治一〇〈一八七七〉年一月三〇日～九月二四日）が起こり、正造は西郷隆盛に同情し、「西郷の如きものをして強て賊名を負ふに至らしめしは、不幸之より大なるはなし」と言ったので、区吏らの疑惑を受け、生徒の出席を妨害され、夜学は解散に追い込まれた。

しかし政府が西南戦争の戦費のために紙幣を乱発すれば物価が騰貴すると見越した正造は、年末頃に田畑を購入し、翌年にはこれを売却して三〇〇〇円の利益を得た。これを元手に、正造（三七歳）は政治を志し、父富造に「一身を以て公共に尽すの自由を得んこと」を請うて、

一、以後自己利益のための事業はしないこと

二、毎年一二〇円ずつ、向う三五年間の運動に充てること

三、養男女二人は相当の教育を与えて他へ遣わすこと

を誓った。この時、父は「死んでから仏になるはいらぬこと　生きているうちよき人になれ」という某禅僧の狂歌を与えたという。明治八年に入籍した養女タケは、正造の妹リンの嫁ぎ先原田瑾三郎家の長女（姪で、定助の妹）、明治一〇年に入籍した養子文造は正造の妻カツの姉の次男（甥）で、公共に奉仕するため、それぞれ明治二九年と三一年に実家に復籍させた。

政治には二種類ある。一つは権力闘争としてのそれ、もう一つは見知らぬ人のために福祉をなすことである。正造の目指す政治が後者であることは、今の「一身以て公共に尽す」という志願と後の行動の誠実さで知れる。こうして明治一一年七月には第四大区三小区の区会議員に選ばれる。一二年三月には栃木県会議員選挙に立候補するが次点で落選した（府県会は一一年に設置）。

板垣退助ら反政府士族が「民撰議院設立建白書」を政府に提出し、自由民権運動を始めたのは明治七年であるが、正造は、西南戦争後活発になってきた自由民権に目覚め、全国的な運動となっていた民撰議院設立を進言するため、土佐に板垣退助を訪ねようとしたり、政府に建白を図ったりした。一二年八月、途絶えていた『栃木新聞』（後の『下野新聞』）を齋藤清澄の主唱で再刊し、編集長となり、自由民権思想を広めようとした。しかし広告もせず配達人も置かず、需用の喚起に問題

があり、売れ行きは芳しくなかった。

九月一二日と一五日（第一九、二〇号）に正造は論説「国会を開設するは目下の急務」を書いた。

（略）外に勁敵あって国家萎靡《いび》するも、上下一致福祉災害共に倶に官民に帰着するの條理を普《あまね》く人民に熟知せしめ以て国家を維持せんと欲せば、其保全の永遠なる豈啻《あにただ》に富嶽の雲際に突出して日月と共に存するのみならんや。然り而して上下一致福祉災害倶に共に官民に帰着するの條理を普く人民の脳漿に感発せしむる成策如何。曰く人民に参政の権を与ふるに勝れるの善きは無し。是則ち余輩が此の一篇の題目と為したる所以なり。（略）

国を守り立て、上下一致して福祉をなし災害に当たるためには、国民に参政権を与えることが重要である、と正造は考えた。五箇条の誓文にいう「広く会議を興し万機公論に決すべし」や「上下心を一にして盛に経綸を行う」などの影響が底流にあることは確かである。また「国家至難に際して頼む所ろ《ママ》のものは兵力なり」とも言い、日支両国間の葛藤が生じていることに関して、「全国の精神合同団結するときは数百万の勁敵と雖も一撃の下に勝利を期し、云々」と述べている。

明治一三（一八八〇）年二月の補欠選挙で、正造は安蘇郡から栃木県会議員に当選する。四〇歳であった。正造は自由民権派の論客となり、八月、国会開設を目的とする安蘇結合会を組織した。全国に澎湃《ほうはい》として起こった結社の一つであるが、会員を安蘇郡以外にも開き、組織拡張のため中節社と改名し、一一月に「国会開設建白書」を元老院に提出した。その草稿によると、

夫れ国に政府あれば人民より費用（即租税）徴兵を出さゞる可からず。之が費用を出さんには必ず其収税法と支出法とを立てざる可らず。之が収税法と支出法を立んには必ず議会なかる

可からず。

加るに徴兵の義務を負担し国家を防禦するの責を負ふ、租税徴兵二大義務を以て参政権を得るに足る。

と述べ、租税徴収と徴兵の法を立てるため、国会を開き、「万機公論に決せば、憂患は忽して消じ忽して除き皇家於是康し国権於是振う」と言い、「尚早論」を排して、速やかに国会を開設するよう建白した。それが国家を防御するための方法であると。自由民権を主張する正造は国家の危機を感じていたのである。

さらに「国会期成同盟第二回大会覚書」（一三年一一月）には次のように述べている。

夫れ無量の幸福とは何ぞ。曰く自由なり。自由とは何ぞ。曰く我を害さず、人を害さず、人の自由をゆるして以て己れが自由を得んことを求むる所以なり。

国会開設より憲法を制定し、内地の法律を改良し、国産以て繁殖の道を開き、教育以て有効ならしめ、国力以て紙幣の下落を挽回し、皇室以て其基礎を堅固にし、兵力以て之を維持するに足り、外交以て条約を改正し、国権以て外邦に対峙すべし。

道徳は即ち自由の根基なり、法律や克く人民の権理を支配す、人民の権理は即ち自由なり。自由の出る処即ち道徳なり。故に徳行に憲法あり、之を組織改良するもの之を政党と云ふ。道徳の風化狭し勢力甚だ弱し、故に国として憲法なきは人にして法律なきが如し、人にして法律なければ道徳初めて地に落つ、国の憲法に於ける亦しからざるなし。憲法を立るは即ち政党にあり、云々。

民とは支配者に対する被支配者のことである。その民が、天皇の下、自由と民権を要求し、自立・自律して、自由・自治を行おうと言うのである。君民共治であり、立憲君主である。自由民権派は、国会を開設し、政党が憲法を制定し、法律を改良するという順序を主張して運動を行った。そして兵力・経済（強兵富国）で外国に侮られないよう対峙し、教育（特に初等教育）の充実を図り、外交で条約改正を果たすことを目的とした。正造は「御一新」と五箇条の誓文を信じ、この地区の自由民権派の中心になっていった。これがこの頃の正造の考え方であり、この枠内で行動する正造はまさしく「明治人」である。

自由民権とは、色川大吉（『自由民権』岩波新書、一九八一）によれば、明治前期に起こった民権運動であり、文化革命運動である。全国で六〇〇以上の自由民権の結社が生まれた。正造の中節社もその一つ。民権結社はその性格から三つに分けられる。

一、土佐の立志社（板垣退助、後藤象二郎、植木枝盛ら）など反政府士族を中心にした勢力

二、豪農層を中心にした地租軽減を唱える在村型勢力

三、嚶鳴社《おうめい》（沼間《ぬま》守一、島田三郎ら）などの都市知識人の勢力

実際はこの三つが絡み合った運動であり、各結社は次のような内容で学び合い助け合い、活動していた（時代は違うが、谷川雁らの「サークル村」のようなものであろうか）。

一、学習運動（政談演説会、新聞雑誌縦覧所、相互討論、都市民権家からの学習、定例会など）

二、相互扶助（法律相談、保険共済、無尽講、弾圧犠牲者と家族への救済、衛生演説など）

三、勧業・勧農（興行殖産、技術改良、特産研究、公租公課軽減、地租軽減など）

四、政治活動（国会開設請願、地方民会・府県会闘争支援、憲法草案起草、建白書提出、遊説活動など）
五、娯楽（俳句会、歌会、連歌会、武術会、村歌舞伎、説教節、人形芝居、祭り、盆踊りなど）
六、交流・懇親（政治的懇親会、遊船会、観桜会、観月会、運動会など）
本命は政治活動であり、民選議院（議会）開設と、憲法制定（立憲制）、条約改正などを目的にしている。明治七（一八七四）年、土佐の立志社は「民撰議院設立建白書」を提出した。翌年、大久保政府は漸次立憲制を施く、と詔勅を発し、板垣らを入閣させた。

政治活動は、後に集会条例（明治一三〈一八八〇〉年）の規制を受けて、他の結社との交流は、句会で政治の話をしたりして偽装を施していた。一四年はこの自由民権運動が最高潮に達した年である。

国会開設の前提となるのが政党の組織である。明治一四年、筆頭参議大隈重信（佐賀出身）が政党内閣制と（英米流の）憲法の制定、二年後の国会開設を主張したが、開設時期をめぐって漸進論の伊藤博文（長州出身）と対立した。また北海道開拓使長官黒田清隆（薩摩出身）が、国費一四〇〇万円をかけた事業を、三八万円で政商五代友厚（薩摩出身）に払下げようとした。いわゆる開拓使官有物払下事件であるが、利権を私物化し、私腹を肥やして悪臭芬々である（次に述べる三島通庸もこの一連であろう）。大隈はこれにも反対して薩長派と対立した。藩閥専制政治の腐敗に世論も沸き立ったが、一〇月、伊藤一派は、大隈一派と福沢諭吉一派を放逐するとともに（大隈は明治一五年、東京専門学校を創設、福沢は一五年、『時事新報』を創刊した）、問題となっていた払下げを中止し、伊藤らは、一〇年後、明治二三年に国会を開設するという詔勅を発表した。しかしその詔勅の中には、国会の組織や憲法の内容は天皇が親裁し、人民がとやかく言うことは許さない、もし事変を扇動し国安を害する者があれば、処するに国典を以てなすべし（弾圧する）という方針が記されていた（色川『自由民権』）。数十の私擬憲法草案が結社から提出されていた（確認されているのは四〇ほど）。代表的なものは立志社の植木枝盛の日本国国憲案、嚶鳴社憲法草案、相愛社草案、五日市憲法草案、千葉卓三郎起草の案などである。植木枝盛の案には、「第七〇条　政府国憲に違背するときは日本人民は之に従はざることを得。第七一条　政府官吏圧政を為すときは日本人民は之を排斥するを得。政府威力を以て擅恣《せんし》暴虐を逞ふするときは、日本人民は兵器を以て之に抗することを得」と、抵抗権を明記している。新聞、雑誌、演説会などで憲法に関する「とやかく」の議論が盛り上がっていた。伊藤はこれに危機を察知し、自主憲法を禁圧し、憲法は政府が欽定するとして、ベルリン、ウィーンに憲法調査に出かけた。

一方、明治一四年一〇月に板垣を総理とする自由党が結党された。正造はその準備会（一〇月二日）で各派各社の大同団結を訴えたが、容れられず、次のように日記に書いた。

各其長ずる処に誇って他党の短所を攻撃す、決て社会一大結合と云ふべからず……、之を合併し其長ずる処によって全力を尽し互に相親睦せば我党の幸福を図る亦なんの堅きこと之あらざるなり。

（日記、明治一四年一〇月四日）

翌一五年四月、大隈を総理とする立憲改進党が結党。一〇月、正造は板垣に大連合実現のため『自由新聞』社長にならないよう要請した。これに加えて明治一五年一一月、自由党板垣・後藤（象二郎）の、政府の準工作費（三井財閥からの資金とも）による欧米漫遊事件が起こり（二人は政府に懐柔されたのである）、板垣の人望によって統一を保っていた自由党を、馬場辰猪《たつい》、田口卯吉らが脱党した。改進党系の新聞が自由党を批判すると、『自由新聞』は三菱財閥との関係を暴いて改進党を攻撃し、偽党とののしり、両党は敵対関係になっていった。この一連の事件の背後には山県有朋がいて糸を引いていた（藤村道生『山県有朋』）。栃木県下でも改進党系の演説会に、自由党系の壮士が殴り込む事件が頻発し、正造は自由党を見限り、一二月一八日、立憲政体を造るため、立憲改進党に入党した（色川『自由民権』）。

国会開設の前に憲法を制定しておく必要がある。議会議員の選挙は憲法に則ってなされねばならない（否、憲法は議会で決めるべきという考えもある）。自由民権派の植木枝盛らは私擬憲法草案を提出したが、専制政府はそれらの「とやかく」を一切顧みず、明治二二（一八八九）年二月、伊藤博文らが（プロイセン流の）君主主義に基づく「大日本帝国憲法」を制定し、「憲法及法律の範囲内に於て」民権を認め、言論、集会、結社の自由を縛った。「権力が認めた金魚鉢の中でだけ国民は自由に泳いでよいという」もの、つまり臣民的自由であった（色川『自由民権』）。ただし、これは色川の評価であって、明治人正造には憲法があるということ自体が有難いものであったようだ。やがてその運用・適用について違和感を感じていくことになるが。

さて、栃木県会議員としての正造は、次のように精力的に活動した。人民が困窮している時、行政の費用はできるだけ削減し、人民の負担を軽くするということを一貫して主張した。具体的には、郡庁舎の新築などは開化の外飾文明の面粉に過ぎないから反対、吏員の俸給引き下げ、警察のサーベル購入費の全廃、不用不急の土木工事の反対などである。また資産家の子弟を対象にした県立中学の設置より、師範学校を充実し、貧窮者に教育機会を与える小学校教育の充実を主張した。栃木県の学齢人口が一〇万二〇〇〇人で、不就学者が五万余人、就学者四万余人（明治一七年の数字だが）であり、教育の公平を訴えた。また女子教育をしなければ日本人三五〇〇万人の半分は文盲になると言ったが、行われなかった。

明治一五年五月、福島県令三島通庸（薩摩出身）は、河野広中を議長とし、民権派が多数を占める県会反対議決を無視して、会津から新潟、栃木、山形に通じる三方道路建設工事を農民に強制した。農民は自由党員宇田成一らの指導でこれに抵抗した。一一月二八日、逮捕された宇田らの釈放を要求して、農民は喜多方署に押し寄せたが、抜刀した警官隊に襲われた。翌日、三島は県下の民権派二〇〇〇人を弾圧し、河野らは政府転覆陰謀ありとして国事犯にされた（福島事件）。

三方道路の栃木県分は、県会の反対にも関わらず、福島県と同じく、沿道町村民の労働力提供と有志の寄付が前提となっていた。正造は、人民に善意を強制するやり方に異議を唱えた。

明治一六年一〇月、その福島県令三島通庸が栃木県令を兼任することになった。三島は、火つけ強盗と自由党は管内には一匹もおかぬと豪語する鬼県令で、霹靂《へきれき》一声自由党員の運動はたちまち止んだ。三島はまず県庁を栃木から宇都宮に移した。栃木に県庁・監獄・学校・病院・官舎などを建てるのに一〇万円を擲《なげう》ったが、新たに宇都宮にこれらを建てるとさらに一〇万円が必要になる。不経済ではないか、と栃木町の人々は言い立てた。宇都宮では数万坪の民有地を献納させ、県庁、監獄、師範学校を建築し、市街道路の改修を行い、蔵屋を破壊し、軒庇を切断するなど、暴政をほしいままにした。もと栃木県の財政は三〇万円前後であったが、三島暴政費は数百万円という他ないほどのものであった（三島が六万円を投じて建てた三層構造の上に時計台をもつ県庁舎は二一年に焼失し、新しい県庁舎が三万円で再建されたが、六万円のものより堅牢であったという）。

三島土木県令はさらに陸羽街道の新開・改修を提案した。土木費は巨額になり、沿道人民に寄付金を強制し、各戸に数十日の無賃労役を課し、休んだ者には一日二五銭を徴収した。一七年八月、労役に駆りだされた人民が遅刻すると、乱暴無慈悲な監督巡査は総代の小川善平の家に乱入し、善平を乱打し、捕縛し、抵抗した乙女宿人民七三人を捕らえ、小山署に連行して拷問を加えた（乙女宿事件）。

正造は直ちに駆けつけ、官憲の不法行為を調査し、出京して内務卿山県有朋に訴えたが聞き入れられなかった。三島は自分が広大な土地を持つ三島村を通すため、独断で陸羽街道の計画路線を変更させ、工事費が嵩んだ。また若松新道も三島村を通すなど、三島の暴政は枚挙にいとまがない。三島は深く全下野を毒した。

正造（四四歳）は三島の暴政を調べ上げ、政府に訴えようとしたが、三島が正造逮捕に乗り出したので、急ぎ出京し、外務郷井上馨を訪ねたが果たせず、警視庁に出頭して、数々の三島暴政を記した手帳を示して自分の立場を釈明しようとした。しかし警視庁は正造を加波山《かばさん》事件の連累として拘留した。

加波山事件とは、明治一七年九月、三島の自由民権運動圧迫に対し、茨城・福島・栃木の自由党員富松正安、河野広躰、杉浦吉副、三浦文治ら一六名が蜂起した事件である（鯉沼九八郎は爆弾製造時に誤って左手首を失う重傷のため、一六名から外れた)。その檄文に曰く、「抑《そもそ》も建国の要は衆庶平等の理を明かにし、各自天与の福利を均《ひろ》く享るにあり。而して政府を置くの趣旨は人民天賦の自由と幸福とを扞護《かんご》するにありて、決して苛法を設け圧逆を施こすべきものにあらざるなり。／然而今日吾国の形勢を観察すれば、外は条約未だ改まらず、内は国会未だ開けず。為に奸臣政府を弄し、上聖天子を蔑如し下人民に対し収斂時なく餓孚《がふ》道に横はるも之を検するを知らず、其惨状苟も志士仁人たるもの豈に之を黙視するに忍びんや。(略)」。

政府と三島を倒そうとして茨城県加波山山頂に集合し、「一死報国」、「自由之魁」、「圧制政府転覆」などの旗を掲げ武装蜂起、爆弾を放ち、専制政府打倒・立憲政府樹立を叫んで警察署を襲撃した。国事犯であるにも拘らず、常時犯として扱われ、死刑七人、無期七人、有期四人を出した(大島太郎「加波山事件」『日本政治裁判史録 明治・後』第一法規、一九六九)。

しかし改進党の正造はその事件が何なのか知らなかった。宇都宮署に送られた正造は、さらに佐野警察署に送られた。正造は公判で三島の暴政を暴露する心算でいたが、三島はこれを恐れたのであろう、獄裡の正造に諂《へつら》い、手を尽くして飲食物を差し入れたりした。

一二月二三日、正造は起訴されないまま在獄七九日で釈放された。三島は、中央政府の擯斥《ひんせき》するところとなったのであろう、一一月二一日、一年で栃木県令を罷免になり、内務省土木局長に転じた(が、間もなく警視総監になり、明治二〇年、山県有朋内務大臣の施行した保安条例による弾圧政治の実行者となった)。

三島が建造した道路は殆ど利用されていない。塩原道路は廃道となって行人はいない。陸羽街道も、鉄道が敷かれ汽車が走り始めると無用の長物となった(その後、国道四号の前身となった)。

明治一七年には、この他、群馬事件、借金党事件、秩父困民党事件、一八年には武相困民党事件など、全国で多くの農民騒擾事件が起こっている。武相困民党事件は、一四年、大隈に代わって大蔵卿になった松方正義の緊縮財政(デフレ政策)による深刻な不況のため、養蚕製糸業の盛んな三多摩八王子など武相地域で急激な繭価・糸価・物価下落が起こり、借金がかさんで倒産した農業養蚕業者が、年賦無利息請願党(武相困民党)を結成し、高利貸・金融業者の利子の減免、負債追及緩和などを要求して起こした農民騒擾事件で、兇徒嘯集罪に問われた。それは政府・資本側から見れば、「国家の財政政策・重税と、高利貸・銀行資本による二重の収奪によって、強行的に推進された資本の本源的蓄積過程の所産」であった。また秩父困民党事件は地主・豪農層の負債返弁騒擾から始まり、ついには武装蜂起に至った事件であるが、「世直し一揆と秩父事件との間にある目も眩むような断絶、その飛躍」(色川大吉『自由民権の地下水』岩波現代文庫、一九九〇)は、政府の弾圧に屈しない自由民権運動の最後の輝きでもあった。行き詰った農民は都市に流入し、産業資本の賃金労働者となっていった。

正造は明治一九年四月、栃木県会議長になり、二二年の帝国憲法発布の式典に県会議長として参列した。その際、各県会議長の位置付けが「参観」であったのを、正造が「参列」に変えさせた。

さらに二三年七月、第一回総選挙が行われ、栃木三区(安蘇・足利・梁田郡)で、改進党から立候補し、木村半兵衛(自由党系)と争い、衆議院議員に当選した(七九七票―六七二票)。五〇歳である。この時の選挙制度は、選挙権は日本臣民の男子で二五歳以上、被選挙権三〇歳以上の者であり、国税を一五円以上納める者などの制限があり、有権者は国民の約一%、約四五万人であった。正造はこの選挙で、先の土地の売買で得た三〇〇〇円は使い果たしてしまった。

衆議院議員正造を待ち構えていたのは足尾銅山鉱毒事件である。正造の自由民権の闘いの継続である。

二、渡良瀬川と足尾銅山

木村巳之助は天保三(一八三二)年、京都市岡崎で生まれた。木村家は造り酒屋で、手広く商売をし、庄屋を務め、屋敷も広かった。父の長右衛門が道楽者で身代を傾け、酒屋をやめて豆腐屋にまで「零落」した。

ある日、巳之助は白川村に豆腐を売りに行ったが、途中向こうからやってきた駕籠が豆腐の箱に突き当たり、豆腐が壊れてしまった。どうしてくれる、と抗議したが、先方は取り合わない。巳之助は考えた。先方は他人に迷惑を掛けながらかえって叱り飛ばして平気でいる。私は黙って引き下がらねばならない。何故かと言えば、結局身分も商売も卑しいからである。いつか世の中に出て、名のある人になりたいものだ、と。一〇歳位の時のことである(砂川幸雄『運鈍根の男——古河市兵衛の生涯』晶文社、二〇〇一)。小マゾヒスト巳之助の上昇志向の人生の縮図を見るようである。

二六歳の時、京都小野組の番頭古河太郎左衛門の養子となり、古河《ふるかわ》市兵衛と名乗った。明治七(一八七四)年、小野組の倒産により独立し、明治八年、一攫千金を夢見て、山師古河市兵衛は草倉銅山（新潟県）を買収し、一四年に良鉱を掘り当てた。一山当てたのである。運のいい男だった。

明治九（一八七六）年一二月三〇日、古河市兵衛と、旧相馬藩主の援助を受けた家令志賀直道（直哉の祖父）は、福田欣一より足尾銅山を譲り受け、共同経営に乗り出した（古河鉱業の経営となる）。一三年には渋沢栄一が加わった。一八年に院内銀山（秋田県）と阿仁銅山（秋田県）の払下げを受けた。明治一六年には陸奥宗光の次男潤吉が古河の養嗣子となる（一九年に志賀が、二一年には渋沢が経営から手を引き、古河の単独経営となった）。

栃木県上都賀郡足尾村（現・栃木県日光市足尾）にある足尾銅山は慶長一五（一六一〇）年に発見された（とされる）。備前国から移住した治部と内蔵が銅の露頭を発見し、日光座禅院に報告した。黒岩山は備前楯山（一二七三メートル）と改名された。足尾郷は日光東照宮神領となり、銅山は幕府直轄銅山となった。一六六〇〜八〇年代に年間三〇〜四〇万貫（一貫は三・七五キログラム）を生産し最盛期を迎えた。主に輸出用であったが、寛永通宝（裏に足の字のある足字銭）を造っていた（布川了『改訂 田中正造と足尾鉱毒事件を歩く』随想舍、二〇〇九）。「足」は足尾の足であり（村上安正は「おあし」の語源と言う。『明鏡国語辞典』は、御足・御銭は「足で歩くように世の中をまかり通るからだという」とする）、老子の「知足」、京都龍安寺の銭型の蹲《つくばい》が言う「吾唯足知」の「足る」という意味ではない。

足尾銅山は幕末には衰えたが、古河らが欧米の機械や新技術（削岩機、排水ポンプ、水套式溶鉱炉、ベッセマー式製錬炉、水力発電、電気鉄道など）を導入して近代化した。「銅山の鉱床の範囲は主峰備前楯山を中心に東西三・五キロ、南北四・四キロのやや楕円形に近い形の中にあり、一五〇〇本の鉱脈と一〇〇個の河鹿鉱床からなる」（村上安正『銅山の町 足尾を歩く――足尾の産業遺産を訪ねて』わたらせ川協会発行、随想舎発売、一九九八）。明治一四（一八八一）年には山の東側から開鑿し鷹ノ巣直利を発見、一六年には横間歩直利という新たな大直利（富鉱脈＝ボナンザ）を発見、一八年には山の西側から小滝坑を開鑿して直利を発見した。一七年頃から産出量は飛躍的に伸び、東洋一の銅山と呼ばれた。一八年九月には坑内出水によって排水設備が故障し生産量が落ちたが、二〇年、ドイツ電気メーカーのジーメンス社と提携して間藤（水力）発電所を建設し、電力を動力源とし近代化をはかった。三〇年には通洞と本山坑と小滝坑を結び、排気、通気、運搬の幹脈が成り、全山操業が統一された（村上・前掲書。布川・前掲書）。足尾銅山と渡良瀬川流域で悪さをしたのは近代というものであった。

また明治二一年にはジャーディン・マシソン商会との間で、二一年八月から二三年一二月までの二九カ月間、トン当り三四六円で、全量買取の契約が成立し、大増産体制に入っていった。輸出して外貨を稼ぐわけである。二一年の産銅量三七八三トン、二二年は四八三九トン、二三年は五七八九トンである。ついでに言えば、ジャーディン・マシソン商会というのは、一八三二年にジャーディンとマシソンがマカオに設立したイギリス商社で、インドから中国へのアヘン貿易で成長した（アヘン戦争後に香港に移る）。その他、茶、生糸の貿易業、運輸業、建設業、不動産業などにも進出した。一八五九年、武器商人グラバーが長崎にグラバー商会を開き、ジャーディン・マシソン商会の代理店となった。

渡良瀬川の水源地は栃木県足尾の松木川源流の皇海山《すかいざん》（二一四四メートル）である。峻険な山々の間を、松木川、仁田元川、久蔵川、神子内川などの渓流が谷を削っている。それらが合流する足尾の渡良瀬以下を渡良瀬川と呼ぶ。群馬県大間々《おおまま》付近で扇状地をつくり急に平野が開ける（逆に行くと、急に山道になる。ここまで約三〇キロ）。さらに東南に流れ、群馬県桐生市、群馬県太田市、栃木県足利市、群馬県館林市、栃木県藤岡町（現・栃木市藤岡町）、栃木県谷中村（同上）、茨城県古河《こが》市を流れ下り、埼玉県北葛飾郡栗橋町（現・久喜市栗橋）で利根川と合流する（全体で一〇八キロ）。かつて渡良瀬川は坂東次郎と呼ばれた独立河川で、権現堂川－庄内川筋－太日川筋を江戸湾（東京湾）に注いでいたが、流路の変更工事により栗橋で利根川と合流し、渡良瀬川（栗橋以北）は利根川の支流となった。

利根川（坂東太郎と呼ばれる）の源流は群馬・新潟県境の大水上山（一八五〇メートル）で、一九五四年に分かった。その流れの変遷は、上流部はともかく、中下流部は複雑そのものである。関東平野は縄文海進の頃は栗橋の北まで海が入り込んでいた。下総台地、大宮台地、武蔵野台地などの辺には貝塚がいたるところに分布し、沖積が進んでも低湿地帯で、いたるところに沼沢があり、江戸初期でさえ、利根川がどう流れていたかは、「実はよくわからない」（小出博）。

古利根川は会《あい》の川を通り、粕壁（春日部）を通り、墨田区鐘ケ淵以下は隅田川となって江戸湾に注いでいた。が、寛永年間、西からの浅間川と北からの渡良瀬川を栗橋で合流させ、会の川を締め切り、新川通を開削した。渡良瀬川と利根川は交錯する。その下流で、元渡良瀬川筋の権現堂川筋－庄内川－太日川を「乗っ取り」（布川了）、さらに権現堂川・逆川を増削し、寛永一八（一六四一）

年、庄内川を廃し、(千葉県)関宿の西側を流頭にして江戸川を開削し、水運を整備した。そして最後の難関赤堀川(栗橋－関宿間。関東ローム層の赤土の低い台地)を開削し、承応三(一六五四)年、利根川の直線化工事を(三回目で)成功させ、関宿の東で、常陸川(広川)を通り、銚子に流れるよう瀬替え(流路の変更工事)をした。しかし、利根川の川幅一一七間(二一〇メートル)に対し赤堀川は川幅一〇間(一八メートル)で、ごく少量を「東流」させただけなので、「東遷」とは言えないし、常陸川筋と江戸川筋に分流しただけなのだ、と布川了は言っている(「東流とは本流をそのままにして、東へ分流することであり、東遷とは本流そのものを東に遷してしまうこと」)。江戸湾に注ぐ元渡良瀬川の流れは初め新利根川とも呼ばれたが、寛保年間に江戸川と呼ばれるようになり、やがて、赤堀川が川幅四〇間(七〇メートル)に広げられた頃から、こちらを利根川と呼ぶようになった(利根川本流はさらに東北からの鬼怒川、子貝川を合わせ、銚子から太平洋へ出、江戸往来の水運の要路となる。一般に、利水が治水に先行する)。

渡良瀬川は一七六三年から一八六二年の一〇〇年間に二〇回の堤切れがあったが、前半五〇年は一回だけで、後半五〇年に一九回もあった。洪水の最大の原因は、天明三(一七八三)年の浅間山大噴火による降灰で利根川河床が上昇し滞水したからだ、という。寛政四(一七九二)年、利根川の流量が権現堂川筋に入るのを制限し常陸川筋へ増量するため、権現堂川の江戸川流頭に「杭出し」が設置された。さらに文化六(一八〇九)年、赤堀川を四〇間に広げ、利根川の流路の変更工事をした。文政五(一八二二)年に、江戸の水害を防ぐため、関宿の江戸川流頭部に「棒出し」(川の両岸から棒杭を打ち込む制水設備)を設け、天保年間(一八三〇～四三)にこの棒出しを一八間(三二・七メートル）より狭めないという約束が為された。しかし（先走るが、ここにまとめて書いておく）明治になって関宿の棒出しは強化され、明治八年に石張りに改築された。足尾鉱毒問題が起り、明治二九（一八九六）年、一府五県が洪水と鉱毒被害に見まわれると、政府は東京の水害を防ぎ、江戸川下流住民が騒ぎ立てないよう、また行徳の塩田を守るため、棒出しを岩船角石によって強化し、川幅二六間（四六・八メートル）を九間（一六・二メートル）に狭めた。三一年には石材とセメントで河床を埋めた。これにより鉱毒水は逆川から利根川（赤堀川）を逆流し、さらに（逆流しやすいように）河口を広げられた渡良瀬川を逆流し、流域を大洪水に巻き込むことになった（小出博『利根川と淀川——東日本・西日本の歴史的展開』中公新書、一九七五。布川了『田中正造と利根・渡良瀬の流れ——それぞれの東流・東遷史』随想舎、二〇〇四。布川「谷中村滅亡と田中正造」『新・渡良瀬遊水池——自然と歴史の野外博物館に』随想舎、二〇〇五。布川「谷中、村と人のなりゆき」塙和也・毎日新聞社宇都宮支局編『鉱毒に消えた谷中村——田中正造と足尾鉱毒事件の一〇〇年』随想舎、二〇〇八）。

渡良瀬川流域では稲作や畑作はもちろん、桐生や足利は養蚕と絹織物、染色などが盛んで、渡良瀬川の水の賜物といっても過言ではない。また渡良瀬川はこの地域と東京を結ぶ水運の要路であり、下りは米、薪炭、上りは塩、砂糖、油、雑貨などを積んだ大型の高瀬舟や米五〇〇俵を積む大型船が行き交い、明治になると蒸気船も行き交った。しかし、鉄道（現・東北線。明治一六〈一八八三〉年、上野－大宮間が開通、一八年宇都宮まで開通、二四年全線開通。両毛線〈小山－新前橋〉は明治二二年全通）ができると、水運は急速に衰退した。

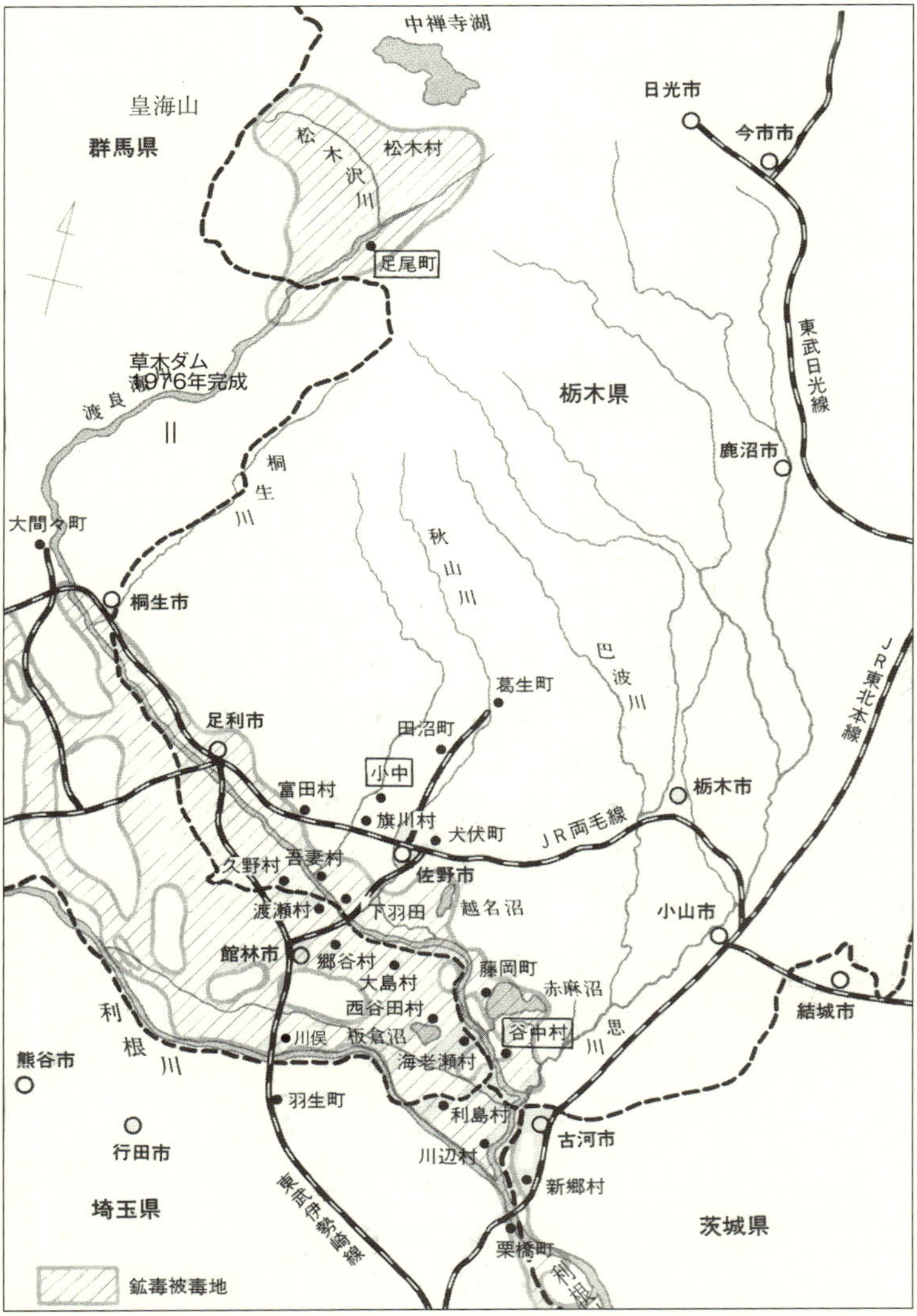

■図３　足尾鉱毒事件関係略図（出典：由井正臣著『田中正造――民衆から見た近代史』（NHK 市民大学，1990年１月～３月期テキスト。図の説明に「明治30年ごろの地図に現在のおもな鉄道路線を加えたもの」とある）

■図４　渡良瀬川と利根川の流れ

渡良瀬川　皇海山—足尾—谷中村

利 根 川　大水上山—前橋—川俣—栗橋—赤堀川—関宿—利根川（常陸川）→銚子

逆川

権現堂川—江戸川・棒出し→江戸湾

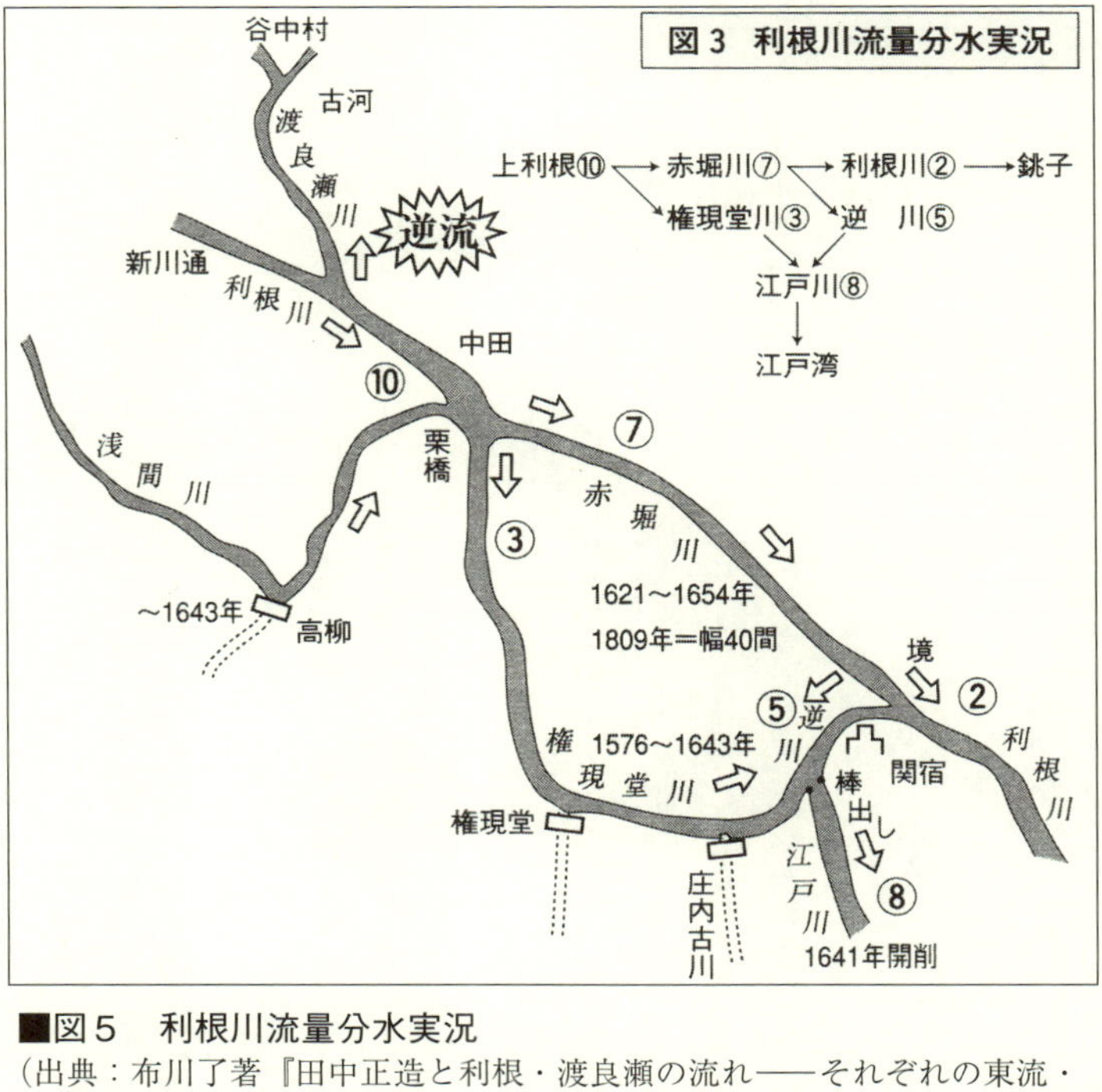

■図５　利根川流量分水実況

（出典：布川了著『田中正造と利根・渡良瀬の流れ——それぞれの東流・東遷史』（随想舎，2004年）

近代になって、足尾銅山の増産に比例する形で、渡良瀬川流域で鉱毒被害＝環境破壊が発生した。足尾の山の木を乱伐し、木炭として銅製錬の燃料とした。製錬工場からの亜硫酸ガスや亜ヒ酸を含む排煙が森林を枯らし、山は赤裸々となり、保水力を失い洪水の原因となった。また坑道から流れ出る丹礬《たんばん》（正しくは「胆礬」。含水硫酸銅からなる鉱物）や捨石、精錬過程でできる鉱滓やからみ（スラッグ）が谷沢に投棄され、堆積場となった（炭鉱でいうボタ山であるが、やがてそれは平らに均され、その上に鉱夫長屋や小学校が建てられた）。流出する銅、硫酸、硫酸銅、砒素、亜鉛、カドミウムなどが渡良瀬川を流れ下った。後には、固着性のある捨石が谷を埋め尽くすと、古河は大雨に乗じてダイナマイトでこれを破砕し、流下させた。

明治九年一二月（実質一〇年から）に古河鉱業が足尾銅山の経営に乗り出したが、早くも明治一三年（荒畑寒村は明治一四年と言っている）、川下の沿岸住民は魚が浮かんで流れていることや、香魚《あゆ》や鮠《はや》の数が減ったことや農作物の被害を不審に思い、足尾銅山の丹礬が流れ出ているのではと話し合った。足尾銅山粗銅生産量（布川了『田中正造と足尾鉱毒事件を歩く』）を次頁の表に示す。

栃木県では既に明治一三年から、藤川為親県令が渡良瀬川の魚を売ってはならぬという布達を出し、警察が八釜《やかま》しく言っていたということである。一四年、一五年と藤川は命令を続けたが、すると島根県に放逐されてしまった。これが政府の鉱毒事件への干渉の手始めである（と正造は第一四回議会で述べている）。

ただし、これは正造の虚構であったと、東海林吉郎・菅井益郎『通史足尾鉱毒事件 1877－1984』（新曜社、一九八四年、六〇頁）は言っている。東海林は、正造が、警察が八釜しく言っていたとい

■表　足尾銅山の粗銅生産量推移表

（単位：トン．1925年より他山銅も使用．1973年に閉山）

西暦（元号）	生産量
1878（明10）	46
78（　11）	48
79（　12）	90
80（　13）	91
81（　14）	172
82（　15）	132
83（　16）	647
84（　17）	2,286
85（　18）	40,90
86（　19）	3,595
87（　20）	2,987
88（　21）	3,783
89（　22）	4,839
90（　23）	5,789
91（　24）	7,547
92（　25）	6,468
93（　26）	5,165
94（　27）	5,877
95（　28）	4,898
96（　29）	5,861
97（　30）	5,298
98（　31）	5,443
99（　32）	5,763
1900（　33）	6,077
01（　34）	6,320
02（　35）	6,695
03（　36）	6,855
04（　37）	6,520
05（　38）	6,577
06（　39）	6,735
07（　40）	6,349
08（　41）	7,084
09（　42）	6,886
10（　43）	7,034

西暦（元号）	生産量	自山銅
1911（明44）	7,634	
12（　45）	9,474	
13（大２）	10,434	
14（　３）	10,811	
15（　４）	11,770	
16（　５）	14,207	
17（　６）	17,387	
18（　７）	15,706	
19（　８）	15,461	
20（　９）	13,201	
21（　10）	12,916	
22（　11）	12,980	
23（　12）	13,418	
24（　13）	13,991	
25（　14）	13,287	12,507
26（　15）	13,784	12,919
27（昭２）	13,294	12,488
28（　３）	13,714	12,938
29（　４）	13,507	13,063
30（　５）	14,065	13,815
31（　６）	15,196	14,704
32（　７）	15,232	14,779
33（　８）	13,393	12,884
34（　９）	11,579	10,783
35（　10）	12,143	10,933
36（　11）	13,905	12,750
37（　12）	14,061	12,121
38（　13）	14,340	10,420
39（　14）	12,719	9,693
40（　15）	12,555	8,444
41（　16）	11,501	8,169
42（　17）	11,162	7,036
43（　18）	13,097	7,530
44（　19）	9,540	5,811

西暦（元号）	生産量	自山銅
1945（昭20）	3,368	1,556
46（　21）	2,622	1,494
47（　22）	2,793	1,953
48（　23）	4,738	2,434
49（　24）	4,948	1,971
50（　25）	8,991	3,101
51（　26）	9,685	3,049
52（　27）	9,860	3,318
53（　28）	9,678	3,598
54（　29）	9,529	3,690
55（　30）	8,722	3,304
56（　31）	10,364	3,495
57（　32）	12,942	3,484
58（　33）	12,519	4,097
59（　34）	18,199	4,400
60（　35）	19,267	4,772
61（　36）	21,565	5,130
62（　37）	20,335	5,067
63（　38）	29,244	6,501
64（　39）	29,304	5,382
65（　40）	27,826	5,693
66（　41）	30,079	6,349
67（　42）	33,783	5,551
68（　43）	34,842	4,568
69（　44）	35,748	5,362
70（　45）	36,581	5,386
71（　46）	32,203	4,812
72（　47）	31,138	3,189
73（　48）	33,381	163
74（　49）	29,334	165
75（　50）	30,791	69
76（　51）	32,887	60
77（　52）	34,716	46

（『通史足尾鉱毒事件』『足尾郷土史』より作成）

うことを、藤川県令が布達したという言い方に変え、初め明治一四年と言っていたのを後に一三年に変える。さらに藤川左遷説を作り上げるために、三年連続で布達を出したとする。藤川は一六年に島根に転出するが、政府が三年間も放置するとは考えられない、と言うのである。しかし、田村紀雄『鉱毒農民物語』は、須永金三郎著『鉱毒論稿第一編　渡良瀬川　全』（明治三一年）から、「明治十二年夏、渡良瀬川魚族故なくして浮び死するもの数万、翌十三年夏亦此の事あり、時の栃木県令藤川為親令して渡良瀬河産魚類の売買を禁じ、且つ諭して之を食せざらしむ、是れ実に鉱毒形に見られたるの濫觴なり」という一節を引用して、藤川布達説を採っている。また日向康『田中正造ノート』（四四頁）は、東海林の説には同じがたいと言い、布達説は正造の作為というよりも、正造が二四年夏に鉱毒事件を調査した時、被害民が同一二年のコレラ流行時における警察の渡良瀬川の漁獲禁止を後年の鉱毒による魚類死滅に重ね合わせた訴えにもとづいたもの、とみている。粗銅の生産量と精錬量に比例して硫酸銅の流下は増えたのであろうから、正造の言うところにも一理ある。この時点では、あるいは一、二年は正造の勇み足かも知れないが、洪水があれば一気に流下したであろうから、微妙なところである。

さて、一四年には二六〇〇～二七〇〇人はいた漁師は、二〇年には七〇〇人に減じ、やがて一人もいなくなった。鮭、鯉、鱒、鮎、鮒、鰻、鯰、蝦など、魚がいなくなってしまったから。鳥も獣も虫も、田畑や、草原、そして人間も被害を受けた。つまり流域全体が環境汚染されたのである。

明治一八（一八八五）年八月一二日の『朝野新聞』には、渡良瀬川には鮎が浮かんで流れ、子供でも数十匹を捕まえられるほどである、「人々は足尾銅山より丹礬の気の流出せしに因るならんと評し合へりとぞ」という記事も出た。二一年には栃木県足利郡吾妻村村長が、稲作に被害が出ているとの上申書を県に提出している。二三年には谷中村議会が、古河市兵衛に損害補償と精錬所の移転を求める決議を採択し、他町村にも同調するように求めている（東海林・菅井『通史足尾鉱毒事件』）。正造は一三年以来県会議員であったが、特に反応を示していない。自由民権運動に邁進していた。

銅の採掘や精錬には多量の木材・木炭が必要であった。明治二一、二年の頃、政府は足尾銅山付近の官林を古河市兵衛に七六〇〇町歩、安生順四郎に三七〇〇町歩、計一万一三〇〇町歩を、材木と土地付きで一万一一〇〇円で払い下げた（正造「土地兼併の思想」明治三九年四月二二日）。古河と安生は山林を濫伐し、太い木は坑木にし、細い木は木炭にした。また放火する者があった（と正造は言うが、明治二〇年松木村の場合、野焼きが山火事になり一一〇〇ヘクタールを焼いた〈後述〉。しかし、自然回復することなく、不毛の禿山となったのは鉱毒煙害のためであろう）。

明治二三（一八九〇）年七月、正造は衆議院議員に当選する。八月二三日、渡良瀬川大洪水が起こる。足尾銅山の鉱毒・煙害により足尾の山が禿山となり、保水力を失ったことで起こったものであることは明白であった。氾濫した水に含まれる鉱毒により、川下では稲の穂が出ない、桑の木が枯れるなどの被害が出た。足利郡吾妻村は、「一個人営業のため社会公益を害する者につき、その筋に稟請の上、該精銅所採掘を停止」するよう、上申書を再度栃木県知事に出した。農民は土と水を農商務省に持ち込み、分析を依頼したが、二四年四月二二日、同省の地質調査所はこの「分析の義は、当所に於て依頼に応じ難く候……」と返事した（木下尚江「政治の破産者・田中正造」『近代日

本思想大系一〇　木下尚江集』筑摩書房、一九七五）。

仕方なく、吾妻村、毛野村、梁田村は、帝国大学農科大学の古在由直助教授に被害土壌の分析を依頼した。二四年六月、古在助教授は、

「被害の原因全く銅の化合物にあるが如く候」

と回答した。七月、長祐之は『足尾銅山鉱毒　渡良瀬川沿岸被害事情』という小冊子を発行したが、治安妨害を理由に発売頒布禁止の処分を受けた（由井正臣「解題」田中正造全集編纂会編『田中正造全集　第七巻』岩波書店）。政府は、都合の悪いことは情報統制したのである。

正造は明治二四年、七月に東京専門学校（現・早稲田大学）を卒業したばかりの左部彦次郎《さとり》に鉱毒被害調査を依頼した。左部は群馬県邑楽郡《おうら》大島村の小山孝八郎方に一年間滞在して、栃木、群馬の被害の状況を調査した（林竹二『田中正造――その生と戦いの「根本義」』二月社、一九七四〈田畑書店、一九七七〉）。

左部彦次郎は慶応三（一八六七）年、江戸木挽町に風間佐兵衛の次男に生まれ、明治一二年、一二歳の時、遠縁の左部宇作の養子になり、群馬県利根郡池田村（現・沼田市池田）に行った。そこは足尾の松木村とは山を挟んで隣接し、県境の尾根を越えて煙害が及ぶような位置関係である。左部家は小さな酒造業を営んでいたが、一三年に酒造の権利と設備を他人に貸した。これによって、二五年まで、左部は金銭を保障されることになり、東京専門学校に学ぶことができた。折りしも議会では田中正造が足尾銅山鉱毒問題について演説している最中であり、左部は正造を応援して選挙の加勢をし、右腕となって正造を助けた（田村紀雄『鉱毒農民物語』朝日選書、一九七五。同『渡

良瀬の思想史——住民運動の原型と展開』風媒社、一九七七）。正造は、「左部氏は、鉱毒問題は死すとも目的を貫《か》さずには置かぬと云へり。氏は群馬の無害地の志士なり、仁人なり」（日記、明治三三年六月。『田中正造全集　第一〇巻』）と評価している。

明治二四（一八九一）年一二月一八日、正造は第二回議会で一三九名の賛成者を得て、初めて「足尾銅山鉱毒の儀につき質問」を提出した。

大日本帝国憲法二十七条には日本臣民は其所有権を侵さるゝことなしとあり、日本坑法第十款第三項には試掘若は採掘の事業公益に害あるときは農商務大臣は既に与へたる許可を取消すことを得とあり、鉱業条例第十九条第一項には試掘若は採掘の事業公益に害あるときは、試掘に就ては所轄鉱山監督署長、採掘に就いては農商務大臣既に与へたる認可若は特許を取消すことを得とあり、

然るに栃木県下野国上都賀郡足尾銅山より流出する鑛毒は群馬栃木両県の間を通ずる渡良瀬川沿岸の各郡村に年々巨万の損害を被らしむること、去る明治廿一年より現今に亙り毒気は愈々其度を加へ、田畑は勿論堤防竹樹に至るまで其害を被り、将来如何なる惨状を呈するに至るやも測り知る可らず、政府之を緩漫に付し去る理由如何、既往の損害に対する救治の方法如何、将来の損害に於ける防遏《ぼうあつ》の手順如何、（略）

正造は明治憲法二七条の国民の所有権を侵されることがないという条文と、日本坑法の「鉱業条例の鉱業の公益に害（公害！）あるときは農商務大臣はこれを停止させることができる」という条文を示し、政府を追及した。あとは具体的な（受忍限度を超える）被害の実例を積み上げればよい、

と考えた。正造はこの明文通り単純な三段論法でこの件は収まると楽観したのであろうか。明治憲法は立憲主義ではなかったのである。明治の腐敗は既に始まっていた。

さらに正造は質問演説「明治二五年度予算案農商務省所管経常部につき質問」の中で、安生順四郎へ三〇〇年も経った木が生えている「草山」三七〇〇町歩を払い下げた問題を追及した後、

又農商務大臣は古川市兵衛に忰《ママ》を呉れられ、親類であるから……まさかに農商務大臣──国家の大臣と云ふものが、斯の如きことを以て、公務を私するものでないと云ふことは、拙者も信じて居る、併ながら斯う云ふことを人民が云ふときには、何を以て之を弁解する、殆んど其下に倣《なら》って居る（略）

（第二回議会、明治二四年一二月二五日）

と述べている。農商務大臣陸奥宗光（元海援隊）の息子潤吉は古河市兵衛の養子となっていた。またこの時、原敬は陸奥の秘書であった（後に正造はこれを「銅山党」と呼ぶ）。

しかし、「政府と少数の大財閥との密接な結びつきは、そんな私的な事情だけではなく、明治国家の産業政策の直接な帰結であった。明治十三、四年を境として、政府の政策は、官業による近代産業の直接的な育成から、少数の信用有る財閥に無償にひとしい低廉な価格で官業を払下げて、これに特別の保護を与えて育成するという方針に転換した。農商務省は政府がこの新政策を実施するために作った機関であった。三井、三菱、住友、安田の四財閥は官業払下げによってその基礎を固め、その優位を一層動かないものにしたのである」（林竹二『田中正造』六五頁）。

古河は四大財閥ではないが、足尾銅山を所有する古河はそれに次ぐ有望な新興財閥であった。日本資本主義の勃興期にあって、強兵富国・殖産興業は政府の方針であったし、形振り構わず有力な

企業を保護育成することで国力増強・近代化を達成しようとした。当然そういう企業からの見返りもある。権力と金力の持ちつ持たれつである。

一二月二五日、松方正義内閣は、陸軍海軍の軍艦製造費、製鋼所設立費などを議会に提出していたが、これに反対して民党が予算大削減案を議決すると、松方は議会を解散した。

陸奥は議会解散後の二五日、『官報』に次のような回答を載せた。

一、渡良瀬川の被害が足尾銅山によるものとは、未だ確実なる試験の成蹟に基づく定論はないし、

二、被害は鉱業を停止させる程のものではない、

と、「公益に害」(公害!)があるとは言えないと、のん気で勝手で無責任な判断で逃げながらも、

三、一方鉱業人は鉱物流出を防止するため、粉鉱採聚器を二〇台設置しようとしている、

などと暗に鉱毒の存在を認める、矛盾した回答をした。「粉鉱採聚器」という、まだ設置されていない、効果も分からない、得体の知れない、魔法の言葉が被害民を惑わした。政府(陸奥)は業者(古河)を庇護し、両者の癒着と欺瞞と悪臭に満ちた回答であった。

さらに、鉱山局長和田維四郎は、あろうことか、「足尾銅山より生ずる公利は被害地の被害より遥に大にして、充分に損害賠償によって救済し得られるべきものなり」と述べた(布川清司『田中正造』清水書院、一九七七。「足尾銅山鉱毒事件と農商務省」『東京日日新聞』明治二五年一二月一〇日)。人間はここまで横暴傲慢になれるものだろうか。この浅はかさ、浅ましさは、しかし利益優先の政府・企業の偽らざる本音であろう。強兵富国、即ち軍事と経済発展、民生の近代化に、銅は必需品であったから、一地域の鉱害問題など顧みてはいられない、多少の犠牲は金で解決すればいい、と

いうのである。これに異論を言うのは〈民衆の敵〉である。しかしそれこそはイプセンの『民衆の敵』（一八八二）が批判した「虚偽の繁栄」である。初めから倫理は崩壊していた（後の水俣病の問題と同じパターンである）。

明治二五（一八九二）年二月、第二回臨時総選挙が行われた。この選挙は長州閥の山県有朋の命令による品川弥二郎内務大臣のいわゆる干渉選挙である。選挙に先立つ一月二八日に、緊急勅令によって公布された予戒令により、民党各派の選挙運動を取り締まろうとした（日向康『田中正造ノート』）。しかし実態は買収工作と民党に対する脅迫暴行により、全国で死亡者二五人（二九人とも）、負傷者三八八人が出た、という曰くつきの選挙であった。正造も干渉を受けたが、当選した。

正造は五月の第三回議会で、「足尾銅山鉱毒加害の儀に付質問」を提出し、次のように政府を質した。渡良瀬川の被害が足尾銅山に由来するものであることは現地を一見すれば明らかなことであること。二四年一二月八日、医科大学の丹波敬三教授が行った群馬県新田・山田・邑楽三郡の水利土工会への報告では、

田圃被害の原因は土質中に存する銅にして其毒は足尾銅山に在りと云ふを憚からざるなり。

とあること。また二五年二月の「栃木群馬渡良瀬川沿岸被害地取調報告書」で、帝国大学農科大学助教授古在由直、長岡宗好助教授は、

（足尾銅山の）選鉱所より流出する水は夥しく銅鉄及硫酸を含有す、而して其銅及鉄分は概ね硫黄と抱合し粘土質の淤泥と混合す、又採鉱坑内より流出する水は多少硫酸銅を含有す。（略）渡良瀬川の河底に沈殿する淤泥は植生に有害なる物質を含有し、（略）洪水氾濫の際田圃に澱渣

若しくは流入せしに因ること明白にして、足尾銅山工業所排出水の渡良瀬川に入るもの有毒物を含有すること亦事実なり。

と科学的に述べていること、を示し、被害の原因は足尾銅山の鉱毒にあることを追及した。

明治二五年五月、折田栃木県知事は、横尾輝吉ら県議一九人を委員とする仲裁会を組織し、沿岸各町村に示談契約の規約書案を示した。その主要な項目は次の通りである。

一、古河は二六年六月一〇日までに粉鉱採聚器を設置する。

二、古河は仲裁人の取扱いにまかせ徳義上示談金を支払う。

三、示談金を受けた者は明治二九年六月三〇日までは、粉鉱採聚器の実効試験の期間として、契約人民は何等の苦情を唱えることができないのは勿論、その他行政および司法の処分を乞うようなことは一切しない。

古河は二五年中に栃木、群馬の殆どの被害町村と示談を成立させた。その裏には、政府が地方官吏を使嗾し、粉鉱採聚器の効力を説いて幻想を振りまき、被害住民に対して示談交渉を有利に進めたということがあった。粉鉱採聚器というと何か有害物を取り集め、鉱毒を予防する器械のようだが、実は有用な銅の成分を回収しさらに増産するための器械であったから、精錬に伴い煙害や鉱滓は増え、硫酸銅が流下し、事態はさらに悪化していった。これを木下尚江は、「鉱業者の利益の為めに示談を周旋し、官職の権威を濫用して無知の大衆を圧伏せんとするに至ては、是れ何等の暴政ぞや」（木下『足尾鉱毒問題』毎日新聞社、一九〇〇）と批判している。

仲裁会の横尾輝吉県議はことごとに正造と意見を異にした人物だが、会の趣旨を、「足尾の産銅額は年間二百万円以上に達し、加うるに直接間接これに関係して生活している人民がほとんど十万人あるのであります。故に一朝これが停止することとなれば、国家は巨額の損失を招くのみならず、多数の人口が糊口の途を失うことになります」と経済的理由を述べて古河を擁護した（どこかで聞いたことのある話であるが、時系列で言えばこちらの方が早い）が、これは下流の被害を顧みない川上の思想であり、「企業城下町」の思想であり、資本主義・殖産興業の思想であり、先の和田維四郎鉱山局長の「虚偽の繁栄」を容認する浅はかな説と軌を一にするものである。金額や人口のことを言うなら、「当時の鉱毒被害地の損害は年額にして約一千百万円、被害民は五十万人ちかく」になっていた（日向『田中正造ノート』一六頁）。

しかし何も知らされていない被害住民は、「粉鉱採聚器」という魔法の言葉にだまされ、もう鉱毒は出ないという政府の説明を信じ、示談交渉－契約（第一次）を強要されていった。なぜなら古河市兵衛の輩が跋扈し、政府は古河の奴隷となっているからだ、と正造は述べている。示談の内容は二四年から二六年の三年間の被害に対して何ほどかの金額を（被害者が）「懇請」し、この間に被害が増加しても苦情を申し立てない、というものであった。足利・梁田郡九カ町村はこれを受け入れたが、一部の人は「懇請」という屈辱的な言葉に反発し、将来の除害方法を古河に確約させること、農科大学の調査結果が出てから足尾銅山鉱業停止運動を起こすことなどを決議した（由井正臣『田中正造』岩波新書、二〇〇四）。

左部彦次郎の工作により、群馬県渡瀬村、大島村、西谷田村、海老瀬村の四カ村は、二五年六月二七日、代表八〇余人を汽船で（一部は汽車で）上京させ、日本橋の古河市兵衛宅と農商務省に押しかけ、直接談判に出た（これは後の「押出し」の原型と言える）。市兵衛は留守ということで取り合ってもらえなかった（巳之助もエラくなったものだ）が、群馬県議会議長野村藤太が仲介し、一月後に、鉱業停止ではなく示談金一万四〇〇〇円と解決金（運動費）一六〇〇円を受け取ることで妥結した。野村が農民側だったか古河側だったか不明だが、古河側に有利な結果になった（田村『鉱毒農民物語』）。

示談契約は、二五年、二六年には栃木・群馬県四三カ町村にわたった。契約書の第一条には決まって粉鉱採聚器を設置することが書かれており、農民側はこれが効果を発揮するだろうと期待したため、第三の条項も呑んだのである。農民側は「これで永年の苦労もやっと解決したと思った」（田村『鉱毒農民物語』七八頁）のであった。

栃木県での示談金額は、一反歩あたり平均一円七〇銭、群馬県邑楽郡では二円、山田・新田郡ではわずか八厘という屈辱的な金額であった（東海林・菅井『通史足尾鉱毒事件』）。古河は鉱毒被害を買い叩いたのである。政府側は日清開戦を視野に入れ、国内の問題を早期に片付け、挙国一致の体勢をつくっておきたかった。

明治二七（一八九四）年七月、渡良瀬川の右岸の堤防が切れ、群馬県海老瀬村などが大洪水にみまわれた。しかし八月一日、日清戦争が開戦、鉱毒問題は一時的に鳴りを潜める。正造もこの戦争に賛成であり、挙国一致のために、鉱毒問題の質問を控えていた。一〇月、第七回議会において、政府が臨時軍事費として一億五〇〇〇万円を提案したのに関し、「大体に於いて協賛を致します」と賛成演説をしている。

「明治人」正造は、日清戦争についてあまり触れていないが、たとえば次のような手紙を書いている。

朝鮮幼稚、之れを救ふに虎を追ふは止むべからずして、今其のとらの巣窟を毀《こぼ》つのときなり。只日本が自ら虎□《と》化して此幼稚を呑《どん》ぜいせんとせば、之れ野心なり。今日本は王者の軍なり。此野心なし。偶々野心家あり。我々之を叱咤すること甚し。近頃此野心家を見ざるに至る。

(川俣久平宛書簡、明治二八年二月二四日)

この「朝鮮幼稚」という言い方は、福沢諭吉(一八三五〜一九〇一)の『文明論之概略』や『時事新報』に影響されて(毒されて)言っているのであろうか。福沢は、文明は「野蛮―半開―文明」と三段階に発展し、「文明の遅るゝ者は先立つ者に制せらるゝ」のは当然であると言う。日本は「文明」となり、朝鮮や清は「野蛮」であると言い、また、「支那国果たして自立を得ずして果たして諸外国人の手に落ちることならば、我日本にして袖手傍観するの理なし。我も亦奮起して中原に鹿を追はんのみ」(「兵論」一八八三)と言い、日清戦争は文野の戦争と断じた。この露骨な侵略思想が「脱亜論」(一八八五)に収斂していく。日本資本主義が欧米帝国主義に倣って、日本帝国主義、植民地主義に移行していく段階である。

正造の言う「虎」とは朝鮮を属国扱いする清のことであろうが、欧米帝国主義をも含むかもしれない。日本に「野心」はなく、野心を持つものを叱咤し、近頃野心家は見なくなった、と正造は言うが、事実は朝鮮を清国から「独立」させ、次に日本が保護・支配することを目論んでの、日本帝国主義の野心に満ちた戦争であった。

また、正造は、

東洋の平和を計るは東洋の気候を平らかならしむるのである、東洋の気候が狂ったからして、我が軍隊は敵地に赴いて雹となり雷となって気候を挽回するのである、跡に残って居る所の吾々及び行政官と云ふやうな者は、此電雷の如き勢を助けなければならない責任を持って居るのである、然るに此僅なる所の小役人の悪るいことをする位が、是を改めることが出来ないと云ふやうな勇気がない――ないではあるまい、知らないのであるからして、御知らせ申すのであるからして、（略）

（明治二八年二月九日、第八回議会）

と議会で演説している。この前半は「東洋の気候」を平和にするための戦争であることを述べ、侵略戦争ではなく、福沢が「わが国は自ら国を開いて西洋の文明を輸入し、もって今日のありさまにいたしたる経験もあるゆえに、隣国のために文明の先導者たるにはもっとも適任の地位にあるものなり」（「一大英断を要す」一八九二）と言うように、「友達」のつもりなのであろう。当時の正造の認識もそのようなものであり、本質を見抜くには至っていない。侵略者は往々にして（安部公房の謂う）「友達」の顔をして近づいてくる。

後半は政府（小）役人の「悪るいこと」、即ち腐敗を何とかしなくてはならないと述べている。別のところでは、「帝国開くる前は、収賄の事は衆皆之を恥ぢ、今や珍とせず。政府の不正も、又耳に慣れたり」（日記、明治二八年四月～八月）と書いて、政治・社会の破廉恥と腐敗を嘆いている。

明治二八年四月一七日、下関条約（全権大使＝日本側＝伊藤博文・陸奥宗光、清国側＝李鴻章）

が結ばれ、清国は朝鮮の独立を確認し、遼東半島・台湾・澎湖列島を日本に割譲し、二億テール（約三億円）の賠償金を支払うこと、沙州、蘇州、杭州などの開港などが約された（福沢はこの勝利を泣いて喜んだのであった）。これは野心である。

ところが、直後にロシア、フランス、ドイツの三国が遼東半島を返還するよう干渉してきた。日本はこれに応じ、臥薪嘗胆で対ロシア戦に備えるようになっていく。賠償金でロシア戦に備えて軍艦を建造するため、八幡製鉄所を造った（一九〇一年）。しかるに、伊藤博文、陸奥宗光はロシアから勲章を貰い、板垣退助は内務大臣となった。正造は三氏を批判して言う。

国を売るの奸臣とは此三氏を云ふべきか。腐敗の極度は理非を弁ぜざ（る）ものなり。

（正造「雑記　腐敗の歴史」明治二九年三月三一日～五月一日）

腐敗は小役人ばかりでなく、大役人にも及んでいたのである。権利・義務、自由・責任の倫理は崩壊し、腐敗の悪臭は戦争を利用しつつ、切が無いのである。

これら政治の劣化は、明治一五年の集会条例改正によって起きたことである、と正造は言う。正造は理想と現実を語っている。

文明の余光か進化の拡張斯の如くなるを以て、民人能く公私の区別を覚り、政党政派の挙手を識り権利義務の本質を咀嚼す、実に森厳堂々老気秋に横はるの概あり、純潔純良の新進国民とは夫れ是を謂う乎、期間に於て民権の拡張は唱へられ、国会の開設は請願せられ、条約の改正は促さる、斯の如くにして進歩せんか真正なる平民政治否責任政治は、必ずや二十三年国会開設と同時に組織せらるべきを疑はざるなり、然るに帝国議会已に第十三期を経て、尚且文明の敵たる閥族者流によりて維持せらるゝを思へば、前の進化と夫れ逆比例に非らざるなき乎、是れ余の独り憤慨するのみに非ざるべし、然り而して其の然る所以のものや二の素因あり、共に集会条例改正の結果より出ず、一を／政治家に向って窘窮迫害する圧制政略／となし、他を／教育方針の姑息抑制主義／となす、

実に其干渉圧制の激烈にして過重なる、剣に縄に牢獄に其濫刑の深酷なる、猛獅一吼百獣震《しん》慴《しょう》の状態にして、志士論客の拘禁せらるゝ者挙げて数ふべからず、斯の如くなるを以て郡県里村幾多の会同一時に屛息《へいそく》してまた討論演説を口にするものなし、否口にし得ざるなり、（略）

今日政家の用意は、売身変節にあらずんば収賄詐術なり。然らずんば雷同盲従のみ、陋劣一に何ぞ茲に至る。

（「明治一五年集会条例改正の影響」『太陽』明治三一年一〇月二〇日。適宜改行した）

本来、立憲政治は多くの人民の知恵と自由な意見交換（福沢のいわゆる「多事争論」）で責任ある運営がなされるはずのものであったが、いまだに藩閥政権が牛耳っていて、集会条例を改正し（山県有朋が参事院議長としてこの改正に関わっている）、政治家を圧制し、人民を弾圧するようになり、獅子が吼えると百獣は震え上がるというふうである。こんなことでは社会は劣化するばかりであると、正造は悲憤慷慨というより、絶望の趣である。

社会・政治の劣化は人民の不自由、すなわち自由民権の抑圧が一つの原因であるが、もう一つの原因は国家の「野心」と政府（役人）の腐敗である。これらは正造が目指してきた立憲政治と自由

民権、言い換えれば「憲法的動作」に悖《もと》るものであり、所期の「万機公論」を裏切るものである。ここを同根として、足尾鉱毒問題が一向に解決しない動きになるのである。

日清戦争後の明治二九（一八九六）年三月の第九回議会で、正造は四五名の賛成者を得て、「足尾銅山鉱毒に関する質問趣意書」を提出し、

政府は銅山の古河市兵衛を庇護し、郡吏等を使嗾《しそう》して其流毒を蒙むるべき土地所有者に対し田畑一段に付各三四円宛の金を与へ、而して爾後の永遠該毒に関して苦情を申立て間敷旨の書類を認めて強制的に之に捺印せしむるの処置を取れるもの、如し。

と、戦争中も続いていた示談交渉（第二次）の不当を訴えた。地方人民の安全自由を保護することがその職務であるはずの県郡吏は、加害者古河市兵衛と同心一体となって（正造は銅山党と呼ぶ）、日夜周旋奔走している、と非難した。古河は、二七年の洪水で粉鉱採聚器の無効を知り、永久示談契約を急がせた。二六年の契約書に、「粉鉱採聚器万一にも奏効を見ざる時は更に明治二六年七月より起算し猶将来に付臨機の協議を遂げ別段の約定を為す事」という一文があり、器械の無効が被害民に知られる前に、永久示談に持ち込もうとした。被害民を威《おど》し賺《すか》し、あるいは足尾銅山はもう鉱脈が尽きて、一年も持たないだろう、今のうちに一円でも二円でも取れるものは取っておいた方がいいなどと騙し、何としても被害民から契約をとろうとした（林「渡良瀬川鉱毒事件と田中正造」『田中正造』）。二八年には下都賀・足利郡では永久示談が結ばれた。正造が永久示談契約の不当を訴えていたので安蘇郡からは一村も応じなかったが、応じたのは木村半兵衛派の下都賀、足利、梁

田各郡であった（由井『全集　第七巻　解題』）。

しかし明治二九年、七月、八月、九月と三度にわたる大洪水が渡良瀬川流域を襲った。日清戦争のさなか、渡良瀬川上流の山林をさらに乱伐し放火したことで、山の保水力が失われ大洪水になったものであるが、鉱毒水は渡良瀬川から利根川を下り、江戸川の堤塘を破壊し、荒川の堤塘を衝破し、深川本所の農商務大臣榎本武揚の邸内にまで及んだ。安蘇郡の町村でも永久示談が結ばれようとしていたが、すんでのところで大洪水が押し流してしまった。農民は粉鉱採聚器の無効を知り、示談から鉱業停止へと、方針を変えることになる。

九月、正造は「足尾銅山鉱業停止請願」を起草し、沿岸住民が毒液の中に浸されているのに、政府は古河の私利を維持し、人民の公益を害しており、鉱毒は田畑の荒廃と人命の侵害、権利と生命（生存権）の侵害である、と訴えた。鉱毒問題は一地域の問題ではなく、国家と人間の問題であると見定め、専念することになる。

左部彦次郎はこのころ故郷で家業の酒造業にいそしんでいたが、この洪水の後、谷元八にもう一度助力して欲しいと懇請され（田村紀雄『川俣事件——渡良瀬農民の苦闘』第三文明社、一九七八）、正造のもとで働くことになる。雲龍寺が拠点であった。

一〇月五日、正造は雲龍寺（群馬県邑楽郡渡瀬村早川田。渡良瀬川左岸〈北岸〉の群馬県の飛地。渡良瀬川の蛇行の跡）に「栃木・群馬両県鉱毒事務所」を設け、ここを拠点にして被害調査に従事することを決め、被害地を飛び回り、請願運動を組織し展開していった。雲龍寺はやがて「栃木・群馬・茨城・埼玉四県連合足尾銅山鉱業停止同盟事務所」に発展した。一二月二三日に上京した委員たちは、二六日、島田鉱山監督署長を訪ね、『萬《よろず》朝報』に発表した「鉱毒は全く無しと断言」したことについて抗議した。萬朝報にも掛け合ったが、ある通信社からの報によって記載したものであるということであった。小さな新聞社には又聞きや官庁発表をそのまま記事にすることが多かったが、『萬朝報』もそうだったのであろう。正造は二七日に農民のために慰労の席を設け、そこに『読売新聞』(前年〈明治二八年〉に「田中正造昔話」を連載した関係であろう)、『毎日』(正造の政友島田三郎の発行。現『毎日新聞』とは関係ない)、『朝日』、『女学雑誌』の巌本善治なども招いて(『萬朝報』は招かれなかった)鉱毒問題を訴えた。これは翌年一月三日から六日までの各社の鉱毒現地視察に繋がっていく(田村『鉱毒農民物語』)。

さらに正造は、明治三〇(一八九七)年、東京鉱毒事務所を設置した。最初正造の定宿京橋区八官町の宮下栄輔方としたが、次に芝区芝口三丁目の信濃屋宮下金次郎方に移した。被害者が三、四名交代で請願、陳情、新聞社への働きかけなどを行った。

東京での運動の盛り上りを図るため、正造は、同郷で青山学院の学生栗原彦三郎(後代議士。一九二五〜二七年に『義人全集』を刊行。ただしその編集態度には問題がある)に協力者を得るよう指示した。栗原は青山学院長の本多庸一に相談し、被害地と加害地を視察し、詳細な報告書を本多に渡した。本多は予想以上の被害に驚き、日本の実業家政治家は古河の鼻息をうかがっているので、精神家・宗教家の力を借りるにかぎるとして、メソジスト教会の信徒で、西洋農学者の津田仙を栗原に紹介した。津田は栗原と実地調査を行い、実情を見て協力を約した。津田の呼びかけで、キリスト教徒の間に鉱毒問題が顕在するようになった。津田は被害地の状況を写真に撮ったものを幻灯にして、東京市内で講演会を開き、人々は強い関心を持つようになった。キリスト者の鉱毒問題への関わりが広がっていく（東海林・菅井『通史足尾鉱毒事件』五八頁）

二月二六日、正造は超党派一〇九名の支持を得て、第一〇議会で「公益に有害の鉱業を停止せざる儀につき質問」を提出、被害地調査をもとにして、鉱毒問題を多年にわたって等閑に付しているのは何故かと問い、粉鉱採聚器の設置から六年経つのに被害が増加するのは何故か、効力はないのではないか、鉱毒除防の器械ではなく遺利を採集する（だけの）器械ではないか、と質した。説明演説では、沿岸の竹や麦、米、桑など被害にあった実物を示しながら、早急に足尾銅山を鉱業停止にするよう求め、政府が法律で人民を守らないならば、人民も法律を守る必要はない、政府は良民に法律を守ることのできないように仕向けている、と述べた。また鉱業人古河市兵衛の山師的な「跋扈其のさばりかた」も厳しく批判した。

これに呼応して三月二日～五日、被害民七〇〇名が大挙請願のため東京まで二〇里を押出し（第一回。押出しとは、つまりデモ行進のことである）、政府や議会に請願した。明治憲法第三〇条に、「日本臣民は相当の敬礼を守り別に定むる所の規程に従ひ請願を為すことを得」とある。被害民は村や県を通して請願していたが、どこかで有耶無耶《うやむや》になってしまうので、直接請願することにしたのである。

被害民は農商務大臣榎本武揚に面会し、泣いて鉱毒の被害を訴えた。「榎本も目に涙をうかべて聞き入ったり、大きくうなずいて帰村を勧めた。榎本が心を動かしたことは明らかである」（田村『鉱毒農民物語』一五七頁）。しかし正造への政府の答弁は、鉱毒の存在は認めながら、古河と被害民の示談成立があること、紛鉱採聚器と沈殿池の効果があることなどを理由に処分を保留し、古河を擁護した。

二月二六日に提出した「公益に有害の鉱業を停止せざる儀につき質問」について、三月一五日、説明演説を行い、一七日にも重ねて答弁要求をしたが、一八日、その答弁書が出された。その中身は、示談契約は古河と被害農民の民事上の問題で政府は関与せず、県官や郡吏も関与しない、と言い、鉱業停止については、鉱業条例第一九条に適合するかどうか断言できないと逃げ、しかも政府も黙視したわけではない、と対策の遅れを糊塗していた（東海林・菅井『通史足尾鉱毒事件』）。

三月二〇日には谷干城《たてき》が毎日新聞島田三郎、内山正次、津田仙、松村介石らと共に被害地を視察した。

政府の答弁に怒った被害民は、三月二三日から三〇日（第一回から三週間後）、第二回押出しを行った。

三月二三日、入れ換わるように農商務大臣榎本武揚は津田仙の先導で被害地を視察した。感想を聞かれた榎本は「本日は巡視に来たりしのみなれば何たる御返答なり難し」と答えた（小田中聰樹「足尾鉱毒兇徒聚衆事件」〈我妻栄ほか編『日本政治裁判史録　明治・後』第一法規出版、一九六九〉）が、正造は、榎本が「驚いて」二九日に辞表を出したと言っている（明治三一年第一二回議会）。しかし、鉱毒地の荒涼悲惨な情景を目の当たりにし、榎本は「たゞ憮然として深き感慨に沈んだ。無言さながら石像の如き態度に、彼を取り囲んだ被害民は悲憤の余り悪言毒語、その無情冷酷を罵った」と木下尚江は伝えているし（「政治の破産者・田中正造」『神・人間・自由』。『中央公論』昭和八年四月)、林竹二によれば、「榎本農相が被害地を見て帰ったとき、鉱業停止ということに彼の肚は決まっていたと考えてよい」(林『田中正造』九四頁)と、一様の観察である。

榎本はその日(二三日)のうちに帰京したが、その夜、被害民三〇〇〇人(五〇〇〇人とも)が歩いて第二回押出しに出発していた。二四日の正造の議会質問を援護するためである。警察の阻止により、二泊して東京に着いたのは一〇〇〇人ほどであった。議会や各省、また新聞社に行き、被害地の惨状を訴えた。都内の各地で、正造や津田仙、島田三郎、谷干城ら知識人、キリスト者による鉱毒演説会が行われ、多くの聴衆を集めた。ただし、進歩党事務所や築地本願寺などを宿舎としたが大勢が宿屋に入るのは大失敗であったと正造は述べている(雲龍寺宛書簡、明治三〇年三月二九日)。

二四日、榎本は大隈重信に鉱害調査委員会(第一次)を設置することを言い残し、二九日農商務大臣を辞任した。後任は大隈で、彼は鉱業停止論に反対であった。正造はこの人事について次のような手紙を書いた。

犬養馬鹿、尾崎馬鹿、いかなれば(大隈)伯を農商の大臣とせしは馬鹿の馬鹿、大馬鹿三太郎よりも大馬鹿なり。其詳論を聴きたくば来れ。正造病気中にあり候まゝ一書さし進んじ候。

頓首　正造馬鹿　(尾崎行雄他宛書簡、明治三〇年三月三〇日)

調査会の人事が鉱毒事件の行方を悪しき方向に導くことが見えたのであろう。

榎本の鉱業停止の意向を引っくり返したのは、鉱毒調査委員会の委員で、古河の(御用)技術顧問をしていた渡辺渡工科大学教授であった。銅山の防除設備が不十分であることを逆手にとって、まずは改善の努力をさせることにしたのである。鉱毒調査委員会は鉱毒除防設備の設置を命じ、それが期日までに完成しなければ、鉱業の停止を命じることを決めた。五月二七日、東京鉱山監督署長南挺三は、古河に対し鉱毒除防工事を命じた。坑内排水の沈殿池、濾過池、からみ・捨石・泥渣などの堆積所の整備、脱硫塔、大煙突の建設など、各工事によって三〇〜一八〇日の間に完成するよう命じた（後述）。

この時、福沢諭吉は、自ら発行する『時事新報』（明治三〇年四月一三日）に、自ら次のように書いた。鉱毒事件は学者や技術者などの委員が専門家として調査し、対策を立てているのだから、樺山内務大臣の視察は不要であり、「素人たる大臣が分かりもせぬ視察して先入、主と為ることもあらんには、寧ろ判断の妨げにならざるか」（慶応義塾編『福澤諭吉全集　第一五巻〈時事新報論集　第八〉』岩波書店、一九六一）。福沢は現場を見ないし、記者の派遣もしないから分からないのである。さらに同紙同年五月二八日には、「専門の技師が学理上より判断して、斯く斯くすれば実際に害毒を免かる可しとて責任を負ふて立案し、政府に於いても至当と認めて命令したることならば、最早や一毫《いちごう》も動かす可らずして、該事件の処分は茲に終りを告げたるものなり」と言って鉱毒事件の落着を宣した。また過去の被害については法廷で争えばよい。判決に不服だとして演説集会を行い、竹槍蓆旗など不穏な行為に対しては、「政府は断然職権を以て処分し、一毫も仮借するところある可らず」と言って政府御用の強権的な体質を露呈した。福沢はその後も鉱毒事件の経過を追うことはなかった。いかにも早計であった。陸羯南《くがかつなん》は「鉱毒事件のその処分は漸《ようや》くその局を結びたり」と述べた。鉱毒事件は沈静化したかに見えた。

三〇年一一月二二日、古河は一〇四万円をかけて公害調査委員会の命令を予定通りに完成させた。一〇四万円は大金であるが、それより莫大な金の卵を産むトリを潰す法はなかった。

しかし正造にはこの工事が鉱毒事件を解決するとは思えなかった。同年一〇月、「憲法法律の保護なく訴えるすべなき被害民の救済につき請願書　草稿」に、正造は、被害民は被害を匿そうとする憐れなる事情があると述べている（いわゆる「風評被害」を避けようとする、よくあるパターンである）。衛生の害として、病気があるということを匿そうとする悪弊がある。衣食住の欠乏と貧苦をまねき、裁判を起こす資力もなくなっている。財産や風土が害されていると結婚にも影響がある。桑の葉も高値には売れないし、機業染色も、新しく井戸を掘り、渡良瀬の水は使わないようにしている。昔は、洪水は上流から肥料を運び、魚類の繁殖をたすけるなど、天産を齎《もたら》したのであるが。そこに足尾銅山の鉱毒水が流れ込み、天産はことごとく失われてしまった。これに対して抗議しようとする被害者を、警察は捕縛し入獄させる。しかし、鉱毒を撒き散らす加害者に対して法律の励行がないのは何故か、と正造は鋭い指摘をしている（こういうことは後の水俣病事件でも繰り返された）。

工事が完成して間もなく、あろうことか、南挺三は足尾銅山所長に収まった。古河への何らかの貢献があったのであろう。古河と政府のなれあいと癒着のあられもない姿であった。而して、脱硫塔は機能せず、精錬所を一カ所にまとめたため煙害はさらに酷くなり、小さな沈殿池は溢れ出し（また翌年の暴風雨で崩壊した）、垂れ流しが続き、鉱害がおさまることはなかった。重病人に膏薬を一枚貼ったところでどうなるというものではない。正造は怒り、足尾銅山の工事は人目を眩惑し、人民の口述を塞ぎ、加害者の悪事を増大させただけである、と非難した。

ここで、後に川俣事件の折（明治三三年二月）、島田三郎の『毎日新聞』から派遣された記者として足尾鉱毒問題を取材した木下尚江（一八六九〜一九三七）の、この工事に関する意見を聞いてみる。現場を見た者と見ない者との認識の違いは歴然としている。木下尚江は自身が専門技術者ではないことの限界を自覚しながら、鉱毒問題の全体像と問題の核心を理路整然と述べている（『足尾鉱毒問題』毎日新聞社、明治三三〈一九〇〇〉年。『木下尚江全集 第一巻』教文館、一九九〇）。

明治三〇年五月の鉱毒予防命令は全工事を三〇日から一八〇日で完成せよというものであったが、これは拙速ではなかったか。例えば、廃石堆積所について、京子内の堆積所は、予防工事以前は鉱滓や製錬鍰などは川中に投棄され、川身を埋め、鉱毒を流していたに違いないが、命令では、上部と下部に堅牢な堰を設け、トンネルを開鑿して渓間から流出する水を排出する。雨水は溝渠を設け、下部に排出するようにすることになっていたが、木下は堆石扞止のための石垣は見たが、トンネルや溝渠は見なかった。

沈殿池・濾過池の面積と工期について、本山＝一二〇〇坪以上、五〇日以内、小滝＝一〇〇〇坪以上、四五日以内、通洞＝一八〇〇坪以上、この内六〇〇坪は三〇日以内、残りは六〇日、泥渣堆積場は三〇日以内に竣工、という設計命令であったが、何を根拠にこのように決めたのか、命令した側も受けた側も分からない。短時間の調査で、ただ足尾の地形の実況から便宜の設計を立てたに過ぎないのであろう。

また脱硫塔については、第一区烟道は一〇〇日以内、第二区烟道は一五〇日以内に完成させろという命令であり、江守博士の設計によって期日内に速成したが、大不成績であった（しかも小滝精錬所を廃止して、直利橋分工場に一本化することにしたために、集中した煙毒が流れ込んだ松木村は廃村に追い込まれた）。中澤博士は、硫酸製造の方法で設計したなら、工期は少なくとも一年は必要であるという。秋の霖雨洪水の前に全工事を終えたかったのであろうが、工期が短いため、鉱業を一事休止して、全山の百工が一時に着手しなければならず、雑な仕上がりになった。事実小滝の沈殿池は三一年の出水のため決壊流出するのである。

さらに木下は鉱毒問題の社会・政治的な面にも切り込み、古河と被害民との示談契約の不当や、それにまつわる県知事以下の官吏が鉱業主の利益の為に奔走し、官職の権威を濫用して無知の民衆を圧伏し、些少の金銭で被害民の口をふさごうとした、とその暴政を批判している。銅山から流出する粉鉱を粉鉱採聚器が採聚すれば、鉱毒を防止し問題は解決するような契約書になっているが、これは虚妄の事実である。粉鉱は原因の一つではあっても全てではない。粉鉱採聚器は鉱毒予防の具ではない。このことを無知な被害民は知りようもなく、政府の偽言を信用して、契約書に承諾を与えてしまった。このような理学上の誤謬《ごびゅう》を原因とする示談契約は全然無効である。政府は鉱毒問題は政治壇上から駆逐し、鉱業人と人民の民法的関係にしてしまった。政府に鉱業者を監督し、鉱毒を予防する意思はない。而して被害民は最後の方策として、「鉱業停止」を絶叫するしかない境遇に陥ったのである。このように仕向けたのは政府の悪政である。曠職《こうしょく》である。

もう一つ。木下を派遣した島田三郎はこの『足尾鉱毒問題』に「序」を寄せ、足尾銅山の事務員であった某氏が『六合雑誌』（明治三三年四月一五日号）に寄せた一文を全文引用している。それを要約する。

被害地の人民は鉱毒の原因となるある事情を夢想だに知らないだろう。粉鉱採聚器の如きは利を収めるためのもので、鉱毒を減ずるためのものではない。鉱石は洗鉱所で洗浄し、貧鉱であれば捨石として他に運んで放棄する。百分の六の良鉱付着のまま放棄する。本口坑の飯場は渓谷を百尺ばかり埋め立ててその上に作ったものである。間断なく運び出される捨石で谷間が一杯になると、鉄路を延長して別の渓谷に投棄した。有木坑、京子内、高原木の堆積場はみなこうしてできた。しかしその運搬費用が嵩むので、捨石場までの距離を縮めるため、大雨の襲来を待って、これを渡良瀬川に除去しようとした。捨石は粘着性があって大雨に溶解または崩壊しないので、大雨の時、人夫を非常召集し、ダイナマイトでもって爆破して投棄するのである。これが鉱毒の源泉なのである。二三年八月には本口と京子内でやったし、二四年九月にもやった。二九年七月まで洪水がなかったので捨石が非常にたまって高原木まで鉄路を延ばす計画を立てたが、七月二一日と八月一七日の暴風雨ではダイナマイトを用い固着した基礎を破壊し、九月八日には一町と三町、深さ六五尺の間に堆積した捨石を全て放流してしまった。下流の耕作物の被害と年月を比較せば、思半に過ぎん。渡良瀬川沿岸の五万丁の荒地と三〇万の生命は正に古河がその責任を負わざるべからざる所の者なり。これが足尾銅山事務員某氏の告発である。古河足尾銅山はここまで非道を遣るのである。

明治三一（一八九八）年六月、第一二回議会で、明治人正造は次のように質問演説をした。

何故此臣民を　皇帝陛下の臣民をして、斯の如く惨酷な目に逢わせるのであるか。

（略）花を見ることが出来ない、虫の音も聞くことが出来ない、夏になっても蛍を見ることが出来ない、何処から川が壊れて堤防が切れると、実に酷い目に掛る、先ずその害の種類というものを挙げれば、居住、生命、権利、衛生、財産、生業金融、（略）結婚、教育、営養、禽獣、虫魚、草苔、竹木、土地売買、禾穀、それから飲食、流水、風致、是だけに関係するので（略）

ここでは被害の領域が環境、生活、生産、社会に及ぶこと、その多様を列挙しているが、明治人正造は「一君万民」の思想を信じ、「皇帝陛下の臣民」三〇万人が苦しんでおり、自然破壊、環境破壊がこれほど進んでいるのに、政府は何もしないのか、事の重大さが分からないのかと訴えた。そしてこれ以降「皇帝陛下の臣民」という言葉が頻出する（明治三四年の直訴に繋がるものである）。

もう一つの問題は、鉱毒被害地を地租条例によって、被害に応じて、免租するということであった。被害民が求めたことではあるが、免租は救済のように見えて重大な問題をはらんでいた。国は租税収入が年々三〇万円減ることになったし、町村の財政は財源不足で危機的になっていった。さらに足利、山田、新田、邑楽、安蘇郡の有権者は四三二四人であったが、免租後の有権者は二〇四四人と半減した（荒畑寒村『谷中村滅亡史』一九〇七。岩波文庫、一九九九）。免租によって被害民は選挙権を失い、公民権を失う者が多く、小学校などの施設の運営もできなくなり、町村自治が破壊されたのである。正造の起草とされる「足尾銅山鉱毒事変――請願書ならびに始末略書草稿」（明治三一年刊行）には、「憲法上国家の基礎たり命脈たる多数土地人民とその生命権利財産とを全うし、已に破られたる自治を回復し、町村全体の勢力を挽回して国家の基礎を失わしめざるにあり」と述べて、鉱毒が奪ってしまった町村の自治回復の重要性を訴えている（由井『田中正造』）。しかも免租によって鉱毒が無くなるわけではないのは明らかなことであり、失政というべきものである。

正造はかつて進歩党の事務所で、志賀重昂《しげたか》に、鉱毒事件は一局部の問題であり、汲々たるべからず、と忠告されたことがあった。正造は、佐倉宗五郎は人民のために死んだのだ、況《いわ》んや三〇万人の人民、四万町の被害の如き、決して区々たる問題にあらず、と反論し（日記、明治三一年一月三〇日。一昨年一一月のこととして）、進歩党への不信を感じたが、やがて志賀は農商務省の山林局長におさまっていった。

明治三一年九月三日から七日にかけての暴風雨はまたしても大洪水を引き起こし、予防工事で完成したばかりの小滝の鉱毒沈殿池が崩壊し、鉱毒は流出し、渡良瀬川流域は甚大な被害を受けた。九月二六日、怒った被害民一万人が、農繁期にも拘らず、第三回押出しを行い、雲龍寺を出発した。川俣に至った者が五〇〇〇人、さらに警官の警戒網を突破した三〇〇〇人が東京府南足立郡淵江村保木間《ほきま》に達した。二八日、正造は「社会秩序を保つため」大勢が入京することは無理と判断し（第二回の時の反省があったのであろう）、保木間氷川神社で四〇分の説得をし、代表一〇人を選び、その他は帰郷するよう説得したが、被害民の主張で五〇人に増やした。その際、正造は三つの約束をした。

一、日本の代議士として、足尾鉱害の加害被害を知る者として、被害者代表とともに政府に惨状を訴える。

二、憲政党政府は諸君の政府であり、我々の政府であるから、充分信用あって、及ばざる処は助けざるを得ず。

三、もし政府が聞き入れなければ、議会でその責任を問い、社会に向かって不法を訴える。そのときは出京も随意であるし、正造ももう止めたりはせず、諸君と共に進退する。

「我々の政府」というのは、進歩党と自由党が合同して憲政党となり、三一年六月、大隈重信総理大臣、板垣退助内務大臣のいわゆる憲政党隈板内閣ができたこと、それは薩長藩閥政府ではなく民党の政府であるから、諸君のための政治をするはずということを言っている。この説得によって、正造は代表五〇人と共に、内務大臣板垣退助に面会しようとしたが、板垣は会う約束を破り、農商務大臣大石正巳には三度目にようやく会えたが、正造の憲政党への期待は裏切られた。板垣らの「政権を握らないかぎり何もできない、政権に近づくために何でもする」（林竹二『田中正造』）という姿勢について、正造は、

旧自由進歩の、ヘボ馬鹿めらのぐづぐづ争へ、ぐづぐづ喧嘩、へぼ野心、へぼ周旋、へぼ才子、馬鹿運動は、名利私欲私曲悪徳狭隘の外、国家的観念のあるを見ず。依て合同の初一念を忘れたるならん。（日記、明治三二年一〇月四日）

と（日記の中だからであろう）手厳しく批判している。憲政党政府は「我々の政府」ではなかった。彼らにとって政治は立身出世・権力闘争の手段であった。陸相桂太郎や海相西郷従道はこの内閣を潰すために入閣していた。内部政争に明け暮れた憲政党は旧自由派の憲政党と、旧進歩派の憲政本党に分裂し、一〇月三一日、大隈重信内閣（第一次）は一度も議会を開けず四カ月で崩壊した。

後を襲って山県有朋が第二次内閣を組織し、三二年三月、第一三議会で軍備拡張（強兵富国）のため地租増徴政策を採り、議員歳費の値上げをはかった。議員歳費八〇〇円を二〇〇〇円に、議長

歳費四〇〇〇円を五〇〇〇円に、副議長歳費二〇〇〇円を三〇〇〇円に引き上げるという法案で、理由は現行の歳費ではその資格を保つに足りない、というものであった。これは有体に言えば、議員の給料を上げ（てや）るから増税案に賛成してくれ、ということであろう。憲政本党を代表して、正造は、これは議員を軽蔑するものであり、むしろ議員は節してその歳費を減ずるべきと反対演説をした。しかし法案は可決され、結局議員歳費全額を辞退したのは正造だけであった。

明治三一年一二月、第一三議会では賛成者一一九名を得、一七人の提出者とともに「邦内の一国に比する土地の被害人民に対し憲法の保護なき儀に付き質問書」を提出した。農商務省の農務局、鉱山局、山林局、水産及び商工業局、内務省の土木局、警保局、衛生局、地方局、大蔵省、主税局、文部省、陸軍省に、その担当する業務の不作為・怠慢と政府の連帯責任を追及した。北海道の原野を開拓すると言うが、関八州中第一とも言うべき数万町の沃野を不毛の荒廃地にするのは如何とか、一商人のために働き、被害者農民を虐待するのは如何とか、小学校の生徒が苦しんでいるのに文部省は何もしないのは如何などと、政府・各省の責任を追及した。

明治三二年三月、正造は農商務大臣や鉱山局長ら八人とともに足尾銅山を視察している（『余は下野の百姓なり』は一二日と言う）。前年九月、暴風雨により鉱毒予防工事でできた沈殿池が崩壊し、渡良瀬川流域に大きな被害を齎したことを視察したのである。この時のことに関して正造は、「(三月) 一五日　足尾着／一六日　視察／一七日　足尾出立　宇都宮着　同地一泊／一八日　被害地巡視」(日記、明治三二年) と、そっけない。

三二年、正造は鉱毒による死生の調査を急ぐよう、岩崎佐十ら各地の運動者に依頼した。「足尾銅

山毒毒被害地　出生・死者・調査統計報告」によると、二七年から三一年にかけて、

	全国平均	栃木県内無害地	被害地	（人口百人につき）
出生者の割合	三・二一	三・四四	二・八〇	
死亡者の割合	二・六〇	一・九二	四・一二	

と、被害地では出生率が小さく、死亡率が高いことが歴然と現れていた。

これとは別に明治三三年三月、第一三回議会に提出した「足尾銅山鉱毒事変再質問書」では、

	日本全国	接続の無害地	被害劇甚地	（人口百人につき）
出　産	三・〇八	三・四四	一・八五	
死　亡	二・二〇	一・九二	五・八七	

という数字になっている（どのように整合するのかよく分からない）。

正造は被害地を回り、雲龍寺で被害民死活一途に関する方針を協議し、「総代とか委員とか云ふ者を撰ぶのも悪くはないが、寧ろ自ら進んで事に当らうと云ふ熱誠ある人々の一致協力」と、「断じて素志を枉《ま》げぬと云ふ決議」（田村「鉱毒議会コンミューン」『渡良瀬の思想史』）を求め、三三年一二月、栃木・群馬四郡一九カ村一〇七〇人で「鉱毒議会」を組織した。個人参加であり、メンバーは「明治元年（以降）出生のものに限」り、永島与八、青木金次郎ら十代、二十代の若者もいて、自由な空気があった。取り交わした「精神的契約書」で、鉱毒問題の根本的解決とそのための終始一貫した方針、挫折・変節しないこと、広く遊説啓発すること、示談には応じないことを誓った（これを「コンミューン」と田村は言うが、青年部という感じである）。

正造はこの鉱毒議会と協議し、「渡良瀬川の流水を清浄ならしむる」ために、第四回押出しを計画した。これは第三回押出しを保木間で押しとどめ、代表五〇人だけを入京させたが、政府がその要求を聞き入れず何も策を立てなかったことへの一身の責任を果たそうとするものであった。「鉱毒事務所規則案」（明治三三年一二月）では冒頭に「五箇条のご誓文」を引き、「嗚呼《ああ》之れ民の声は神の声なりと文章の外に顕れて誠に難有事に候」と書き、さらに、

暴虐なる加害に逢へて父母子弟の罪なく殺さるゝを見ては直に立て其悪漢を除くべし。（略）之れ天地の公道に基くものなればなり。

と決意を述べている。この「天地の公道」という言葉は後に「神の心に叶うもの」と言い、また「天理による戦い」という言葉に進化していくものであろう。

それにしても、これほどの被害が出ていながら、正造は直接「悪漢」古河を被告とした裁判闘争をしなかった。それは正造が衆議院議員であり、議会を闘いの場としたからであろうが、他の人や弁護士が刑事・民事の裁判闘争をしても良かったのではないか。しかし法廷で争うと、「鉱毒の有無の認定、被害の査定および賠償額の確定、数千人の所有する数万筆の土地台帳の一筆ごとの賠償額を決定するという煩瑣な手続きを要する。（略）裁判は十数年かかるかも知れず、仲裁による示談しかない」と栃木県の仲裁委員横尾輝吉は言ったという（東海林・菅井『通史足尾鉱毒事件』三六頁）が、これは問題を複雑に見せて、やる気を殺ぐやり方である。

明治三三（一九〇〇）年二月九日、正造は第一四議会で質問・演説をし、毒のために死せる者（非命の死者）が一〇六四人にのぼることを説明し、政府の無策と、自分の属する憲政本党の無策を

批判した。一〇六四人の根拠は、四県三四字《あざ》の人口一万八四七三人中、出生が二一九一人、死亡が三二五五人であり、その差は一〇六四人死亡者が多いということである（「足尾銅山鉱毒問題の請願に関する質問書」第一四議会、明治三三年二月九日）。

一方、被害地に宛て、一人につき一人の仇討ち請願であるから一〇六四人の出京を求める手紙を書いた（糸井藤次郎、野口春蔵、大出喜平宛書簡、同年二月三日）。請願は村長－郡長－知事という経路で行うものであったが、いつも途中のどこかで握り潰されるのか、有耶無耶になり、届いたためしがなかった。請願書だけでは効果がないことが分かり、前三回の押出しも含めて、直接政府に訴えることにしたのであった。これはあくまで法の範囲内で行う請願であり、一揆暴動ではないし、身に寸鉄も帯びず、非暴力で平和的に徒歩で東京を目指したのである（田村紀雄『川俣事件――渡良瀬農民の苦闘』一九七三、第三文明社、一九七八）。

二月一三日午前八時三〇分、雲龍寺の鉱毒事務所を被害民一万二〇〇〇人（＝被害民側。二五〇〇人＝警察発表、三〇〇〇人＝永島与八、三五〇〇人＝石井清蔵、ともいう）が、「鉱毒悲歌」を歌いながら出発した（第四回押出し）。

（前略）

嗚呼我々の祖先こそ　　皆渡良瀬の賜ものに
斯くも賑ひたるものを　　斯くも尊き渡良瀬川
濁り濁りて今は将《た》だ　　人の躰も毒に染み
妊めるものは流産し　　育む乳は不足なし

二つ三つ迄育つるも　毒の障に皆殪《たお》され
又悪疫も流行し　悲惨の数は限りなく
時の政府へ嘆願も　悪人輩に遮られ
九年の長き其間　今に清めぬ渡瀬川　（後略）

（悟毒海居士作「鉱毒被害惨状の悲歌《こうどくにがいされしきわみにかなしきかずかず》」。正造が「鉱毒文学」『女学雑誌』明治三三年三月五〇八号に引用）

「鉱毒悲歌」の作者は悟毒海居士ということであるが、「悟」は悟り、即ち左部《さとり》ではないか。本人は違うと言っているが、左部は盛んに歌唱指導していたというから否定するわけにもゆかない、と天野茂は述べている（「鉱毒悲歌と松岡荒村のこと」『田中正造全集　第四巻』月報一六）。

先頭は大船を積んだ二台の大八車である。野口春蔵（界村助役）は馬に乗って指揮したが、これは足が痛むため内野の宮内喜平から借りていたものである（田村『川俣事件』）。左部彦次郎、岩崎左十、山本栄四郎、小山孝八郎、青木金次郎、永島与八、室田忠七、戸井亀吉らが率い、大出喜平が最後尾についた。

一行はこの押出しを察知していた警官を振り切り、渡良瀬川を渡り、館林警察署では野口が逮捕されそうになり、それを阻んだ川島民八ら三人が官吏抗拒罪で逮捕されたが、被害民は抗議して三人を釈放させた。そして午後一時頃、利根川の川俣（渡し場）直前の小川（邑楽用水）までやってきた。警官隊一八〇人・憲兵一〇人が五段構えで待ち構えて、この「兇徒嘯聚事件」を取り締まろうとした（川俣事件）。

それはむしろ警察側の挑発であり、弾圧であった。被害民は馬舟を積んだ大八車二台を先頭に立て、警官隊と衝突した。（凡庸な）（木っ端）役人は、官尊民卑の態度を露にして（正造は、古河にあらざれば人間にあらずという意識から出た、としている）、「土百姓、土百姓」と怒鳴りながら人民をサーベルで襲った（警官には元士族が多くいたという）。館林警察署長はサーベルの鍔《つば》を麻縄で縛っていたというが、抜剣した警官を見た者は多くいる（木下尚江「鉱毒飛沫」『毎日新聞』明治三三年二月一九日）。大乱闘の結果、流血の事態となり、永島与八ら一五名が現場逮捕された。負傷者は当初被害民側に五十余人といわれていたが、四、五〇〇人ともいわれており、警察側に六人であった。村へ帰ろうとした小野寅吉は、巡査に「馬鹿巡査」と言ったら（小野は言ってないと言っている）、官吏侮辱罪で逮捕された。その後の家宅捜索で、逮捕者は黒崎禅翁雲龍寺住職を含む百余名にのぼった。「パンを求めて石を与へら」れたのである（荒畑寒村『谷中村滅亡史』）。

逮捕者の中には、庭田恒吉、庭田駒吉、野村千代蔵、横塚治三久、海原忠吉、稲村忠蔵（元久野村村長。免訴）、稲村与市、設楽常八、室田忠七、持斎茂吉、岩崎佐十、小野政吉（免訴）、栗原宰次郎（後植野村村会議員）、福地小一郎（免訴）、野口春蔵（界村助役、後村長）、家富元吉、小林偵七郎（元渡瀬村村長、免訴）、谷津富三郎（渡瀬村元助役、村長・邑楽郡会議員、三五年無罪確定後村長）、青木金次郎、磯幸次郎（免訴）、大出喜平（三五年無罪確定後、三九年大島村村長）、小山孝八郎（元群馬県会議員）、山本栄四郎（三五年無罪確定後、中央大学に学び四〇年に大島村村長、邑楽郡会議員、群馬県会議員）、荒井嘉衛（免訴）、永島与八、野中源蔵（免訴、後邑楽郡会議員）、亀井朋治、永沼政吉、越沢丑次郎（免訴）、戸井亀吉（免訴）、井田兵吉（免訴）、黒崎禅翁（雲龍寺住

職）等がいた（『田中正造全集 第一五巻 解題』）。茂呂近助（谷中村長。免訴〈谷中村と茂呂近助を語る会『谷中村村長 茂呂近助——末裔たちの足尾鉱毒事件』随想舍、二〇〇一〉）。

村人はこの弾圧に震え上がり、運動は下火になっていった。鉱毒議会は費え去った。しかも黒崎は曹洞宗本山から鉱毒事務所に寺を使うことを禁じられ、住職を免職になった（小松裕『田中正造の近代』現代企画室、二〇〇一年。『下野新聞』一九〇〇年七月六日）。後、還俗した。

正造は「鉱毒被害地損失価格・被害者面会不許可につき面会の理由演説」（二月一三日、第一四議会）で、

諸君、古河市兵衛其者に我国家の兵隊が是が自由に使はれると云ふ、我警察が自由にこいつに使はれると云ふことになって居るのでございます。

と述べ、さらに、

内務省は先立ってからに農商務省の手伝いをして、被害民が出て来て鉱業停止抔《など》と言っては、あなたには御迷惑であらうから、兵隊を繰出し、巡査を繰出す、内務省が手伝って此被害民を撲殺すると云ふことにまで仕事をすると云ふのは、己の本領を侵されるどころの話ではない、己の本領を自分で打破って、人民を保護すべき所の内務大臣が、人民撲滅をする農商務省の乱暴狼藉を助けて居るということである、是で国家が持てますか。

と追及した。しかし石の心には通じないのである

正造はこの川俣事件（足尾鉱毒兇徒聚衆事件）に関して、議会で矢継ぎ早に質問した。一四日、「院議を無視し被害民を毒殺しその請願者を撲殺する儀につき質問書」、「警吏大勢兇器を以て無罪

の被害民を打撲したる儀につき質問書」、一五日、「政府自ら多年憲法を破毀し曩には毒を以てし今は官吏を以て人民を殺傷せし儀につき質問書」を提出し、説明演説を行った（現場での死者は出ていないが、二日後に一人が亡くなった〈立松和平『白い河――風聞・田中正造』東京書籍、二〇一〇〉）。その中で正造は、これまで公平心を以て、国家のため、被害民のため訴えてきたが、憲政党であるから政府に反対し、また大隈党であるから政府に反対するという人がいる。そんなけちな根性は田中正造にはありませぬ、と言い、憲政本党を脱党することを述べ、また選挙区の関係があるからやるのだなどという馬鹿な話があり、そのために被害民や国家が不幸を蒙るという不都合があれば、議員も罷めるつもりであることも述べたが、川俣事件によって議会で訴えることが多く出来し、支持者や政友の取り成しで辞職は思い止まった。

そして、二月一七日、三四人の賛成者を得て、「亡国に至るを知らざればこれ即ち亡国の儀につき質問書」（「亡国演説」と呼ばれる）を提出、説明演説をした。

民を殺すは国家を殺すなり／法を蔑にするは国家を蔑にするなり／皆自ら国を毀つなり／財用を濫り民を殺し法を乱したて而して亡びざるの国なし、これを奈何。

これが全文であるが、「同上質問の理由に関する演説」では、とうとうと話し続けた。

（略）我日本が亡国に至って居る、政府があると思ふと違ふのである、国があると思ふと違ふのである、国家があると思ふと違ふのである、政府があると思ふと違ふのである、是が政府の《ママ》に分らなければ、即ち亡国に至った之を知らずに居る人――己れノ愚を知れば、即ち愚にあらず、己れの愚なることを知らなければ、是が真の愚である。（下略）

君主を補佐する所の人間が、ずっと下まで腐敗して居って、これで貫徹しなくなるのである。即ち人民を殺す。人民を殺すは己の身体に刃を当てると同じことであるということを知らない。……これで国が亡びたといわないで、どうするものでございます　皇帝陛下の臣民を警察官が殺すと云ふことを　皇帝陛下の御身に傷け奉ること且つ又己の身体に傷けるのであると云ふ、此道理が此大なる所の天則が分からなくなって尚且つ之を蔽ふに兇徒聚集と云ふ名を以て召捕って、何裁判所へ送った。（略）

（「同上質問の理由に関する演説」）

これに対して山県有朋内閣は、「質問の旨趣その要領を得ず、依て答弁せず」と答弁し、まったくの不明を曝け出した。「馬鹿政府」は自分が馬鹿であることが分からない。国が亡びたということが分からない。正造は、「国・政府があると思ふと違ふのである」ことが分かった。この国は「最早滅びたる後の国」なのであった。既に人民のための国ではない。憲法法律が機能していないのである。

山県有朋（天保九〈一八三八〉年～大正一一〈一九二二〉年）は萩に生まれ、足軽以下の仲間組から身を立て、槍術を修め、松下村塾に入り、奇兵隊隊員から軍監となり（狂介と名のった）、維新の功労者となった。薩長藩閥政府の中枢に入ってからは、兵制を創設し、奇兵隊の成功を生かし徴兵制を施行（明治五年）、初代陸軍卿となった。西南戦争で西郷軍を破り、「軍人訓戒」を制定し（明治一一年）、さらに天皇の名で「軍人勅諭」を実現させ（明治一五年）、「上官の命令は朕の命令と思うべきである」と、服従こそが兵の本分であることを定めた。一方、自由民権運動を弾圧し、保安条例を施行（明治二〇年）するなど、政党政治を否定する藩閥政治家であった。

また首相として「教育勅語」の発布（明治二三年）にも直接関与し、天皇制・軍国主義的道徳を国民に植え付けた（洗脳した）。前述の通り品川弥次郎内相に指図して選挙干渉を行い、やがて朝鮮政策に乗り出し、日清戦争（明治二七〜二八年）では第一軍司令官となった（これが彼の生涯で一番愉快だったことであったという）。治安警察法を制定して労働運動・農民運動を弾圧し（明治三三年）、北清事変（義和団事件）を契機に大陸に侵出し、列強の中国分割闘争に参入し、日露戦争では参謀総長となり大本営陸軍部幕僚長となる。この後も山県は政界に入り、内相、首相を（二回）務め、元帥、元老と出世を続け「位人臣を極める」ことになる。山県閥を形成して（桂太郎、寺内正毅、田中義一、白根専一、品川弥次郎、青木周蔵、野村靖、大浦兼武、平田東助、土方久元、芳川顕正らがいた）、影響力を保持し、人事に干渉し、権力意志は衰えることがなかった。

山県は上昇志向の権化である。貰った勲章は山のようにある（「なぜ軍人は酒にも酔わず、勲章を下げて歩かれるのであろう」というのは芥川龍之介の「侏儒の言葉」であるが、山県は国家に酔っているのであろう）。軍事のことしか興味のない、サディストであった。反民主的、軍国主義者であり、大国主義者であり、絶対的国家主義者であった（この逆どれいが松下村塾のなれの果てである）。彼の生涯をたどると、この国の明治の歴史そのもののようになる。そしてそれは戦争の歴史である。そのような人間に、正造の、そして鉱毒被害民の心は、分からないだろう。「国が亡びている」といくら言っても山県には意味が分からなかったのである。鉱毒問題は眼中になかったし、あったとしても、戦争に勝つこと、同じことだが、戦争に負けていいのかというのが彼の第一の問題であった。「山県は自己を最も熱烈な愛国者だと信じ、自己の思想と方針が日本のために最善だとして疑わなかったから、自分に反対するものは一刀両断する以外になく、自由民権派もまた愛国者だということを判ろうともしなかったし、また判らなかった。（略）そこに、かれ自身と、かれを指導者にもった国民の悲劇があった」（藤村道生『山県有朋』吉川弘文館、一九六一、一一一頁）。

山県の権力は明治天皇制の上に築かれ、彼にとって民衆は支配の単なる客体に過ぎず、彼は終始民衆から遊離した所にいた。山県の国葬には参列者が少なかった。彼から見捨てられていた民衆は、また彼を見捨てていた（岡義武『山県有朋――明治日本の象徴』岩波新書、一九五八、一九四頁）。山県は不明であった。

島田三郎の『毎日新聞』は川俣事件を取材するため木下尚江を派遣し、鉱毒事件の全体像を探査させた。

木下尚江は明治二（一八六九）年、信州松本の生まれ。松本中学在学中にクロムウェルを知り革命に目覚めた。二一年、東京専門学校法律科を卒業、郷里の『信陽日報』の記者となり、県庁問題（県庁を北よりの長野から中ほどの松本に移す）で健筆を振るった。二六年、代言人（弁護士）試験に合格、『信府日報』記者となり、松本美以《みい》教会に通い、一〇月受洗する。二七年、同紙は木下の「革新論」で発行禁止処分を受け、石川半山《はんざん》（安次郎）が『信府日報』の主筆として招かれた。石川安次郎は二二年、大阪に中江兆民を訪ね、そこで玄関番をしていた秋水幸徳伝次郎と知り合っていた。二九年、木下は『信濃日報』の主筆となる。三〇年恐喝取材で起訴されたが、三一年無罪判決。石川安次郎に伴われて『毎日新聞』社長島田三郎を訪ねる。三二年、『毎日新聞』記者となり、廃娼問題など社会問題に取り組んでいた。三三年二月、川俣事件が起こると、島田は木下を実地調査に派遣した（山極圭司『評伝木下尚江』三省堂、一九七七）。

木下は二月一七日「佐野だより」、一九日「鉱毒飛沫」、二二日「雪中の日光より」を報じた。さらに木下は川俣や雪の足尾銅山を具《つぶさ》に取材し、事件の詳細を二六日から一七回にわたって報道した。正造は人から教えられて木下の書いた記事を読み、礼を言うために毎日新聞社を訪れた。これが木下と正造の初対面であり、以後二人の交友が始まる（木下尚江「大野人」『野人語』）。木下は石川のすすめで、連載に手を加えて『足尾鉱毒問題』を刊行し（明治三三年六月一八日）、鉱毒問題が事ここに至った経緯を詳細に論じた（前述）。

この川俣事件の後、正造は日記に三たび「佐久良宗吾郎」について書いている。正造は確かに「佐倉宗五郎」を意識している。

佐久良宗吾郎　は死して貫けり
　の霊は［なし］
　あれども
之をあると見て　死すとも
女中を殺す　人民の請願
宗吾生代り死代り

（日記、明治三三年二月）

佐久良宗吾郎は生代り死代り、出てくる。人民が危殆に瀕している時、これを救うために「死して貫」き、犠牲となって立ち上がり、人民の請願を主に届けようとする人間がいる。正造もこれに倣おうとしている。後の直訴への伏線であろう。正造の目的は、即ち「人民の請願」は憲法の復活であり、さらに言えば「天道人道、正理公道」の復活である。少し後のことだが、手紙に次のように書いている。

予が信ずる天道人道には無理なし。正理公道にして所謂白昼公然、天下の大道を闊歩するに過ぎず候。（小山孝八郎ほか宛書簡、明治三四年四月二八日）

これも後の「天理による戦い」（明治四四年）に通じるものである。

右の引用中、「女中を殺す」というのは、死者の霊はないのだが、之をあると見てしまって、過って女中を殺した男（サクラの上野の守）がいた。その男は、次に出てくる、「己の良心に悪事あるために何事もこわく見へる。請願人もこわく見える。こわいから兇器を以て、何も持たむものに突てかかる。丁度サクラの上野の守が佐倉宗吾と思て御殿女中をきったと同じことである」という注釈によって意味が分かる。心に疚《やま》しいところがあると、枯れ尾花も幽霊に見えたりする。切られた「女中」こそいい迷惑だ。

さらに正造は憲法法律を蔑《ないがし》ろにする「古河市兵衛夫れ何んするものぞ」と言い、市兵衛一派（銅山党）の「暴勢は大臣及議員を凌駕す」と言う。

市兵衛の犬は上下充満せり。
市兵衛の犬は無罪の良民を食へ殺す。
市兵衛の犬は無辜の良民に汚名を負はす。
市兵衛の犬は被害地の小児を取り食ふ。

市兵衛の犬は法律を破り国土の宝を毀つ。（日記、明治三三年二月）と恣《ほしいまま》に賄賂で政府を買い、人民を買収する古河市兵衛の非道を数え上げている。「悪魔の研究」の一環である。

少し後のことであるが、正造は「鉱毒文学」の中に「犬の種類」という章を設けて、犬の種類沢山あり。（一）土地の犬、（二）ぶらつき犬、（三）贋行商の犬、（略）（八）人を威して怖れさせる犬、（九）青年を誹《そし》りて運動させせぬ犬、（十）其父母をだます犬、（十一）被害地見物のとき激甚地を見せせぬ工夫をする犬、（十二）貧乏をすすめて仇敵きの市兵衛の処へ物貰いに行く犬、等いろいろ沢山あります。正義の士は此の犬に食われ噛まれる勿れ。

と書き、市兵衛一派（銅山党）の跋扈を嗤った（しかしこれを掲載した『女学雑誌』〈巌本善治発行〉は発禁になった）。

川俣事件の予審（前橋地裁）は三三年七月九日に終わった。兇徒嘯聚罪、集会及び政社法、治安警察法に問われ、野口、稲村与市、大出、山本、左部の五人は暴動首魁《しゅかい》として、黒崎は暴動教唆（黒崎は住職を追われた）、永島、庭田恒吉、室田、岩崎ら一七人は煽動、計五一人が前橋地裁に起訴された（被告六八人中一七人が免訴）。主だった者の大半が逮捕され、運動は大打撃を受けた。被害民の動揺は激しく、出獄した者は人をこわがり、家の中で布団をかぶって息を殺し、村の巡査が「運動すると巡査さんに叱られますよ」と言うと、効果はてきめんであった（野口春蔵宛書簡、明治三四年四月一八日）。そんな中で正造は「我々の心は、即ち神の心に叶ふものなり」（「鉱毒文学」）と言い、人々を励まし、六五人の大弁護団の組織にも力を注いだ。指導者の大半が逮捕されたが、屈しない農民たちは講演会を開き、救援会を組織し、お見舞いや慰問などを行い、弁護士を選び、裁判に備えた（田村『川俣事件』）。

前橋地裁での一審は三三年一〇月一〇日に始まり、「農民は法廷で堂々と意見を述べて、政府や古河側を攻撃した。それは被告と原告の立場が逆転したかの感じさえ与えた」（田村『鉱毒農民物語』二〇七頁）。被害者が被告になることで、事件の真相が表面化する。よくあるパターンである。ところが一一月二八日の第一五回公判で、正造はいい加減な検事の論告に怒り、大欠伸をしたところ、官吏侮辱罪で起訴された（後述）。

明治三三年一二月二二日、一審判決が出た。判決は兇徒聚衆罪の成立は否定した。理由は、被告らは請願のために雲龍寺に集合し、上京を企てたに過ぎないこと、暴動が目的ではないこと、などである。川俣での衝突については触れていない。野口、大出、左部、永島、山本、稲村、谷津富三郎、家富元吉、室田ら二九人が有罪となった（二二名が官吏抗拒罪、四名が官吏抗拒罪・治安警察法違反。栗原宰次郎、原田英三郎が治安警察法違反。小野寅吉が官吏侮辱罪）。黒崎禅翁を含む二二人が無罪であった（後、この裁判の裁判長であった磯野衡はキリスト教に改宗し、永島与八と伴に前橋教会で洗礼を受けた。小田中「足尾鉱毒兇徒聚衆事件」『日本政治裁判史録』。田村『川俣事件』）。有罪とされた二九人が控訴し、検察側も控訴し、舞台は東京控訴院に移る。

明治三四（一九〇一）年一月一九日、正造は次のような手紙を書いている。

正造国会議員も今回で切り上げます。（略）二十余年間一日の如くやってやりぬけられぬ小生、老へて止むなく辞退して後進者を出さんと決心いたしました。その最後の年しであります。

（蓼沼《たでぬま》丈吉宛書簡、明治三四年一月一九日。同趣旨の書簡を同日、村山半にも送っている）

ここには正造の深い徒労感と絶望とが表れている。議員として政治に訴えても、腐敗した議会相手では暖簾に腕押し状態で、一向に甲斐がない。かくなる上は議会を見限り、ある決意をもって、議員を辞め、最後の手段に訴えるしかない、と思ったのだろうか（蓼沼は後に正造の後継者となって立候補、当選する）。

正造は三月二四日、第一五議会に出席したが、議会は北清事変（義和団事件）出兵のための増税を可決しただけで、鉱毒事件には無関心であった。しかし正造は「亡国に至るをしらざる儀につき再質問書」主意書では、

憲法既に破壊せば国家の精神も随て亦腐敗するは明かにして其害は憲法なきよりも甚し、帝国議会ありと雖も憲法を遵守せざれば議会なきに如かず、只官衙法院の存在を視て内部の骨髄精神もまた存在せりと速断するは、抑《そもそも》何等の妄想ぞや、（略）鉱毒激甚地人民の請願者を牢獄に投じ無罪の良民に悪名を負はせ醸して罪名を附する等、此窮民をして弥々《いよいよ》死地に陥れて加害者の横行を恣ならしめ、剰《あまつさ》へ此悪逆無道の加害者をして宮中に出入りを許し終に位階を潜奪せしむる等の失態をも醸すに至らしめたるに非ずや、而も尚亡国に至るをしらず、其要領を得ずといふか如何。

と述べた。憲法を守らない議会は無い方が増しだと謂い、憲法に基づく正当な権利として請願を行う人民に対して、これを妨害したり逮捕したりし、かえって加害者横行を恣にさせて平気なありようについて、質問演説で次のように述べた。

政府の方から、軍さを政府に仕掛けても差支えのないだけの権利を、人民に与えるということなれば、此政府は馬鹿政府と言わなければならぬ。

これは政府の遣り方に不服である場合、人民は政府に軍さを仕掛ける（抵抗する）ことになるが、それはむしろ政府から軍さを仕掛けられたに等しい。そういうことをさせるのは政府が馬鹿であるからだ、即ち人民には抵抗権があることを表明したものである。

そして二五日には、「鉱害を以て多大の国土及び人民を害し兵役壮丁を減損せし古河市兵衛を遇するに位階をもってせし儀につき質問書」の演説で、

（略）農商務省の大泥棒奴が、盗人野郎が、昨日私が申上げました通、古河市兵衛の番頭に書いて貰って出したる答弁だに依って、之を表向に披露するすることが出来ないと云ふことを、私は発見致しましたのでございます、（略）殊に此国賊を懐手をして、国家の田畑を悪るくした野郎を、従五位に進めると云ふやうな、此大泥棒野郎が――大泥棒野郎が……。

と激高し絶叫した。議場騒然となる中、片岡健吉議長に、御黙りなさいとたしなめられ、事実上これが正造の議会での最後の発言となった。愚直な人間の訴えはついに議会に届かなかったのである。「軍さ」を「馬鹿政府」から仕掛けられ、正造こそ政府に抵抗したが、人民は必ずしも抵抗権を行使しない。川俣事件の後、政府の弾圧により、鉱毒事件に関して組織的な反対運動はだんだん退縮していく。憲法を破壊され、天産を侵され、生命まで奪われているというのに、「被害地の馬鹿は自家の権利を縮めることのみに汲々とし」ていて、

請願の上京を怖れ、又上京を悔へ、（略）権利等ど危険なし、権利を主張せば却て獄に投ぜら

れたり、今よりますます権利を放棄するの良案にしかず。

（小山孝八郎ほか宛書簡、明治三四年四月二八日）

善人ほど人は正直と思へて、世の中の腐敗をしらぬものなり。

（蓼沼丈吉ほか宛書簡、明治三三年一一月三日）

と、人民の人の良さ、大人しさから来る退嬰を悔しがっている。後にこれを「徳川氏の温和的圧制」から来たものだと解している。

正造は人民が「踊り」に忙しいことを知っている。楽しく踊っていれば、世の理不尽さなど我関せずにいることができる。

無邪気なる人民よ、踊りもよし、いかなれば天真の爛漫たるものなればなり。其天真を曲げらるゝなよ。踊りを踊るの勇気をば汝ぢが一身の権利にも用へよ。踊りの手と踊りの足しとその勉強をば、汝ぢ子孫の居食の天産復活の請願にも用へよ。踊りの手間と尽力を以てせる如く、汝ぢが同胞の毒に殺されたるものを追弔もせよ。亡びたる村々の教育を回復せよ。（後略）

（大出喜平宛書簡、明治三六年九月一七日）

一般にパンとサーカス、飴とムチを与えておけば、人民はこの憂き世を浮世と感じ、抵抗の危険を冒そうとはしない、というか目を暗まされて抵抗の必要を感じない、ようだ。それでは「民」の語源である「片目を潰された奴隷」（『漢語林』）そのものではないか。正造はそうではなくて、踊るのもいいが（サーカス＝娯楽も必要だが）、それに飼いならされて世の理不尽に目を瞑ってはいけないと言うのである。田畑を奪われ、命まで奪われようとしている今は、もっと怒れ、勇気を出せ、と。

また、加害者が位階を潜奪したというのは、先に議会でも演説していたように、「悪逆無道」の古河市兵衛が、明治三三年、従五位の位階を受けたことを憤慨しているのである。また正造に天皇幻想があることを示してもいる（それはじきに幻滅させられることになるのだが）。既に正造の古河市兵衛に対する評価はいくつも上げてきたが、さらに言えば、「犬」を放ち、

前に盗みたる栗柿もて猿殿、犬殿を多く身方となし、今は盗の勢力は中々敵しがたく、却而反撃せられて防ぐ能わず。（川俣久平・湧井藤七宛書簡、明治三三年九月五日）

とか、

専断にして暴力無比、金力権勢を濫用せる悪奸極悪。（荻野文六ほか宛書簡、明治三四年七月一日）

とか、「乱暴狼藉」、「国賊強盗」、「加虐殺人」など激越である。
また、「人を殺すもの従五位となる。国土を守る忠義は獄にあり」（日記、明治三四年二月七日）と言って、悪徳の栄え、美徳の不幸を、悲憤慷慨している。正造の「悪魔の研究」の続きである。古河財閥を築き、日本の鉱山王、明治の十傑などと称される古河市兵衛は紛れもなくサディストなのである。

彼の処世訓は「運・鈍・根」である。曰く、「人間の一生は第一が運ですな。（略）その運は天にありで、人間にはどうともなし難いでございましょう」。「その次が鈍です。これは知恵のある者の反対なので、愚鈍ということでございます。（略）利口で学問があると、つまり、いろいろなことを考えすぎて大きな仕事ができかねるかとおもいます。私の鉱山などにも博士もおれば学者もいる。

西洋人も沢山いる。しかし、それがやっぱり私などに使われている。商人でも、あまり利口だといろいろなことに気を使って方々に手を出したくなる。それで、どれにも大いにやりとげるということが難しいかと思います」。「もうひとつの根というのは、根気のことで辛抱強いのでございます。（略）」（砂川『運鈍根の男』）。

確かに山師古河市兵衛は、金山、銀山、銅山、炭鉱（目尾《しやかのお》炭鉱）など鉱山に専心し、運よく一山も二山も当て、他の業種に手を出さなかったようである。それを「鈍」と言っているのであろうが、そうだとしても、問題は「鈍」の中身である。市兵衛は鉱毒問題も含めて「いろいろなこと」に気を使わずいられるほどに鈍（感）だったのである。そしてもう一つは、かつて豆腐売りに出て豆腐を壊されて泣き寝入りしなければならなかった巳之助が、今や、博士や学者や西洋人を使う立場になり、従五位となった出世を感慨深く思っている（お）めでたい図である。しかしそこには一点も二点も曇りがある。

正造や川下の被害者から見れば、数十万人の生活を破壊して、無頓着、無感不覚で（「愚鈍」で）いられる不埒漢であり、鉱山の営業利益に血眼になっているサディストであり、浅はかで阿漕《あこぎ》で浅ましくあざとい、銅山党の首領にすぎない。神か悪魔のように無頓着なのである。

……僕はもう一人、豆腐屋を知っている。その人（つまり松下竜一）は受験勉強をしていた時、母親が急逝して家業の豆腐屋を継ぐことになったのだが、豆腐を配達している時、進学した友人を避けて、隠れるように角を曲がったりしていた。コンプレックスがあったのだと思う。しかし彼は、強くなろうとは思わなかった。母の「優しくなれ」という言葉の通り、優しい人間として、感受性豊かに、短歌をものし、文学を志し、社会化して受難の生き方を通した。

正造は「社会の最に勢力なき弱き人々を合せて強き暴慢を排するをたのしみと」し、「最弱を以て最強に当る」ことを多年のたのしみとしてきた（日記、明治四三年八月三日）が、古河・銅山党はそんなことは何処吹く風、そういうことを感受する能力に欠け、全く以て意に介さないのである。鈍（感）なのである。

政治・議会を見限った正造は苛立ちながら、社会に訴えることになる。政府・官吏も馬鹿、政党も馬鹿、人民も馬鹿、というのが国家の腐敗であり、正造はただ人民のみを救うのではなく、国家と人民を併せて救うのが目的である。憲法法律の実行を求めているのである（『警世』二二号、明治三四年九月二五日）。

憲法を守れと訴えているのは被害者の側である。「法律を守り当局各省の責任を健全ならしめ」、「鉱業条例を励行して国家の亡滅に至るを停止」させるようにしなければならないのに、多くの国費を投じて加害者を保護し、地方官は窮民を毒中に愚弄虐待する（「請願の標準書」明治三五年）など、そんな国がどこにある。政府や議会に憲法遵守を期待するのは幻想であると観じた正造は、明治三四年（一九〇一）年一月に予告していた通り、一〇月二三日、議会を見限り、衆議院議員を辞して野に下る。明治一三（一八八〇）年から二三年まで一〇年間の栃木県議、明治二三年から一一年間の衆議院議員、都合二一年間の議員生活に決別した。「政治運動をして居る間に、肝腎の人民が、滅んでしまった」、「政治の為に二十年、損をした」と語ったのはこの頃である（木下尚江『田中正造翁』一九二一。『木下尚江全集 第一〇巻』教文館、一九九二)。正造はある決意をもち、一人の人間として立ち、社会に訴えることに決めたのである。六一歳(数え)である。

この間、(明治三四年)五月二一日、神田キリスト教青年会館で、鉱毒調査有志会が結成された。三好退蔵、富田鉄之助、田口卯吉が呼びかけ、三宅雪嶺、陸羯南、徳富蘇峰、秋山定輔、黒岩周六、島田三郎、高田早苗、谷干城、三浦梧楼、内村鑑三、潮田千勢子、松本英子、矢島楫子、島地黙雷、田中弘之ら、新聞関係、国会議員、キリスト者、キリスト教婦人矯風会、仏教者といった多彩な会員が集まった。彼らを東京から日帰りで現地案内するためのガイドブックであったのだろう、「鉱毒被害地見分旅行案内記草稿」(明治三四年)によると、鉱毒被害は二〇年に及び、その程度は四段階に分かれる。

一、禾穀《かこく》の収穫減少若しくは稔らざるの毒地
二、禾穀実らず之に代るに桑樹を以てせる毒地
三、桑樹も今は枯凋して葭茅若くは柳樹等を植付けたる藪ほらの毒地
四、草も木も生育せざる処

鉱毒被害が年々重なっていき、一はやがて二になり、多くは既に三に属し、やがて四の不毛の土地となる(両毛地方であるのに)。免租地が増えていく。明治二五年には一六〇〇町歩であったものが、今では五~六万町歩に達している。これは安房と伊豆を合わせたよりも大きな土地である(「雪冤の辞」明治三六年一一月一〇日)。安房と伊豆を失ったに等しいということだ。したがって税収も減ったということである。

一一月一六日から、正造の案内でキリスト教婦人矯風会の矢島楫子、潮田千勢子、朽木よし子、島田信子らは被害地を視察、記者松本英子はみどり子というペンネームで「鉱毒地の惨状」を『毎日新聞』に連載した。内村鑑三は現地を視察し、『萬朝報』に「鉱毒地巡遊記」を書き、鉱毒問題は一地方の事柄ではなく国家問題、自治問題、人権問題であると訴えた。一一月二九日、潮田千勢子ら矯風会の会員を中心に鉱毒地救済婦人会を結成し、講演会で矢島楫子、潮田千勢子、木下尚江、田村直臣、安部磯雄、島田三郎は神田基督教青年会館で鉱毒被害民の惨状を泣きながら聴衆に訴え、古河市兵衛を批判した。古河市兵衛の妻タメは、この講演会の様子を下女に見に行かせていた。下女も泣いた。その報告を聞いたタメは、翌三〇日、神田川に入水自殺した。鈍感なサディスト市兵衛と違って、夫人には足尾鉱毒事件は我がことのように応えていたのであろう。三〇日、東京帝大学生河上肇は、本郷中央会堂での講演会で被害状況を聞き、着ていた外套と羽織、襟巻きを寄付し、翌日衣類を救済会に届けた（「特志の大学生」と『毎日新聞』で報じられた）。

このように全国各地から鉱毒被害地を有意の人々が視察に来る中、一二月七日、正造は次の手紙を書いた。

以上の毒野も、うかと見れば普通の原野なり。涙だを以て見れば地獄の餓鬼のみ。気力を以て見れば竹槍、臆病を以て見れば疾病のみ。

（原田他宛書簡、明治三四年一二月七日）

同じ葭茅の原を見ても、鈍感な人間がうかうかと見れば何の問題もない普通の野原に見えるだろうが、問題意識を以て見れば、それは毒野である。見る者の意識、知識によって、そこに地獄の餓鬼を見る。戦う姿勢で見ればそれは竹槍とも映る。今では九州からでもこの毒野を見に来る人がいる。下野の男子も少しは考えてみれば、と藤岡町底野の土手の上から、正造は言う。

そうして明治三四（一九〇一）年一二月一〇日一一時四五分、正造は第一六回議会開院式から馬車で帰る途中の明治天皇（一八五二〜一九一二）に、「お願いがございます」と叫びながら、直訴状を呈しようと駆け出した。決死の行為であった。しかし、制止しようとした警護の騎兵が落馬し、正造も倒れこみ、警官に取り押さえられ、果たせなかった。

正造は能書能文の『萬朝報』記者幸徳秋水に依頼して、直訴状を書いてもらった。社会主義者である幸徳は不本意ではあったが、一一月一二日、草案を書いた（小松『田中正造の近代』。下野新聞社編〈若林治美執筆〉『田中正造物語』随想舍、二〇一〇）。クロムウェルを尊敬する木下尚江は幸徳が直訴状を書いたことに最初違和感を持った。しかし木下「臨終の田中正造」（『神・人間・自由』『中央公論』昭和八年九月）によると、「昨夜（決行の前夜、即ち一二月九日ということになり、約一カ月のずれがある）夜更けて」正造が幸徳を訪ねてきて、「一身を捨てゝ直訴に及ぶの苦衷を物語り」、直訴状の執筆を依頼された。幸徳は、「直訴状など誰だって厭だ。けれど君、多年の苦闘に疲れ果てた、あの老体を見ては、厭だと言うて振り切る事が出来るか」と言ったという。一二月九日、正造はこれを受け取った。幸徳は直訴状の写しを新聞社に流し、正造の補訂なしの文が各紙に載ることになった。一〇日朝、正造は、嘘をついちゃいけねえと、幸徳の文章に筆を入れ、補訂・捺印した（実は〈一一月一二日以前〉正造は別の某氏に依頼し、某氏は水垢離《みずごり》をとって書いたが、某氏はそれを誰かに洩らしたため、正造はそれを某氏に返し、あらためて幸徳を煩わした、という〈島

田宗三『田中正造翁余録 下』三一書房、一九七二、三五七頁〉）。

正造は麹町警察署で取調べを受け、身体検査と精神鑑定も行われたが、異常のないことが分かると、その夜、釈放された。直訴状も返却された。夜八時二〇分（七時頃とも）、正造は左部に付き添われ芝口越中屋の鉱毒事務所に帰ってきた。正造は謹慎と称して誰にも会わなかった。

他説がある。正造を「狂人」として取り扱い、無視することにし、一晩泊めおいて翌日釈放した、これは政府の熟慮の結果である、と木下「臨終の田中正造」は言う。しかし、これは木下が石川と幸徳の芝居に乗せられたからだ、と東海林・菅井『通史足尾鉱毒事件』は言っている。また島田『田中正造翁余録』は、当時の新聞が「一夜泊められて取調べを受け、『なんら不敬不純のかどなし』との理由で釈放されたと言うのは、政府自体の責任を回避するため、翁を『狂人』として不問にしたという世評であった」とする。なお、返された直訴状原本は、現在原田タケ（正造の姪で、一時養女であった）の子孫原田一郎家に、絹表装の巻物となって保存されている。元は美濃紙六枚を半折にし、紙よりで軽く綴ったもの（『田中正造全集 第三巻 解題』）。

「直訴状」は「草莽の微臣田中正造誠恐誠惶頓首頓首謹て奏す」から始まり、渡良瀬川沿岸の鉱毒被害を説明し、「嗚呼四県の地亦／陛下の一家にあらずや。四県の民亦／陛下の赤子ならずや」と形式をふみ（「／」は改行）、「政府当局をして能く其責を竭《つく》さしめ」、そうして、渡良瀬川の水源を清めること、河身を修築して天然の旧に復すること、毒土を除去すること、無量の天産を復活すること、町村の頽廃を恢復すること、加毒の鉱業を止め毒水毒屑の流出を根絶すること、この六つを行うことで、数十万人の生霊の死命を救い、居住相続の基を回復し、人口減少を防ぎ、法律を正当に実行し、権利を保持し、将来国家の基礎である無量の勢力と富財の損失を断絶することができる、と書かれていた。

ところで東海林吉郎は、「石川半山日記」を引用しながら、この直訴計画は毎日新聞主筆の半山(石川安次郎)の示唆によるという。三四年六月八日に半山と正造は偶然出会い、半山に「十年平和手段を取て尚決する能わず、今は唯一策あるのみ、云々」と言われ、正造はそれは何事かと訊いた。半山は答えて、「君唯佐倉宗五郎たるのみ」。正造は、「蹶起快之」とし、断行を誓った。即ち半山が方策を授けた、というものである。しかも二日後の一〇日、石川は幸徳に会い、直訴状の執筆の協力を取り付け、謀議を成立させた。そして半山は一二月一〇日の日記に、「田中正造石川案を行えり」と書いた(東海林「足尾銅山鉱毒事件における直訴の位相」渡良瀬川研究会編『田中正造と足尾鉱毒事件研究』伝統と現代社、一九七八。東海林・菅井『通史足尾鉱毒事件』一一〇頁)。

しかし直訴は半山の独創というわけではない。それは早くから正造の念頭にあった。正造が「佐倉宗五郎」を意識し始めた頃からのことであろう。おそらく議員辞職を語った一月一九日の書簡も、一〇月二三日の辞職も、その計画の一環であっただろう。一個人となる必要があったからだ。被害地に勅令、憲法、法律、条例、規則、命令は行われず、政府・議会・人民、そろって「馬鹿」であるのなら、この上は天皇を恃《たの》むしかない。明治人正造は既に「皇帝陛下の臣民」という言葉を頻繁に使い、最後は立憲君主・天皇が何とかしてくれる、はずだ、と考えていたのではないだろうか。明治人正造にとって、天皇は「我が先祖なり」ということであり、また被害民は「皇帝陛下の臣民」であった。先祖が子孫・「赤子」を放っておくはずはないと考えた。「我々の身体を傷つくるものは、陛下の臣民を傷つくる」ことであった。万策尽きた明治人正造にとっては最後の切り札として、天皇の権威・仁政にすがるしかなかった。

例えば、既に第一三回議会での演説で、

（略）丁度一つの政府が壊はれて居るのを昨年の七月以来其儘にして置いて、当年の議会までに、なぜ此のことについて処分を為さないのであるか、また当年の議会を俟たずして、勅令を出せば済むことである、（略）

（「足尾銅山鉱毒被害地の広き其の請願に対し各省互に責任を避け各省互に相通じて調査及び其の協議を為さず空しく歳月を経過せしめたる儀につき質問」演説、明治三二年三月八日）

と述べており、かくなる上は天皇に「特別勅令」を出してもらい（既に百も二百も出しているのだから）、政府各省当局をしてその責をつくすようにさせれば、（凡庸な官吏も凡庸ゆえに）そのように仕事をし、被害民を救済し鉱毒問題を解決することができる、はずだ、と考えた。

明治憲法第八条に「天皇は公共の安全を保持し又は其の災厄を避くる為緊急の必要に由り帝国議会閉会の場合に於て法律に代るへき勅令を発す／②（略）」、第九条に「天皇は法律を執行する為に又は公共の安寧秩序を保持し及臣民の幸福を増進する為に必要なる命令を発し又は発せしむ但し命令を以て法律を変更することを得す」（原文カタカナ）とある。このような規程がある以上、勅命も立憲君主制ではあるようだが、このような規定があることは立憲民主的ではない。正造の勅命願望は、被害民を救い、政府・官吏に憲法を守らせ、併せて国家を救うための余儀ない行動であった。しかし天皇がどんな勅命を出すか分からず、危うい方法であり、立憲主義を形骸化させてしまいかねないし、民主的ではないことは押さえておかねばならない（天皇は何もしなかったが、直訴とその反響に驚いた政府は第二次鉱毒調査委員会を設置し、渡良瀬川の流路変更と谷中村廃村に動き、正造にとっては不測の事態を招いてしまった。後述）。この後正造に尾行が付くことになる根拠である明治二五年の予戒令は緊急勅令である。

佐倉宗五郎に倣い、「生代り死代り」した正造は「死して貫く」べく、自身の死は織り込み済みでこの直訴を敢行したのであった。『滑稽新聞』明治三四年一二月二〇日に、

言論も運動も訴訟も請願も遂に被害地救済の為めに充全の目的を到達すること能はず、事既に此に至る。唯最後の手段に訴へて聖代雨露の恵を仰ぐべきの一事あるのみ。

と書き、そして四たび、

当代の佐倉宗五をもって自己の分なりとせんや。

と書いている。正造には紛れも無く佐倉宗五郎の「義人」意識があった。六角家事件の時にもその意識があり、祖形の反復といっていいし、受難の一つの形といっていいものだろう。

佐倉宗五郎は佐倉藩の上級権力徳川幕府に訴えた（越訴した）わけだが、この伝で行くと、正造は上級権力天皇に、死を賭して（命懸けで）駈込訴を行ったのである。事件後、妻カツに、

正造は今よりのちはこの世にあるわけの人にあらず。去る十日に死すべき筈のものに候。（略）此間違いは全く落馬せしものありてのことならんとも被考候。

（書簡、明治三四年一二月一八日）

と書いている。

正造と石川は、一〇日の夜（もう翌日の午前一時頃）、ひそかに内幸町の植木屋に移り、石川とともに幸徳を待った。幸徳は師中江兆民が危篤状態にあり、その病床に付き添っていたため、遅く植木屋に駆けつけてきた。三人は直訴の結果について話し合った。石川が「失敗せり、失敗せり。一太刀受けるか殺されねばものにならぬ」と言うと、正造は「弱りました」と応えた。石川は「やらぬよりも宜しい」と慰めて言った、という。やはり「佐倉宗五郎」は殺されてこそ犠牲となりうるのであろう。全員で一人を殺し、殺されたその犠牲者は超越性の中に立つ、というあれである。

一三日、正造は不起訴になった。

正造の直訴は社会の有意の人々に大きな影響を与えた。各紙が大々的に報道し、キリスト者や仏教者が義捐金を募り、被害民の支援や被害地救済の運動に乗り出し、現地に施療院を設けて治療に当たり、被害地困窮者の子供たちを東京に呼び寄せ、養育に当たった。

堺利彦は『萬朝報』に、「正造は渡良瀬川沿岸の人民に代りて足尾鉱毒の被害を訴うる者なり。議会聞かず、政府顧みず、社会助けず、正造終に此に及べり」と書いた（『萬朝報』明治三五年一月一日。『堺利彦全集　第一巻』法律文化社、一九七一）。一七歳の書生黒沢酉蔵は矢も楯もたまらぬ思いで正造を訪ね、現地を視察、幾多の毒塚に緑青が吹いている地獄図を見た（「恩師田中正造先生」一～八『田中正造全集』月報）。以後支援活動を共にする（後「健土健民」をモットーに雪印乳業を興す。『田中正造全集』の刊行に尽力）。盛岡中学三年石川一（啄木）は「夕川に葦は枯れたり血にまとう民の叫びのなど悲しきや」と詠んだ。安部磯雄や木下尚江、内村鑑三らに案内されて、多くの大学の学生一〇〇〇人以上が現地を視察し、帝国大学の有志二五〇人も被害地を視察し、学生鉱毒救援会を結成したが、当局が弾圧し、やがて終息した。

志賀直哉（一八八三〜一九七一）はこの時一九歳、学習院中等科学生であった。内村鑑三が「渡良瀬川沿岸の地域がもし一部でも外国人に占領されたとしたら、諸君はこれを座視していられるか。今、古河といふ個人によってそれと同じことがなされてゐる」と演説したのに刺激された。直哉が鉱毒地を見舞かたがた視察に行くと言い出した時、父直温と烈しく衝突した。（直哉の）祖父直道が一時足尾銅山の経営に関わっていたことから、直温は、うちの者が被害民に同情していると古河に知れたら迷惑すると言い、古河市兵衛を「明治の偉人の一人として尊敬している」と言った。これに対して「正義派」直哉は、「あれは悪人です」と言って対立した。直哉は結局、足尾鉱毒被害地には行かず、代わりに古着や菓子の包みを幾つも作って被害民に送ったが、父親との不和は永く続いた（志賀「或る男、其姉の死」一九二六。阿川弘之『志賀直哉 上』岩波書店、一九九四）。

新井奥邃《おうすい》は『日本人』一九〇二（明治三五）年一月一日号で「過を観て其仁を知る」という一文を発表して、正造を擁護している。

然に人或は云く田中氏の此の挙は憲政を侮辱せるもの其罪赦すべからずと、嗚呼正造田中氏豈に自ら以て罪なしとして之を行へる者ならんや、苟《いやしく》も大義に由て罰せらるると同時に其真志を達するを得ば正造は万死と雖も亦甘んじて受る所なり、儒者の流云く春秋の筆法は其心を誅するものと、今ま田中氏の心を視るに其の中ち一に唯だ　天皇陛下の愛民にして急窮に陥いる者の生命を救はんと欲する至誠有るのみ、誠に能く救はざるべからざる者を救ふを得ば己れの身を殺すと雖も顧みず、是れ田中氏の心なり、罪の在る所は正造固《もと》より甘んじて其罰を受く、然に余の此人に於る則ち其過を観て愈々其仁を知るものなり。

（『新井奥邃著作集　第八巻』春風社、二〇〇二）

正造は新井を既に明治三四年九月に（前年ともいう）、巣鴨の寓居に訪ねて交友していた。新井は、正造の行動は過ではあるが、止むに止まれぬ心情は至誠であり、よく分かると言った。正造は新井が直訴の真意を理解していることを知り、二人の交誼は深まっていき、正造はキリスト教に親しんでいくことになる。三五年一一月一七日には、足利古春館で新井とともに演説している（播本秀史『新井奥邃の人と思想――人間形成論』大明堂、一九九六）。

しかし、天皇は何もしなかった。正造は幻滅を感じただろう。そして後に見るように、代わりに政府はますます締め付けを強めてきた。

明治三四年一二月、渡良瀬川上流の栃木県上都賀郡松木村は廃村に追い込まれた。久蔵村、仁田本村も同時期に廃村になったと考えられる（谷中村の行政上の廃村明治三九年七月より四年半早い）。松木村は足尾の北四キロ、松木川の左岸の山村で、ほぼ全域が山林であり、田はなく、養蚕、大麦、小麦、大豆、小豆、大根、牛蒡、人参などを産し、現金収入とした。足尾銅山ができてからは燃料用、支柱用に山林が伐られ、明治一七年に精錬所ができると、まず桑の木が枯れ、養蚕業が立ち行かなくなり、被害は一層進んだ。明治二〇年四月には松木から出た野焼きの火が燃え広がり山火事となった。山林（既に荒廃して立ち枯れていたという）と、松木川左岸松木、久蔵、赤倉、間藤の集落を焼き尽くし、右岸に飛び火して仁田元、高原木を経て精錬所分局、直利橋など、全部で一一〇〇ヘクタールを全焼した（村上『銅山の町足尾を歩く』）。その後も山林の緑が回復していないのは煙毒のために違いない。

松木村は二二年足尾町と合併、二五年時点で四〇戸、二五七人が暮らしていたが、三〇年に脱硫塔ができると、その亜硫酸ガスや砒素を含んだ煙害によって山林も農作物も枯れ（明治三三年には前記産物は「無収穫」となった）、健康被害も顕著になっていき、家の戸を閉めて煙毒を防いだ。三三年には三〇戸、一七四人になった。

三四年、村は「人命救助請願」を国会に提出した。その中で「然して脱硫塔築造後数月間其の動力の有無に注意せしに、豈に計らんや、其築城は却て烟毒の被害倍々激甚となり、栃木県民有山村九拾七町歩は勿論、官有の樹木は枯死し、脱硫塔所在二里以内は悉く山骨崩落し禿山に化し、年々苗木を植付くるも繁茂せず、概ね枯死し、亜硫酸ガスの落来り山面全部毒塊と変化し、降雨毎に宅地及び畑に景流」する。六百余年の歴史を持つ松木村民は「加害者古河市兵衛の為に全滅せんとす」と述べている（田村「足尾鉱毒問題への資料接近」『渡良瀬の思想史』。適宜読点を補った。伝承では、松木〈村〉は山岳宗教〈修験道〉の盛んな地で、日光を開いた勝道上人が七〇〇年に開いたとされる）。

正造が会長を務める足尾鉱毒被害者救済会の仲介で、全村を銅山側に四万円で売却することで示談が成立した（但し、正造は、他の二、三の同志と共に足尾鉱毒救済会常務の肩書で松木村の買収に干与《かんよ》した山田友次郎を不信に思い、以後疎遠になった〈島田『田中正造翁余録 下』一四〇頁〉）。二五戸のうち二三戸が翌年一月までに移転して、村は消滅した。煙害に燻り出されたのである。

残った一戸（星野金治郎・金平親子）は所有権移転登記の日、別の用で出かけていて登記に参加できなかった。銅山側が登記日が同一でないのは困ると言ったので、怒った星野は移転登記を行わず、死ぬまで松木を出ないと宣言した。銅山側は、たまたま銅山施設に使用する取水口が星野の家の近くにあったので、星野を取水口の水番として雇っていることにして、立ち退きを求めなかった。銅山側は松木に鉱滓などを棄て堆積場とし、これも鉱害の原因になった。星野は孫の勝之助が小学校に入学し、足尾ダムの工事が始まる一九五一年まで、親子三代松木に住み続けた。なぜ居残ったのか、金平は勝之助に松木のことは何も語らなかった。無数の墓だけが遺された（林えいだい『望郷――鉱毒は消えず』亜紀書房、一九七二。広瀬武『公害の原点を後世に――入門・足尾鉱毒事件』随想舎、二〇〇一。下野新聞社『予は下野の百姓なり――田中正造と足尾鉱毒事件　新聞でみる公害の原点』二〇〇八。塙和也・毎日新聞社宇都宮支局編『鉱毒に消えた谷中村』。『ウィキペディア』「松木村」など参照）。

然るに足尾の町は銅山景気で人口は二万人に膨れ上がったが、当然ながら坑夫や住民にも鉱毒や煙毒による健康被害は出ていた。坑内で労働では、肺の中に細かい岩粉が突き刺さり、呼吸困難になる「よろけ（珪肺病）」になり、肺の抵抗力が弱くなり結核になる者が多かったし、「製錬よろけ」では煙を吸って肺をいためる者が多くいた（林『望郷』）が、企業城下町の住民は経済的な理由で離れられなかったのであろう。足尾の人口はこの先まだ増え続けるのである。

明治三五年一月、被害民は第五回押出しを企て、雲龍寺に六〇〇〇人と利島村の養性院に七〇〇〇人が集まった。しかし昔日の勢いはなく三〇人ほどの警官の命令で解散させられている（田村『鉱毒農民物語』）。

明治三五（一九〇二）年三月一五日、川俣事件の控訴院判決で、請願が目的であり、共同して暴動する意志はなかったことが認定され、三名のみが有罪となった（野口春蔵、永島与八が治安警察法違反、小野寅吉が官吏侮辱罪）。左部らは無罪、黒崎らは検事の控訴棄却となったが、検事・被告双方が上告し、大審院に舞台は移った。

三五年五月一三日、大審院は控訴審判決を棄却し、宮城控訴院に移送した。三五年一二月二五日、宮城控訴院は、申立書の検事の署名が自筆でないから違法であるとの理由で、公訴不受理となり、この裁判そのものが消滅した。被害民は全員無罪を勝ち取った。検事は再度自署した訴状を提出することをしなかった。被害民の一〇年（裁判だけで三年）におよぶ不退転の決意があったからであることは確かだが、日露問題が緊迫し、国民的不一致の状態を避ける必要があったとされる（田村『川俣事件』）。

もう一つの正造の欠伸事件では、明治三五年六月一二日、大審院は上告を棄却し、重禁錮一カ月一〇日、罰金五円の控訴院判決が確定し、正造は六月一六日から七月二六日まで巣鴨監獄に服役した。四度目の入獄である。

木下尚江によれば、正造は常に日夜の奔走に明け暮れていて、時々順天堂病院に入院したことがあったが、それは病気のためというより、満足に睡眠を味わうための方便であった。今度の入獄によって正造は四一日間の静思瞑想の時を恵まれたのである（木下『田中正造翁』）。この時、誰の差入れか分からないが、正造は「新約（聖書）三百ページを一読し、得る処頗《すこぶ》る多」かったという（原田定助ほか宛書簡、明治三五年七月二七日）。

正造は入獄前に「足尾銅山鉱業停止請願書」を書き、明治三五年七月二九日、浄書して衆議院議員島田三郎に託した。そこには次のようなことが書かれていた。

古河市兵衛一個人の欲が地勢に乗じて一府五県関東中央の沃野数万町歩と数十万人の人民に損害をもたらす（略）

去る三十年の命令予防工事は其予防の一局部たるに相違なしと雖も、能く地域全山の多毒を防ぐ能はざるは即ち地勢の許さざるものにして、彼の沈殿池濾過池の如き面積甚だ足らずして学理の応用を充たす能はざるなり。

予防工事は、目下苦痛に堪えざる人民の請願を予防するの工事なり。社会の耳目を奪い口を塞ぐの予防工事ならんのみ。

要は地勢水勢地質水質の有する天然の実力を順用するにあり。即ち天に従へ地に則り天賦の正直を実行するにあり。国法も亦此の如し。之即ち勝に能はざるものに逆はず邦土を侮らざるにあり。（略）故に若し沈殿池を以て功を奏せんとせば洵《まこと》に驚くべし。沈殿池の敷地に数万町歩の面積を要し洪水此の内に湛へ、激浪毒波をして沈静に帰せしむる底の破天荒の企画を立つるにあらずんば能はず。之蓋し語りて益なく而も亦語らずんば明かならず。必竟工事の効用なきことを断言するのみ。

正造は、川は（逆流などさせず）自然のままに流れるのが一番いいのだと考えていた。これはまた後の河川調査に通じるものである。

ここに正造がイメージしていた沈殿池というのは、鉱毒が流れ下る前に、即ち足尾銅山の敷地内の平地に沈殿池を造るということであったと思われるが、数万町歩の面積を要する沈殿池など、地形を見れば「面積甚だ足らず」、不可能であることは明白であった。また例えば渡良瀬川を堰き止めるダムのようなものでもなかったと思われる。当時、ダム建設の技術はなかったらしい。だから予防工事などは、「人民の請願」をかわす以外の意味はなく、渡良瀬川の清流と天産を取り戻すには、銅山を廃止し、原毒を根絶し、植林をするしかない、というのが正造の意見である。

しかしこの時期、政府が（三五年）三月一七日に設置した第二次鉱毒調査委員会の議論が漏れ聞こえてきていたのであろう。渡良瀬川の下流、利根川と合流する直前の埼玉県川辺村、利島村、栃木県谷中村あたりに（この三村は元古河藩八万石に属していたが、明治になって埼玉県と栃木県に分かたれた）、三村を潰して数万町歩の潴水池《ちょすいち》を造り、渡良瀬川と利根川の水量を調節するという計画が立てられていた。三五年九月頃、埼玉県の二村買収計画を埼玉県会に提出する段階で、これを埼玉県選出の代議士が知り、その線から正造も、谷中村も対象になっていることを知るに至ったようだ（日向『田中正造ノート』二四四頁。しかし元を言えば、三四年に溝部栃木県知事が谷中村買収案を県議会に提案して否決されるということがあった）。

鉱毒問題は渡良瀬川下流の三村に移ることになる。他の上流の村々はこの三つの村が潴水池になれば自分たちは鉱毒洪水の被害を免れるという考えがあった（田村『鉱毒農民物語』一一三頁）。村は犠牲を必要としているのであろうか。これは「合理的」な考えであろうか。正造は（後のことだが）、次のように言う。

凡そ甲県を利して乙県を害するは不義也。甲郡を利して乙郡を害するは不徳也。

（「五度陳情書」栃木県会議長宛、明治四二年九月一六日）

明治三五年八月、正造は次の言葉を揮毫した。念頭にあるのは古河銅山党と政府官吏であろう。

天の監督を仰がざれハ凡人堕落　国民監督を怠れハ治者為盗

三、谷中村と「広き憲法」

明治三五（一九〇二）年三月一七日、桂太郎内閣は第二次鉱毒調査委員会を設置した。これは直訴が与えた社会的影響を回避するための策であった。あるいは直訴の結果があらぬ方向に進み出したということになる。その委員会の性格は委員の顔ぶれを見れば分かる。奥田義人法制局長官（委員長）、田中隆三鉱山局長、井上友一内務書記官、若槻礼次郎大蔵書記官、古河のお抱え学者渡辺渡、御用学者の河喜田能達といった連中で、古在由直もいたがその意見は顧みられなかった（東海林・菅井『通史足尾鉱毒事件』一三九頁）。

一年後、明治三六年三月、委員会は「足尾銅山に関する調査報告書」を政府に提出した。内容は、作物に影響を与える銅分は、三〇年の鉱毒予防命令以前に銅山から排出されて銅山および渡良瀬川の河床に残留するものが大部分で、現在の操業によるものは比較的小部分に過ぎない、という奇妙奇天烈なものであった。被害者を抑え込み、加害を助長する。相変わらず政府は企業を庇護し、資

本主義の尖兵として遇しているのであった。さらに、被害の原因は鉱毒と洪水の両者にあるとして、
一、銅山の予防工事
二、足尾の林野経営
三、渡良瀬川の治水事業
の三点を指摘した。

このうち一は当然であるが、実効のある対策は採られなかった。資本家と結託した政府は鉱業条例を適用せず、かえって事業は拡大し、鉱毒の垂れ流しが止むことはなかった。鉱害に苦しんでいる字は、渡良瀬川流域一帯、即ち、下宮、粟田、三鴨、底谷、海老瀬、野木、生井、寒川、部屋、赤麻、藤岡、越名、犬伏、高山、馬門、飯田、舟津川、大古屋、庚申塚、田島、上下野田、日向、瑞穂野、久保田、筑波、茂木、上下羽田、村上、高橋、奥戸、多田木、大久保、鵤木、八椚、川崎、常見、梁田、加子、和泉、五十部、鹿島、葉鹿、小俣、群馬、廣澤、境野、新宿、相生、等の村落地内、さらに群馬、埼玉、茨城、千葉の沿岸百余の町村も同じような鉱毒被害にあっている（「鉱毒停止憲法擁護三県県会の決議に対する陳情書」明治四三年一月二五日。なお、「足尾銅山の誅罰はわれわれの権利なり」〈明治四五年六月〉には村単位での列挙がある）。

二の林野経営は困難を極めた。乱伐と銅精錬による亜硫酸ガスや亜ヒ酸の飛散のため、足尾の山は禿山になってしまった。既に明治三〇年には足尾官林復旧事業が始まってはいたが、莫大な予算を掛けても焼け石に水であった。

足尾銅山の四面七千余町の山林樹木は僅々九千六百円を以て払い下げられたるに、其伐採の

跡に苗樹を植ゆるには却て九万六千円即ち払下価額に十倍するの費用を要したるは政府の答弁書が明記する処也。然かも十倍の金額は尚為すに足らずして更に七十八万円てふ莫大なる額を加へたるなり。されば九千六百円の払下地に対する殖林事業は合計八拾七万六千円に価せるなり。

（破憲破道に関する請願書、明治四二年三月二〇日）。

銅山の精錬所から噴出した亜硫酸ガスなどのしみこんだ酸性の土から木は生育しなかった。古河は安く官有林を手に入れ、それを禿山にして、その植林は政府が莫大な費用をかけて遣るという理不尽。（植林は今も国・県やボランティアの手で続けられているが、大部分が禿山のままである）

問題は三の治水事業であった。鉱毒問題は俄に起こった治水問題にすり替えられていく。正造でさえ谷中村・治水問題の陽動につられた感がある。治水で鉱毒を元から絶つことはできない。治水をしても鉱毒は流れ続ける（それは今も流れ続けている）。

渡良瀬川の治水は利根川、思川の三つの川を総合的に考える必要があり、三つの川の合流する付近に、渡良瀬川の流量を一部遊水させ、本川の減水をまってこれを排水するための遊水池を設ける必要がある、というのである。遊水池というが、実は鉱毒沈殿池なのである。つまり渡良瀬川の鉱毒を含む水と、利根川から逆流させた水を溜め込むための遊水池である。鉱毒問題の埋葬地なのである。委員会の審議では、県からの報告で、既に利島村、北川辺村、谷中村の名が挙がっている。

明治三五年八月と九月、渡良瀬川がまたしても大洪水を起こし、谷中村の北の赤間沼に接する堤防が八五間にわたって決壊し、村は一面水の中に沈んだ。既に三一年に関宿に石堤は完成し、川底を埋めていた。三五年には利根川から渡良瀬川へ逆流水を導くための工事も終わっていた。

栃木県では逸早く谷中村土地買収・遊水地化の計画を進め、三六年一月の臨時県会で、知事は思川流域の堤防修復費として四八万円を計上したが、これは谷中村買収費に他ならなかった。しかし、国の委員会の報告（三六年三月）を待つということで、この時は未採決となった。県は堤防を修築せず、村を放置した。

明治三六（一九〇三）年四月五日、古河市兵衛が病死した。七二歳。正造は市兵衛の死について次のような感想を日記に書いた。

（略）彼は安心して死したり。（略）被害地の人民中の悪漢と地方官を生擒《せいきん》して安心せり。中央の官吏当局を生擒して安心して死したり。有志を入獄せしめ、学士を生擒し、正義の学士あれば之を洋行させて安心せり。彼れの安心は悪事を遂げて安心せるものなり。凡人神を信ぜざれば、死して帰する処なしと。彼れはしからず。彼れは悪事、社会の方向に同志を得て帰する処あり。何んの迷ふ事かあらん。

（日記、明治三六年四月一〇日）

日本資本主義の発展に重要な役割を果たし、古河財閥を築いた市兵衛である。鬼というものは分かりやすく牛の角に虎のパンツをはいて、艮《うしとら》の方角に住んでいるとは限らない。立派な羽織袴を着こなし、東京の豪邸に住み、うまいものを食べ、政財界の要人と交際し、権勢を誇るが、紳士の格好をしていても鬼は鬼なのである。三〇万人の苦しみに鈍感で無頓着、悪事万端で心は守銭奴、人を見下し、上には諂うタイプの典型であった。そういうタイプの大小悪漢（サディスト）が集まって人を生け捕りにし、生け捕りにされ、その階梯を上昇していく。「いちめんのいちめんの諂曲《てんごく》模様」(宮沢賢治「春と修羅」一九二二)。

市兵衛の死後、養子潤吉(陸奥宗光の次男)が社長となり近代的経営をめざしたが、病弱であったため、原敬(陸奥の知遇を得て外務次官となり、退官後陸奥の秘書)が副社長として実権を握った(潤吉は三八年死去。市兵衛の実子で「妾の子」虎之助が後を継いだ)。

明治三六年五月二八日、島田三郎が第一八回議会において「足尾銅山鉱毒に関する質問」を行う。六月三日、政府は答弁にかえて、上の「足尾銅山に関する調査報告書」を公表した。遊水池案が浮上した。

北埼玉郡利島村と川辺村(利根川の北、渡良瀬川の南に位置する)も遊水池の候補になったが、一〇月一六日、正造の指導により大会を開き、計画を撤回しなければ租税・徴兵の二大義務を負担しないと決議した。県会議員の正義派もこの遊水池化の悪計を見破り、一二月、埼玉県も計画を断念した。その後、栃木県谷中《やなか》村が遊水池として買収の対象となっていった。

「谷中村の草創は文明年間(一四七一年)、その後寛永年間(一六二四年)に初めて堤防が築かれたと伝えられている」と島田宗三は伝えている(『田中正造翁余録』)。その後も谷中村は水害との戦いの歴史であった。しかし、洪水は腐葉土も齎し、谷中村は天産豊かな村であった。明治二二(一八八九)年四月一一日、下宮《したみや》村、恵下野《えげの》村、内野村が合併して、栃木県下都賀郡谷中村が生まれた。

谷中村は栃木県の南部、北は藤岡町と赤間村の赤間沼、赤渋沼の湿地帯、南東に茨城県古河《こが》町、東に思《おもい》川、巴波《うずま》川、南西に渡良瀬川、川の対岸は群馬県海老瀬村と埼玉県川辺村という位置関係にある。谷中村は周囲を川と三里一八町の堤防で囲まれた湿地帯で、輪中の村であり、堤内一〇〇〇町歩、堤外二〇〇町歩の村で、そのうち四八〇町歩が不在地主のものであった。堤内三八六戸・堤外約七〇戸（計約四五〇戸）、二七〇〇人が暮らしていた（『栃木県史』によれば、明治三六年末で、一二八四町歩、三七七戸、二五二七人である〈小松『田中正造の近代』〉）。

水害は多かったが、洪水は沃土を運び込み、（埃及がナイルのたまものと言われるように）谷中村は渡良瀬川のたまものと言えた。米、麦、大豆、小豆、粟、黍、蕎麦、芋、野菜などを栽培し、魚介、鳥などのほか、菅、茅、葦（菅笠や簾などを農閑期に作る）などの天産豊かな肥沃地であり、毎年二五万円の収穫があり、政府にとっても税収のある村であった……鉱毒水が流れ込むまでは。鉱毒水害のため、困窮した村民の約半数が公民権停止となっていた。

しかも谷中村は村債がかさみ財政的危機を迎えていた。元下都賀郡長安生《あんじょう》順四郎（「古河の奴隷」と正造は批判している）は谷中に土地（湿地）を買い（不在地主となった）、明治二七年、村の事業として排水事業（湿地干拓）を起こさせた（ようだ）。このため安生は資本主となって七〇馬力の中古の排水ポンプを買い入れ、明治二七年三月に設置した。このあざとい男は谷中村民と、土地一反歩につき毎年玄米一斗一升八合ずつの割賦で満五カ年間に債務を弁済するという契約を結んだ。しかし排水事業は失敗した。この事業のためには四〇〇馬力が必要であった。安生は不可抗力だと主張し、村から事業費四万二〇〇〇円を取り立てようとした。安生は結局これに二年間の利子を加えた七万五〇〇〇円で、このポンプを村に買い上げさせた。村に金はなかった。

そこで三一年九月の洪水後、安生は堤防修築のため一〇万円の村債を決議させ、ポンプ代に当てようとした。村は勧業銀行から何とか五万円を借りたが、村の帳簿に記入されないままそれを安生は取り上げてしまい、村債だけが残ってしまった。明治三八年、栃木県は谷中村の買収費として用意した四八万円の中から七万五〇〇〇円を割いてこの中古ポンプを買上げた（この経緯は、林竹二『谷中村の滅亡』『田中正造』に詳しい）。谷中村には古河の奴隷がいたし、地方官にも不良の党（銅山党）がいて、村の領奪を謀る者もいた。村は奸悪の手に落ちていた。政府と古河による分断工作もあり、被害民は生活の困窮化と、官憲の弾圧に耐えられなかったのであろう。これや、先では村長のなり手がなく、管掌村長に管理されるなど、村の弱体化が谷中村滅亡の原因である、と林竹二は言う。

明治三七年、谷中村を遊水池化するという政府案が公表されると、谷中周辺と上流の村々は、自分たちの村が助かると考え、「皆喜んで谷中潴水の一日も早く成功せんことをいの」った。正造はこのような公共心のない利己的な人民を悲しんだ。しかし、渡良瀬川沿岸の鉱毒被害民の運動は退縮沈静化し、雲龍寺鉱毒事務所は空寺同様に衰微し、東京事務所も閉鎖された。

また三六年は、前年九月の洪水が運んだ沃土が鉱毒地の上に厚く敷かれたため豊作であった。おそらく支流の無害の土が流れ込んだのであろう。古河側は予防工事が功を奏し、鉱毒問題は収まったかのように宣伝した。しかしこれについて正造は次のように言う。

例へば腐れ畳の上に薄べりか毛布を布いたようなもので決して畳其物が回復された訳ではない。（略）鉱毒は是国家自身が自身を亡滅せしむる此大問題であるから天下に絶叫して斃れても止まれない。

（「雪冤の辞」明治三六年一一月一〇日）

正造は鉱毒問題は終わったわけではなく、国家自身の大問題であると言い続ける。「斃れても止まれない」という正造の言葉は、「天理による戦い」としてこれからもずっと繰り返される。

斃れて止むまで、又は老へて朽ち果つるまで進歩主義にて候。

（原田定助宛書簡、明治三九年八月二一日）

正造の意志は一貫している。

他方、ジャーナリズムも世論も日露対立問題に話題を移していった。政府は強兵富国を標榜し、国民は開戦論で沸き立った。明治三七（一九〇四）年二月一〇日、日露戦争が始まった。

これに対して『萬朝報』の堺利彦、幸徳秋水は非戦論を唱え、黒岩涙香《るいこう》と袂を分かち、明治三六年一〇月、平民社を興し、『平民新聞』（週刊）を発行する。木下尚江、内村鑑三らも非戦論を唱えた。

三五年に欠伸事件で入獄した時に、正造は聖書を読み、「軍備の不可なるを確信し」（日記、大正二年三月三一日）、開戦の一年前、明治三六年二月一二日、静岡県掛川町で、「鉱毒問題は対露問題の先決問題なり」として非戦論を唱えた（日記、明治三六年一〇月二六日）。三八年には、島田宗三の問いに、「私は非戦論ではなく、無戦論です」と答え（『田中正造全集』月報三）、絶対平和主義を語った。この他四一年までに、東京、栃木でも五回に及び演説したことがある。いわば同調圧力に屈しない「国民の敵」という位置にいた。それは「天理・人道の戦い」から来るものであり、社会主義的な立場からではない。正造は社会主義には殆ど理解を示さなかったと、由井正臣は言う。しかし、正造は、今の社会主義は時勢の正気なり。当世の人道を発揚するにあり。其方法の寛全ならざると寛全なるとに論〔ナク脱カ〕、其主義に於て此堕落国に於ては尤貴重の主義なり。

（日記、明治三六年一〇月二六日）

と言っていたから、相当の理解はあったし、石川三四郎、安部磯雄ら社会主義者と交わることも多かった。

谷中村からも若者四〇人（五〇人とも）が満州へ出征して行った。村の壮丁が兵役に出ている間に、栃木県官吏が遣ったことは、居残った老弱を威嚇し、社会を欺くことであった。明治三七年五月四日、谷中堤防が洪水により八五間にわたって流失した。翌五日、県土木吏は復旧工事と見せかけて護岸を崩した。六月には県は復旧工事に取り掛かったが、風波よけの柳を切り倒し、七月一一日の雨で工事中の堤防が流出すると、もう復旧工事を放棄してしまった。ここはどうせ遊水池になるのだから、と県は思ったのだろう。

明治三七年七月三〇日、正造（六四歳）は谷中村下宮の川鍋岩五郎方を寄留先として移住した。

政府にて此激甚地を捨てれば、予等は之を拾って一つの天国を新造すべし。

（原田定助宛書簡、明治三六年二月五日）

ということである。四〇〇年の歴史を水没させられようとしている谷中村を、憲法破壊、自治破壊、人道破壊の「模範地」と捉え、破壊者と闘うためである。「憲法政治をしらざるか。愛を忘れていかんとする」（日記、明治三六年六月二七日）。愛とは隣人愛のことである。

正造にとって谷中問題は、憲法、政治、経済、人道（人権）、生活などあらゆる問題を内包した問題であった。自治の単位である町村を破壊することは、あまりに乱暴なやり方であり、小さき問題として見過ごすことはできない。

国家を見るは一郷を見れば足れり。谷中村は人生の地獄なり。国家は已に死したり。

（原田定助宛書簡、明治三七年八月一日）

谷中問題小ならず／谷中人道、谷中憲法、谷中経済、谷中耕作、谷中鉱毒と治水、谷中破壊買収、谷中堤防破壊、谷中土地価格、谷中村価、谷中衛生、谷中天産土地／谷中亡滅問題を狭き小さき問題となせる人物こそ必ず小なる人物なり。必ず狭き人物なり。

（日記、明治四五年二月一〇日）

正造は捨て身の覚悟で谷中村に入り、村民と暮らしを共にし、共に苦しむことで、政治、経済、社会、人権など様々なことを学んでいくことになる。これを「谷中学《やなかがく》」と呼んだ。

一昨三十七年七月三〇日以来、谷中に来り、最初五十日許りは一ヶ所に居りたりしも、かくては下情に通ぜず、誤り多きを知りてより、村中を巡回すること満二ヶ年、此の間病気の外一ヶ所二泊せしことなし。一ヶ所二泊せしことは覚えこれ無く候。旅僧乞食、（略）

（大出喜平ほか宛書簡、明治三九年八月二五日）

最初の五〇日は一カ所（川鍋方）にいたが、それでは下情に通じないと考え、病気の時以外は一カ所に二泊することはなかった。谷中村での生活は仏教でいう捨身であり、一所不住、本来無一物、乞食《こつじき》托鉢の生活であった。まさに「人の子には枕する所もない」（マタイ八－二〇）のであった。正造の受難である。

こうした生活ぶりを、「正造は家もなければ、定宿さえもないほど貧しく、宿を貸したり食事を提供したりする支援者は多かった。祖母がよく『気の毒な人じゃがよ』と言っていたのを思い出します」と言う人もいる（「『正造伝説』今も」読売新聞社宇都宮支局編『渡良瀬一〇〇年――自然・歴史・文化を歩く』随想舎、二〇〇八年）。この見方は正造の生き方を理解しない皮相的なものであろう。正造は、述べているように「天理・人道による戦い」に志願しているのだから。

とは言え、経済は重要である。私財を投げ打ち、正造の経済を支えていたのは主に田中本家と、甥の原田定助《さだすけ》（一八六七～一九二五。正造の妹リンの長男。足利町。綿糸商）であった。定助は正造に毎月三〇円を援助していたが、「鉱毒救済の活動資金を捻出するため田中本家の邸宅は抵当に入れられ、その後、没収された。方々から借金を重ねた末、田中家は没落した」。また、定助の孫の定子は語る。「正造さんが東京で泊まった際の宿代の請求は全て原田家に来るんです。正造さんはいつも一文無しだったから、宿屋さんも困ったのでしょうけど」。「定助は正造の死後、今度は自ら政治を志すようになり、県会議長まで努めた」。しかし、定助が亡くなった時、事業の失敗もあり、原田家の資産はあらかた無くなっていた。「妹の嫁ぎ先を潰すなんて正造さんもひどい人ですよね。でも正造さんも定助も困っている人を見ると見過ごせない人だった。やりたい放題だったけれど、憎めない性格だったのだと思います」（田中栄「祖先の苦労　子孫は誇り」読売新聞社宇都宮支局編『伝える正造魂――現代に甦る田中正造』随想舎、二〇一四）。むろん正造が托鉢に立ち寄ったのはそれだけではない。定助の弟原田光次郎、養女タケの嫁ぎ先原田勘七郎ら親戚や、東京の逸見斧吉

（缶詰製造販売会社逸見山陽堂経営、キリスト者）、今村力三郎ら有力支持者など、醵金は多岐にわたる（若林『田中正造物語』）。

正造は谷中の堤防修築や買収反対などを唱えて演説会や請願運動に邁進し、一〇月、「亡国水毒村谷中村築堤工事緊急請願書」を書き、鉱毒問題を治水問題にすり替えようとする政府・県を批判し、谷中村の置かれた困難な状況を訴えた。中でも、主要な問題点として、

一、鉱山の発達は人心の腐敗と伴って水源諸山林木を濫伐し、川底を埋め、水嵩を増し、堤塘を破壊した。

二、日清戦争に紛れ、深山に放火するものがあり、数万町の山林を伐り付くし、二九年の洪水を招いた。

三、鉄道開設のため栗橋鉄橋を架けるため利根川に橋柱が建てられ、二二間あった川幅が狭められたこと。

四、江戸川入り口にある千葉県関宿《せきやど》の川幅は二六間あったが、水面中部で一五間、下部で九間二尺四寸に切り詰めたこと。

五、足尾銅山の鉱業を停止させれば、古来無比の沃土がよみがえり、忽ち旧に復することは明かである。

などを指摘した。明治三一年、関宿（栗橋の合流地点から約一〇キロ下流）に石堤を設けて川幅を狭くし、川底を浅くしたことが、川の自然な流れを妨害し、利根川の洪水が渡良瀬川を十余里（四〇～五〇キロ）逆流し、沿岸が洪水被害を受けるようになった（二三九頁の図5参照）。正造は、鉱

毒洪水は人為災害であると主張した。天然に従い地勢を順用し治水を完成することが、土地人民の回復に繋がり、それは天を尊び民を愛することである、という正造のかねてからの持論であり、この後も事あるごとに訴えている。

然るに、天を怖れず人民を愛さない県・政府当局の遣り方は、鉱毒水を逆流させ谷中村に流れ込ませ、土質を変えさせ、動植物を害し、飲料を不良にし、栄養を欠乏させ、流言によって村民を流離頽廃させ、土地の価格を下落させた。これでもまだ憲法は死んでいないか。国家は亡びていないか。谷中村は大小悪漢の巣窟になり、大小詐欺師の集合地と成り果てている。「谷中村民は今より鉱毒窮民党と唱へ、一方は買収泥棒党と命名すべきなり」(島田熊吉宛はがき、明治三七年一二月一五日)。これが「銅山党」の乱暴狼藉である。正造が「村泥棒入れり」(荒畑寒村『谷中村滅亡史』)と叫んだ所以である。

三七年八月、正造の指導もあって、村民有志は売村派大野東一村長を辞職に追い込む(布川了「谷中、村と人のなりゆき」塙和也・毎日新聞社宇都宮支局編『鉱毒に消えた谷中村』)。谷中村では村長のなり手がいないことから、それにつけ込み、三七年九月一日、白仁武県知事は下都賀郡役所書記の猿山定次郎を管掌村長として送り込み、村民を買収させた。

左部彦次郎もこの時逃げ去り、正造と村を裏切り、県の土木吏となって(三八年一〇月)、村民買収に加担した。左部について正造は「以前は私共を助けてくれた人、後には買収されて私共を苛めた人なのです」と書いている(「谷中村復活請願書」明治四一年三月二日)。左部は何を考えていたのだろう。彼も銅山党に真っ先に狙われた一人なのであろうが、事ここに至れば移住もやむを得ない、成るべく条件のいい所へ、などと考えていたのだろうか？　それとも谷中村一村が犠牲になれば、他の百カ村が助かるという説明は、左部にも「合理的」に見えたであろうか（田村「大逆事件への斜面」『渡良瀬の思想史』一六九頁）。しかし寝返った者が矢面に立たされるのは、この世の常套である。

明治三七年一二月九日、県会閉会間際を狙って栃木県知事白仁武は土木費七八万五三九〇円の追加予算案を提出した。一〇日の審議の中でこの内四八万五〇〇〇円は谷中村買収費であることが明らかになり、深夜に、賛成一八名、反対一二名で可決され、県会は閉会した。「専心一意人民を虐待して谷中村を潰さんと欲するの外何等の余念」のない栃木県によって、谷中村は「厄介村」として切り捨てられ、一〇〇〇町歩の瀦水池《ちょすいち》となることになっていく。県とその後ろにいる国が、谷中村を見捨てたのである。日露戦争の最中のことである。

正造は、「金四拾八万円を以て、（毎年二五万円の収穫があり）五百万円に近き（価値のある）谷中村を陽に買収地と称し、陰には其地を盗まんとする」、「堤塘工事のため此四拾八万円を投ずるこそ至当の処置」である（「上申書」明治三八年三月）と怒り心頭である。三八年二月、三年間放置されていた急水留堤防を、谷中村民は村を守るため自費で復旧工事を始めた。利島・川辺の二村の人々も加勢し、六月に完成した。しかし八月、完成直後の洪水で又しても決壊してしまった。

明治三八（一九〇五）年三月、県知事は買収に応じる者には保証金と代替地を貸与し、土地を持たない者には別途救済方法を考えると約束した。七月には測量のための土木吏の立ち入りを通告してきた。そして村には、白仁知事の「安寧を保ち、福祉を進むるの途は今回の貯水池設置を機とし唯適当の土地を撰み、其居を移すの一あるのみ」（布川「谷中、村と人のなりゆき」塙和也・毎日新聞社宇都宮支局編『鉱毒に消えた谷中村』）という告諭に従う積極的な売村派もいたのである。

三十八年以来、谷中買収、人民追討の事務所は藤岡町の料理店兼旅舎に於いてせり。婦人を左右して公務と唱《となう》る事務を取り、公務とせば公務なりしも、足尾銅山党員の事務所とせば不可思議にもあらず。

（日記、明治四四年四月二一日）

藤岡町の料理店兼旅舎を根城として、銅山党は谷中買収、人民召還、不服者の説諭・尋問の「公務」を行った。

公益のため、法律の命ずるところなり、議会の議決なり、法律は天皇陛下の裁可せるものなり、これに反対するものは国賊なり、などと言って脅迫した。警官数十名がやってきて村に駐屯し、土木官吏と共に家宅、樹木、田畑の調査と言って踏み荒らした。村の人望ある者五人を雇い、一日六〇銭を給した。他に立退き買収を承諾させると、一戸当たり一〇円の賞与を給した。

秋、買収を承諾した村民一八戸が、那須野ケ原へ移住していった。最初の移住である。

多人数の中には悪魔の誘惑によりて、此天産地を捨てて不毛砂漠の那須の原に移り行くもの少々ありますけれども、是以忽ち乞食となるの外有之間敷、実に此無識を欺きて生命財産を併呑するとは。

（原田定助宛書簡、明治三八年一一月一五日）

と、正造は悔しい思いを甥の原田定助に語っている。

一八戸が移住していった那須野原（那須郡下江川村大字志鳥。現・那須烏山市）は下野第一の薄地といわれ、ある人の和歌に、「下野の那須野がはらの砂原は水湛へても稲は実らじ」と歌われたほどであった。そこは那珂川の扇状地で、砂礫が広がり、伏流水となって水が溜まらず、未開拓の地であった。移住先には住む家も無く、しかも移住先の国有林は地元住民が薪などの燃料をとる草刈場（入会地）だったから、住民約四〇〇人が「谷中出て行け」とムシロ旗を立てて反対した。移住民は小屋掛けもできず、路頭に迷うことになった。国有地の一部譲渡と草刈の権利を返上することで、ようやく入植が可能になったという。土地は荒れていて、肥料無しでは作物が育たない。肥料を買う金はない。谷中では肥料は必要なしで米が八～一〇俵とれた（林『田中正造』。塙和也・毎日新聞社宇都宮支局編『鉱毒に消えた谷中村』）。谷中では冬には菅笠作りなど副業があったが、ここではそれもできず、井戸を掘り、道路を作るところから始めねばならなかった。

箒根村接骨木《にわとこ》（現・那須塩原市）に移住した五戸も大変だった。深さ六〇尺（一八メートル）の井戸を掘っても、まともな水は出なかった。石ころだらけで、冬は井戸が涸れた。二キロ離れた川まで水をくみに行ったが、帰る途中で桶から水がこぼれた（朝日新聞宇都宮支局編『新・田中正造伝――現代に生きる正造思想』随想舎、一九九二）。明治一八（一八八五）年、那須開拓のため農業用水をひく事業は、三島通庸の強力な後押しで内務省の事業として五カ月で完成していた（那須疎水）。しかし、移住民はその水を使わせてもらえなかった。一八年ここで苦労して過ごしてきただけに離れがたかったが、五戸は喜連川町穂積に再移住した。

金田村北金丸（現大田原市）には明治三八年、八戸が入植した。ここは条件の良い所で、土地は平坦、水は豊富だった。原野は数年後、美田となった（塙和也・毎日新聞社宇都宮支局編『鉱毒に消えた谷中村』）。

明治三九年三月には谷中に残る者は約半数の二〇〇戸ほどになっていた。谷中の人民が散り散りになってしまっては、村が持つ四〇〇年の団結力が失われてしまう。正造は「谷中村一つとや節」を作って村民に歌わせ、権利・人権が大事なことを自覚させた。

一つとや　人に権利を割かれるな　（略）

五つとや　いつでも権利は重んぜよ

六つとや　無暗に権利を捨てるなよ　（略）

九つとや　このわがけんりは力なり　（略）

しかし買収派の攻勢は続く。村には無頼漢が古道具屋にばけて大勢出入りし、家財や庭木などを買い付けていく。管掌村長は地方官とともに、

村民虐待、人民侮辱、詐欺瞞着、誘惑誘拐、脅迫威嚇、甘言、渾《すべ》ての悪事一つも残すなく、而して人道、国法、政治、経済一切の組織を蹂躙し尽し、今は堤内一千町歩の沃野人民を挙て略奪せんとす。

（高橋秀臣宛書簡、明治三九年二月八日）

まさに「水責兵糧攻」である。谷中村は亡滅するのではない、政府（と銅山党）の腕力で撲滅されるのである、と正造は怒り心頭、悲憤慷慨している（石川三四郎宛書簡、明治三九年五月一六日）。

明治三八年一二月、谷中村村会は田中与四郎を村長に選んだが、栃木県は承認せず、郡官吏鈴木豊三を管掌村長に任命した。鈴木はあらゆる手を用いて村民を切り崩そうとした。村を滅ぼそうとしたといってもいい。酒食を供し、債権者に督促させ、種々の流言を放ち、村民を脅し、追い立てた。三九年三月、県は村会に諮ることなく小学校三校を廃校とした。

四月一四日には、鈴木は、

下都賀郡谷中村は潴水池設計の必要上その土地家屋等大半を買収し、村民を他に移住せしむるため、将来独立して法律上の義務を負担するの資格なきに至れるものと認むるにより、谷中村を廃してその区域を藤岡町に合併せんとす。／但本月十六日までに意見答申すべし。

明治三十九年四月十四日／栃木県知事　白仁武

という諮問案を谷中村村会に出した。村にとっては死活問題である合併問題を、三日間で結論せよとは無理難題である。一五日、鈴木は村会を招集し、出席者が三分の二に満たなかったので直ちに再招集を発した。つまり、三分の二以上の出席がなければ議決できないが、再召集であれば三分の二に満たなくても議決できる、という条文を悪用したのである。狡賢い男である。

この谷中村を廃止して藤岡町に合併する案は、村会が否決したにもかかわらず、七月一日、谷中村は藤岡町に合併されてしまった。自治の破壊である。破壊されて誰も抵抗しなかった。谷中村は法制上、消滅した（荒畑『谷中村滅亡史』、由井『田中正造』）。滅亡させたのは政府である。「国家自身、自己の破滅を実行する」行為と正造の盟友島田三郎は言ったそうだ。しかし、谷中村も「国家が村を滅ぼすまえに自ら亡びていた」（林「谷中村の滅亡」『田中正造』一六五頁）。

この時期、正造はキリスト教の洗礼を受けようと祈っていた（受けなかったが。原田定助宛書簡、明治三九年五月二〇日）。さらに六月、県知事白仁武は正造を「一定の生業を有せず平常粗暴の言論行為を事とする者」として、予戒令を正造に適用し、常に巡査二名（三名とも）の尾行がつくことになった。

鈴木管掌村長は連日警官を伴い、村税整理のためと称して、財産差し押さえを強行した。六月二八日、正造は警官に、「この鈴木は高沙の共有地を村会の決議もなく競売しようとした泥棒ですから取調べて欲しい」と訴えた。「泥棒」と言われた鈴木は正造を官吏侮辱で告訴した（島田『田中正造翁余録』）。七月、正造は鈴木管掌村長への官吏侮辱罪で栃木未決監に拘留され、一審有罪、控訴審無罪（四〇年六月一三日。強制破壊直前）となった。正造は怯むことなく、九月頃から、阿部磯雄、石川三四郎ら二五人と名義上の谷中土地所有者となる手続きを始めた（一坪地主、立木トラスト、一株株主運動の先駆といえる）。村の多くの者が移住してしまい（移住したのは主に小作である。自作農、地主層が土地に拘って居続けたが、ここに至って切り崩しは進み）、既に堤内二〇戸、堤外四〇戸ほどが残っている状態である。

三八年からの第一次用地買収に、谷中村三七七戸（四五〇戸、二七〇〇人という数字もある）のうち三四四戸二五〇〇人が応じた。その移住先は近隣町村が多かったが、遠方もある。内訳は、一九〇九年の旧村民による調査では次の通りである（「元谷中村民現況名簿」とは微妙に違う）。

茨城県　古河市＝　八九戸、
埼玉県　川辺村＝　一五戸、
群馬県　板倉町＝　三二戸、
栃木県　藤岡町＝　六二戸、　野木町＝　六三戸、　小山市＝　九戸、　大平町＝　二戸、
　　　　足利市＝　一戸、　佐野市＝　二戸、　岩舟町＝　三戸、　栃木市＝　二戸、
　　　　壬生町＝　七戸、　那須烏山市＝一八戸、　さくら市＝一一戸、　大田原市＝八戸、

那須塩原市＝五戸、那須町＝四戸、
その他　東京都＝六戸、千葉県＝二戸、茨城県・新潟県・北海道＝各一戸
（読売新聞社宇都宮支局編『渡良瀬一〇〇年』）

この時期の正造の意志を表す言葉を列挙する。

正造は此無人国たる下野の悪魔にせめられつゝ、知らず年をば越えて六十六歳となりました。今此肉体の苦痛こそ正造同志の身にとりてはいかなる幸福なるべきか。人或は此佳味佳境に入るを知るもの少なからん。
（島田三郎宛書簡、明治三九年一月□日）

斃れて止むまで、又は老へて朽ち果つるまで進歩主義にて候。
（原田定助宛書簡、明治三九年八月二一日）

精神と肉体と反比例となりて、（略）肉体の老たるには乍我身殆んど呆れ申候。到底肉体は腐れ朽ちて畢るのみならん。精神のみは之に反して全く朽ちずして、或いは永く働くものならん。
（大出喜平他宛書簡、明治三九年一一月二日）

此窮民の一人を救へ得ば、正造は此処に死しても少しもうらみなし。誠に道のためなればなり。人生苟くも道によりて死すは、死するにあらず生きるなり。
（原田勘七郎宛書簡、明治三九年一一月二六日）

一粒の麦のように、気力充満、意気軒昂という趣である。ここにも「斃れて止まざる」という言葉のリフレインが見られ、この時期盛んに揮毫したという「辛酸亦入佳境」の言葉もあり、これらは低みを生きる正しいマゾヒストの位相からの意志である、と言えよう。

しかし、正造が寄留先としていた川鍋岩五郎が、一一月の末、突然姿を晦《くら》ました。岩五郎の息子が県の土木雇となったという風説がある。またしても重要人物が狙われたのであろう。一二月になって、「去年の秋、土木雇と化したかつての同志」(「買収側に廻った県の土木吏」という言い方をしているが、左部のことであろう)が岩五郎を誘い出したことが分かった。正造は烈火の如く怒った。鉱毒事件関係の書類や資料が失われてしまった(島田『田中正造翁余録』)。

明治四〇(一九〇七)年二月四~七日、足尾銅山で暴動事件が起こる。過酷な労働条件に対する労働者の不満が爆発したのである。一つは飯場制度に伴うものである。飯場頭は友子《ともこ》組合の組合費と湯代、炭代など飯場共通費用を、飯場割と称して賃金から天引きし自由に処分していたが、その三分の一はピンハネしていたといわれる。この飯場制度は採鉱法の近代化に伴い解体に向っていたとされる。当時の足尾銅山の労働条件は三交代(実働六時間)であり、賃金は日給と間代(出来高給)があったが、間代査定をめぐって紛争が絶えず、賄賂なども横行した。また銅山は労働者に米、味噌、醤油などを「賃下げ」し、その代金は月末に給料から差し引いていた。南京米貸下げや量目ごまかしなどの憤懣が暴動原因の一つとなった。さらに日露戦争後の物価騰貴と労働条件の苛烈化に強い憤懣を抱いていた。鉱業所所長南挺三(あの南挺三である)は、坑夫が自家の薪にしようと木切れを持ち去ると、彼の労働時間を延長し、毎月二日の休暇を廃止して罰した。役員は威福をほしいままにし、賄賂を要求し、それによって賃金の多寡や業務の難易を異にした。不平を言う者は解雇し、坑夫は職を失うことになった。こうした状況が何年も続いていた。

南助松は北海道夕張炭鉱にいて労働者保護のために大日本労働至誠会を創設していたが、明治三九年に足尾銅山に来て、一二月五日、永岡鶴蔵とともに大日本労働至誠会足尾支部を設立し、労働運動を組織した。飯米改良（南京米を日本米に）、賃上げ、鉱業法実施（保安設備の充実）などを活動目標にした。

明治四〇年二月四日、通洞坑内で坑夫と職員が賃金のことで口論し、三〇〇人が見張所数カ所をダイナマイトで爆破した。五日、簀橋坑外で坑夫二〇〇人が就業せず、火薬庫付近で火を焚き、坑口見張所を破壊し、電話線を切断した。本山坑内と坑外でも一五〇人が見張所を破壊した。六日、大暴動に発展した。本山坑内の見張り所を破壊、坑外に出て、ダイナマイトを爆発させ、それを合図に倉庫、坑場、選鉱事務所などを破壊した。五、六〇〇人になった一団は、南挺三所長宅を襲撃した。結局銅山の建物六五棟が破壊され、その内四五棟が焼き打ちされた。銅山の役員や家族は間藤や足尾に避難したが、夜になって混乱はますます酷くなった。午前一〇時頃、警察は南、永岡らを首謀者として引致し、午後二時には日光署に送っていたが、その後は警察は全く無力であった。栃木県知事は第一師団長に出兵を要請した。七日、高崎第一五連隊から三個中隊三〇〇人が派遣され、足尾全山に戒厳令をしいた。坑夫らは一切抵抗しなかった。中にはダイナマイトを持って坑内に立てこもろうとした者もあったが、一〇日には検挙された（小田中聰樹「足尾銅山暴動事件」『日本政治裁判史録　明治・後』）。

以上が足尾暴動のあらましであるが、労働者は待遇の改善を叫んではいても、しかし労働者の健康被害、珪肺病・ヨロケのことについては問題にしていないようである。また鉱毒問題には全く触れていない。労働組合の「恥宣言」（チッソ水俣工場第一組合）は、この時点では望むべくもないのだろうか。正造はこの暴動事件については無関心である（隅谷三喜男「鉱毒問題と社会主義運動との交錯」『田中正造全集 第一一巻』月報一四）。正造はそれどころではなかったのであろう。

明治四〇年一月二六日、西園寺公望内閣は谷中村に土地収用法を適用した。

第一条　公共の利益の為めの工事にして必要あるときは此法律の定むる所に依り損失を補償して土地を収用又は使用することを得。

同法管理者の内務大臣は原敬であった。原は陸奥宗光の秘書であったし、三八年三月に古河鉱業副社長に就き、三九年一月、西園寺内閣の内務大臣になった。しかも古河の顧問を続けながらであった。あたかも足尾銅山の古河鉱業副社長が内務大臣になって、谷中村に土地収用法を適用し、古河足尾銅山の鉱毒問題のケリをつけるという構図である。「陸奥の蒔いたものを、原が刈る」（木下尚江『田中正造翁』）。厚顔無恥。古河を丸抱えする「銅山内閣」には悪臭が漂う。

土地収用法適用は谷中村を強制買収し、潴水池を造るためのものである。正造は二月、「谷中村復活を期する請願書」を貴・衆両院議長に提出、三月には「谷中村枉法破壊に関する質問書」を島田三郎名で政府に提出した。また四月には正造、福田英子ら五名が栃木県収用審査会に意見書を出し、五月一〇日には正造、阿部磯雄、福田英子、逸見斧吉ら七名が、憲法の所有権や請願権に基づき、原敬内務大臣に土地収用法適用についての「訴願書」を出している。

この中で、正造は、土地を収用する時はその土地に必ず事業を起こす場合に限られる。しかしこの法律に「潴水池」という用語はないし、この法律は「潴水池」のためには適用できないのであり、堤防修築費で古来の自治村、稀有の良田を壊滅して潴水の廃池とするのは事業と言うことができるか、と問う。土地収用は自治団体を破るもの、国家の基礎を破壊するものである、などと主張し、「谷中村を亡ぼして国が存在して居ると思うのは間違いである。故に断じて復活を計らざるべからず」と訴えた。そしてこの問題の根本の治水策は、足尾銅山の鉱業停止、水源に植林して雨水の急注を防ぐこと、関宿の川幅を広げること、河床を浚渫し、堤塘を堅牢にすることであると重ねて主張し、谷中村を潴水池とすることは公共の利益ではなく却って公害であると訴えた。

しかし県は粛々と手続きを進め、五月二九日、残留民が受領拒否した買収金を宇都宮本金庫に供託し、事実上買収が成立した。六月一二日、県の深町第一部長、植松金章執行官、柴田四郎買収委員長、吉屋下都賀郡長らが藤岡町役場で、谷中残留民堤内一六戸に対して、二二日までに立ち退かない場合は二三日から強制執行する旨、戒告書を手交した。執行官植松金章警察部長が威張って、こう言った。「皆のために計っているのだから、多少不満があってもグズグズいわずに立退くがよい。いまや国家の政治機関も認め、世論も認めている。（略）聴かなければ仕方がない。警察力を以て捕えて引きずり出す。雨が降っても槍が降ってもかまわぬ。片ッ端から取っつかまえて抛り出す。少しの時間を与えてやるから決心して引移るように」。（凡庸な役人の）権力を笠に着た物言いである。（同類の）深町第一部長が、「いまの話は威しではないのだから、間違いのないようよく考えて立退くがいい」と念を押した。

六月二二日夜、残留一六戸、一一六人は間明田粂次郎の家で最後の酒宴を開いた。生存権と抵抗権の行使である。木下尚江は伊香保の山に籠もっていたが、明治四〇（一九〇七）年六月、東京に出て講演をした時、谷中村強制破壊のことを聞き、支援者菊地茂、柴田三郎、星野孝四郎とともに駆けつけた。

木下尚江は、キリスト教徒であり、新聞記者にして小説家であり、堺利彦や幸徳秋水、安部磯雄、西川光二郎らと非戦運動や廃娼運動、社会運動に力を尽していた。田中正造の鉱毒問題に協力して、人間を非人間化する権力体制、社会悪への「否」を叫んでいた。ところが、母の死（明治三九年五月六日）に大打撃を受け、しばらく茫然としていたが、「老母の死去に伴ふて胸中革命あり」、「過去の生活より全然脱却せざるべからず」と言い、一〇月三一日、群馬県伊香保の山中の温泉宿に居を移し、『懺悔』、『飢渇』、『霊か肉か』を執筆・出版していた。木下の社会運動からの離脱は社会主義者から見れば転向・裏切りと取られてもうなずけなくはない。それを正造はひどく不満に思っていた。しかし木下にしてみれば、基督教的社会主義者、もしくは社会主義的基督教徒として、無神論的唯物主義的社会主義者の宗教否定、暴力革命とは相容れなくなったのであろう。木下が隠退して考えたことは、宗教の問題であった。釈迦も基督も本来「人生革命の播種者」であったはずだが、日本に導入されると王法の隷属となってしまった。天皇制体制の前にすべてがひざを屈せしめられている宗教と成り果てている。王法に付き従い政権を離れては存立できない御用宗教を改革し、王法を超えて立つよう再生・蘇生させ、心の奥の泉が湧き出るような真の信仰にもどることを目論んだのである（武田清子「解説」『近代日本思想大系一〇　木下尚江集』筑摩書房、一九七五）。

（ついでと言ってはなんだけど、ここで木下の詠んだ短歌を一首挙げておきたい。

「天地にまかせて種をまきおけば　いつか花見る人もあるらむ」
障子に書いたものだそうである〈鶴見俊輔『思い出袋』岩波新書、二〇一〇〉。）
間明田宅での最後の晩餐は、歌や踊りなどで一夜を明かしたが、盛り上りはしなかった。正造は知事と会見するため欠席した。

木下はその席で次のように話した。「田地、住居、すなわち諸君の生活の武器、いな、生活そのものをば、権力の来て奪うにまかせて驚かない……、私はただ諸君に向って感謝いたします。悪に敵するなかれ、という驚くべき議論をこの眼で親しく見ることのできたことを……」（島田『田中正造翁余録』。山極圭司『評伝木下尚江』）。

その最中、強制執行を五日間延期するという知らせが来た。破壊人夫の応募者がなかったからということであるが、正造が県知事中山巳代蔵に、農繁期を避け、せめて麦の取入れが終わるまで待ってほしいと申し入れしていたのを聞き入れたからだった。いや、それもあるが、原内務大臣が、先だって面会に来た植松に、「世間の誤解を醸さざる為めには、少々緩慢の謗《そしり》を受くる位になす方宜しからんと注意せし」（原敬日記、六月二九日）という狡猾な策戦があったからである。

二三日、正造も出席して再び晩餐会を開いた。席上、正造は「執行が五日間延期されても、延期は延期であって中止ではないから、皆さんはいよいよ覚悟しなければならぬ時機が来た。昨夜、木下さんから有難いお話があったそうだが、皆さんは今後どのようなことがあっても乱暴をしてはならぬ」と話した。皆は「死ぬも生きるも皆一緒にしよう」と誓い合った。菊地氏が正造に一筆を請うた。正造は「辛酸亦入佳境」と揮毫し、また「楽しまば布団も蚊帳もあるものか　蚤蚊にまでも身をばささげて」と書いた。

二七日は再戒告の最終日であった。三回目の晩餐会が開かれた。二八日も執行は延びた。安部磯雄、逸見斧吉、福田英子、石川雪子、高木正年らが慰問に駆けつけてきた。島田宗三は「われわれはトルストイもガンジーも知らなかったが、恩人諸氏の注意によって、暴力を以て対抗することは断念した」と述べている（ただし、木下尚江はトルストイ〈一八二八～一九一〇〉に影響を受けた非戦論者であったが）。これは正造が川俣事件の際、利根川渡船場で官憲と衝突し、兇徒嘯集事件として被害民の多くが逮捕収監され、被害地に官憲が出入りして弾圧し、人々は皆怯え、離間中傷が盛んになり、肝心の鉱毒事件が飛んでしまったという失敗に学んだからである。また加波山《かばさん》事件のような武装闘争を嫌ったからでもあろう。正造は「暴力で対抗することは絶対に好まない。あくまで憲法・法律を正当に実行せしめて谷中村――鉱毒水害地――の復活を図るのですから迷うてはなりません」と語った、と島田宗三は伝えている（島田『田中正造翁余録 上』一二三頁、一二二頁）。

実際ガンジー（一八六九～一九四八）のサティヤグラーハ運動（非暴力不服従抵抗運動）は、一九〇六年、南アフリカでのインド人差別反対運動や、インドでの一九一九年のローラット法反対運動や、一九三〇年の塩の行進など、インドでの反英独立闘争でもとられた方法である。しかし、ガンジーの場合、相手が聞く耳を持っていたから有効だったが（一九四七年八月の独立まで相当の時間がかかったが）、足尾鉱毒・谷中村の場合、政府・古河銅山党に聞く耳は無く、非暴力抵抗を意に介さず、事はなされてしまった。「念願を達するまで」更なる時間が掛かることになった。

明治四〇（一九〇七）年六月二九日、「明治政府悪政の記念日は来れり。天地の歴史に刻んで、永久に記憶すべき政府暴虐の日は来れり、準備あり組織ある資本家と政府との、共謀的罪悪を埋没せんがために、国法の名に依て公行されし罪悪の日は来れり」と荒畑寒村（この時二〇歳）は『谷中村滅亡史』（一九〇七。岩波文庫、一九九九）に書いた（直ちに発禁になる）。

六月二九日、警察官二〇〇人、人夫数十人（竊盗《せっとう》犯や前科二、三犯のならず者や、足尾銅山の坑夫もいたという）は、正造や、木下らが非暴力で抗議し、荒畑寒村ら新聞記者の見守る中、七月五日まで、谷中堤内残留民を侮り責め、一六戸を乱暴に強制破壊した。食器の類まで皆取り上げ、無慈悲にも学校から帰った子供のために炊いたご飯を釜ごと持って行ってしまった。しかも強制執行の費用まで負担させた。人間はここまで惨酷になれるのである。強制破壊された人の名前と破壊の順番を掲げる。

六月二九日　佐山梅吉、小川長三郎、川島伊勢五郎（この三戸は行政執行法による強制破壊）
　　三〇日　茂呂松右衛門、渡辺長輔（この日からは土地収用法による強制破壊）
七月　一日　島田熊吉
　　二日　島田熊吉、島田政五郎、水野彦市
　　三日　染宮与三郎、水野常三郎、間明田仙弥
　　四日　間明田粂次郎、竹沢釣蔵、竹沢勇吉、竹沢房蔵
　　五日　竹沢房蔵、宮内勇次、渡辺長輔

佐山梅吉は、「官吏は人民の家屋を破壊し土地物件を没収するが常務なりや」と抗議したが、正造、木下尚江らの取り成しで、妻子と共に堤上に出て、我が家の毀《こぼ》たれ行くのを見守り続けた。小川長

三郎は大工であったが、家を取り壊すには、まず家屋の図面を作り、図面と用材を引き合わせ、これに一つずつ番号をつけ、また家を建てる時に備えるのだ、こんなに乱暴に壊してしまってどうするか、と抗議した。茂呂松右衛門の家は父祖伝来四八〇年、今の家は一二〇年経つ家であったが、保安課長に対して、父祖の位牌を捧持し、我が家の歴史と、この家を去ることは忍びない旨を語り、祖母妻子とも号泣した。息子の吉松は殺されても谷中を出ないと怒号し、正造らの説得も聞かず、村人が「苦しからんが服従せよ、初より手向かはぬと約束せしにあらずや」と説得したが、説く者も説かれる者も涙々であった。渡辺長輔方には一人の妹「狂女」がいた。この家は妹と働いて拵えたのだ、妹は此処で飼殺しにするつもりだったのだ、と言い、また強制収用が何だ、壊すなら俺を殺してから壊せ、と怒号号泣した。この悲惨な光景に、破壊隊は木下尚江の忠告に随い、引き揚げた（最終日に壊した）。島田熊吉（宗三の兄）方を壊す日、正造は疲労困憊、柿の木の木陰に鼾声《かんせい》雷の如く眠った。その夢はどのようなものだったか。水野彦市の家では、娘リウが「父上在さざれば、一指たりともふれしむべからず」と、凛呼として拒絶した。間明田仙弥夫妻は先の植松の言葉を覚えていて、座敷に座り、「人間を抛り出すという法律があるならその法律にかかりましょう」と言って二時間経っても動こうとしなかった。二〇人ほどの警官が土足で座敷に踏み込み、二人を担ぎ出した。家を破壊された者は皆露宿した。宗三のところは篠竹を四本を立て、蚊帳を吊り、一夜を明かした。その夜雷が鳴り、雨が降り出し、七〇歳の祖母、生後八カ月の赤ん坊など八人が破れ傘一本に固まって雨の止むのを待っていた。その時正造、木下、菊地、星野諸氏がずぶ濡れで駆けつけて来た。無言の愛撫、至情の涙を贈り、次の茂呂家に向って闇の中を消えて行った（荒畑『谷中村

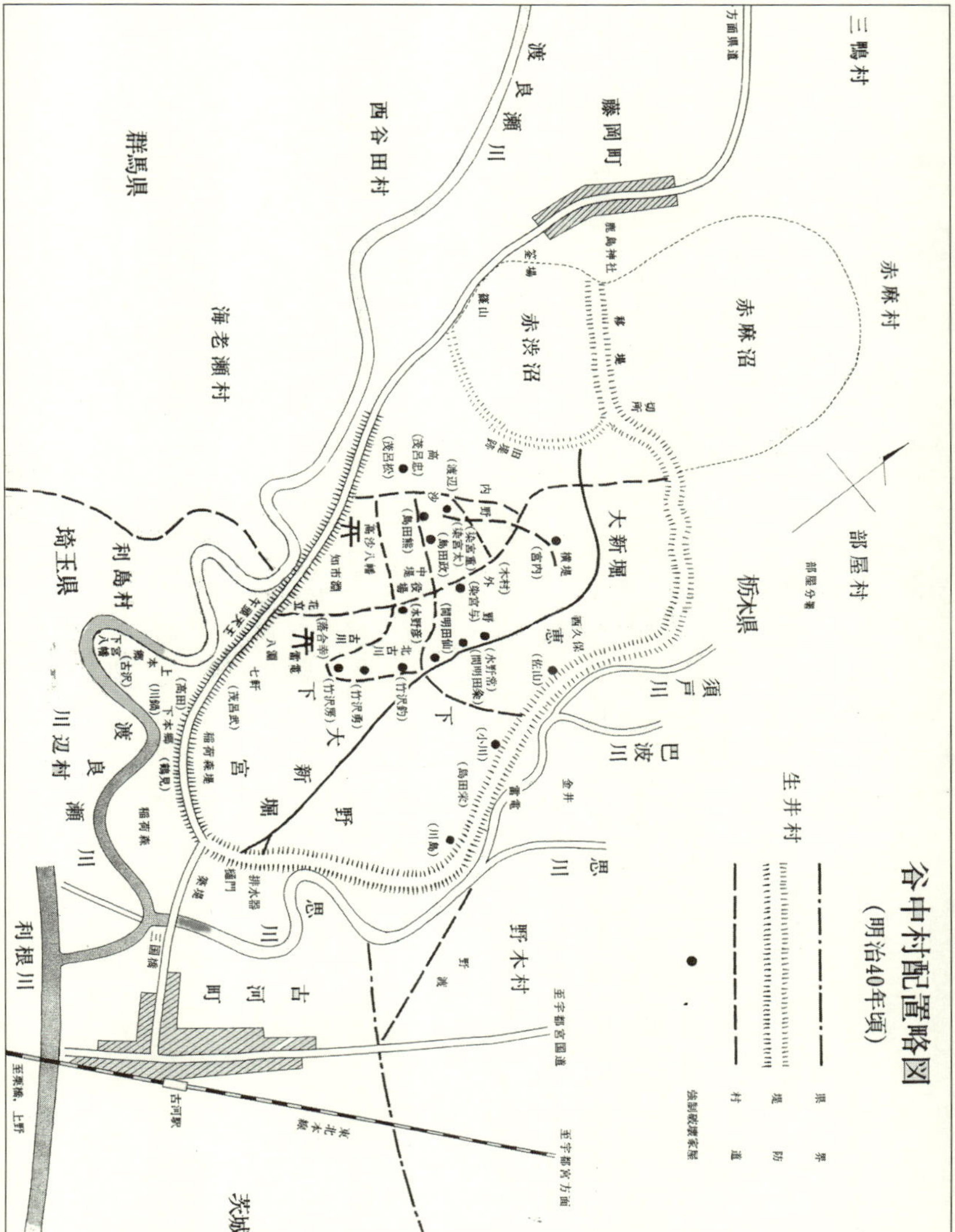

■図６　谷中村配置略図〈明治40年頃〉（出典：大鹿卓『谷中村事件──ある野人の記録 田中正造伝』講談社 1957 年，新泉社 1972 年復刊）

滅亡史』、島田『田中正造翁余録 上』、林『田中正造』）

強制破壊された（「取り解き」と県の執行官植松金章は言う）木材は雷電神社跡に積み上げられた。残留民は仮小屋を建て、夜露をしのいだ。しかし何故当局は先に仮住居を作り、その後に「取り解き」しなかったのかと、荒畑寒村は指摘する。

島田宗三（熊吉の弟。一八八九〜一九八〇。この時一八歳）は、

闘争などという意識はなく、たゞ各自辛苦の油汗で築いた土地と家屋、これによって生活しなければならぬ境遇、また先祖代々三百年四百年という永い歳月に積んで完成した村落を自分らの代に於て潰しては先祖に申し訳なく子孫にも亦顔向けができない。況《ま》してこの村を潴水池とすれば却って治水上無益有害であることは明らかなため、われわれは当局に対し、すでにあらゆる手を尽したが、ついに容れられなかったのである。いま県と妥協すれば、（略）それは悪政を承認すると共に、直ちに生活から離れることになる。これは到底忍び得ない。惟《おも》うに乱暴な権力に勝つことはできないかもしれない。しかし土から生まれたわれわれは、土を食ってもこれを守り抜かなければならない。それにはあくまで田中翁を信じて当局の反省を促がすため、ここに土着し身を以て頑張るよりほかに道はない。そうすれば、やがて翁の至誠は認められ、われわれの念願も達するであろう。（略）　　（『田中正造翁余録 上』一一二頁）

と当時の心境を振り返っている。ここに土着したいだけという意識は、権力に攻撃をしかけられたことで、「闘争」と位相を変えてしまう。

しかし梅雨の雨は容赦なく降り込み、蚊が身を刺すので竹を四本切ってきて四方に立て、それに

蚊帳を吊って凌いだ。連日の雨が悲惨に追い討ちをかけた。「見るもの皆酸鼻《さんび》」と正造は身も世もない思いで報告している。

昨夜もまた暴風雨にて小屋の屋根をふきめくり、雨はふりて老幼までもみのかさにて終夜、夜をあかし、今朝の顔色蒼々。見るもの皆酸鼻、下野は何の面目。

（原田定助宛はがき、明治四〇年七月一二日）

連日の大雨にて村民の仮小屋は大破をなし、老幼までも蓑笠のまゝ夜を明かし候ため遂に多数の病人を出すに至り候。

（田中正造の序〈八月一日付〉、荒畑『谷中村滅亡史』）

正造は七月一二日、仮救済病室を造るため、上京して医師に来てもらった。幸い肉体上の病人は案外増加しなかったが、精神的患者が出るのではないかと危惧される。このように、谷中村の危機を身をもって引き受け、共苦する正造の行動の奥にあるものは何か。

これを救わんか、此身も亦救わるゝの位置にあり。救わるゝの身を以て救ふべきの術なし。只心に此人のために痛みを苦むのみにて候。嗚呼、之いかにせば此人々を救へ得らるゝや。

（福田英子宛書簡、明治四〇年七月一四日）

正造の心にはイエスの受難（＝パシオン＝情熱）の心が息づいている。こんな時イエスも人々を救う術も無く、ただともに、共に、友に、伴に、倫に、朋にいて同じ痛みを感じ、苦しみを泣き、分かち合うしかなかったのだ。翌日には「けれども只神よ、神は決して此人民を殺すものにあらず。天国は則ち近けりと申度候」（逸見斧吉他宛書簡、七月一五日）と書き、洗礼こそ受けなかったが、キリスト教的義人の心が正造の支えとなっていることが分かる。正しいマゾヒストの心意気である。

正造は村中或いはその近くに、残留民を移すに適当な土地を探し、一方では仮小屋の雨漏りを防ごうと努める。百姓は官吏のように身軽に移住できない。縁日の盆栽や鉢植えのようにひょいと移るわけにはいかない。三〇〇〜四〇〇年間の根を持つ大樹であり、動くのであれば、田畑や、生活に必要な一切とともに丸ごと移動しなければならない（それはできない）。

八月二四日には又しても渡良瀬川が氾濫し、残留民の仮小屋は流されてしまった。正造は古河町にいてこの洪水後、二百石船で残留民を見舞ったが、残留民は収容に応じようとはせず、再び仮小屋を建て直しにかかった。正造もまたずぶ濡れになり、衣服の濡れたままで寝たりした。そんな中で、正造は、

只感心なのは谷中人民の忍耐にて候。我々の考の上にてありし。

（逸見斧吉他宛書簡、明治四〇年八月二九日）

と書き、また、

（水野）常三郎氏の自覚心の強きは殆んど比類なからん。人の自覚はいろいろにて、此人々の自覚は我々の又及ばざる処あり。我々の自覚は此人々の未だしらざる処ならん。人は以て一概に侮れぬものか。

（同右、八月三〇日）

この人々の自覚は神にも近き精神。（略）

（同右、九月一日）

と感動し、この強制破壊を受けてなお忍耐強く、苦難の底に生き抜こうとする残留民の強靭な姿勢は、正造の心に変化（回心、と由井正臣は言っている）をもたらした。

三年前に谷中に入った時の正造は、元議員であり、命令する指導者であり、県や政府との交渉者

であった。「分からぬことは聞に来るべし」（島田熊吉他宛書簡、明治三八年八月一九日）、そしたら教えてやるという態度であったが、今では残留民の勁き心を学ぶ「谷中学」初級生となっているのであった。「この人々の自覚は神にも近き精神」という思いを正造は抱いた。破壊された谷中に居続けることは、とりも直さず不屈の抵抗なのであった。そこに居ること自体が闘いなのであった。

ここに居ることが生存権と抵抗権の行使である。正造は残留民と生活を共にし、残留民として自ら不屈の生を生きていく。ここで自由人権自治共同の共同体を新造していくのである。「政府にて此激甚地を捨てれば、予等は之を拾って一つの天国を新造すべし」（原田定助宛書簡、明治三六年二月五日）と言っていた通りである。「辛酸亦入佳境」（丁未明治四〇年九月揮毫）という境地に達している。正造に人間の低みに生きることを確認させた。

三宅雪嶺、逸見斧吉、島田三郎らによって谷中村救済会が立ち上げられたが、いくつかの点で残留民との意見の食い違いがあった。救済会は県が谷中永住を認めない場合、付近の適当な場所に移り住むことを考えていたが、正造と残留民は谷中の中に住み、谷中復活を目指すことを考えていた。また土地の買収価格に不服の場合は民事訴訟を起こせるという収用法の規定から、救済会の弁護士信岡雄四郎は訴訟を勧告した（栃木県の堤内買収費一反歩平均三〇円に対して、後の内務省起業渡良瀬川改修工事のための谷中堤外地買収費は一反歩平均一三〇〜一四〇円であった。日向康「谷中村の結末」『田中正造翁余録』四九三頁）。正造は土地収用法の適用自体を不法としていたのであり、地代を問題にすることは矛盾であり、反対であった。しかし、救済会の役割は大きく、七月二九日、残留民と阿部磯雄ら土地所有名義人は宇都宮地裁栃木支部に不当買収価格訴訟を提訴した。一〇月、救済会は土地価格について示談交渉を勧め、また残留民に恵下野に移住するよう要請したが、意見が合わないまま、救済会は解消してしまった（由井正臣『田中正造』）。

なお、この不当買収価格訴訟については、島田『田中正造翁余録』に詳細な経緯が載っている（宗三は裁判の事務方であった）。裁判には正造も参加したし、控訴審の弁護士中村秋三郎は正造の依頼で新井奥邃が紹介してくれた。因みに、島田によると、大正七年六月一二日、控訴審が結審になった時、島田が「東京控訴院の控室で記念帖に関係諸士の揮毫を求めていると、頼みもしないのに、「噫　快傑田中翁　元栃木県警吏　刀水生」と書いて、逃げるように姿を消した紳士があった。それは当時官を辞して弁護士をしていた元の第四部長植松金章氏であった」という（上一〇八頁）。組織の中では権力に忠実な（凡庸な）役人なのであろうが、ただの（個）人になれば自由で主体的な判断で生きることができる、ということか（大正八年、勝訴）。

谷中学初級生正造は、谷中人民と同化する秘訣を次のように書いている。

> 人のためになすには、その人のむれに入りてその人類生活のありさまを直接に学んで、また同時にそのむれと辛酸を共にして、即ちそのむれの人に化してその人となるべし。（略）而してそのむれの人類が皆我が同志となり、これを人を得るの法という。（日記、明治四〇年一〇月）食は甘きを欲し、衣はやわらかきを欲する老体を以て、この不便の地に入りて悲惨と飢餓とのむれに入らざれば、近き学びに至らず。老生の窮迫は誠にこの一事にて候。
>
> 只老へては学べざるもの多きに苦む。麁衣麁食《そいそしょく》して破屋に臥して、而して其人民の苦痛に学んで、救へという思想の当然に発覚せるものならんか。（略）身自ら寒く飢へて寒く飢へるをし

るに至るべきに、老へたる身は之に背反せる、困窮す。

（逸見斧吉宛書簡、明治四一年六月一五日）

今の十九人は幾分神に近かゝりしものか。

（同右、明治四一年八月一九日）

正造は谷中人民のむれに入り、その生活を直接学び、下情に通じ、辛酸を共にし、谷中人民の同志となろうと言うのである。六七歳という病気がちの老体にとって、衣食住の悲惨と飢餓に当面することは生易しいことではない。しかし「谷中学」を志したからには、憲法破壊、自治破壊、人道破壊、自然破壊の現場で、これをつぶさに見届けること、またそういう状態で、小さな村の自治共同体を復活させることは、正造の当為であり、受難であった。

炎暑の中、田作りする農民を見て、

ア、此労働者の辛酸（茲に至って辛酸亦全く入佳境）の真実地なり。

（逸見斧吉宛書簡、明治四一年八月三日）

という表現も現れる。辛酸を佳境と言うのは、まさに正しいマゾヒストの心の位相である。ここは谷中学の現場であり、学ぶことのみが多くあった。少し前後するが、四四年、四五年には次のような心境を得ている。学ぶとは誠に芋を洗うように切磋琢磨することである。

進歩は芋を洗ふ如しと。同様類似のふるきはなしを幾回も幾回もくり返すと、自然に真理に徹底するものなり。誠に芋を洗ふ如し。

（日記、明治四四年五月二〇日）

正造も去る三十七年已来教んとして失敗せり。（略）せき込めばせき込むほど反動して、正造の申すことはきく人もなくして空く徒労となり、三年又四、五年目より少々づつはなしをきく方針に改めたので、尓来少々づつは谷中事情も分りはじめたので、回顧八ケ年をへて只此一つ、聞くと聞かせるとの一つを発明したのみです。（島田三郎宛書簡、明治四四年七月二〇日）

茲に日本第一智謀者、日本第一の富裕者たる谷中村民と枕を同ふするの快楽あるを覚へたり。（近藤政平宛書簡、明治四四年一〇月一五日）

下情を見んとせんよりはむしろ身をもって下情に置くべし。下界に身を置かずしていかにして下情に通ずるを得ん。（略）真なければ百年同居同炊するも同情に到らざるなり。むべなり。谷中人民の我れに同情せざるにあらずして、まず我れの同情せざるなり。この誤りをついに発見せり。（日記、明治四五年二月二六日）

初め正造は谷中村では指導者であり先生であった。林竹二も言うように、それは正造の不明であった（不明と言うが、村に入るだけでも大変なことである）。そうして、正造は谷中村に入ったのみでなく、さらに谷中人民の中に入り、村人の言葉を聞くようになった。辛酸苦楽をともにし、共に、友に、伴に、朋に、倫に生きることを実践したのである。隣人愛の実践であり、谷中学の深化である。正しいマゾヒストの受難というべきである。また「地獄の桃源」（石田仁太郎宛書簡、明治四五年五月一六日）とは、言いえて妙である。そこには、政府には捨てられたが、谷中残留民により新造された天国・共同体があったのである。それは「最弱を以て最強に当る」ということでもある（しかし林竹二が、正造の「憲法と人道を楯として、谷中の戦いを戦う姿勢」を、明治四二年八月に、「空しく、的外れで、無意味で、こっけいな空騒ぎにすぎないと認識するに至った」〈『田中正造』一五九頁〉と言うのは言いすぎであろう。すぐ後で触れるが、それは言論による非暴力の戦いであったし、戦われなければならない戦いであった。正造は四二年三月には「破憲破道に関する請願書」を、島田三郎らを通じて議会に出したし、四四年一〇月には「建白書の一」も書いた。それはその後も問題であり続けたし、「天理による〈人権の〉戦い」の重要な部分だからである）。明治四一年三月、「旧谷中村復活請願書」に、正造は文体もやわらかく、次のように述べた。

お役人のなさることは多くの人民を疎じて一人の金持を愛する仕方であります。（略）若し瀦水池を作ることが多くの人々の為になりますことならば、私共は決して反対などはいたしませぬのみか寧ろ自分を損しても人々の為になりたいと心がけて居るものであります。

瀦水池などという無駄なことは全く思ひ止まって、後は山の木を伐らないようにするとか川幅を狭められた関宿の口を拡げるとかして天然自然にかへれば、水は只低きについて流れ、洪水の虞も無く、多くの人も安心し谷中村も復活し、私共のお願もかなへて頂ゐたことになるのです。

殊更に旧ゐ堤を砕ゐたり、古来の村を潰したり、租税のあがるよゐ土地を故意に荒したり、村民の農業を妨げたり、財産を失わせたりする様ないたずらな政治さへ無ければ、私共は地を耕し井を掘りて、子供を立派に育てゝ行けるのでありますが、いたずらをされるばかりに両親を養うことさへ出来ません。

むしろ、そんな政府の「いたずらな政治」など無い方がましだというわけである。政治のいたずらさえなければ、「私共」は百姓として大地の上で平穏平和な暮らしを送ることができる。正造の念頭にあるのは、よく働き、元気で正直で、親子近隣相和し、人の暮らしを邪魔しない、人民の自治する、貧富や権力の差が無い、貧しくとも共同で生きる社会である。耕し、生きることが天理人道なのである。

明治四一年七月、県の政治（いたずら）、憲法破壊、自治破壊は止むことがない。谷中堤内の田圃に河川法を準用し、残留民を追い出そうとした。正造はその不当を訴え、平田東助内務大臣に「瀦水池認定河川法準用不当処分取消の訴願」書を提出した。その際、正造は期限日を九月二一日と思っていたが、計算しなおすと一九日であることに気付いた。慌てて東京から谷中に帰り、残留民を同行して受付窓口となっていた藤岡町役場に行き、控所を借り、訴状の添削をし、手分けして副本を作り、調印し、役場に提出した。田名網政吉助役が受付けたのが午後一一時三〇分であった〈時計が止められていたことに後で気が付いた〈島田『田中正造翁余録 上』一七八頁〉。このエピソードは城山三郎『辛酸』〈一九六二〉でも有名である。城山は宗三の出版前の資料を借りて書いた。なお、この請願は四二年三月五日、却下された）。

県会にも県議碓井要作らに働きかけ、一二月、「意見書」を県会に提出し、河川法準用の告示を取消すよう要請した。県会は取消しを可決した。それにも拘らず、県は残留民の追い出しに熱心で、仮小屋を建て替えたりすると起訴し、堤防を造ろうとすると妨害したりした。正造はこれに抗して四一年一二月には「利根川治水意見」を書き、再三にわたって関宿の川幅を広げ、浚渫し、逆流させないよう求めた。

明治四二（一九〇九）年三月二〇日、正造は第二五議会に、「破憲破道に関する請願書」を書き、島田三郎ら四代議士に依頼して「破憲破道に関する質問主意書」を政府に提出してもらった。

凡そ憲法なるものは人道を破れば即ち破れ、天地の公道を破れば即ち破る。憲法は人道及び天地間に行わるる渾ての正理と公道とに基きて初めて過尠きを得べし。／現政府が栃木県下都賀郡元谷中村に対する行動は、日本開国以来未曾有の珍事にして、人道の破壊、憲法の破壊、けだしこれより甚だしきはあらざるべし。（「破憲破道に冠する請願書」明治四二年三月二〇日）

ここに正造の憲法観がはっきり出ている。谷中人民への抑圧・弾圧は、天地の公道・人道を旨とする憲法にもとるものではないのか、過ちではないのか、議会はそれを議論する場ではないのか、と痛切に訴えた。正造は憲法を信じ、

国家に政治の必要ありと為さば其政治のあらむ限りは決して憲法は無視し得べきものにはあらざるなり。国家に憲法あるは人類其れ自体に憲法あるに均し。誠に人類其れ自体に憲法あるは即ち人類の良心の存在也。

（「建白書」明治四五年〜大正一年）

と述べている。憲法は人類の良心の反映なのであり、天理・人道を無視できないはずである。破憲破道は亡国に至る。そもそも、人が物を食べて、その中に毒があると知れば、誰だってこれに驚きこれを吐き出さぬものはいないはずだ（日記、明治四二年八月二六日）。薬があるからといってわざわざ毒を食べることはない。言ってみればそれだけのことのはずなのだ。

しかし政府は聞く耳を持たず、四二年九月、桂太郎内閣・内務省は栃木・群馬・埼玉・茨城四県に対して、渡良瀬川改修工事費負担を諮問した。これは第二次ともいうべき渡良瀬川治水対策である。谷中村の西側を流れる渡良瀬川の河身を変更し、藤岡町の高台を開削し、新川を造り、赤麻沼から谷中村に導き、一千町歩の有租地を潰して、谷中村と赤麻沼をあわせて、その周囲一一カ町村

にまたがる三三〇〇町歩の広大な遊水池をつくるというものであった。しかしその実は、鉱毒の沈殿池であった。総工費七五〇万円、四三年度予算から一四カ年に及ぶ大規模工事である。栃木・群馬県会は九月に可決し、埼玉・茨城県会は一度は否決したが、翌年に可決した。これで谷中村復活の望みは絶たれることになる（しかし正造は粘り強く谷中村復活を訴え続けていく）。

正造は直ちに反対運動を始め、既に指摘していた通り、洪水問題の根幹は、明治三一（一八九八）年に完成した関宿の石堤工事によって、二六～三〇間あった川幅が九間強に狭められ、川底も浅くして、江戸川への流量を減らしたことによって、自然な流れが妨害されたことにある。利根川の洪水は関宿から逆流し始め（流下しなくなり、上流に流れる不自然！）、栗橋から川幅を広げられた渡良瀬川を逆流し、十余里の上流まで堤防を横溢するようになったことにあると再び指摘した（二三九頁の図5参照）。事実、四〇年八月二五日から二七日の洪水では、利根川の逆流水は渡良瀬川を遡り、海老瀬村から西谷田村、川辺村、利島村、さらに邑楽郡十一カ村、古河町、猿島郡を蹂躙した。このため思川も氾濫し流域に溢れ出した（「渡良瀬川改修とは何ぞや」明治四二年一二月五日。「建白書」明治四五年～大正一年）。正造は改めて関宿石堤取払いと浚渫を訴えた。

ある時（明治四三年一月九日）、正造は谷中残留民殉難者の追悼会を、水塚の上の竹沢房蔵の仮小屋で開き、竹沢友也、水野彦市、鶴見平五郎、間明田たき（仙弥妻）の霊を弔った（鶴見は堤外に住むが、堤内の所有地を強制収用されていた）。

会が始まる前、野木村村会議員の菅谷丑蔵が木下尚江に訊ねた。

「どうすればこの目的を貫徹することができましょうか」

「いまの世の中は金力か権力か暴力か、このなかのひとつがなければ駄目だ。あなた方はその何ひとつ持たないでしょう。たとえそれを持っているとしても、それで打ち克つことは僕は絶対に好まない」

「それではどうしたらばよいのでしょうか」

「それは僕にもわからない。だから僕は今日も東京からわざわざ来たのだ」

絶対非戦論を唱える木下の苦衷である。

菅谷は正造にも訊ねた。

「すでに渡良瀬川改修案が栃木・群馬・茨城の三県で可決された以上は、議会に請願して食止めるよりほかありませんが、議員は誰にお願いしたらよいでしょうか」

正造は答えなかった。菅谷は恐る恐る、哀願するように正造に言った。

「如何でしょう。この次の（補欠）選挙には是非もう一度田中さんに出ていただいて、渡良瀬川沿岸の救済主となっていただくわけには参りませんでしょうか」

「もう一度代議士になれ、と。僕は政界を棄ててもう十年になる。貴方までが僕を泥棒の仲間に押し込めようとするのですか。そんな馬鹿なことはよしてもらいたい」

正造はそう言って、きっぱりと断った。正造の議会への幻滅は徹底していた。菅谷はもう何も言えなかった。しかしなお議会への請願や、島田三郎議員に依頼して議会での質問を続けた（「破憲法破道に関する請願書」など）。

そのうち読経が始まった。位牌は無く、空瓶に庭から取ってきた椿の花をさして、蠟燭と線香を立て、お供えを置いた古机の前で、合掌した。そして殉難者たちの憶い出話が次々と出た。最後に饂飩と牡丹餅を食べ、四時頃閉会した（島田『田中正造翁余録　上』一二三四頁）。

正造は既に議会から国家に訴える議員活動に見切りをつけ、一人の人間として社会に訴えることに決意していた。国家とは、「村役場、村会、郡役所、郡会、県及県会、政府及議会」であり、「今は役にたゝぬ事になりました。社会とは此役人、議員でない只の人の事です」と正造は言い、さらに次のように続ける。

議員と政府はうそ計り申して少しもあてにならぬ。却って双方ともに盗賊の手助けのみするから、此方面の厄介にならずに、其外の社会の人々と相談せねばならぬ。兼々申上候今日は日本全国、国家と申す方面は亡びてないのですとは此事に候。

（島田宗三宛書簡、明治四三年三月二一日）

ここの「亡びてないのです」は、亡びて、無くなっている、の意である。然るに、国家は亡びているという自覚がないが故に、その「只の人」の意志を意に介さず、無造作に蹴散らすのであった。

四県会の可決をうけて、明治四三年三月二三日、第二六回議会は総工費七五〇万円、一四カ年継続事業として、藤岡町（谷中村を含む）など一一カ町村を巻き込んだ、思川、巴波川も含めた渡良瀬川改修案（第二次）を可決した。谷中村の西を流れていた渡良瀬川の蛇行する河道を変更し、藤岡の高台を開削して新川を作り、赤麻沼に流し込み、谷中村と合せて三三〇〇町歩という広大な遊水池を作るというものである（これは政府・県の予算である。正造はこれを原因者である古河・足尾銅山に負担させるべきだと言う）。関宿の石堤による逆流は、むしろ鉱毒水を東京に流れ込ませないために必要であったのである。東京湾の魚貝が死ぬ（また行徳の塩田に被害が及ぶ）と東京府下に鉱毒論が沸騰して厄介なことになる、これを怖れたからである。政府にとっては、足尾銅山の存立が前提で、その鉱毒を東京に流れ込ませないことが第二の要点で、そのための小さな犠牲はやむを得ないということである（正造は小さくはないと言い続けるのだが）。「多年の被害に苦しんでいた上流の被害民は、目前の苦境から脱したいという一念から却ってこれを歓迎」した（島田宗三「続正造翁言行録」『全集 第三巻』月報一二）。渡良瀬川の最上流の上都賀郡松木村と下流の下都賀郡谷中村を潰して、古河・足尾銅山は因業なことをするものだ。

考えてみればすぐに分かることだが、渡良瀬川を足尾から二〇里（八〇キロ）流れ下った所に、赤麻沼と合わせた形で谷中遊水池という名前で（「銅山御用の」）鉱毒沈殿池を造っても、途中流域の被害を防ぐことはできない。造るのであれば鉱毒が流れ下る前の、銅山の敷地内に造るのが合理的というものだ。全く欠陥だらけの治水策と言わねばならない。否、それは治水ではなく銅山の私利私欲のための鉱毒沈殿池に過ぎない。正造はこれを「半可通」の机上の設計であり、水は誠に神の如きもので、へぼな人類なぞの決めたことに服従はしない、と言い、さらに、

鉱業を停止せずして、渡良瀬川の改修を為すは姑息なり。（日記、明治四三年一一月二八日）

河川の一大妨害たる関宿、河川流水の大妨害たる関宿、洪水の最大妨害たる関宿、逆流の製造所たる関宿、洪水沮滞の構成所たる関宿、堤防増築を無功ならしめる関宿、逆流沮滞汎濫影

響の長大なる害は関宿にあり。（日記、大正一年九月一〇日）

と言って、関宿こそは流域に逆流洪水被害を及ぼす最大原因であると口を極めている（二三九頁の図5参照）。

一方、一一カ町村を巻き込んだ改修計画であったから、移転対象者も広がった。北海道移民を計画したのは下都賀郡長吉屋雄一（小説家吉屋信子の父）であった。北海道佐呂間に移住した（明治四四年四月）人たちは谷中村から一六戸、部屋村から二八戸、寒川村から七戸、三鴨村から六戸、その他藤岡町、生井村、赤間村など、六六戸、二一〇人だった。移住地を栃木村と名づけて開拓を始めた生活だったが、「寒くて、食い物はねえし、熊は出るし」という状態で、家作りは木を切るところから始めなければならなかった。栃木神社を作り日光二荒山を祭った。中村妙見神社栃木分社、天台宗日光山多聞寺、栃木橋、栃木小学校など故郷につながる名前を付けている。しかし、北の大地では稲は育たず、ソバ、キビを作り、麦が取れるようになったのは一〇年後だった。ハッカ栽培による好景気もあったが、第一次大戦後の不況で大暴落した（林えいだい『望郷——鉱毒は消えず』に、四度の帰郷請願を含め詳細である。佐江衆一『洪水を歩む——田中正造の現在』朝日新聞社、一九八〇。蘇る「鉱毒悲歌」制作委員会『鉱毒悲歌』一九八三、二〇一四〈ゆふいん文化・記録映画祭、二〇一五〉）。

明治四三年八月一一日の関東大洪水の跡を具に見るため、正造は一二月までかけて利根川水系・渡良瀬川水系の河川調査を続けた。川幅や、洪水の増水量、以前の洪水との比較などを調査したが、

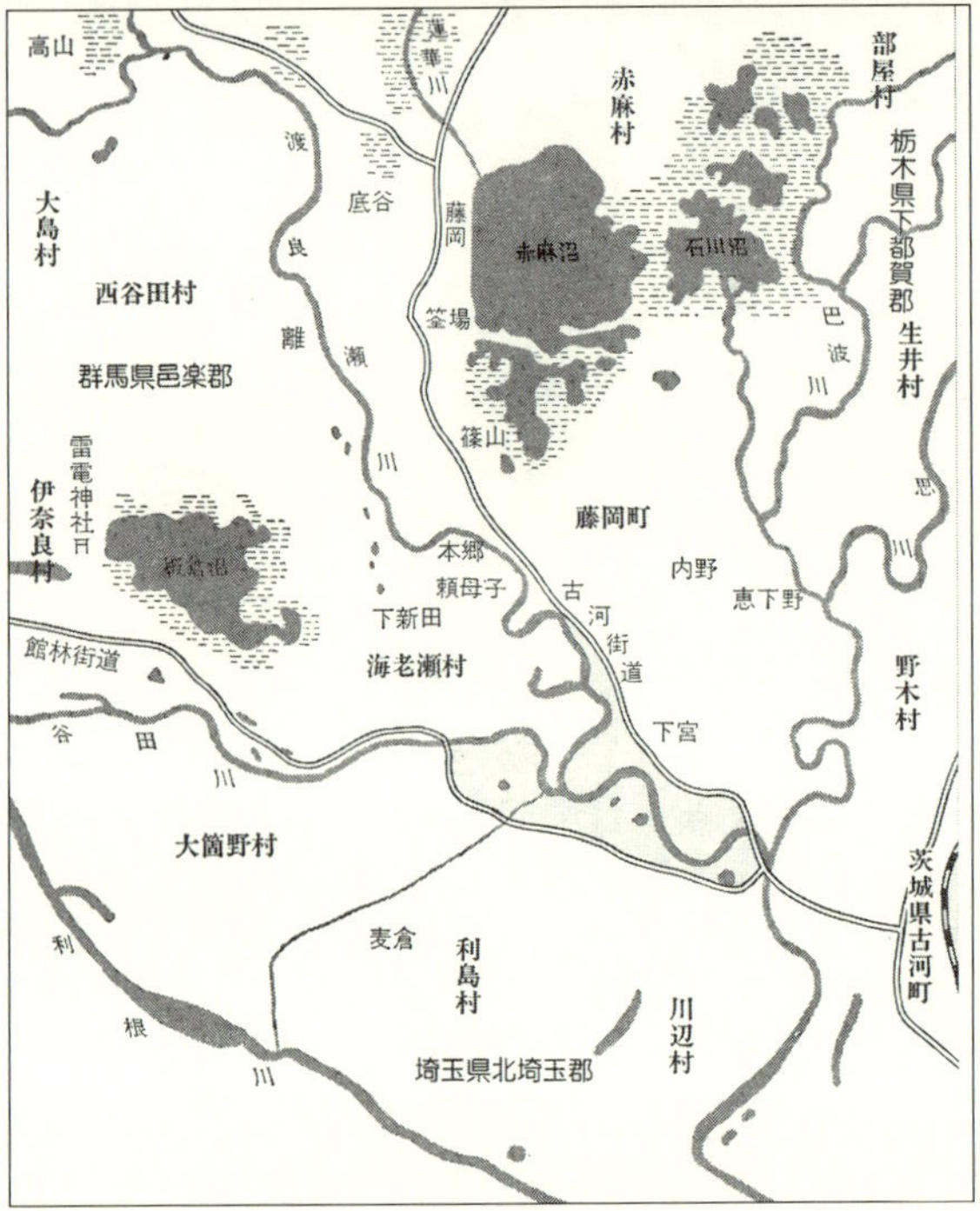

図7　明治42（1909）年頃の渡良瀬川と谷中村（出典：佐江衆一著『洪水を歩む——田中正造の現在』朝日新聞社，1980年。佐江氏が明治42年大日本帝国陸地測量部製作の地図をもとに作製したもの）

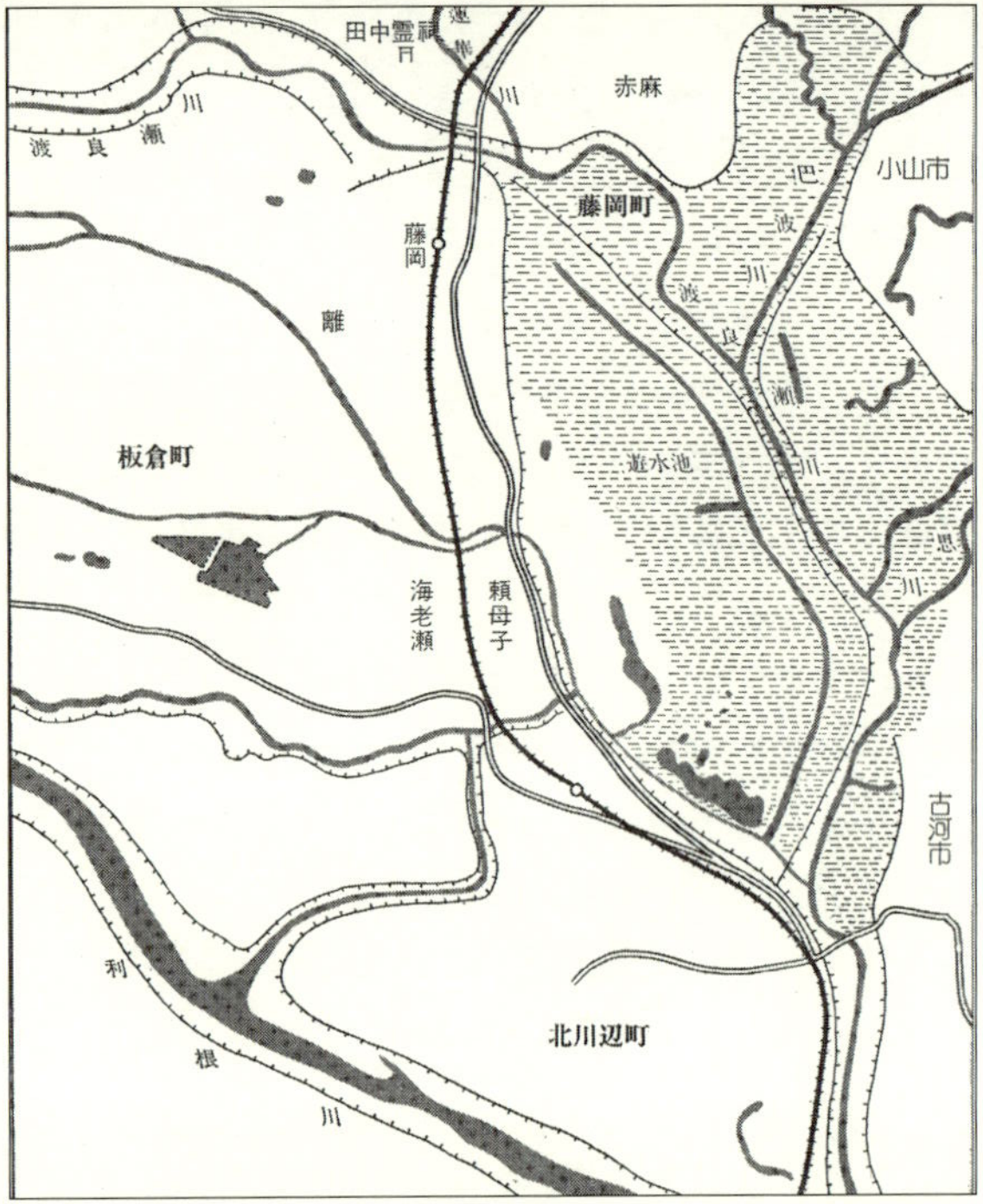

図８　1972年頃の渡良瀬川と谷中村（出典：佐江衆一著『洪水を歩む——田中正造の現在』朝日新聞社，1980年。佐江氏が昭和47年国土地理院修正の地図をもとに作製したもの）

この行動は長期に村を留守にすることになり、残留民は、正造が治水問題の陽動につられて谷中村−鉱毒問題をおろそかにしているのではないかと心配するほどであった。正造はこの洪水も足尾銅山党の私欲が原因の人造の災害であり、天の警告であると、自説を「天災にあらず」という印刷物にして各方面に配った。

二二日には「藤岡の河内屋に泊った水害視察の栃木県参事会員一行を訪ね、蓑笠姿で廊下に腰掛け、紙を継ぎ合わせ、水害地の図面を(矢立の筆で)描いて説明した」(島田『田中正造翁余録』二七六頁。口絵参照)。

正造は「天然を見るには徒歩にあらざれば趣味少なし」(日記、明治四三年一二月一九日)と言って、山沢を跋渉行脚し、実地踏査で治水観を作り上げた。「利根川流水妨害の第一たる関宿狭塞所」を見、江戸川の下流、東京千葉湾の辺、隅田川、中川、荒川、埼玉利根川の上流、渡良瀬の上流よりその枝川である秋山川、袋川、才川、関川、矢場川、矢田川、思川、小倉川、巴波川、与良川、伊川、須戸川、姿川、田川、鬼怒川などを調査した(逸見斧吉夫妻宛書簡、明治四四年一月一日)。正造には定めの家はなく、虱と同行、蚤蚊と苦楽を共にして、他家を泊まり歩き、虱を繁殖させては恐縮している(逸見斧吉夫妻宛はがき、明治四二年一月一六日)。

語に曰く、山河を荒らすものは之れ天地の大罪なりと。天地の大罪は天誅あるのみ。

(「憲法擁護三県県会の決議を排斥して流水を順境にすべき理由の陳情」明治四二年一二月二三日)

(略)山を破り、川を破り、田園を破り、町村を破り、今亦新に町村を破れるならん。国の経済を破り、国法を破り、箇人の経済を破り、人道を破り、総べて自然の成蹟及び法則を破りて、天地の構造に疵《きず》つけ、人類及び生物を殺し、神をも人をも眼中になく、宇宙の万象を損ずるものを破るとは云ひ、誰れか改修と云ふを得べきか。決して許さざるなり。此くの如きは撲滅とも云ひ、亡びとも云ふなり。

（日記、明治四四年六月三日）

古の治水は地勢による。恰も山水の画を見るが如し。その山間の低地に流水あり。天然の地勢に背かずもしこれに背く、山水として見るを得ざるなり。治水として見るを得ざるなり。然るに今の治水はこれに反し、恰も条木を以て経の筋を引くが如し。山にも岡にも頓着なく、地勢も天然も度外視して、真直ぐに直角に造る。これ造るなり、即ち治水を造るなり。治水は造るものにあらず。治とは自然を意味、水は低き地勢によれり。治の義を見れば明々たり。

（日記、明治四四年八月三〇日）

真の文明は山を荒さず、川を荒さず、村を破らず、人を殺さゞるべし。／古来の文明を野蛮に回らす。今文明は虚偽虚飾なり、私欲なり、露骨的強盗なり。

（日記、明治四五年六月一七日）

流水を治むることを為さむと欲するものは、先以て其心を清浄にして而して先づ山岳を治むべし。（略）

（「建白書」明治四五年～大正一年）

正造は、治水を言う者はまず以て心を清浄にして、まず水源地である山岳を治めるように言う。私利私欲や故意悪意があってはならない。水は神の如きもので、造るものではなく、自然に、地勢に沿って、低きに流れて行く。これが水理であり、その中に人道がある。天理がある。上流に逆流させるなど以ての外である、と。これが正造の治水観である。

正造は、水理に違背して水源地を荒らし、銅山鉱毒による洪水を起こし、そのために河川を改修し、挙句の果てに遊水池という名の銅山御用の鉱毒沈殿池を造るというのは本末転倒であると言う。人民の生活を破壊する勢力、即ち銅山党の所業を厳しく批判して、「悪鬼は飽くまで悪鬼にして」(日記、明治四二年七月七日)と言い、また「悪魔は依然悪魔である」(「日本キリスト教婦人矯風会における演説草稿」明治四二年一一月一三日)と言い、悪鬼も元は人の子で、悪鬼の勧誘によってそうなったのであると言う。「銅山党」という言葉をしばしば使ってきたが、正造の定義によれば、

(銅山党とは)足尾銅山の私業に党与せし者を云ふ。蓋し村々を潰して沈殿池の設備をなすが如きは政府に非ず。是れ只管足尾銅山の為にのみ図らんとする地方の悪事業にして、此一目的を以て相通ずるもの朝野の別なく一結の団体ありと見做すの至当なれば、之を銅山党と称するなり。

(「元谷中急水留の要求および耕作回復の陳情書」明治四四年四月一一日)

ただ少し注釈をすれば、文中の「沈殿池の設備をなすが如きは政府に非ず」というのは、明治四〇年一月、銅山に縁故ある内務大臣原敬が谷中村に土地収用法を適用した西園寺内閣は、政府の名に値しない(銅山内閣である)という意味である。政府と銅山は一体共犯である。また栃木県は銅山党が極めて多く、その巣窟地である。栃木県は公文書に「鉱毒」という言葉を書くことを禁止し、「鉱毒」の言葉のある文書を受け付けなかったという(「建白書」明治四五年~大正一年)。鉱毒など無いものとする意向である。天理人道を政府・銅山党に求めるのは、土台無理なのか。

谷中村は数百年間親子兄弟夫婦むつまじくくらして居たものを、家も破られて土地も取られ

た。足尾銅山御用地鉱毒沈殿池に取られた。理想より見ば、此村人民の生命は親子兄弟夫婦もろとも此毒の池に沈められたのです。

（「日本キリスト教婦人矯風会における演説草稿」明治四二年一一月一三日）

この無法非道をいま、「悪魔（悪鬼）」と関連付けてみよう。正造の「悪魔の研究」の続きである。

予が見る悪魔／人造人為故意悪意奸佞詐術を以て、世を欺き民を苦しむるに巧みなるものを云ふ。彼のその食尽飢へて盗み、凍へて盗むの徒を云ふにあらず。公然国民の財布を奪へ、公然紅血を絞り、幾千万の創生を殺して毫も恥とせず、又之を罪とせず、悔へ改めず、悪事を継続して国土の滅亡に帰するを顧みず、（略）。此地方は危嶮なり速に立退くべし。立退かざれば其家を破り、又人民の田畑保護の堤塘を崩して水害を被らせ、或は人民の造れる堤を砕き、耕作地に浸水せしめて其人民を飢し、其衣食を薄ふして凍へしめ、水を塚を崩し、生業機械を奪へ悪水路を塞ぎ水を湛へ、風波怒涛の至るを待て水勢を暴用して居住に堪えざらしめ、（略）。或は山を堀り、金を出し毒を流し、数十万の良田を荒廃せしめ、又其土地人民を離散の苦境に陥れ、訴るものを拘留入牢殴打負傷せしめ、或は金を密に不良の徒に与へて、悪事を働かしめ、或は人民を買収して奴隷とし、或は田地家宅を買収して良民を四方に追へ出し、或は国際戦争壮丁は兵に出づ、老弱留守宅を守る其兵家宅を破り、又其財を買上げたりと云ふ。名は買収にして其実奪略を主とする奸悪の輩を云ふ。

（日記、明治四二年八月二六、二七日）

正造が悪魔としてイメージしているのは鉱毒事件から谷中遊水池に至る一連の銅山党の所業である。天理人道は廃れ、無法非道、破憲破道がまかり通る、即ち悪魔の跋扈、百鬼夜行である。次に言うように耕作における虫害である。山を荒らし、川を荒らし、村を破壊し、人を殺す、虚偽虚飾である。「虚偽の繁栄」であり、サディストの「悪徳の栄え」である。

○天は人の左右するものにあらず。然るに虫の如き小人輩出して、天に傷け、地を災へす。恰も耕作に虫害の如し。人類を駆除せざれば、天然を全ふし真神の御心を痛ましめざるを得ず。

（日記、明治四四年八月五日）

○真の文明は山を荒さず、川を荒さず、村を破らず、人を殺さざるべし。

○古来の文明を野蛮に回らす。今文明は虚偽虚飾なり、私欲なり、露骨的強盗なり。

（日記、明治四五年六月一七日）（再掲）

正造の治水観は、政府が渡良瀬川の蛇行を無くすため河身を変更し、高台を開削して直線化する治水とは真っ向から対立する治水観である。そもそも銅山党は水源の山岳を禿山にし、渡良瀬川を硫酸銅で荒らし、流域の農漁業を破壊し、生活を破壊し、人を殺した。河川付替えの大土木工事は山を荒し、川を荒し、村（自治）を破壊し、人民を苦しめ、人道を破壊し、遊水池は田畑を奪い、水を滞留させた。それは天理に悖《もと》ることである。即ち自然環境と社会環境を破壊し、人間の生活を破壊することは許されない、ということである。そんなものは真の文明ではない。虚偽虚飾であり、露骨な強盗である。虚偽の繁栄は駄目なのである。正造は政府と銅山党の治水工事を、繰り返し徹底批判する。そのような人類は「駆除」するほうがいいのではないか。

嗚呼憲法ありと雖も守るべきの官吏議員なしとせば之れを亡国と云ふべきなり。憲法をまもるの人民只憲法を楯として此悪魔を誅伐して国民及現在弱き政府の力ら足らざるを救済するの

外なきなり。（略）

（「足尾銅山の誅伐はわれわれの権利なり」明治四五年六月）

政府の力が弱く、悪魔にいいように使われているというのなら、国民は官吏議員の足らざるを救うのが義務であり、権利である。政府が弱ければこれを強くし、強きに過ぎればこれを弱くする。国家を紊《みだ》し、社会を乱し、組織を破り、ケ人（個人）が傷つけられるようなことがあれば、これを免さない。

足尾銅山現在は正に之れ国家の悪魔なり、国賊なり、社会の盗賊なり、強盗なり、之を誅伐すべき亦我々の権利なり、義務なり。我々は天より聖霊をうけ、また現在の憲法によりて相互に権利及生命財産の安全を得るものなればなり。

（「足尾銅山の誅伐はわれわれの権利なり」明治四五年六月）

もう一度言う、耕し生きることが天理であり、人道である。これを破るもの（悪魔）とは戦うべし。正造は政府に憲法を守れ、と言っているのである。憲法を立てたからには立憲主義を蔑ろにしてはならない。政府は憲法の何たるかを知らず、立憲主義を理解できないのである。

対立、戦うべし。政府の存在せる間は政府と戦ふべし。敵国襲へ来らば戦ふべし。人侵さば戦ふべし。其戦ふに道あり。腕力殺伐を以てせるに、天理によりて広く教えて勝つものとの二の大別あり。予は此天理によりて戦ふものにて、斃れても止まざるは我道なり。天理を解し、此道実践のもの宇宙の大多数を得ば、即ち勝利の大いなるもの也。（略）

（日記、明治四四年六月九日）

現実には正造は憲法に拠って闘い、権力の横暴に負け続けたが、憲法を超えて、「神と共にせば何事か成らざるなし」と言い、天理と人道は我にあり、斃れて止まざるは我が道なり、という信念によって突き抜けてきた。

正造は常に現場にいて戦いを全うした。これまでも「天理による戦い」について触れてきたが、「天理の貫徹、人道の貫徹」は正造の戦いの準則であり、到達点である。「天理による戦い」は斃れても止まぬ不屈・不退の戦いである（この「戦い」には必ず後に続く者が出て来る。後の公害反対闘争はそれぞれに正造の戦いを学んで闘われてきた。継承者の一人松下竜一は自身の豊前火力反対運動の中で、「誰かの健康を害してしか成り立たぬような文化生活であるのならば、その文化生活をこそ問い直さねばならぬ」と言って虚偽〔虚飾〕の繁栄を批判し、また「局面負け続けても、○＋○＋○……が、いつか五になり、六になる時が来る」と言い、不屈の闘いを続けた。未来を見ていた）。

正造は憲法を拠りどころにして戦い、あざとく貪る政府や銅山党に憲法・法律を守れと訴えてきたわけであるが、彼等に憲法を守る気はなく、憲法は侮られている。「悪魔」に魅入られている。

何故に悪魔を退治せざるか。人自ら悪魔を退治することを怠ればなり。悪魔退治に力を薄ふするものは已に悪魔につかれたるひとなり。悪魔につかれて悪魔を憎まず、汝已に悪魔の奴隷たり。（略）故にキリストは先ず教への前に悪魔を追へ払へり。神の心よりせば、悪魔の見ゆるが故に先ず此悪魔を追へ払ふなりといゝども、已に悪魔につかれつつ、人には却て之れを不思儀《ママ》と為せり。

（日記、明治四四年六月二七日）

それ身体は神霊の棲める処なり。神霊の家屋なり。又機械なり。

（同右）

悪魔の増長は神をも凌ぎて神をも飢しぬ。　（同右）

悪魔の研究の核心である。身体は神霊の入れ物であるが、悪魔も入ってくることがあり、増長して良い神霊を凌ぐこともある。だからイエスはまず悪魔と対峙しそれを退治することから始めたのであったが（マタイ四―一～一一）、人もまた悪魔退治に努めなければならないはずだ。ところが悪魔につかれると悪魔を憎まなくなってしまう。悪魔の誘惑とそれに克てない人間の弱さ、しかもこの世ではそのような「悪魔につかれ」「悪魔の奴隷」となった者こそが強者となって大手を振ってのさばる（この件《くだり》は大杉栄の「鎖工場」を彷彿とさせる）。正造の念頭にあるのは、鉱毒問題に関して見てきた、この世界の堕落であろう。

こうした状況の中では、正造の度重なる陳情や請願も顧みられることがない。有効な方策が見出せない。いわば「矢は已に尽きたり」という状況の中でも、「而も尚心に怖るゝ処なし」と言う。正造は「神の力は鍛へたる刀より鋭なり」（原田勘七郎夫妻宛書簡、大正一年一〇月二五日）と言って、なおも「天理による戦い」を持続しようとする。

今の政治に今の国民を見る。恰も下野の岩舟山の如し。岩舟山は奇景の独立山なり。此山より石材出ず。全山皆岩山なり。営業者争って石材を伐る。山の風致を破るに頓着なし。（略）

国家、社会、人類の生命を永続せんとせば、断じて此大誤りを根底より改め天然の良能を発起せしむるの外、果して之を実行断決するに於ては、憲法、法律、教育の渾《すべ》てを全廃して、更天神を基とせる方法即ち広き憲法を設くす《ママ》べし。誠に天則によらば即ち憲法の天にかのふを云ふなり。真理を中心とする憲法なり。（略）

（日記、明治四五年一月一六日）

人権亦法律より重し。人権に合するは法律にあらずして天則にあり。国の憲法は天則より出ず。只惜む、日本憲法は日本的天則に出しなり。宇宙の天則より出でたるにはあらざるなり。

（日記、明治四五年三月二四日）

ここにいたって正造は、天理に違背する（明治）憲法を廃し、天理人道に適う新しい「広き憲法」を探ろうとしている。天皇制は日本的天則にすぎないと言う。即ち、明治を超越したと言えよう（明治はもうすぐ終わるが、基本的にアジア太平洋戦争の敗戦までは明治憲法時代である）。現明治憲法、法律を全廃し、（天皇ではなく）天神を基とした、天則による、真理を中心にした、人権を実現した新しい「広き憲法」を模索している。天理によるたたかいである。斃れても止むことのない永いたたかいである。正造は「明治人」を卒業し、明治憲法を超えた。

しかし理性はいかようにも働く。そもそも政治体制はフィクションであるのだから、権力者は自分の都合のいいように立法し、適用し、逆らう者は抑圧・弾圧する。立憲君主制・天皇主権の中では、自由民権は、許容範囲を超えたと政府が判断すれば、弾圧される。天皇制は統治の道具なのである。

天理、天神、天則と言うが（そういうものが〈社会的に〉あるとして）、それは神のことであろうか。神とはキリスト教の神のことであろうか。それとも、天皇のことであろうか。天皇は日本的天則であるにすぎないから、正造は「宇宙の天則」に基づいた、もっと「広き憲法」を探しているのである。このことから、小松裕（一九五四〜二〇一五）は、「ここにおいて、主権者としての天皇、言いかえれば政治的存在としての天皇と天皇制という『国体』は、明確に否定されてとみてよい」

と言っている（『田中正造――未来を紡ぐ思想人』岩波現代文庫、一三六頁）。

国造りをなせし古来の居住、今の町村は天来の已得権なり。此已得権は已得国にて、近年人造、今のよの人が造れる已得権と同じからず。神の造りし天来にして、無上最大の已得権なり。即ち今の国なり。之を破るは国を破るなり。

（日記、明治四五年一月二〇日）

国は「神の造りし天来にして、無上最大の已得権」を実現した憲法に則って運営されなければならないが、近年人造された明治国家はそうはなってない。「国を破る」ものである。人間を裏切るものである。正造が目指したのは、「天（ヘヴン・自然）賦人権、人賦国権」（天が人間に基本的人権を与え、そして人間が国に権力を賦与・付託する）という天理人道による人主主義、自由人権の理想であり、「真理を中心とする」「広き憲法」である（「民」という漢字は、『漢語林』によれば、片目を潰された奴隷・被支配民族という意味であるから、ここでは民主と言わず「人主」と言うことにした）。

明治政府は「天（皇）賦国権、国賦人権」（天皇が国・政府に権力を賦与し、その国が人民に権利を与える）と考えたのであるが、キリスト教を通過してきた正造にとって、天賦人権の「天」は、元々はキリスト教の天（ヘヴン、神）のことであるから（明治政府は天皇と曲解したのであるが）、天賦人権という言葉の「人」は、正造の言う「人間の肉体に存する霊は神の分体」であり、「天より受けた聖霊」ということになる。「天」から賦与された、生まれながらにして人間に備わっている自然権としての基本的人権と考えたい。正造が求めているのは、天則に則った人権が尊重される、即ち天賦人権の憲法であり、明治憲法の彼方にある、自然と天理人道に適う新しい「広き憲法」ということである。初期の正造が目指していた自由民権からさらに進化した自由人権であり、その戦いは今も継続しており、さらに課題は増えて、立憲君主から立憲人主への道の模索である。

しかし正造の現在地はそこからは遠い。正造はその理由を知っている。

日本人の気風は下より起らず上よりす。民権も官よりす。（略）日本の民権は民人より発揚せるにはあらざるなり。憲法すら上よりせり。嗚呼、一種不思儀《ママ》の気風なり。日本今君主専制国の如く、又立憲の如く、盗賊国の如く、此三種を以てせり。危し危し。

（日記、明治四四年一一月二〇日）

いまこの地方人民を見る。徳川氏の温和的圧制に慣れ、二百年の遺伝性となり、一に畏敬、二に恐懼、三に畏怖、四に謹慎、五に卑屈、六に堪忍、七に忍辱、八に依頼、九に官尊等の文字より生ずる消極的謙遜、形容的礼節、偽善的忠義、吝嗇的節倹等、似て非なる性となって終に夢精神となり、三百年の余弊は、四十五年を経てますます甚だしく、而もこの弊より発する悪徳を指して道徳と誤解するに至れり。此時に当りては、断じて古きを捨てて新鮮なる宗教を以てするの外、此の国民を救出すべき道なし。キリスト曰く、一切を捨てて我に従えよと。今の日本は尋常無力の宗教をもって救うべからざるなり。

（日記、明治四五年）

正造には日本人の気風の拠ってくる所が分かっている。徳川時代の温和的圧政であり、いま一つは四五年を経てますます甚だしい一君万民の思想、天皇制がそれである。両時代を通じて形成されて来た自立しようとしない「民」の精神構造（どれい根性）が問題なのである。正造はここを打開しようとして宗教―キリスト教をもってしようとするが、一切を捨てることは、普通人にできることではない。所有所得を後生大事に抱え込むのが人の常である。

正造が「人権亦法律より重し」と言う時、人権は人民の権利の短縮であろう。先ほども言ったが、「民」とは片目を潰された奴隷・被支配者の象形である。だから人民と言えば奴隷の意味が入ってくる。どれい根性を引きずっている。「人民」と言わず「人間」と言う方が良い（「人」は人間が立っているところの象形である）。市民とか、民権とか、民主主義とかいう言い方はやめて、市人、人権、人主主義と言えば良い。人間であることの自覚と、人間は自由平等であるという自覚が、あるいは道を開くかもしれない。「天は人の上に人を造らず、人の下に人を造らず」。これは福沢諭吉がアメリカ独立宣言に謂う All men are created equal を訳したものである（福沢自身は、人の上に人を造ることに同意したわけだけど）。人間の自由平等は天皇解放が必須である。しかし、人間にはさまざまな性格の在りようがあり、これもまた難しい。欲望煩悩は無辺であるから。どれい―逆どれいの幸福もあるし、どれいの自惚れは手に負えない。民は相変わらず民のままなのか？

「今の政治に今の国民を見る」。自然を荒らすのは天地の大罪であると批判しても、それで悪魔の所業が止むわけではない。例えば岩舟山の角石は関宿の棒出しを強化するために使われたこともあるが、山の景観を守ろうとして石材を取るのをやめる人がいたとしても、銅山党のような阿漕な奴が二倍三倍とっていくだけだ（伊勢の阿漕ケ浦は禁漁区であったから魚や貝がうようよいたが、皆が取らないのをいいことに、あくどくあざとく魚を貪り取る強欲な奴原を、阿漕な奴と謂う）。

欲ばりよ、早くまことに其私を捨てよ。（略）欲を去るは天に近か付くのみちなり。（略）欲を捨て私をすて、我儘をすて傲慢をすて、いろいろな私欲と云ふ重き荷物をすてゝ、のぼらねば

のぼれぬなり。（日記、明治四四年七月四日）

しかし、

独り聖人となるは難からず。社会を天国に導くの教や難し。是れ聖のつまづく処にしてつまづかざるは稀れなり。（略）（日記、明治四二年七月七日）

欲望を抑えきれる人は少ない。人はパンのみにて生きるにあらず、と言われても、人間の体は他の栄養素を必要としている。かえってバター、ハム、野菜、カルシウムや鉄分、ビタミン類が欲しいなどということになる（「パン」というのはそういうものも含めてパンなのであり、対応するのは「精神」である）。しかし精神は欲望を含む。そして欲望・煩悩は無辺であり、金目の物があれば争いになり、儲かる（所有する）のであれば山を荒らし、川を荒らし、天然自然を破ることに目敏《めざと》い。天地の収奪である。足るを知ることなく、「真の文明」など眼中に無い、ということになる。一人独居隠遁して心身を鍛えるのは、むしろ難しくはないが、他者・社会の中にそれを求めるのは至難である。

天然の大なるをしらず、有限物質の仮力を借りて辛らき小利に汲々たり。其小利亦私利、自然公共の大益をしらざるなり。（略）一つも天日の光ある公明正大の業務たるべきものを見ず。（日記、大正二年七月二一日）

悪魔を退くる力らなきもの、行為の半は其身も悪魔なればなり。（日記、大正二年八月一日）

これは事実上、正造の日記の最後の記述であり、正造は最期まで「悪魔の研究」を続けていたのである。そしてこれを正造は自戒を込めて言っているのであるが、悪魔は飽くまで悪魔なのである。

そこに金目のものがあり、それが飯の種になるのであればいくらでも取り付いていく。一つ下さい、お供します、と利益誘導に乗る「猿殿犬殿」もいる。欲を捨てられない。やんぬるかな。あああ。

次に正造とキリスト教について見る。正造の生涯は受難の連続だった。生涯に未決拘留を含めると五回入獄している。一回目は六角家事件の時（慶応四年）、二回目は江刺県木村新八郎殺害事件（冤罪。明治四〜七年）、三回目は三島県令との闘い（明治一七年）において、四回目が川俣事件の法廷で大欠伸をし（明治三三年）、官吏侮辱罪に問われ、有罪確定後の入獄（明治三五年）、五回目は明治三九年六月、鈴木管掌村長を泥棒と呼び官吏侮辱罪で告訴され、栃木で未決拘留、一審有罪、二審無罪となった時であるが、それら入獄はいわば受難の証でもある。

この四回目、大欠伸をし、官吏侮辱罪でもめていた頃、明治三四（一九〇一）年九月頃、正造は巖本善治を介してキリスト者新井奥邃《おうすい》と出会った。天皇直訴後、新井は正造の行為を擁護した（前述）が、明治三五年、欠伸事件で重禁錮一カ月一〇日の判決が大審院で確定し、巣鴨監獄で服役していた時（三五年六月一六日〜七月二六日）、初めて『新約聖書』三〇〇頁を読んだ（差し入れたのは内村鑑三だったというが定かでない）。聖書のどこに感動したのかは明らかではないが。むしろ、読んだが分からなかったと言い、「聖書を読むよりは、先ず聖書を実践せよ」（日記、明治四二年三月三一日）と言っている。おそらくその倫理的、行動的な部分にひかれたのであろう。

キリスト教に出会って後、正造の行動を支えていたのは、洗礼は受けなかったが、キリスト教であった。正造の行動に理解を示した友人は、島田三郎、巖本善治、三好退蔵、津田梅子、松村介石、内村鑑三、新井奥邃、安部磯雄、石川三四郎、木下尚江、逸見斧吉、和田、本多庸一、潮田千勢子、矢島楫子（日記、明治四二年八月二七日）、松本英子といった婦人矯風会の人を含むキリスト者であったし、特に新井奥邃は正造の導き手であり、正造のキリスト教理解に大きな影響を与えた。ただ新井が正造に何を語ったのかは、今一つ分明でない。

新井奥邃《おうすい》（弘化三〈一八四六〉年、仙台生まれ。～大正一一〈一九二二〉）。本名常之進安静《やすよし》。藩校養賢堂で（漢学を）学び、江戸の昌平黌《しょうへいこう》に入ったが、間もなく安井息軒の三計塾に移った（誰に習うかが問題だったから）。戊辰戦争で官軍と戦い、榎本武揚軍に投じ、箱館でロシア正教（ギリシャ聖公会、と花崎は言っている）のニコライと知り合い、ハリストス教を知った。一時、明治政府の追及を逃れ、赦免された後は再び函館に向かい、ハリストス教を究めようとした。その後森有礼に随伴し、一八七〇年、アメリカに渡る。七一年春、トマス・レイク・ハリスの主宰する新生社（The Brotherhood of the New Life）に入った。これは教会ではなく、コミュニティであった。「隣人に仕えることを抜きにして、人は神を信ずることはできない」（林竹二「奥邃の人と信仰」『田中正造』）というハリスの信念である。ハリスは新生社をニューヨーク州ブロクトン（エリー湖畔）からカリフォルニア州サンタローザに移し、新井はそのコミュニティの中で、殆ど出歩くこともなく、約三〇年間、瞑想と労働の生活を送った。

明治三二（一八九九）年に帰国し、雑誌に寄稿したり小冊子『光瀾之観』（『日本人』〈明治三五年〉に掲載）を出版して支持者を増やした。『光瀾之観』は漢文で書かれ、「道即ち貴い神の生命は静かにして善く動き、その体は円にして用を開く。開くとは変化するということであり、新から新へと転じ、永遠に新たである」というようなことが述べられている。神の生命の働きは、宇宙を統べる道《タオ》の如きものであるようだ。

三四年九月、正造は新井を巣鴨の寓居に訪ねた（三三年頃ともいう。正造が寄稿した「鉱毒文学」によって『女学雑誌』が発禁になり、明治女学校校長で発行者の巖本善治が裁判に掛けられ、その公判で新井と正造が対面した可能性がある、とコール・ダニエル〈『新井奥邃著作集』の編者〉は述べている）。新井は正造の直訴を知り、『日本人』明治三五（一九〇二）年一月一日号に、「過を観て其仁を知る」を書き、直訴事件の正造を擁護した。直訴は過ちであろうが、正造の死を賭した止むに止まれぬ行動には仁愛が知れる、と（前述）。

三六年の年末、新井は支持者平沼延次郎によって贈られた未完成の謙和舎に入った。新井は、平沼が神に献げたものを受けて預かることにした。巣鴨にある東福寺から二二〇〇坪を借り、新生社のやり方を踏襲したものであろう、大半を耕作地にした（がうまくいかなかった）。謙和舎は二〇名ばかりの学生を収容できる塾舎である。また三九年、舎外の会員が大和会《たいか》を組織し、新井先生を中枢として相互の修養を図り、新井先生の講話を「語録」として少部数印刷し、三九年一二月から四四年一〇月まで会員に配布した。まず自身の精神と生活を修め、一隅を照らす世の光、地の塩となることで、人類の大和につながるよう努力した（播本秀史）。

また新井は『奥邃広録』第四巻の中で次のような言葉を述べている。「天君にして、父母神の子たる主は、奴隷然として言えり、〈我は我が首《こうべ》を枕する所なし〉と。これ、その個体においては遠く過去に属するも、その大体においては即ち今猶且古の如し。天下のその首を枕する所なき者の中において今なお奴隷なり。この奴隷は我が主人公、基督耶蘇なり。云々」（林「聖書の実行」『田中正造』一一五頁）。

新井は自分はキリストの志願奴隷であると繰り返し言っていたそうであるが、上の言葉は正造の生き方とも照応しているように思われる。前述したように、正造は谷中村（というコミュニティ）では「枕する所」（マタイ八―二〇）は二日と同じ所ではなかったし、仏教で言う乞食《こつじき》のように、キリスト・イエスのように、神の聖隷のように、志願奴隷のように（林、同書）、辛酸を佳境として甘受し、隣人愛を実践し、公共に尽くした。

新井は明治女学校で講話をしたこともある。同校の学生に小手川ヤヱ（野上弥生子、一八八五〜一九九五）がいた。後に新井のことを小説『森』に村井幽寂先生として描いている。それによると、新井のモットーは信仰と労働の合一ということであり、漢学、とりわけ老荘の思想に精通しており、キリスト教と老荘思想が渾然と融合されている、ということである。ある土曜日の午後、加根（弥生子）は友人と村井（新井）の庵（巣鴨の謙和舎）を訪ね、話を聞いていたが、村井は、「どこで、どんなかたちで、誰について学ぶかが重大な問題だ。その意味から、あなた方は仕合せだ。（略）あすこ（女学院）に集まっている方々は、（略）一人一人が龍であり、麒麟であり、鳳凰であります。（略）ただ遺憾ながら、龍や、麒麟や、鳳凰には、馬車は曳けない」（野上『森』岩波書店、一九八五、三二頁）と語った。ここに信仰と労働を尊ぶ新井の真骨頂があり、正造と肝胆相照らした鍵がある、と花崎皋平は指摘している。新井の生き方には、「下野の百姓」、特牛《ことい》《のうし》の歩みを生きる正造と重なる生き方があったのである。

久々にて新井奥邃氏を訪ふて泊す。厄介となる。安眠す。殆んど深山に寝たる如し。清風静かに。身辺和らかに神心清きを感ず。（日記、明治四四年六月二一日）

新井奥邃氏と面す。一泊厄介を得て親くし長時間を対話する如くするも、一物の存するなきが如し。只何事か心清まりて高尚にすゝむを覚ゆ。之れ神のめぐみのみ。神は物をさして教る事なし。すべてを育するのみ。只凡眼者流は物あり、音あり、声あらざれば得難し。可憐かな。（ノート、明治四四年六月二二日）

キリスト教を基礎においた新井の静かなたたずまいに、正造は深山に安眠するように心静まり、安心感を得ることができたのであろう。「重荷を負うて苦労している」心身を「休ませる」（マタイ一一―二八）ことができたのであろう。ただ、寛ぎすぎたのであろう、七〇歳にして朝寝を新井から誡められ反省している（日記、明治四三年四月一九日）。

正造は新井門下というわけではないが、黒沢酉蔵を伴ってたびたび新井を訪ねている。新井の持論である「二而一、一而二」や、「父母神」（これらは『老子 第四二章』の「道生一、一生二、二生三……」から来ているだろう）、「有神無我」、「神の志願奴隷」などの思想を聞いたはずである。

しかし、正造は怒る人だったと思うが、新井が「欲怒」を超克すべきものと言い、「先ず怒を己の中に殺すべし、怒は愛の寇なればなり」と言う時、正造は、欲はともかく、怒を去ることができたであろうか。つまり、古河市兵衛に対する怒りであるが。また新井が大終における大赦（最後の審判における万人救済）と言う時、正造は悪魔と呼ばわった市兵衛をどう扱えばよかっただろうか。ともに救われると言ってはいたが。市兵衛も「愛」によって「新生」を得ることができただろうか

（それとも市兵衛には関係ないことだったろうか）。
正造は新井から深い影響を受けている。逸見斧吉宅に残された正造の遺品の中に、『奥邃語録』一〇冊があった。新井は一九二二年六月一六日死去（花崎皋平『田中正造と民衆思想の継承』七つ森書館、二〇一〇。小松裕『田中正造』。播本秀史『新井奥邃の人と思想』）。

晩年の正造に影響を与えたもう一人は岡田虎二郎（一八七二〜一九二〇）である。岡田は愛知県渥美郡田原町（現・田原市）に生まれた。生まれつき虚弱な体質であったが、一三、四歳の頃、一種の霊感にうたれたという。心身が一変し、強健となった。高等小学校を卒業した後、農業に従事し、螟虫《めいちゅう》採卵法を発見して農民の災厄を救い、明治三一年、渥美郡農業主事となって、害虫発生の予告と駆除法を知らせた。三六年、三〇歳で渡米、三八年に帰国。人間本来の自然体形と呼吸法を基にした静座法を創始した。三五歳で上京、静座法を広め、明治・大正期に政治家や実業家、芸術家などに信奉され（木下尚江や逸見斧吉もその一人）、一世を風靡した。四九歳の時、尿毒症で急死したことにより、静座法のブームは一気に衰えた（世田谷静座会のHP。ウィキペディア。山極『評伝木下尚江』）。

静座の目標は「道」を体得することである。正座の形で座り、腰を立て、脊柱をまっすぐにし、眼を閉じ、鳩尾《みぞおち》を緩め、両手は軽く組んで腹につけ、下腹（気海丹田・臍下《せいか》丹田）に力を入れ、静かに細く長く鼻から吸って鼻から吐く。これによって、「心身の遺憾なき発達をとげ、力はその内部より湧き出で、大安楽の心境をつくり、心の欲する所に従って、矩《のり》を踰《こ》えざるところの人になる」。

静座を始めると頭寒足熱の人となり、食べ物がうまく、よく眠れるようになる。そうして、悟後の長養という心身不二の修行の日常化が始まる。岡田は言っていた、「まあ、黙って座りなさい」（柳田誠二郎『岡田式 静坐のすすめ』地湧社、一九八三）。

村田四郎という若い社会主義者が岡田の静座法で肺結核を治したことを聞いた木下尚江が、病身であった妹伊和子にすすめると、伊和子はたちまち健康を回復した。逸見斧吉のすすめもあったようである。次に伊和子は尚江にすすめ、明治四三（一九一〇）年五月二九日、木下は伊和子の案内で岡田虎二郎の門をくぐった。以後木下は熱心な岡田の弟子になり、静座一途の生活を送った。効能は一向に分からなかったが、木下は岡田の人物の面白さ、というより不可解で、深みのあるところに引かれていた（山極圭司『評伝木下尚江』）。

明治四三年五月二五日、信州爆裂弾事件（明科《あかしな》事件）が発覚し、長野県松本署で宮下太吉、屋代署で新村忠雄が爆発物取締罰則違反で逮捕され、明治天皇暗殺を謀議したとして、大逆事件の容疑者二六人の逮捕が始まる。六月一日、神奈川県湯河原で幸徳秋水が逮捕された。無政府主義者、社会主義者を一網打尽にしようとした、フレームアップ事件である（翌年一月、大審院で二四名が死刑判決を受け、一二名が無期懲役に減刑、幸徳ら一二名が二四、二五日に処刑された）。この事件について、正造は日記にも何も記述していない。

正造は静座などにうつつをぬかす木下を批判していた。正造にはそう見えたのであろう。木下は正造を静座に誘った。八月になって洪水見舞いにやってきた正造を、木下が三度静座に誘うと、「参ります、参ります」と言って翌日から静座に行くようになった。（木下『野人語』）。八月二四日、正造は逸見夫妻に連れられ、岡田に静座法を教えられた。その翌日、逸見を訪ねた木下に、正造は静座をしながら、「聖人というものでがす」と答えたという（木下『田中正造翁』）。山極『評伝木下尚江』）。「長年にわたる奔走で悪化する一方の体調と精神的疲労を何とかしたいという思いで接近したことは否めない」（小松『田中正造』二三六頁）。

正造は岡田の静座道場に通った。何度も静座した後の感想であろう、日記に次のように書いている。

俵らを土台の上に積み重ねた。一ケ年をへて土台頓（傾）きて、俵正に崩れくつがいらんとせり。此時主人此事をつげられてはいかゞ。／又俵を卸し下して先づ土台を真直ぐにして平均点を正して、其上に改めて俵をのせるなり。さすれば尚二ケ年も三ケ年も頓かず崩れざるなり。／予が静座を学べる又此通りにて、予の年已に六十九歳、其身崩れ頓き杖を助く。（略）三十七年谷中に入りて已来は常に杖を持てり。偶杖なきときは歩行難を覚えたり。然るに之れも今杖を忘るるに至りたり。精神も落ち付きたり。天真に帰れり。（日記、明治四五年五月一五日）

（略）欲する処は他にあらずして誠に精神の自由、而も其物の大へなる、其又大なるを以て立却の地、其地の又磐石の上に立てん事を希いり。之れ我今日の宗教にて候。以御蔭其健全を正座静座の大へなる自由中に求め得んとす。（逸見斧吉夫妻宛書簡、大正元年八月一四日）

歩くのに杖を要していた正造の身体は磐石になり、精神も落ちつき、天真に帰った。静座はもはや宗教といってもいいほどに、正造の身体を健全にしていった。正造は崩れかけていた土台を真直ぐにし、その上に積み上げていく行動力を獲得したのである。谷中での行動はもうしばらく続けられる。

キリスト教の問題に戻る。以下に正造のキリスト教に関する主な記述を列挙する。

正しき行は神に叶ふものなれば正直は神の道ちと合することは多いのだ。（日記、明治三六年九月二六日）

新井翁の庵りの山に何にもなし夏には白雲冬はしらゆき（黒澤酉蔵宛書簡、明治三七年一一月五日）

（略）只聖書の研究なくして畢るを遺憾に存候。昨年来は聖書の実行のみならん。（原田定助留守宅宛書簡、明治三八年一一月三〇日）

可憐かな。故にキリストの言は皆予言となれるものなりと信ず。正造も近日中に洗礼を受けんと祈り居候。（原田定助宛書簡　明治三九年五月二〇日）

天国とは神自ら天地万物を脩め賜ふ政治の統一を云ふ。山川河海は神の教えにそむかず、人類動物やゝもすれば神にそむけ罪をつくれり。人にして神に近付くものは草木山川河海の如し。（日記、明治四二年七月）

己に一物なければ、天地皆我物なり。（略）／顔回、一たん一ひゅう以て楽み改めず。（同七月八日）

神は幹にして人道は枝葉なり。細根たりと云ふも可なり。幹に付帯せざる枝葉は枯れる如し。また渾て枝葉と細根なければ、幹も亦枯るゝに至る。神は人によりて尊し、人は神によりて息く。

（同七月二八日）

万象皆我師なり。

（日記、同八月四日）

人の光は神よりうけて神と合し、神と同一に光るあり。キリスト即ち之れなり。

（日記、明治四二年八月二七日）

あゝうれしや、我は虚位と云ふ事をさとれり。于今して漸く之を自得せり。我誠に虚位たらば令点なり、我又何物か一物なし。田中正造なるものなし。身もなし。身なければ形なし、心なし。是誠虚心なり。

（日記、明治四二年九月一七日）

野の花の天の造られしまゝほど綺麗なるはなし。人の心もすがたも天の造られしまゝほど清くうつくしきはなし。只野の花にはあかつかず、人の身と心にはあかつき、けがし、けがさるゝ事多し。之を洗へ、之を払へ之を清めざれば天の真を顕す能わず。（略）

（日記、明治四三年七月一四日）

己れを忘れて他人を救わんとせば己れまた自然神に救わるるなり。然るに人に救われんとせば神は傍観せり。諸君には尚この上とも救へぬしの一人となられん事を厚くいのりあげ候。

（島田宗三他宛書簡、明治四三年九月一一日）

孔子は俗事にも熱誠なり。釈迦は脱俗虚空。キリストは真理実践。予はキリストをつとむ。

（日記、明治四四年五月一日）

人は万物の中に生育せるものなり。人類のみとおもふは過りなり。況や我独りとおもふは過りの大へなるものなり。

（同五月一三日）

正造がキリスト教をつとめる理由は、隣人愛に基づくいわゆる慈善活動、「真理実践」のその社会性と行動性にあるように思われる。即ち「聖書を実践せよ」ということである。すると、正造は佐倉宗五郎的義人であるとともに、キリスト教的義人（義《ただ》しい人）と言う意味も併せ持つことになろう。孔子は処世術を例示し、顔回《がんかい》の一箪一瓢《いったんいっぴょう》の清貧生活を取り上げている。これは谷中村に入った正造には相応う生き方であっただろう。さらに、「一切をすて、神に問へよ」と言い、「己に一物なければ、天地皆我物なり」などと言う時、正造はそれ（「夏には白雲、冬はしらゆき」という天地自然）を新井の庵で見たのであろう（小松『田中正造の近代』によれば、この歌は、民間宗教富士講の第六世食行《じきぎょう》身禄《みろく》の、「ふじの山のぼりてみればなにもなし　よきもあしきも我がこころなり」が下敷きになっているという）。

正造の心にあるのは、花崎皋平の考察によれば（『田中正造と民衆思想の継承』）、サブシステンスの思想である。サブシステンスとは、最低生活水準ということで、「生命存続と再生産のシステムを基準にした生活と社会編成のことであり、そういう社会の実現を追及する思想である」ということである（松下竜一が豊前地方の生活哲学として語る〈豊前人なら誰でも分かる〉「いのちき」ということである）。限度より多く物を持つのは（文字通り）邪魔になり無用であり、不経済であるから、知足を弁えて、無暗に欲望に走らないということである。そうすれば、天地自然と生きることになり、かえって天地自然は皆我物ということになる。しかも仏教が脱俗虚空で、社会から一歩も二歩も退いて、隠遁している（ように正造には思えた）こととは違い、無欲で静かではあっても、そのこと自体が社会的な事柄なのである。「野のユリを見よ」（正確に言うと「野の花がどうして育っているか、考えてみるがよい。働きもせず、紡ぎもしない」〈マタイ一八―一二〉ということである。

また正造は孟子の惻隠《そくいん》の情についても語る。

見よ、三才の小児将に井に落ちんとす。又犬にかまれんとす。之れを近くはせより急ぎ救ふは道ちなり。人情なり。（島田宗三他宛書簡、明治四四年四月五日）

仏教にも還相回向《げんそうえこう》して菩薩のように（雲龍寺での活動のように）現実社会で行動する人もいるのであるが、浄土真宗などは他力念仏を唱えるだけで、社会的にコミットしようとしない（人が多い）。正造は友人の多くのキリスト者が社会性を持ち、足尾鉱毒問題・谷中問題に関わってくる姿勢を見て、その（行動性の）光は神より受け、神と同一に光るということを覚り、その根底にあるイエスの受難の生涯に倣おうとしたのであろう（つまりイエスは還相の「菩薩」だから）。これを正造は天理と呼んだのであろう。聖書にいうイエスの思想は天理であり、イエスの社会的行動は人道・倫理として正造の指針であり支柱であった。イエスの思想と行動とは、一言で言えば、正しいマゾヒストの隣人愛とその実践である。しかし正造がキリスト教とその教義に通暁していたわけではない。正造が神と言う時、天地創造の唯一絶対神というより、やはり東洋的な、汎神論的な、「道法自然」（老子）と同義であり、イエスの行動的倫理的な隣人愛に同感していたわけである。

見よ、神は谷中にあり。聖書は谷中人民の身にあり。苦痛中に得たる智徳、谷中残留人の身の価は聖書の価と同じ意味で、聖書の文章上の研究よりは見るべし。学ぶべきは、実物研究として先ず残留人と谷中破滅との関係より一身の研究をなすべし。徒に反古紙を読むなかれ、死

したる本、死したる書冊を見るなかれ。（聖書にくらべて谷中を読むべき也）

（島田熊吉等残留民一八人宛書簡、大正二年二月一二日）

谷中学を志し、谷中人民の中に入り、「谷中人民に神を見た」正造は、むしろ「聖書にくらべて谷中を読むべき也」、「神は谷中にあり。聖書は谷中人民の身にあり」と言う。そして常に現場に居て、実地の谷中を見、人民の生きたる経験を学ぶことは、「実物研究」であり、「天国に到るのみちしるべとしるべきなり」（島田熊吉他宛書簡、大正二年二月一二日）と言うのである。行動的キリスト者というべきものであろう。谷中の天地に谷中共同体が在ったのである。

人は天地に生れ天地とともにす。些の誤りなし。安心も立命も皆此天地の間に充てり。よろこびたのしみ又限りなし。○之れを行ふは即ち愛なり、仁なり。之れを実にす、之を義とす。而して知徳は之の美なるものなり。又曰く、美は和を得るの要、和は天地を合す。

（日記、大正一年一〇月六日）

愛、仁、美、和。ここにはキリスト教、儒教、仏教の集合（あるいは習合）した境地がある。「もし愛がなければ、わたしはやかましい鐘や騒がしい鐃鉢とおなじである。（略）愛は寛容であり、愛は情深い。またねたむことをしない。愛は高ぶらない、誇らない、無作法をしない、自分の利益を求めない、いらだたない、恨みをいだかない、不義を喜ばないで真理を喜ぶ。そしてすべてを忍び、すべてを信じ、すべてを耐える」（一コリント人一三―一～七）というキリスト教の愛、また「われわれは神のうちに生き、動き、存在している」（使徒一七―二八）という聖書の言葉を想起しなければならない。神の息吹（プネウマ）の中に、ともに、共に、友に、伴に、朋に、倫に生きる共同体がある。キリスト教の「愛」を儒教の仁と同一視し、義も儒教的な要素とキリスト教的な要素が合体している。さらに美は和を生み、和は自然、天地河海・山川草木に合一する。人間は愛・仁・美・和において天地に生まれ天地に生きる。その間に（仏教の）安心立命は充ち、よろこび・たのしみは限りなし。一つの境地に達している。

一方に山河を荒らす天地の大罪人である銅山党との戦いがあり（しかし、持てば持つほど欲しくなる餓鬼のような銅山党が「虚位・虚心」になることがあるのだろうか?）、他方に（人類だけでなく）山川草木鳥獣虫魚、大地と海や空といった森羅万象との交感があり、万象皆我師なりという自然観・汎神論がある。虚位、虚心という位相は多分に東洋的・仏教的で、正造の言う天理は、キリスト教を際立たせようとしているようではあるが、幼少の頃からの道徳、（小松の言う）「正直の頭に神宿る」といった人生訓、富士講や、自然観を培った道教（道《タオ》）、儒教、また仏教の教養や、岡田虎二郎の静座法もあるというような、入り組んだ良いとこ取りのシンクレティズム（諸教混淆）であるように思われる。

花崎皋平はそれを、

　彼にとっての神とは天地自然に偏在して造化のはたらきをつかさどる霊である。その霊に感応する人間の、万人に共通な心が良心である。したがって、人間が良心にもっともよくしたがうことが、神を信じ、神に近づく道だと観念されていた。

（「田中正造の思想」『生きる場の風景――その継承と創造』朝日新聞社、一九八四）

と言うのであるが、これは（大雑把に言って）老子の謂う道《タオ》、また仏教の謂う法《ダルマ》、イエスの言う神の息吹《プネウマ》のことではあるまいか。「道法自然（道は自然に法《のっと》る）」（『老子 第二五章』）、「道常無為、而無不為（道の常は無為にして、而も為ざるは無し）」（『老子 第三七章』）と老子は言っている（ただし、天地は不仁であり、道の常は無名である、とも言っている）。物理学的に言えば、熱力学の法則（一、エネルギーは一定である。二、エントロピーは増大する）である。即ちそれらのシンクレティズムである。

正造の生涯を貫く一つの基本姿勢がある。「人間の低み」を生き通したことである。

竊《ひそか》に思ふ、予の多年のたのしみは何かと思ふに、人生を大別二とし、社会の最に勢力なき弱き人々を合せて強き暴慢を排するをたのしみとせしは、予正造が行為の十中の九に居るなり。最弱を以て最強に当るにあり。

（日記、明治四三年八月三日）

大雨にうたれたゝかれ重荷挽く／うしのあゆみのあとかたもなし

（大正二年一月一〇日）

これは正造が繰り返し日記や書簡に書き付けてきた自作の短歌であり（一月一〇日には同様の短歌が七首載っている。その最初のもの）、自画像である。大雨にうたれた、かれ、重荷を負い、人生を相渉る「特牛《こといのうし》」のような歩みに、自分の姿を重ね見ている。最弱をもって最強に当るというのは、権力闘争・上昇志向などより、ただの人の低みに居て、非暴力・最弱をもって、支配者・強き者たちの暴慢・破憲破道を自覚させ、止めさせようとすることである。公共に尽し、人権と福祉を目標とした所期の志を生き抜き、天理による戦いを貫くということであろう。それはたのしみでもあったが、重荷を負う「特牛」の歩みでもあったのである。

それはまたイエスに倣った祖形の反復であり、「受難＝パシオン＝情熱」の行動であっただろう。

花崎皋平は、滝沢克己の言葉を引きながら、「人間共通の低みに立」って事を考えることという。「ただの人」として、人間存在の基底に立ち、人間の低みに生きることである。

普通、人は立身出世を目論み、刻苦勉励して、あるいは無法非道によって、また金力権勢によって、（一二頁の座標軸で言えば）右の下から（下級武士のような既に右の中くらいに居る人もいるが）、（政治的、経済的な）右の上の高みを目指すのであろうが、僕はこの追従的上昇志向タイプを小マゾヒストと呼んでいる。正造は左の下の「人間の低み」に居て、「ただの人」として、「天理による戦い」を全うした。このタイプの典型をあげれば、イエス、田中正造、宮沢賢治、松下竜一といった正しいマゾヒストたちである。

正造は河川調査に余念がなかった。いつもの木綿の一重、袴、脚絆、地下足袋姿である。道すがら、正造は小石を拾うことがあった。ここにも「うたれたゝかれ」転がっている存在がある。海浜には「まさつ自然の成功」であるところの丸い石が転がっている。地球のかけらとして数（十）万年を閲《けみ》した存在がある。

思ふに予正造が道路に小石を拾ふは、美なる小石の人に蹴られ車に砕かるゝを忍びざればなり。海浜に小石の美なるを拾ふは、まさつ自然の成功をたのしみてなり。人の心凡此の如し。我亦人と同じ。只人は見て拾わず、我は之を拾ふのみ。衆人の中には見もせずして踏蹴けて行くもの多し。（略）路傍の石を拾ふは可なり。山川の石を持ち帰るは天道に遠し。嗚呼。

（日記、大正二年一月九日）

ところで正造は、運動のために無財産になったと思っていたのに、友人世話人の手で田中所有地としてまだ残っていることを知って驚き、一旦は経済的にお世話になった原田定助に与えようとしたが、郡中にも借金があり、社会公共に放り出してしまわなければと思いなおし、八反余りの山林田畑と家屋敷を小中村に寄付し、農教倶楽部を建て、良き教員や宗教家を置き、郷里の風俗を改正し、教育を進める拠点としたいと希望を述べた。これなら借金のある蓼沼丈吉、島田雄三郎も寄付人あるいは所有主として名分も立つのでは、と考えた（原田勘七郎・たけ子宛書簡、明治四〇年一二月二三日）。そして実際に小中《こなか》農教会に寄付することを表明したのが大正二（一九一三）年一月二二日と二三日の手紙である（『田中正造全集　第一九巻　解題』。小松『田中正造の近代』六二〇頁）。

（略）幾分か小村公益復活の御ために相成候はゞ、わたくし無此上次第に候。但しさしたる必用は無之とも、農教会の外、諸教会、講話演説、青年会、婦人会、キリスト教会、天理人道会、人丸歌聖会、その他宗教会は勿論、経済問題としては旗川水勢研究会目前に迫るあり、（略）

（篠崎平吉他宛書簡、大正二年一月二二日）

正造は、学び合い助け合い、自由人権と、文化と農業の復興の拠点としたかったのである。宮沢賢治（一八九六〈明治二九年〉～一九三三）のように、「羅須地人協会」をつくりたかったのである（時系列は正造の方が先であるが、賢治は正造を知らなかっただろう）。

大正二（一九一三）年三月頃から、正造は健康を害し、疲労を覚え伏せることもあったが、不当買収価格裁判や河川踏査に忙しい。大正二年五月、六月、残留民と共に渡良瀬、思、巴波川の上流に調査に出かけた。その直後、正造は幽門狭窄の症状が現れ、七月二日、古河町の田中屋で病臥することになった。七月一五日、「不肖弁当欠乏につき、たくはつに出ます」と書き置いて、佐野、足利方面に出かけた。足利から逸見斧吉に宛てた手紙には、

正造は例の間食病と疲労病を合発、三十日計り前よりますます食料も減じ旁《かたがた》運動を妨げ、島田氏の助けにて茨城、埼玉、群馬の近きへんをめぐりて、今又独り足利へんに来り候得ども、もと病中事務無便埒明き兼、実は閉口に候。一昨日来の大雨も出水多からず、此一事先づ農民のよろこびのみにて候。間食の弊何とも悪るきくせとなりたれば、茲に断然たる処置、即ち断食を以て此大弊を破る覚悟にて候。但し運動は少しも中止いたし不申候。

（逸見斧吉宛書簡、大正二年七月二六日）

食病と疲労病というのは、胃がんの症状であったのだろう。体力の衰えは隠しようもない。断食がどれほど効果があったか。この書簡には、「精神はますます爽快に候」という一文もあるが、「只正造が肉体のおとろいて昨年の如くならず候」という文もあり、既に遺産の処理なども済ませている。ある覚悟はしていたようである。

それから、また知友を訪ねて「たくはつ」に出、八月一日、谷中へ向かった。この日は、並木小学校で安蘇足利治水細流枝川の保護会の必用を説くと、校長は大いに嘉した。

二日の日付で、日記（新冊に移って最初の頁）には次の記述がある（日付は一日が正しいと、島田宗三『田中正造翁余録 下』〈二〇九頁〉はいう）。

○悪魔を退くる力らなきもの丶行為の半は其身も亦悪魔なればなり。已に業に其身悪魔の行為ありて悪魔を退けんは難し。茲に於てざんげを要す。

○ざんげ洗礼は已往の悪事を洗浄するものなればなり。
○何とて我れを。

（日記、大正二年八月二日）

これは正造の絶筆である。悪魔を退ける力がないのは、自身が悪魔であるからである、というのは誰にとっても痛い言葉である。前述の通り、「悪魔の研究」の到達点であろうか。

最後の「何とて我れを」という言葉は、イエスが十字架に掛けられた今わの際に発した言葉（「エリ、エリ、レマ、サバクタニ〈わが神、わが神、なぜ私をお見捨てになったのですか〉」マタイ二七―四六）であるが、これだけでは、イエスは絶望を表白しているようである。しかし、これは『旧約聖書』「詩編二二」の冒頭の言葉であり、次第に神の栄光を讃える言葉に転調していく。キリスト教に通じた人は、この「詩編」の最初の一節を聞いただけで、最後の栄光を讃える言葉も分かるのだそうである。このことを、正造は知っていただろうか。

二日、佐野の津久井家を人力車でたち、谷中へ帰ろうとして雲龍寺に立ち寄ったが、山田住職は不在であった。（近くの）足利郡吾妻村下羽田の庭田源八宅を訪ねたがここも不在であったため、分家の庭田清四郎宅にたどり着き、倒れこみ、そのまま病臥した。最早谷中に帰る気力も体力も尽きていた。

島田宗三は田名網政吉から八日になって知らされた。茂居病院への入院をすすめたが、正造は、それには及ばないと言って断った。カツ夫人と看護婦二人（後に三人）が付き添った。木下尚江、逸見斧吉、柴田三郎、野口春蔵、和田剣之助医師、中村秋三郎弁護士、福田英子らが見舞った。新井奥邃も手紙で見舞った。

島田宗三は病床で正造に話しかけた。八月一三日である。

今の世の中は、雨降り風荒び、暗雲天に漲っている有様ですから、この時一個のランプを出しても消されてしまうのは当然かもしれません。しかし、（正造の）お言葉は真理ですから――光ですから――光はたとえ消えても、一度光ったものは無かったのだということはできません。また決して負けたのではないと思います。たとえ瞬間といえども一度照らしたものは、光に違いありませんから永久に残ります。こんな事を申し上げるのは、誠に生意気のようですが、どうぞそのおつもりで、お心遼遠に臨んでください――私も永久に忘れません。

（島田『田中正造翁余録　下』二二〇頁）

宗三の精一杯の送る言葉であった。一度光ったものは永久に残ります、私も永久に忘れません、という言葉に、正造はうなずいて「ありがとう、ありがとう」と応えた。伝える者も伝えられる者も、これからも続く斃れても止まぬ永い戦いを思ったのである。

二四日、正造と相談して面会謝絶にした。見舞い客は数倍になり、一人一人面談するのは病状を刺激し、どんな結果になるか分からないからということであった。木下が面会謝絶の文を書き、張り紙した。周囲から種々非難があった。この日、正造が喉が渇いたと言うので、野口さんからもらった西瓜をあげたら、「実にうまい。一生の身より（思い出）に、ババア（カツ夫人のこと）にも一つやってくれないか」と言った。

木下尚江は正造の最期の言葉を書き留めている。

同情と云ふ事にも二つある。此の田中正造への同情と正造の問題への同情とは分けて見なければならぬ。皆さんのは正造への同情で、問題への同情では無い。問題から言ふ時には此処も敵地だ。問題での同情で来て居て下さるのは島田宗三さん一人だ。谷中問題でも然うだ。問題の本当の所は谷中の人達にも解かって居ない。（木下、大正二年九月五日）

病気問題は片付きましたが、どうも此の日本の打ち壊はしと云ふものはひどいもので、国が四つあっても五つあっても足りる事でない。（同右）

前の言葉、「正造への同情」と「問題への同情」を分けて考える正造の思考のゆえに、「此処も敵地だ」という厳しい言葉になっている。正造は自身の死を目前にして、なお続く鉱毒問題、谷中問題、治水問題の解決を願い、生涯をかけた「天理による戦い」の継承を願ったのである。

大正二（一九一三）年九月四日、大儀そうにしている正造を、木下が背後から抱き起こして端座させようとしていた。ギョロッと大きな眼を開いて、皆の顔をグルグル見まわし、「ハア」と息を吹き払うのかと思った瞬間、そのまま呼吸が止まってしまった。カツは「お仕舞になりました」と言った（島田『田中正造翁余録 下』二四六頁。木下尚江「臨終の田中正造」『神・人間・自由』『中央公論』昭和八年九月）。

午後零時五〇分、庭田宅で、胃がんのため、「下野の百姓」田中正造は不屈の生涯を終えた。残されたのは菅笠と頭陀袋一つであった。頭陀袋には、『新約全書』一冊、マタイ伝と憲法を綴じ合わせた冊子、日記三冊と「苗代水欠乏、農民寝食せずして苦心せるのは、安蘇郡及び西方近隣の川々細流巡視の実況及びその途次面会せし同情者の人名略記　内報その一号書」と題された草稿と、小石三個（路傍で拾ったのだろう）が入っていた。部分は全体である。聖書と憲法と小石三個は、正造の受難の生涯の、天理と人道による戦いの現場の象徴である。
正造の葬儀のことは『田中正造翁余録』に詳しい。九月六日、早川田の雲龍寺で密葬が行われ、一〇月一二日、佐野市春日岡山惣宗寺で葬儀が行われた。法号は雲龍寺の山田師による、俊徳院義厳徹玄居士（後、院殿大居士に改められた）。参列者は親類、友人、知己、縁故者、一府五県の被害民など数万人に上ったという。
正造の墓は六カ所に分骨されている。
栃木県佐野市小中町　正造生家前
同　佐野市金井上町　惣宗寺（佐野厄除大師。葬儀が行われた）
同　藤岡町（現・栃木市藤岡町）源五郎地内　田中霊祀（谷中村島田熊吉・宗三方庭前から、大正六年三月三日、移転）
同　足利市野田町　寿徳寺（一九八九年、明らかになった）
群馬県館林市早川田　雲龍寺（鉱毒事務所が置かれた）
埼玉県加須市　北川辺西小学校

四、それから

谷中村のそれからのことである。以下、島田『田中正造翁余録』と、同書所収の日向「谷中村の結末」（『田中正造ノート』に収録）によって略記する。

大正二年一二月一四日、古河町田中座において、正造の谷中村分骨葬儀を神式により行い、谷中村の島田熊吉方庭前に、方約一メートル、高さ二メートルの祠を建て安置した。しかし翌三年三月九日、これが河川法違反に問われ、碓井要作（葬儀委員長）、島田熊吉、島田宗三の三人は各二〇円の罰金刑となった。

大正三年秋、木下尚江は、田中正造のあの人格と経歴を以てしても遂にあの悲惨に終わったのであり、谷中村は村民自身によって解決するより途はない、正造の真似をすることが遺志を継ぐというものでもなかろう、不可能のことを可能のように言うのは村民を迷わせることになる、と言った。逸見斧吉は同調したが、福田英子は憤慨した。島田宗三は残留民に相談したが、残留民は藤岡町の田名網政吉ら四人を介し、この際谷中村復活運動は中止し、係争中の控訴裁判は継続することに決した。

ところが九月一日、渡良瀬川に洪水があり、群馬県海老瀬村の人民が自分の村の危急を免れようとして、夜間ひそかに対岸に渡り、谷中村の堤防を破壊した。谷中村と県南地域は大損害を被り、刑事事件に発展した。水は冬になっても退かず、小舟も通らず、小学生徒は寒中氷を割って通学しなければならなかった。刑事裁判で被害者（栃木県）の証人として出廷した谷県土木課長は、谷中残留民は一三戸あるが、いずれも無断人家で、いわば乞食の如きものである、と暴言を吐いた。

大正五年五月、残留民の困窮状態や渡良瀬川改修工事の進捗状況を見計らい、県は下都賀郡選出の県議二人を介して、円満解決を求めてきた。残留民は中村弁護士らと相談し、

一、行政問題（立退き）については相当の保護があれば受ける。

二、訴訟問題については法廷の和解があれば聴く。

という回答をした。

大正五年一一月二二日、県は書面を以て物件取払い（立退き）を命令してきた。履行しなければ、居宅は破壊、樹木は伐採、宅地の地形は撤回など強制破壊するという。残留民はこれに屈しはしなかったが、村の復活が絶望的になってきたのは分かっていた。向寒の季節に老幼をどうするかなど、現実問題に直面すると、進退に窮した。東京の有志、二人の県議、正造の甥の原田定助県議も加わって、県と交渉した。平塚栃木県知事は、期日を延期することはできないが、従来のような惨酷な処置は断じて執らない、と言明した。

大正六（一九一七）年一月一九日、県と残留民は覚書を交わした。移住地は下都賀郡三鴨村の内務省の渡良瀬川改修工事の埋立地（土捨場）、一戸当り一五〇坪、および支障のない谷中の現在耕作地と、同じく不用堤の貸付けを受ける。雑草刈取漁業等は従来のまま、一戸当り人数に応じて六〇円ないし一二〇円の就業費および物件取払費、雨覆費の支給、井戸の準備をする、田中霊祀の移転料五〇円、という条件で、立退き期日は大正六年二月末日であった。移住地三鴨村は、後に藤岡町源五郎沼を新渡良瀬川改修工事の残土で埋め立てた所に変更になった。また島田宗三を一戸主と認め、他の残留民同様の取扱いを受くること、という条文もあったが、宗三がこれを辞退したため、その土地は田中霊祀の敷地に編入された。

源五郎沼跡地は土地が狭く、痩せ地であったため、残留民は移住を拒否したが、原田定助県議が、「そんな無茶なことを言うなら、われわれは手を引くよりほかに方法がないが、われわれの顔を立てるために島田熊吉君一人でもよいから移りなさい」と言って説得したため、熊吉は返す言葉もなく承諾した。すると、渡辺長輔が「本家で移転するならば、私も一緒にまいります」と続き、他に数戸が承知した。それぞれの移住先は次の通りである（カッコ内は旧居住地）。

藤岡町源五郎地内へ[※]　島田熊吉（内野）、渡辺長輔（内野）、水野定吉（彦市の長男。下宮）、
　　　　　　　　染宮与三郎（内野）、宮内勇治（内野）、間明田仙弥（内野）
藤岡町高間　佐山梅吉（恵下野）、竹沢房蔵（下宮）
藤岡町内野　島田政五郎（内野）
藤岡町下宮　間明田粂次郎（下宮）、竹沢庄蔵（下宮）、竹沢釣蔵（下宮）
野木町野木　島田平次（栄蔵の養女イネの夫。恵下野）
野木町野渡　川島次郎吉（伊勢五郎の弟。恵下野）
古河市松原町　小川カド（長三郎の長男波蔵の妻。恵下野）
古河市三木杉　水野官次（常三郎の養女エイの夫。下宮）

（※藤岡町は二〇一〇年、栃木市と合併）

茂呂松右衛門は脱落、鶴見定吉（平五郎）、高田仙次郎は改修工事のため土地を買収され、移住していた。復帰民もわずかな移転料を受け取って、谷中村を出て行った。

二月二〇日、残留民一八人は連名で各方面に挨拶状を送った。

（略）政庁に議会に或は陳情、或は請願等所有る方法を講じて以て解決を求めつつありし谷中問題の未だ決着せざる時、其生命たる田中翁は世を去り給いて、遺されし私共亦何等立案の術を知らず、（略）

顧れば堤防を決壊せられて毒水に投ぜられ、土地を略奪せられて生業を絶たれ、住家を破壊せられ、雨露に曝され而して絶へず生命を刻まれつつあること茲に十余年、然かも今尚生き遺りて谷中村と共に甦るるの光栄に浴せるは、実に天地の御恵沢と貴台の御救恤との賜に外ならざるに、而かも此問題の終局を決するに際し、貴台の御許諾を仰がざりし背徳の大罪は謝するに遁辞無之候へ共、之れ誠に已む能はずして如斯欠礼を敢てせる次第に御座候へば、衷情御憐察被下候て切に御寛容に預り度奉懇願候、（略）

二月二五日、田中霊祀に関係者百数十人が集まり、奉告祭を行った。宗三は、

（略）／夫れ故翁に表せし政庁の誠意と故翁に訴へし村民の衷情とは既に故翁の諒知せらるる所にして、従って之が批政の罪と背恩の責とは故翁の寛容し給う所と信ず／然れども故翁若し宥恕し給はずんば政庁を呪はず、村民を咎めず切に予を罪にせられんことを。

と述べ、（正造）翁の意志に背くことになるが、これより他に村民の執るべき途がないと信じた、もし容赦されないのであれば私を罰してほしい、と願った。

三月三日、田中霊祀は源五郎地内に移された（現在地）。そこは島田宗三が割り当てられて辞退した場所である。明治四〇（一九〇七）年の強制破壊から九年八カ月、正造が亡くなってから三年六カ月、谷中村は無人となり、名実ともに滅ぼされてしまった。

この年（大正六年）、東京北区西ケ原に、古河虎之助男爵の（ご）立派な邸宅が完成した。

しかし古河足尾銅山の鉱毒問題と、渡良瀬川の治水と治山の問題は残ったままである。即ち政府

の失政である。

国土交通省渡良瀬川河川事務所と栃木県環境林野部は「治山と砂防で足尾に緑を」という大きな看板を掲げて、一〇〇年緑化事業を進めてきている。足尾の森林を破壊したのは紛れもなく古河足尾銅山であるのに、何故その復旧費を国が（したがって国民が）負担しなければならないのか。誰もが思う疑問である。

実は一九六〇（昭和三五）年に、国・林野庁は古河に対する損害賠償請求権の放棄を決定していた！　林野庁は一九五七、五八、五九年度の三年分についてのみ賠償を請求するよう各営林署に通達した。つまり三年の時効が成立しているとして、（明治から）一九五六年までの損害賠償請求権は消滅していると判断した。さらに林野庁は六〇年、被害額の算定方式に関する「国有林野鉱害賠償要綱の改訂通達」を出し、実際の損害賠償交渉を行った。即ち、「鉱業権者との協議の上、契約により実質的には損害賠償として相当の見舞金を出させる」というもので、古河鉱業はこれに応じて見舞金三二〇万円を出して、ケリをつけた！（東海林・菅井『通史足尾鉱毒事件』二六六頁）。

政府は「見舞金」ではなく、明確に「損害賠償」させるべきであった。甚大な加害にわずか三二〇万円の見舞金。こんなことが通るのだろうか!?　古河鉱業（一九八九年から古河機械金属に社名変更）は、加害の尻拭いを政府にさせて平気なのである。創業者の遺訓なのか、鈍感なのではないか。不実である。これでは古河も儲けるわけだ。因みに古河グループの主な株式会社を挙げておくと、古河電工、富士通、富士電機、日本軽金属、横浜ゴム、日本ゼオン、みずほ銀行、朝日生命など（も一つ因みに富士のフは古河のフ、ジはドイツのジーメンス社のジである）。

なお、古河の『創業百年史』（一九七六、全七六八頁）の中では、足尾銅山の「鉱毒」について、一般的な「鉱害」だとして、一言半句も割いていないという（田村『渡良瀬の思想史』二九九頁）。

足尾地区の治山治水対策は、砂防ダムの建設や緑化事業などが主になるが、例えば九九年度に投じられた額は、国土交通省が二〇億三〇〇〇万円、林野庁が二億五〇〇〇万円、栃木県が八億円で、計三〇億八〇〇〇万円である。砂防ダムは三分の二が国、三分の一が県の負担であり、緑化事業は、国有林は全額国、民有地（古河分を含む）は三分の二が国、三分の一が栃木県の負担である。加害者古河は負担ゼロである！（国から安く払下げられた）古河の所有地の緑化も国費と県費で行われている！（嶋津暉之「足尾と渡良瀬遊水池」『新・渡良瀬遊水池』）。因みに、（旧）足尾町の国有林＝一五二八一ヘクタール、民有林＝一七四〇ヘクタール（うち古河所有地＝一四三九ヘクタール）である。

一九九五年、立松和平氏らのわたらせ川協会は松木に一〇本の桜を植えたが、全て枯れてしまった。一九九六年から、わたらせ川協会、田中正造大学、渡良瀬川にサケを放す会、渡良瀬川研究会、足尾ネイチャーライフの五つの市民グループが結成した「足尾に緑を育てる会」が、ボランティアの参加を得て、足尾に緑を取り戻す事業を続けている。二〇一二年までに延べ一五四一〇人が、ミズナラ、コナラ、カエデ、ブナなど六万六二〇〇本を植樹した。目標は一〇〇万本で、二〇〇年かかるという。

建設省（国土交通省）が管理する大畑沢緑の砂防ゾーンでは、「段々畑」を（国が）作り、石灰を撒き、苗木を植え、鹿の食害に備えてネットを被せ、ようやく緑が戻ってきたが（足尾に緑を育てる会編『よみがえれ、足尾の緑――植林ボランティアは挑戦する』随想舎、二〇〇一)、他の地区は、ヘリコプターによる播種により萱が生えている程度であり、相変わらず岩が剥き出しの所が多い。それを「日本のグランドキャニオン」などと言って観光の売り物にするのは悪い冗談だと思う。二〇〇五年からは、森びとプロジェクトも植樹を開始している。

足尾銅山も日本の近代化に一定の役割を果たしたのではあろうが、「虚偽の繁栄」を必要以上に持ち上げるのは、(川下の迷惑を顧みない)川上の思想であり、鈍感に過ぎ、独善に過ぎ、違和感以上のものがある。

布川清治が行ったインタビューで、古河鉱業足尾事業所は「鉱毒といいましても、足尾にはもともと本当の意味での鉱毒はありませんでした。あの禿山だって、煙害というよりも明治一九年の大火のためだったのです。――まあ、昔は別としても、現在は絶対に鉱毒を出してはおりません」と断言した(布川『田中正造』一〇六頁)。この能天気ぶりにはあきれてものが言えない(ものが言えずにいると、反論はなかったと考えるのだろう。二重の能天気)。また、銅山跡の世界遺産登録を目指す足尾町民有志「楽迎員協会」が、二〇〇五年四月に開設した足尾歴史館の館長は「下流の人たちが言う「鉱毒」は存在しなかった」と、まだ話している(塙和也・毎日新聞社宇都宮支局編『鉱毒に消えた谷中村』)。のん気なことである。

足尾には一四カ所の堆積場があり、日常的に有毒物質が滲み出ているし、洪水のたびに鉱滓は渡良瀬川に流れ込んでいる。そのうちの源五郎沢堆積場(炭鉱で言うボタ山であるが、谷沢に鉱滓を投棄したので、形は山ではない、というか逆山)が、一九五八年五月三〇日、晴天無風の日に(鉱山局は豪雨だったと言って、農民を憤激させた）決壊して、下流の太田市の待・矢場用水から東毛一帯（渡良瀬川右岸）に鉱毒水が流入した。農民は水口の周りを深く掘って鉱毒溜を造り、あるいはまわし堀を造り、銅を沈殿させて稲作を行っていたが、太田市毛里田《もりた》地区が特に酷い被害にあった。「毛里田村鉱毒根絶期成同盟」が再建され、さらに「東毛三市三郡渡良瀬川鉱毒根絶期成同盟」に発展し、恩田正一が会長になった（この後の一連のことは、林えいだい『望郷――鉱毒は消えず』に詳しい）。

一九五八年、「公共用水域の水質の保全に関する法律（水質保全法）」が成立した。その水質を決める審議会に、古河鉱業社長新海英一が入っていたが、被害農民は入れられておらず、渡良瀬川も指定河川六カ所から除外されていた。こういうことをやって平気なのが企業擁護の政府・官僚である。被害農民は莚旗を掲げ、鉢巻をまいて、バス一二台で政府・国会・自民党へ「押出し」、渡良瀬川を指定水域にするよう請願した。これは成功したが、次の目標は水質審議会に農民代表を入れることだった。

委員の任期切れになる二年後に農民委員を入れる、という経済企画庁の対応であったが、二年後、前と同一の委員が任命され、農民委員は水質審議会の第六特別部会と渡良瀬川専門部会を設け、それに入れるということになった。政府はしかし、恩田が根絶同盟会長の肩書で入ると結論が出ない、と難色を示し、ついに恩田は根絶同盟会長を辞任して委員になることになった（板橋明治が同盟会長になった）。一九六三年六月にようやく第六部会は開かれた。経済企画庁は、渡良瀬川の水質の測定方法を、本流だけとし、降雨時、増水時は除かれていた。サンプルの採り方は、ニゴリを除外し、水が澄んだ時だけ、濾過紙で濾して採取するということであった。こういうことをぬけぬけと言えるのが企業擁護の政府・官僚なのである。恩田は、田にかけるのに濾過してかけるわけにはいかん、と抗議した。またまたバス一〇台で「押出し」、ようやくニゴリを調査対象とすることを認めさせた。

一九七〇年代になって、水質審議会は数値の決定を迫られてきた。農民側は銅〇・〇二ｐｐｍを主張したが、経済企画庁は大間々町での水質〇・〇九ｐｐｍをもとに、このうち六四・五％が鉱山による被害、三五・五％は自然鉱害だとして、水質基準は〇・〇六ｐｐｍと結論した。灌漑期間一一三日のうち平均一〇日の豪雨の際は、水門を閉じれば農業用水は〇・〇四ｐｐｍになると言うのである。それまで農林省が〇・四ｐｐｍ、通産省が〇・八ｐｐｍを主張していた。この数値を喜んだのは古河側である。〇・〇六ｐｐｍならば、特別な措置は必要なく、仮に〇・〇四ｐｐｍに減らそうとすると、二〇数億円の対策費が必要になるとされたから（田村「流水の思想史」『渡良瀬の思想史』二〇四頁以下）。

なお、板橋明治は、土壌のこととして次のように語っている。普通水田は三〇ｐｐｍくらいが銅被害の限界とされているのに、ここの田圃では群馬県農事試験場の調べで、水口で一六〇〇ｐｐｍから二〇二〇ｐｐｍという驚異的な数字が出ている、しかし県はなかなか認めようとしない、企業と深く結びついた国の体質は明治以降さっぱり変わっていませんな、と（日向『田中正造ノート』五四頁）。

七一年二月にカドミウム汚染米が発見されると、同盟会は中央鉱害審議会に調停を申請した。しかし村民の中には、カドミウム問題以降、毛里田の野菜は安く買い叩かれるので、「マス・コミ公害だ。マス・コミさえ問題にしなけりゃ、こうまで問題にならなかったのだ」と言い、風評被害を気にして、同盟会にはあまり騒いでもらいたくないと言う者もあった。よくあるパターンである。

七四年、古河が加害の事実を認め、ようやく調停が成立し、一五億五〇〇〇万円の損害賠償金を得た。七七年七月、毛里田地区に「土」の字を象《かたど》った「祈念鉱毒根絶」の碑を建てた（林えいだい『望郷――鉱毒は消えず』。布川了『改訂 田中正造と足尾鉱毒事件を歩く』）。

一九六〇年、古河は簀子ダム（堆積場）を完成させ、ダンプと（専用）電車により鉱滓を堆積させた。直下に足尾の町が広がっている。なお、源五郎沢堆積場は二〇一一年三月一一日、東日本大震災の時にも決壊している。

足尾銅山では、大正八（一九一九）年に亜ヒ酸工場が、一二年には蒼鉛（ビスマス）工場が操業開始していた。大正一四年からは他山の銅も足尾で精錬するようになった。戦後、一九五六年に自溶式製錬方式が導入され、硫酸を製造するようになり、亜硫酸ガスの飛散はなくなった、とされる。その硫酸の製造量は、一九五六年＝四万一四二〇トン、六〇年＝五万八八七六トン、……六八年＝一〇万一九六二トン（最大）、七〇年＝九万四二六二トン、七五年＝八万四九六八トン、などである（東海林・菅井『通史足尾鉱毒事件』二六七頁〈『足尾郷土誌』引用〉）。つまり、これまでかくも大量の亜硫酸ガスを放出していたということである。

足尾の緑化は、亜硫酸ガスの飛散が治まらない限り効果は上がらない。一九七三年、足尾銅山は閉山するが、輸入銅の精錬は続けたため鉱滓は増え（二四一頁の表参照）、足尾線は銅鉱石を運び入れる貨車と硫酸を運び出す貨車が行き交った。一九八八年、足尾精錬所は経済的な理由で操業停止。採算が取れなくなったのである。足尾町の人口は五〇六四人に激減した。

一九四七年九月のカスリーン台風による渡良瀬川と利根川大洪水を教訓に、渡良瀬川上流の群馬県東村草木地区（現みどり市）に神戸《ごうど》ダムが計画された。住民は猛烈な反対運動を行ったが、二三〇戸が移転して、一九七六年草木ダムが完成した（ダム湖底に沈む地区の名を残すため草木ダムと改名）。水資源機構が管理する多目的ダムで、貯水量六〇五〇万立方メートル、発電、上澄み水で首都圏への利水、農業・工業用水、渡良瀬川・利根川の治水を目的とする。足尾銅山の鉱毒がここで沈殿することになる。しかしその「銅山御用」のことは公式にはこのダムの目的ではない。表面の水質は検査しているが、その湖底がどうなっているか調査する必要があると宇井純さんは言っていたそうだし、実際銅成分が検出されている。東洋大学工学部杉浦公昭助教授の調査では、「草木ダム上流三〇〇メートル右岸の旧道水没地点のコンクリート上の湿った泥の分析結果は、銅一二六〇ｐｐｍ、カドミウム八・四四ｐｐｍ、鉛一二三ｐｐｍと異常に高く、このダムが現在大きな鉱毒溜の役割を果たしていることを証明しています」（広瀬武『公害の原点を後世に』）。ひとたび足尾に豪雨があると、濁水がダムの水をかき乱し、基準値をはるかに超える銅を含んだ鉱毒水が流れ込む。八一、八二年の出水では一四四万立方メートル（東京ドームが一二四万立方メートル）の大量の土砂が流入し、ダムの寿命が懸念される（読売新聞社宇都宮支局編『伝える正造魂』。布川『田中正造と足尾鉱毒事件を歩く』）。ダムの辺りには（星野）富弘美術館がある。

谷中残留民が移住したのちも、遊水池計画は着実に実行された。渡良瀬川改修工事によって、西側（栃木・群馬の県境）を蛇行していた川身は東側につけかえられ、藤岡町の高台を開削して新川が出現した（地図で見ると象の形になっている）。新川（新渡良瀬川）は赤麻沼に導かれ、赤渋沼と石川沼を含め、谷中遊水池（旧谷中村）に導入された。東側の巴波《うずま》川、思川も河川改修の対象となり、その蛇行が直線化され新川に合流した。一九一八（大正七）年に河川付け替え工事は終わり、一九二二年に遊水池化のための築堤工事や道路工事も終わった。しかし、毎年一〇〇万立方メートル（このうち七〇万立方メートルが足尾地区からのものと推定される）の土砂が堆積し、一九四五年には赤麻沼が土砂で埋まってしまい、遊水池全体にも堆積していった。

一面の葦原となった遊水池は、一九五二年、保安隊（自衛隊の前身）の演習地にする計画が持ち上がり、六二年には米軍の飛行機からの物資投下演習場にする計画が持ち上がったが、いずれも反対運動の結果、中止となった。同年、遊水池の第一、第二、第三の調整池工事が始まった。

七〇年には新全国総合開発計画の一環として（周防灘総合開発計画もその一つだった）、谷中遊水池の水ガメ化とリクリエーション施設化の計画が持ち上がった。

七二年八月二一日、旧谷中村延命院墓地を破壊しようとするブルドーザーの前に、谷中残留民水野彦市の子孫水野勝作が立ちはだかり、町を交えての話合いの結果、工事は一時中止となった。谷中村の遺跡を守る会を設立し、建設省と協議の結果、水ガメ計画は北側を遺跡として残すことにしたため、遊水池はハート型になった（八九年完成。貯水量二六四〇万立方メートルの平地ダム）（針谷不二男「谷中村遺跡保存の闘い」『新・渡良瀬遊水池』）。

利根川上流河川事務所は遊水池の前後で水質調査をしているが、一九七五年と八九年の調査では、「重金属は地中で安定している」と結論付けている（読売新聞社宇都宮支局編『渡良瀬一〇〇年』三七頁）。しかし、国土交通省が一九九〇年代に行った調査では、第一調整池の北部の四平方キロメートルの全域で、農用地としての許容基準を超える高濃度の銅が検出されている（嶋津暉之「足尾と渡良瀬遊水池」『新・渡良瀬遊水池』四八頁）。まさに正造の言った通り、銅山御用の鉱毒（問題の）埋葬地である。

一九八八年一一月、地元四県二市四町と関係企業、建設省の外郭団体による第三セクター「渡良瀬遊水池アクリメーション振興財団」が発足した。リゾート法（一九八七年）に基づいたリゾート開発計画である。ゴルフ場（三カ所）を核にし、その収益で運営する。野球場、サッカー場、テニスコート、大規模プール、親水多目的ゾーン、ウィンドサーフィン、キャンプ場、駐車場など遊水池全域をカバーするレジャーランド開発計画であった（この時から行政は「遊水池」を「遊水地」と呼ぶようになった）。

栃木県自然保護団体連絡協議会の副代表高松健比古がアクリ計画反対を呼びかけ、九〇年九月二四日、二五人で「渡良瀬遊水池を守る利根川流域住民協議会」を設立。一一月四日の住民集会で、

一、渡良瀬遊水地の国際空港化計画反対
二、ゴルフ場増設反対
三、第二調節池造成反対
四、アクリ計画凍結

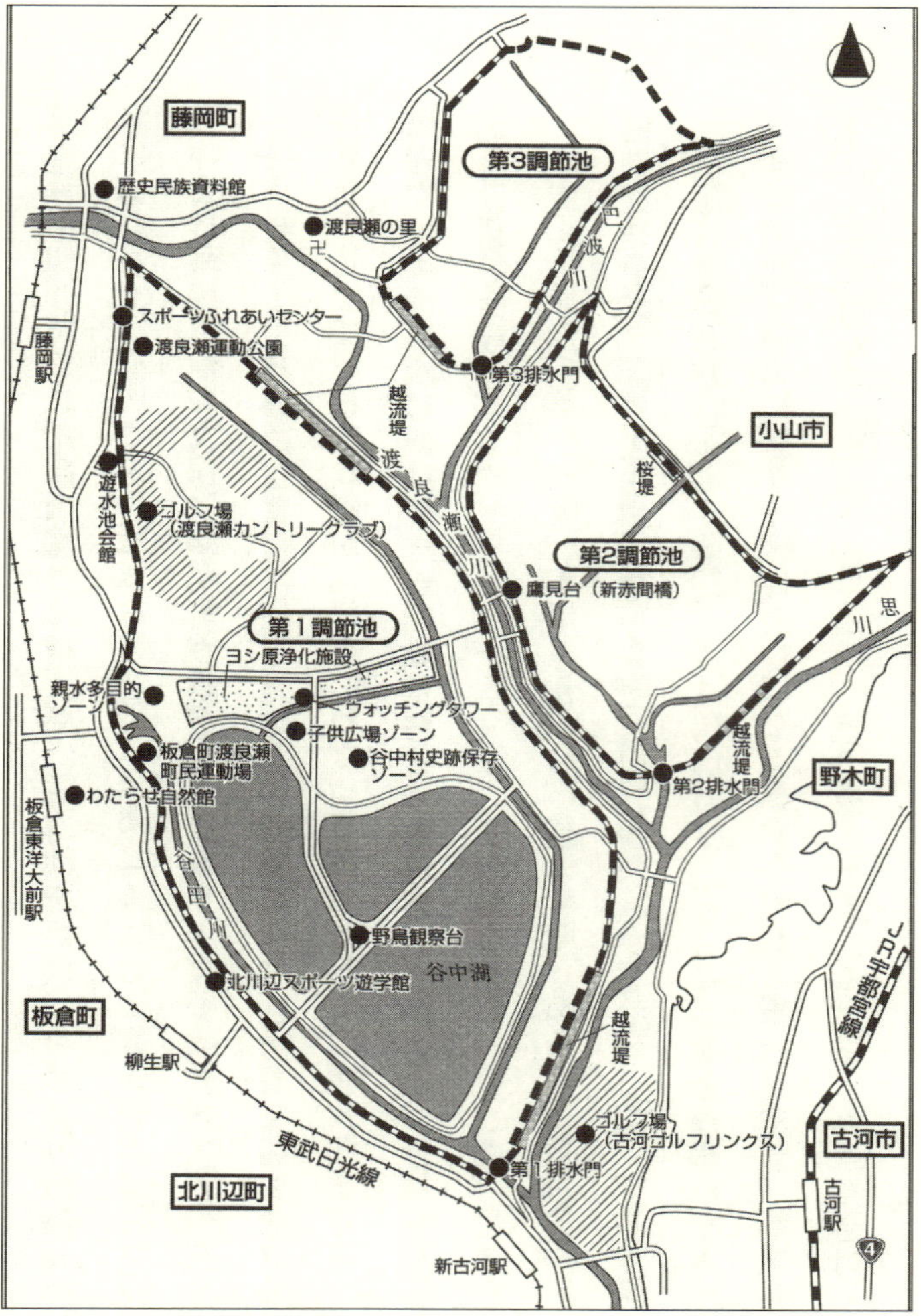

図９　渡良瀬遊水池略図（出典：渡良瀬遊水池を守る利根川流域住民協議会編『新・渡良瀬遊水池――自然と歴史の野外博物館に』ずいそうしゃブックレット14，随想舎，2005年）

五、ラムサール条約登録湿地化を推進することを決めた。

その後、（首都圏第三の）空港計画は立ち消えになり、古河のゴルフ場はたびたび冠水し、第二貯水池は中止になり（二〇〇二年）、アクリ計画は過去のものになった。

一九八〇年頃に始まった「市民塾〈足尾〉」は、連続講演を続ける中で、九二年頃、宇井純東大助手の「自主講座　公害原論」の資料の提供を受けた。宇井純は東大助手で自主講座を主宰していた三〇代の頃、自身の父方の祖母が谷中村出身で古河に移住したことを知り、反公害の闘いを、「自らに課せられた使命でありテーマだと知った」。宇井にとって、水俣病を初め全国の公害事件とともに、公害問題の原点である足尾鉱毒事件も重要なテーマであった。東大での自主講座は一五年続き、八六年、宇井は沖縄大学に移る。宇井は谷中村跡地を何度も訪れており、今は古河市の鮭延寺に眠っている（二〇〇六年一一月一一日死去。塙・毎日新聞社宇都宮支局編『鉱毒に消えた谷中村』）

一九九三年、「市民塾〈足尾〉」はわたらせ川協会を結成した。足尾銅山の光と陰、地域文化、国内の鉱山の歴史、渡良瀬川流域の社会経済文化にかかわる文献を収集し、公開する施設（仮称・わたらせ川資料館。足尾歴史館とは別）を足尾町に建設し、管理運営し、文芸作品や文芸活動を顕彰し、文化の振興に貢献することを基本方針とし、機関紙「わたらせ川」の発刊やフィールドワークなどを実施してきた。資料館は、宇井の自主講座の資料が中心になるのであろう。足尾の裸の山々はそれ自体が資料である（神山英昭「緑の再生をめざして」『よみがえれ、足尾の緑』）。

立松和平（本名横松和夫、一九四七～二〇一〇年二月八日）の母方の曾祖父は、明治十年代、生《いく》

野《の》銀山（兵庫県朝来市）から足尾銅山にやってきて坑夫の組頭となった。立松のルーツは、「いわば加害者の側にあった」。立松は田中正造がやり残したことをやろうと、渡良瀬川源流の植樹運動に取り組み、一本でも多くの木を植えていきたいと考えている（若林・下野新聞社編『田中正造物語』）。また、わたらせ川協会の幹事であり、足尾に緑を育てる会の顧問でもあった立松は、足尾に公害博物館を造るのが夢だと語っていた。

九三年一月三一日、住民協議会は「ラムサールの集い」を藤岡町で開いた。ラムサールとはカスピ海に面したイラン北部の町で、ここで七一年、ラムサール条約（「特に水鳥の生息地として国際的に重要な湿地に関する条約」）が採択された。この条約の重要な点は、ワイズユース（賢明な利用）、つまり湿地の環境を壊さず、持続的に利用するということである。日本は一九八〇年に加盟し、釧路湿原、伊豆沼・内沼、琵琶湖、クッチャロ湖、霧多布湿原、漫湖、宮島沼、谷津干潟、藤前干潟、片野鴨地、佐潟、厚岸湖、別寒辺牛湿原、ウトナイ湖、雨龍沼湿原、サロベツ原野、濤沸湖、阿寒湖、野付半島・野付湾、風連湖、春国岱、仏沼、蕪栗沼・周辺水田、奥日光の湿原、尾瀬、三方五湖、串本沿岸海域、中海、宍道湖、秋吉台地下水系、くじゅう坊ガツル・タデ原湿原、藺牟田池、屋久島永田浜、慶良間諸島海域、名蔵アンパルなど、二〇一二年までに五〇カ所が登録されている。

一九九六年頃から住民協議会は、渡良瀬遊水池のかけがえのない自然を守るため、エコミュージアムプランを作成し、遊水池をラムサール条約登録湿地にすることを活動の中心にした。そのためには、まず鳥獣保護区の指定を受ける必要があり、四県に対して指定要請をした。

谷中遊水池は植物、野鳥、哺乳類、魚類、昆虫、両生類など生物多様性の宝庫である。次に、ほんの一部を挙げる。

植物 ハタケテンツキ（ⅠA類）、トネハナヤスリ、ホソバイヌタデ、アゼオトギリ、タチスミレ、エキサイゼリ、シムラニンジン、ノジトラノオ、ヒメナエ、ハナムグラ、ゴマクサ、マルバノサワトウガラシ、スズメノハコベ、イトトリゲモ、トリゲモ、（以上ⅠB類）などの絶滅危惧種植物や一面の葦原、サクラソウ、チョウジソウ、ミズアオイ、ハンゲショウなど。あと樹木も。

哺乳類 キツネ、タヌキ、アズマモグラ、ノウサギ、ハタネズミ、カヤネズミ、イタチ、コウモリなど。

魚類 ギバチ、メダカ、タナゴ、ゼニタナゴ、ジュズカケハゼ、アユ、オイカワ、コイ、レンギョ、フナ、ウナギ、外来種のブラックバス、ブルーギルなど。

昆虫 オオモノサシトンボ、ベッコウトンボ、シルビアシジミ、ベニイトトンボ、スゲノハラジロヒメゾウムシ、ジュンサイハムシ、オカボトビハムシ、コウノハバチ、スジハサミムシモドキ、コルリアトキリゴミムシなど。ワタラセハンミョウモドキ、ワタラセミズキワアリモドキ、ワタラセサビイロモンキハネカクシなどワタラセの名を冠した昆虫もいる。

野鳥 スズメ、カラスなどは勿論、オオヨシキリ、ササゴイ、アオアシシギ、トラフズク、コミミズク、アオバズク、チュウヒ（遊水池のシンボルとされる）、オオタカ、トビ、ミサゴ、チョウゲンボウ、ケアシノスリなどワシタカ類、サギ類、ガンカモ類、コウノトリ、バン、カイツブリ、カッコウ、ツバメ、セッカ、ジョウビタキなど。

遊水池は野鳥の楽園、渡り鳥の拠点となっている（大和田真澄「渡良瀬遊水池の植物」。一色安義

「渡良瀬遊水池の動物——野鳥・哺乳類・魚」。大川秀雄「渡良瀬遊水池の昆虫」『新・渡良瀬水池』）。

遊水池の春先の名物は、芽吹きを良くするために行われるヨシ焼きである。ところが二〇一一年三月一一日の東日本大震災による福島福島福島福島原発事故のため、放射性物質が大量に飛散した。太平洋に、飯館村に、福島県の浜通り、中通りから栃木県にも降り注いだ。谷中遊水池にも降り注いだはずである。このため二〇一一年はヨシ焼きは中止となり、一二年も放射性物質を含むヨシの灰が飛散することを怖れて中止になった。二年連続でヨシ焼きができなかったために、ヨシは生育が悪く、つる植物に覆われて倒された所も多かった。ヨシ焼き後、陽射しを受けて発芽する植物は絶滅危惧種を含め個体数が減少したと研究者は報告した。埼玉大学大学院理工学研究所は、一三年三月一七日に行われたヨシ焼きの結果、ヨシ焼き前、実施中、実施後の空間放射線量を測ったが、「その価に差は見られなかった」（渡良瀬遊水池ラムサール条約湿地登録記録集・編集委員会編『全記録　渡良瀬遊水池が「ラムサール条約湿地」に』随想舎、二〇一三）。

住民協議会はエコミュージアムプランを実現するため、二〇〇一年、わたらせ未来基金を創設、「遊水池の将来像として、一〇年後にはチュウヒを繁殖させ、二〇年後にはハクチョウを、三〇年後にはガンが飛来する環境を、そして四〇年後にはコウノトリが棲める環境をつくろう」という目標を立て、埋土種子調査、学校ビオトープ、葦の利用としてよしずや簾を作るなどしている。また足尾の緑化事業と連携して、足尾山地のドングリを拾ってきて各家庭で育て、七〇センチまで育てて足尾（安蘇沢）に植樹するという事業を行っている。もちろん行政（市・町、県、環境庁）への働きかけも行い、住民への周知活動、マスコミを通じた周知活動、署名運動も行った。

二〇〇六年八月、渡良瀬遊水池をラムサール条約登録地にする会が意見交換会を開いた。さまざまな行政・機関・団体と協議し、働きかけた結果、ついに二〇一二年七月三日、「渡良瀬遊水地」(三三〇〇ヘクタールのうち二八六一ヘクタール)はラムサール条約湿地に登録されたことが、環境省から各行政首長に報告された。七月七日、ルーマニアのブカレストで開催されたラムサール条約第一一回締約国会議で、北海道大沼、立山弥陀ケ原・大日平、中池見湿地、東海丘陵湧水湿地、円山川下流域・周辺水田、宮島、荒尾干潟、与那覇湾とともに、「渡良瀬遊水地」にも認定証が授与された(登録名は「遊水地」。『全記録 渡良瀬遊水池が「ラムサール条約湿地」に』)。谷中村の行政上の滅亡(明治三九〈一九〇六〉年)から一〇六年である。

正造はかつて次のように言っていた。


谷中村民は常に謂ふ、吾々は此の沃野を空しくせざれば可なり、耕耘蒔付けを公許せられたし、収穫は仮令《たとえ》盗人来りて盗むも可なり、禽獣来りて食ふも可なり、種子を蒔かざれば吾々のみの飢えに止まらず、盗人も禽獣も亦皆共に飢えん、故に其蒔付け植付を許さるればこれ幸なりと。今や吾人は天に代り地に代り又此の人民に代りて其公益復活の為に切に此を要求するなり。

(「元谷中村急水留の要求及び耕作回復の陳情書」明治四四年四月一一日)


国土交通省管理のこの地に、田圃を作り、耕耘蒔付けをし、稲を育て、谷中村を復興再生させることは、最早不可能であろう。この文には、「禽獣来りて食うも可なり」の一節がある。これは無論、稲を作り、それを禽獣が食ってもかまわないということであるが、上記の通り、遊水池は今では禽獣の楽園、自然の宝庫になっていて、必ずしも空しくはない。ラムサール条約湿地であれば、開発にも規制がかかり、自然は保護されることになる。これをもって、在天の（はずの）正造も諒とするであろう。

【参考文献】

田中正造全集編纂会編『田中正造全集　一〜一九＋別巻一』岩波書店、一九七七〜八〇
一、自伝（田中正造昔話、回想断片）、論稿一（自由民権）
二、論稿二（政論、議会演説草稿、足尾銅山問題1）
三、論稿三（足尾鉱毒問題、矢中村問題、時論）
四、論稿四（谷中・治水問題1、時論2）
五、論稿五（谷中・治水問題2、時論3、雑纂、補遺、和歌、俳句、揮毫）
六、栃木県会記録（議会関係文書、県会日誌）
七、衆議院演説集一（第一回議会〜第十一回議会）
八、衆議院演説集二（第十二回議会〜第十五回議会）
九、日記一（明治三年三月一九日〜同二九年一二月四日）
一〇、日記二（明治三一年一月一日〜同三八年一一月三日）
一一、日記三（明治三九年六月二八日〜同四三年一二月三〇日）
一二、日記四（明治四四年一月一日〜同四五年一月五日）

一三、日記五（明治四五年一月五日〜大正二年八月二日）
一四、書簡一（明治二年〜同三一年）
一五、書簡二（明治三二年〜同三六年九月）
一六、書簡三（明治三六年一〇月〜同四〇年三月）
一七、書簡四（明治四〇年四月〜同四二年六月）
一八、書簡五（明治四二年七月〜同四五年七月）
一九、書簡六（大正元年八月〜同二年八月）
別巻（関係者書簡、参考資料、年譜、系図、補遺、（論稿、書簡、和歌）
安在邦夫・鹿野政直・小松裕・坂野潤治・由井正臣編『田中正造選集 一〜七』岩波書店、一九八九
木下尚江著、武田清子編『近代日本思想大系一〇 木下尚江集（「神・人間・自由」一九三三）』筑摩書房、一九七五
木下尚江『木下尚江全集一（「足尾鉱毒問題」一九〇〇）』教文館、一九九〇
木下尚江『木下尚江全集一〇（「田中正造翁」一九二一）』教文館、一九九二
島田宗三『田中正造翁余録』上・下、三一書房、一九七二
林えいだい『望郷――鉱毒は消えず』亜紀書房、一九七二
田村紀雄『川俣事件――渡良瀬農民の苦闘』第三文明社、一九七八
田村紀雄『鉱毒農民物語』朝日新聞社、一九七五
田村紀雄『渡良瀬の思想史――住民運動の原型と展開』風媒社、一九七七
小出博『利根川と淀川――東日本・西日本の歴史的展開』中公新書、一九七五

林竹二『田中正造の生涯』講談社、一九七六
林竹二『田中正造――その生と戦いの「根本義」』二月社、一九七四。田畑書店、一九七七
日向康『田中正造ノート』田畑書店、一九八一
由井正臣『田中正造』岩波新書、一九八四
由井正臣『田中正造』（ＮＨＫ市民大学テキスト）一九九〇
東海林吉郎・菅井益郎『通史足尾鉱毒事件 1877－1984』新曜社、一九八四
花崎皋平『生きる場の風景――その継承と創造』朝日新聞社、一九八四
花崎皋平『田中正造と民衆思想の継承』七つ森書館、二〇一〇
小松裕『田中正造――未来を紡ぐ思想人』一九九五。岩波現代文庫、二〇一三
小松裕『田中正造の近代』現代企画室、二〇〇一
布川清司『田中正造』清水書院、一九九七
村上安正『銅山の町　足尾を歩く――足尾の産業遺産を訪ねて』わたらせ川協会発行、随想舎発売、一九九八
広瀬武『公害の原点を後世に――入門・足尾鉱毒事件』随想舎、二〇〇一
布川了『田中正造と利根・渡良瀬の流れ――それぞれの東流・東遷史』随想舎、二〇〇四
布川了・堀内洋介『改定　田中正造と足尾鉱毒事件を歩く』随想舎、二〇〇九
渡良瀬川遊水池を守る利根川流域住民協議会編『新・渡良瀬遊水池――自然と歴史の野外博物館に』随想舎、二〇〇五
塙和也・毎日新聞社宇都宮支局編『鉱毒に消えた谷中村――田中正造と足尾鉱毒事件の一〇〇年』随想舎、

二〇〇八
下野新聞社編（若林治美執筆）『田中正造物語』随想舎、二〇一〇
渡良瀬遊水池ラムサール条約湿地登録記録集・編集委員会編『全記録　渡良瀬遊水池が「ラムサール条約湿地」に』随想舎、二〇一三
読売新聞宇都宮支局編『伝える正造魂――現代に甦る田中正造』随想舎、二〇一四

《記録映画》
蘇る「鉱毒悲歌」制作委員会『鉱毒悲歌』二〇一四年（一九八三年仮編集の状態だったものを再編集）。ゆふいん文化・記録映画祭二〇一五で上映された。

【田中正造略年譜】

〔『田中正造全集 別巻』所載「年譜」〈日向康作成〉、村上安正『銅山の町足尾を歩く』所載「足尾銅山略年表」参照〕

※ゴチック体は正造にまつわる出来事を表わす。

一八四一（天保一二）年 一一月三日、下野国安蘇郡小中村（栃木県佐野市小中町）に生まれる。父富蔵、母サキ、幼名兼三郎。小中村は旗本高家六角家と旗本佐野家の合給の村であった。

一八四五（弘化二）年 九月二日、妹リン生れる。

一八四七（弘化四）年 この頃から赤尾小四郎の漢学塾で読み書きを習う。

一八五七（安政四）年 父富蔵の割元昇進に伴い、その後任として小中村地行所の名主になる（数え一七歳）。

一八六三（文久三）年 四月九日、大沢清四郎の次女カツと結婚。

一八六五（慶応一）年 六角家改革の上書を主家に提出。名主を免ぜられる。

一八六七（慶応三）年 四月、六角家知行所の新名主らの休役願書に連名。一〇月四日、大政奉還。

一八六八（慶応四）年 四月、六角家の本家烏丸家宛ての願書を入手した林三郎兵衛に捕らえられ、入牢一〇カ月二〇日。毒殺を恐れ、鰹節二本を齧り三〇日を過ごす。九月一日、明治改元。

一八六九（明治二）年 六角家より釈放され、一家領内追放となる。堀米町の地蔵堂で手習い塾を開く。勉学のため織田竜三郎を頼り出京したが、織田は免官になっていた。正造と改名。

一八七〇（明治三）年 三月一九日、江刺県大属早川信斎に誘われ、江刺県附属補となり、花輪分局に勤務。村民の窮状を調査し、救援米をおくった。聴訴掛兼山林掛となる（数え三〇歳）。

一八七一（明治四）年 六月一〇日、江刺県大属木村新八郎殺害（二月三日）の廉で逮捕される。獄中でスマイルズ著中村敬宇訳『西洋立志編』を読む。七月一四日、廃藩置県。

一八七四（明治七）年　四月五日、無罪釈放。五月、小中村に帰り、負債を整理する。赤見村の酒造家兼酒屋蛭子屋の番頭となるが、商売に適せず辞める。夜学を開くが、七七年解散。

一八七五（明治八）年　三月、妹リンと原田璱三郎の長女タケを養女とする。

一八七六（明治九）年　古河市兵衛（一八三二～一九〇三）、相馬家（志賀直道はその家令）と足尾銅山の共同経営開始（八〇年、渋沢栄一が参加。八六年に志賀が、八八年に渋沢が手を引く）。

一八七七（明治一〇）年　一月三〇日、西南戦争（～九月）。政府は戦費調達のため紙幣を乱発。四月、妻カツの姉の次男文造を養子とする。物価騰貴を見越して田畑を購入。

一八七八（明治一一）年　右の田畑を売り、三〇〇〇円の利益を得る。これを資金にして、政治に専心することを決意。養女・養子に教育を受けさせた後、復籍させることを決意。七月一日、栃木県第四大区三小区区会議員に選ばれる（三八歳）。

一八七九（明治一二）年　三月、栃木県会議員選挙に次点で落選。八月、『栃木新聞』（後の下野新聞）を発刊、編集長となる。

一八八〇（明治一三）年　二月、補欠選挙で安蘇郡選出の県会議員となる（四〇歳）。八月、国会開設運動のため、安蘇結合会（後の中節社）を組織、会長になる。一一月、国会開設建白書を元老院に提出。警察が渡良瀬川の魚を食べないよう八釜しく言う。

一八八一（明治一四）年　一〇月一二日、明治一四年政変で大隈重信罷免。一〇月、板垣退助ら自由党結成。

一八八二（明治一五）年　四月一六日、大隈重信ら立憲改進党結成。一二月一八日、立憲改進党に入党。

一八八三（明治一六）年　五月二四日、陸奥宗光の次男潤吉、古河市兵衛の養子となる。一〇月三〇日、福島県令三島通庸、栃木県令兼務。東北本線、上野・大宮間開通

一八八四（明治一七）年　一月二一日、三島県令、献地・奉仕労働を強制。八月一〇日、乙女宿事件起こる。五月、足尾銅山、横間部大直利発見。九月二三日、加波山事件起こる。一〇月一八日、加波山事件連累者として収監される（一二月二三日、佐野警察署より釈放）。一〇月三一日、秩父困民党事件起こる。一一月二一日、三島県令、内務省に転出。

一八八五（明治一八）年　この年より足尾鉱毒、渡良瀬川および沿岸に広がる。一月、武相困民党事件。足尾銅山、坑内出水により排水設備が故障、生産量が落ちる。東北本線、宇都宮まで開通（一八九一年、全線開通）。

一八八六（明治一九）年　四月一日、第一三回臨時県会で県会議長に選ばれる。

一八八七（明治二〇）年　四月、松木村で山火事、延焼して直利橋なども焼く。煙害のためその後緑が回復せず。七月、古河、ジャーディン・マシソン協会と二九カ月契約。

一八八九（明治二二）年　二月一一日、帝国憲法発布の式典に栃木県会議長として参列。

一八九〇（明治二三）年　七月一日、第一回総選挙で栃木第三区より衆議院議員に当選（五〇歳。七九七票。木村半兵衛、六七二票）。五月、陸奥宗光、農商務省大臣就任。八月二三日、渡良瀬川大洪水。沿岸の農業・漁業に異変顕著。一二月、足利群吾妻村村長亀田佐平、足尾銅山採掘停止の上申書を提出。栃木県会、足尾銅山から流れ込む胆礬毒除却の建議を知事に提出。この年、足尾銅山に間藤水力発電所（ドイツのジーメンス社と提携）、古河橋完成。

一八九一（明治二四）年　六月、農科大学古在由直の鉱毒分析結果が、吾妻村村長亀田佐平のもとに届く。八月、左部彦次郎と共に鉱毒被害調査を実施。

一八九二（明治二五）年　二月、内相品川弥二郎の選挙干渉にかかわらず当選。五月、第三議会で鉱毒問題について質問。

一二月一八日、第二回議会で初めて「足尾銅山鉱毒の儀につき質問書」を提出。二五日、議会解散。二九日、陸奥農商務大臣は官報で回答（一、渡良瀬川の被害が足尾銅山によるものとは、未だ確実なる試験の成蹟に基づく定論はない。二、被害は鉱業を停止させるほどのものではない。三、一方鉱業人は鉱物流出を防止するため、粉鉱採聚器を二〇台設置しようとしている）。

五月、栃木県知事は鉱毒問題に関して県議を委員にした仲裁会を組織。六月、群馬県邑楽郡の四村の代表八〇余人が古河市兵衛宅と農商務省に押しかける。この頃より粉鉱採聚器の効力を吹聴し、古河側は被害民との間で暫定示談契約成立を進める。

一八九三（明治二六）年　六月三〇日、足尾銅山、粉鉱採聚器を設置（九六年六月三〇日までを試験期間とする）。七〜八月、栃木・群馬県で鉱毒被害地を調査。

一八九四（明治二七）年　八月一日、日清戦争（〜九五年四月一七日、下関講和条約。二三日、三国干渉）。

八月、鉱毒被害地を調査、粉鉱採聚器の効果に疑問を提起。

一八九五（明治二八）年　各所の被害民、賠償金を取り、永久示談成立。九月一日〜一一月二四日、『読売新聞』に「田中正造昔話」を五八回連載。足尾町人口推計＝一万一五四九人。

一八九六（明治二九）年　三月、第九議会で「足尾銅山鉱毒に関する質問書」提出。永久示談の不当性を追及。

七月二一日、八月一七日、九月八日の三度、渡良瀬川大洪水。東京にまで達し鉱毒問題再燃。

九月八日、植野村で水防に尽力。以後被害地の請願運動の組織に着手。栃木・群馬両県で鉱毒被害調査、運動組織のため奔走。一一月、植野村・界村が足尾銅山停止願を農商務大臣に提出。また栃木県・群馬県三郡九町村鉱毒被害民が足尾銅山鉱業停止請願書を農商務大臣に提出。さらに一二月、栃木・群馬の八村代表が出京して農商務省・内務省・東京鉱山監督署などの陳情。

一八九七（明治三〇）年　一月二八日、鉱毒被害地選出議員集会所（二月二七日、足尾銅山鉱業停止請願同盟事務所）を宿所の京橋八官町に設置（三月七日、芝口三丁目信濃屋に移転）。二月二六日、第一〇回議会で「公益に有害の鉱業を停止せざる儀につき質問書」提出、説明演説（五七歳）。三月二四日にも再質問、説明演説。

三月二～五日、鉱毒被害民大挙請願出京（第一回押出し）。二三日、農商務大臣榎本武揚、被害地視察。鉱毒調査委員会を設置。二三～三〇日、鉱毒被害民大挙請願出京（第二回）。足尾町人口推計＝二万七四二六人。銅山労働者数七二八一人。五月、東京鉱山監督署長南挺三、足尾銅山に鉱毒除防工事命令（一一月二二日完成。南は足尾銅山所長になる）。八月二四日、陸奥宗光死去。九月九日、渡良瀬川洪水。

一八九八（明治三一）年　関宿の石堤完成。三月二日、庭田源八「鉱毒地鳥獣虫魚被害実記」を作成。六月三日、渡良瀬川洪水。三〇日、大隈重信内閣成立、内務大臣板垣退助（一〇月三一日、崩壊）。九月六日、渡良瀬川大洪水、小滝の鉱毒沈殿池が崩壊。九月二六日～一〇月六日、雲龍寺から鉱毒被害民大挙請願出京（第三回）。九月二八日、南足立郡淵江村保木間氷川神社で、被害民に対し、代表五〇人を残して帰村するよう説得。

一八九九（明治三二）年　三月一二～一三日、三浦梧楼らを佐野方面の被害地に案内。三月一四～一七日、農商務大臣曽禰荒助らと足尾銅山視察。四月一九日、衆議院議員の歳費全額を辞退。

九月七日、茨城・埼玉・栃木・群馬の被害民が雲龍寺に「死活一途に関する最後の方針を協議する大集会」を開催。一〇月、岩崎佐十らの調査「足尾銅山鉱毒被害地出生死者調査報告書第一回」公表。一二月、同第二回公表。鉱毒犠牲者を一〇六四人とする。一二月二二日、鉱毒議会結成。

一九〇〇（明治三三）年　二月九日、第一四議会で「足尾銅山鉱毒問題の請願に関する質問書」提出、説明演説。

二月一三日、鉱毒歌を歌い、被害民大挙請願出京（第四回）。川俣事件。

二月一四日、「院議を無視し被害民を毒殺し其の請願者を撲殺する儀につき質問書」提出。一五日、「政府自ら多年憲法を破毀し曩には毒を以てし今は官吏以てし以て人民を殺傷せし儀につき質問書」提出、説明演説。憲政本党脱党を宣言。一七日、「亡国に至るを知らざればこれ即ち亡国の儀につき質問書」を提出、説明演説（六〇歳）。山県有朋内閣は「質問の趣旨その要領を得ず、依て答弁せず」。二月二六日〜三月一七日、木下尚江の新聞連載「足尾鉱毒問題」（一七回、『毎日新聞』）を読んだ正造が木下を訪ねて謝辞。三月二五日、『女学雑誌』（巌本善治発行）に「鉱毒文学」寄稿。巌本は新聞紙条例違反に問われる（七月九日、無罪。検事控訴。一二月二五日、控訴棄却。無罪確定）。

七月九日、川俣事件予審判決。五一人起訴。九月一〇日、古河市兵衛に従五位。

一一月二八日、川俣事件第一五回公判の検事論告に憤慨して欠伸をし、官吏侮辱罪に問われる。

一二月二二日、前橋地裁、川俣事件判決（有罪二九名、無罪二二名。検事・被告控訴）。

一九〇一（明治三四）年　一月、衆議院議員を辞職することを決意。五月二九日、欠伸事件に無罪判決。検事側控訴。九月、新井奥邃にはじめて遭う。一〇月九日、松木村、移転料四万円で古河鉱業に売却（一二月、廃村）。一〇月二三日、衆議院議員辞職（一一月一四日、その補欠選挙で蓼沼丈吉当選）。一一月、島田三郎、高野孟矩、相馬愛蔵、矢島楫子、潮田千勢子、島田信子、黒岩涙香、幸徳秋水らを海老瀬村や谷中村に案内。

一一月三〇日、古河市兵衛の妻タメ、神田川に投身自殺。

一二月一〇日、議会開院式より帰途の天皇に直訴状を提しようとしてさえぎられる。麹町警察署にて取調べ、夜、釈放される。一三日、不起訴となる。

一二月二七日、東京学生一一〇〇余人、大挙鉱毒被害地視察。


一九〇二（明治三五）年　一月一日、新井奥邃、『日本人』一月一日号に「過を観て其の仁を知る」を寄稿。

三月七日、蓼沼丈吉『足尾銅山被害救済私見』刊行、鉱業停止論から立場を変える。三月一五日、川俣事件控訴院判決（三人有罪。双方上告）。一七日、桂太郎内閣は第二次鉱毒調査委員会を設置。四月から実地踏査開始。

五月九日、東京控訴院、欠伸事件に重禁錮一カ月一〇日・罰金五円の判決。直ちに上告。

五月一三日、川俣事件、大審院判決。前判決を破棄、仙台控訴院に差戻し。

六月一二日、大審院、欠伸事件上告棄却。有罪確定。一六日、巣鴨監獄に服役（〜七月二六日）。

七月五日ころ病監に移され、初めて新約聖書を読む。

八月九日、渡良瀬川洪水。谷中村堤防決壊。一九〜二八日、谷中村など被害地を視察。

九月二八日、関東大洪水。一〇月初め、埼玉県が利島村、北川辺村の買収を計画。一〇月三〜一一日、川辺・利島村民に県の買収に反対を説く（六三歳）。一〇月一六日、利島村、北川辺村民は利根川決壊堤防で、県が堤防を修復しないならば自力で修復し、納税・兵役の義務を負わぬ、と決議（正造の指導による）。県は翌日復旧工事に着手。一二月二七日、県は買収案を廃棄。

二五日、川俣事件、仙台控訴院は検事の控訴申立書が自署でないため、控訴不受理により消滅（全員無罪）。

一九〇三（明治三六）年　一月一六日、栃木県会、谷中村買収の県原案を否決。

二月一日、栃木県の谷中村買収計画を調査。一二日、河井重蔵の総選挙応援で掛川町に行き、非戦論を演説（六三歳）。

三月、第二次鉱毒調査委員会、「足尾銅山に関する調査報告書」を政府に提出。四月五日、古河市兵衛死去。五月二八日、島田三郎、第一八議会で足尾銅山鉱毒に関する質問演説。六月三日、政府、島田への答弁にかえて鉱毒調査委員会の調査報告書を発表。谷中村瀦水池案浮上。

九月二三日、谷中村民が復旧工事中の谷中堤防、洪水により流出。一〇月一二、一三日、幸徳秋水、堺利彦、内村鑑三、万朝報社退社。一一月一五日、幸徳、堺ら、平民社創設、『平民新聞』（週刊）創刊。

一九〇四（明治三七）年　二月一〇日、日露戦争（〜〇五年九月。ポーツマス条約）。五月四日、谷中堤防、洪水により流出。五日、県土木吏、復旧に名をかりて護岸取壊し。六月、栃木県、谷中堤防復旧工事に着手。実は風波除の柳などを伐採し堤防破壊。七月、洪水で堤防流出。県は復旧放棄。

七月三〇日、谷中村問題に専念するため、谷中村に入り、川鍋岩五郎方に寄留する（六四歳）。

川鍋は一二月に予戒令を受ける。

九月一日、下都賀郡書記猿山定次郎、谷中村村長職務管掌となる。一一月一三日、村民が辞職勧告。一五日、却下。一二月一〇日、栃木県会、秘密会で、堤防修築費名目により谷中村買収案を可決。二四日、第二一議会、災害土木補助費（谷中村買収費）を可決。

一九〇五（明治三八）年　二月、谷中村買収反対を決意、運動を開始。たびたび谷中村民とともに出京し、請願。

三月一七日、栃木県知事白仁武、谷中村土地被買収者には補償と代替地の貸与（将来は移譲というが）、非土地所有者には別途救済を約束（一一月、買収承諾村民移住開始）。二四日、原敬（陸奥の秘書）、古河鉱業副社長に就任。六月二六日、谷中破堤所急水留工事完成（八月一九日、出水により決壊）。一〇月、左部彦次郎、栃木県土木吏となる。

一一月六日、谷中村村長職務管掌鈴木豊三より、堤防復旧はしない旨の通知を受け、一七日、加藤安世と「非常嘆願書」を作成。

一九〇六（明治三九）年　一月七日、原敬、西園寺内閣の内務大臣に就任。

六月八日、白仁知事より予戒令を受ける（尾行巡査が付く。一九一一年三月まで）。

七月一日、谷中村村長職務管掌鈴木豊三、四月一五日の村会決議を無視して谷中村を藤岡村に合併、行政上、谷中村は廃村。

七月三日、鈴木豊三に対する官吏侮辱罪で栃木未決監に拘留。七日、保釈（一〇月五日、宇都宮地裁は有罪判決。控訴）

八月、戸籍を谷中村に移す。九月、阿部磯雄らと名義上の谷中土地所有者となる手続きを開始。

一二月、川鍋岩五郎失踪。のち栃木県土木吏となる。

一九〇七（明治四〇）年　一月二六日、内閣、谷中村に土地収用法適用認定公告。二月四～七日、足尾銅山暴動事件。

二月、谷中残留民より貴衆両院宛の「谷中村復活を期する請願書」を作成。三月、「谷中村土地収用の憲法に関する質問書」を作成。これを元に島田三郎が質問。五月一〇日、安部磯雄らとともに内務大臣原敬に「土地収用法適用につき嘆願書」を提出。二八日、神田錦輝館の谷中村買収事件大演説会において「組織的罪悪」を演説。

五月二九日、栃木県、谷中残留民が受領拒絶した買収金を宇都宮本金庫に供託。事実上の買収成立。六月一二日、栃木県、谷中残留民堤内居住一六戸、堤外三戸に対し、二二日までに立退きのない場合は強制執行すると戒告書を手交。

六月一三日、東京控訴院での官吏侮辱事件控訴審で無罪確定。

六月一九日、立退きを説く県四部長植松金章に、残留民は今後は乞食になって天下に食を乞うのみと返答。二二日、県は残留民に対して二八日までに移転せよと再戒告書を手交。二九日～七月五日、栃木県、谷中堤内残留民家屋一六戸を強制破壊。強制破壊現場に立ちあう（六七歳）。

七月二九日、東京救済会の勧告に従い、やむなく谷中堤内地権者とともに、栃木県に対する土地収用補償金額裁決不服の訴え（不当買収価格訴訟）を宇都宮地裁栃木支部に提起。

八月二四、二五日、古河町にて渡良瀬川大洪水にあう。残留民の仮小屋流出。二五日、荒畑寒村『谷中村滅亡史』刊行、即日発売禁止。

一九〇八（明治四一）年　一月、「渡良瀬川水害救治請願書」を作成し、総理、内務大臣、貴衆両院に提出。

二月、「自治の破壊の復活を期すべき請願書」などを作成、貴衆両院に提出。三月、「旧谷中村復活請願書」などを作成、貴衆両院に提出。一一月一三日、茂呂多重名義の「土地収用法および堤内地に河川法施行の不当取消訴願」を作成、内務大臣に提出。

一九〇九（明治四二）年　二月四日、栃木県知事宛の「元谷中村堤内地農耕許可請願書」を作成。一二日、谷中残留民名義の「憲法擁護の請願書」を作成、貴衆両院に提出。三月二〇日、「破憲破道に関する請願書」作成、貴衆両院に提出。二三日、島田三郎らが第二五議会に「破憲破道に関する質問書」として提出。

九月、内務省は栃木・群馬・埼玉・茨城四県に、同省起業渡良瀬川改修工事費負担（渡良瀬川等の河身変更、谷中村堤内外を中心に遊水池化）を諮問。栃木・群馬県は九月に可決、埼玉・茨城県は一度否決したが、翌年可決。

一九一〇（明治四三）年　一月九日、谷中村残留民殉難者の追悼会を竹沢房蔵の仮小屋で開く。二月二八日、谷中残留民名義の「足尾銅山鉱業停止関宿石堤取払憲法擁護元谷中村回復請願書」を作成、貴衆両院に提出。

五月二五日、大逆事件、検挙開始。六月一日、幸徳秋水逮捕（翌年一月二四日、死刑執行）。

七月三日、谷中強制破壊三周年記念集会に参加。

八月一〇、一一日、関東大洪水。思川の破堤状況と、利根川の逆流の影響を調査。二三日、出京して逸見斧吉、木下尚江方の水害を見舞う（七〇歳）。二五日、木下の勧めで岡田虎二郎を訪ね、岡田式静座法に入門。八月二九日、日韓併合。

この年から翌年、思川、利根川、江戸川、鬼怒川など関東の大中小河川を踏査。

一九一一（明治四四）年　四月、谷中村民一六戸一三七人、サロマベツ原野に移住。足尾町人口＝二万七七六一人。
一九一二（明治四五）年　四月二〇日、不当買収価格訴訟で判決。県の強制買収価格の約一割増し。六月、控訴のため出京、新井奥邃より中村秋三郎弁護士を紹介され、懇請。六月一二日、控訴。七月三〇日、大正改元。一二月、足尾鉄道完成。
一九一三（大正二）年　一月二二日、自己所有の不動産を旗川村小中農教会（のち農教倶楽部）に寄付申込み。八月二日、佐野から谷中への帰途、雲龍寺に立ち寄ったが住職不在のため、栃木県足利郡吾妻村大字下羽田　庭田清四郎方において臥床。九月四日午後〇時五〇分、同所において胃がんのため死去。七三歳。六日、群馬県渡瀬村早川田雲龍寺で密葬。一〇月一二日、栃木県佐野町春日岡山惣宗寺において本葬。その後、次の六カ所に葬られる。
佐野市小中町　正造生家前
佐野市金井上町　惣宗寺（佐野厄除大師）（葬儀が行われた）
群馬県館林市早川田　雲龍寺（鉱毒事務所が置かれた）
藤岡町源五郎地内　田中霊祀（谷中村島田熊吉・宗三方庭前から大正六年三月三日移転）
埼玉県加須市　北川辺西小学校
足利市野田町　寿徳寺（一九八九年、明らかになった）
一九一四（大正三）年　谷中残留民、田中霊祠を村内に作ったことで罰金刑。第一次世界大戦（〜一九一八）。
一九一六（大正五）年　足尾町人口＝三万八四二八人（最多。県内二位）。

一九一七（大正六）年　一月一九日、残留民、立退き承諾。二月二八日、谷中を出る。
一九一九（大正八）年　足尾銅山に亜ヒ酸工場操業開始。
一九二〇（大正九）年　古河商事、雑穀取引で欠損二五〇〇万余円となる。
一九二一（大正一〇）年　萱刈り事件（谷中村民に萱を刈る権利がある）。
一九二三（大正一二）年　蒼鉛（ビスマス）工場操業開始。
一九二五（大正一四）年　他山の銅も足尾で精錬開始。栗原彦三郎編『義人全集』全五巻（中外新論社）刊行（〜一九二七年）。
一九二七（昭和二）年　関宿に水閘門が完成。
一九三五年　古河、富士通信機製造（現富士通）設立。（これまでに旭電化工業、東京古河銀行、横浜護謨製造、古河電気工業、富士電機製造など設立）
一九四一年　アジア太平洋戦争（〜一九四五）
一九四四年　中国人二五七人が小滝で強制労働させられた。
一九四七年　カスリーン台風で関東大洪水。
一九五五年　松木川、久蔵川、仁田元川の合流点に足尾ダム（砂防ダム）完成。
一九五六年　自溶製錬式新型炉、接触式硫酸製造法導入。亜硫酸ガスを回収し硫酸製造。
一九五八年　五月三〇日晴れ、源五郎沢堆積場が決壊、鉱毒が流下。毛里田地区（現太田市）を初め流域に被害。恩田正一は古河に責任を認めさせ、寄付金ではなく損害賠償を要求。
一九六〇年　簀子ダム完成。ダンプと電車により廃滓の堆積始まる。林野庁は国有林の被害（禿山・裸地）に関して、古河に対する損害賠償請求権を放棄。古河は三二〇万円の見舞金を出したのみ。緑化事業は国が行う！
一九六五年　ヘリコプターによる緑化事業開始。
一九七〇年　新全国総合開発計画の一環として、谷中遊水池の水ガメ化とリクレーション施設化。
一九七一年　毛里田地区の米からカドミウム検出。板橋明治は古河に被害補償を要求。
一九七二年　三月九日、佐呂間町栃木の六世帯二〇人が、四度の帰郷請願の結果、栃木県に帰郷。八月二一日、谷中村延命院墓地を破壊しようとするブルドーザーの前に水野勝作が立ちはだかる。谷中村遺跡を残すため、遊水池はハート型になる（一九八九年完成）。
一九七三年　足尾銅山閉山。輸入銅の精錬を続けるので、鉱滓は増える。足尾町人口＝八六九九人。
一九七六年　『田中正造全集』全二〇巻（岩波書店）刊行開始（～一九八〇年）。日足トンネル開通。
一九七七年　草木ダム完成。貯水量六〇五〇万立方メートル。二二三〇戸が移転。洪水調節と上澄みを利用する灌漑、上水道、発電の多目的ダムであるが、事実上目的外の「銅山御用」の鉱毒沈殿ダムとなっている。
一九七八年　日足トンネル開通。
一九八〇年　足尾銅山観光が発足。
一九八八年　足尾精錬所が操業停止。足尾町人口＝五〇六四人。谷中湖アクリメーションランド計画。ゴルフ場、野球場、サッカー場、キャンプ場など。
一九八九（平成元）年　国鉄民営化で足尾線の貨物輸送が廃止。わたらせ渓谷鉄道が営業開始。渡良瀬貯水池（平地ダム。貯水量二六四〇万立方メートル）ほぼ完成。
一九九〇年　八月、第一貯水池（コンクリート護岸）からの放流により江戸川流域で水道水にカビ臭事件発生。九月二四日、渡良瀬遊水池を守る利根川流域住民協議会が、遊水池の国際空港計画反対、ゴルフ場増設反対、第二調節池内の第二貯水池造成反対、アクリメーション計画凍結、ラムサール条約登録湿地化を推進決議。（その後、空港は立ち消えになり、ゴルフ場は冠水し、第二貯水池は中止になり、アクリメーション計画は過去のものになった。）

一九九三年　わたらせ川協会設立。足尾に資料館建設をめざす。

一九九六年　五月一二日、足尾に緑を育てる会の第一回植樹デー。

二〇〇二年　渡良瀬遊水池自然保全・利用連絡会がエコミュージアムプラン実現のため、ラムサール条約湿地登録を目指す。

二〇〇五年　森びとプロジェクトが植樹開始。

二〇〇六年　足尾町が日光市と合併。

二〇一二年　七月三日、渡良瀬遊水池がラムサール条約湿地に登録される。

【松下竜一略年譜】

一九三七年　二月一五日、中津市に生れる。一〇月、肺炎の高熱のため、右目失明、多発性肺嚢胞症を発症。
一九五六年　三月、中津北高卒業。五月、母光枝死去。進学を諦め、豆腐屋を継ぐ。
一九六二年　一二月、朝日歌壇に投稿、「泥のごとできそこないし豆腐投げ怒れる夜のまだ明けざらん」初入選。
一九六六年　一一月、三原洋子と結婚。歌集「相聞」を作る。六八年一二月『豆腐屋の四季』自費出版。
一九六九年　四月「豆腐屋の四季」講談社刊。七月、緒形拳主演でドラマ放映。
一九七〇年　六月「朝日新聞」で「東京・水俣病を告発する会」結成の記事を読み、宇井純代表の「患者とともに、地獄の底までつき合えるか」という言葉に粛然となる。同会の砂田明の水俣巡礼にも衝撃を受け、自身もっと自由に生きたいと思い、また体調の問題もあって、七月、豆腐屋をやめ、作家宣言。七月「朝日新聞」声欄に仁保事件に関して「タスケテクダサイ」投稿。
一九七一年　七月『人魚通信』自費出版。一一月「西日本新聞」に大分新産業都市を取材して「落日の海」連載。
一九七二年　五月、仁保事件広島高裁傍聴、広島大で石丸紀興氏に会う。七月、中津の自然を守る会発足、宇井純氏講演。梶原得三郎と出会う。八月『風成の女たち』朝日新聞社刊。上野英信が訪ねてくる。一二月、仁保事件、無罪判決。『絵本切る日々』自費出版。一二月「朝日新聞」文化欄に「暗闇の思想」。
一九七三年　三月、環境権訴訟をすすめる会結成。四月「草の根通信」創刊（第四号）。七月、東大自主講座で報告。八月、七人で豊前火力建設差止訴訟（豊前環境権裁判）提訴（福岡地裁小倉支部）。「この自然破壊を見過ごすならば、私の書いた歌も文章も嘘になる」。一二月、電調審議に突入。電調審は豊前火力を認可。

一九七四年　二月「砦に拠る」の取材開始。三月『暗闇の思想を』朝日新聞社刊。四月「立て、日本のランソの兵よ」を『終末から』（筑摩書房）に連載。六月、着工阻止闘争。梶原ら逮捕される。八月、豊前海戦裁判始まる。

一九七五年　三月『明神の小さな海岸にて』朝日新聞社刊。一〇月『五分の虫、一寸の魂』筑摩書房刊。

一九七七年　七月『砦に拠る』筑摩書房刊。一〇月、上野英信に紹介された鞍手町立病院で多発性肺嚢胞症の診断。

一九七八年　二月「草の根通信」に「カンキョウケン確立」を書く。

一九七九年　四月、豊前海戦裁判で罰金刑。八月、豊前市中央公民館で「豊前人民法廷」。翌日豊前環境権裁判、門前払い判決。「アハハハ……敗けた敗けた」の垂れ幕を掲げる。控訴。

一九八〇年　一月「ビデオで見る豊前火力闘争8年史」豊前市中央公民館。伊藤ルイと出会う。

一九八一年　三月、控訴審、却下判決。上告。四月「絵本」が『中三国語』東京書籍に掲載。

一九八二年　一月、環境権訴訟をすすめる会解散。「草の根通信」は二月一一一号から、サブタイトルを「豊前火力絶対阻止」から「環境権確立に向けて」に変える。六月『ルイズ　父に貰いし名は』で講談社ノンフィクション賞受賞。

一九八三年　三月、原子力空母エンタープライズ、一〇月、カールビンソン入港抗議で佐世保に行く。

一九八四年　九月、九電株主総会決議取消し請求訴訟（株主権訴訟）提訴。

一九八五年　四月「記憶の闇」河出書房新社刊。一二月、環境権訴訟、最高裁が却下判決。
一九八六年　三月、なかつ博に非核平和館展示。八月、第一回平和の鐘まつり（以後毎年）。
一九八七年　一月、非核憲法を制定したパラオ（ベラウ）へ行く。一月『狼煙を見よ　東アジア反日武装戦線〝狼〟部隊』河出書房新社刊。三月、差入れ交通権訴訟（Tシャツ裁判）提訴。11月、日出生台での日米共同訓練反対全国集会（三万人、玖珠河原）でアピール。
一九八八年　一月と二月、四国電力伊方原発出力調整実験反対行動。一月、警視庁による家宅捜索を受ける。四月、東大入学式で講演。九月、国家賠償請求裁判提訴（九六年一部勝訴、控訴。二〇〇〇年勝訴）。
一九九六年　六月、伊藤ルイ死去。九月『底抜けビンボー暮らし』筑摩書房刊。
一九九八年　一月、築城基地日米共同訓練に抗議の座り込み。一〇月『松下竜一その仕事』（全三〇巻、河出書房新社）刊行開始。一〇月「松下竜一その仕事展」開催。
一九九九年　一月、米海兵隊実弾演習に抗議して日出生台に通う。以後毎年。
二〇〇〇年　二月、日出生台米海兵隊実弾演習に抗議。風邪を引き、咳、痰、熱。
二〇〇二年　「そっと生きていたい」筑摩書房刊。一一月「草の根通信」三六〇号記念パーティー。
二〇〇三年　六月、築城基地前座り込み一六九回に参加。六月、福岡市で講演の後、小脳出血で倒れる。リハビリに励む。
二〇〇四年　六月一七日、中津市の村上記念病院で、多発性肺のう胞症による出血性ショックにより死去。六七歳。「草の根通信」は七月、三八〇号で終刊。

初出について

＊初出について説明します。

「松下竜一の文学と社会化」は『竜一忌パンフレット』第二回（二〇〇六）、第四回（二〇〇八）、第一〇回（二〇一四）に書いたものから再構成した。

「清き空気を、深き緑を、美しき海を」と「〈民衆の敵〉と〈ランソの兵〉」は、埼玉大学共生社会研究センター監修『戦後日本住民運動資料集成1　復刻草の根通信1』（一〜二〇五号）、『同4　同2』（二〇六〜三八〇号）の『別冊　解題・総目次』（すいれん舎、二〇〇六、二〇〇八）に書いたものであるが、今回、これも『竜一忌パンフレット』に書いたものなどから加筆した。

松下さんの豆腐屋時代や豊前火力反対闘争の基本的なエピソードは、発表したところが違うと読む人が違うので、どうしても重複してしまう。ご理解願います。

なお、松下さんの関連では『松下竜一未刊行著作集　五』（海鳥社、二〇〇九）所収の「勁草の人編集後記」、『サークル村の磁場』（海鳥社、二〇一一）の中の「上野英信と松下竜一」も参照してください。また松下さんの全著作と年譜（梶原得三郎さんと共編）は『豆腐屋の四季』、『ルイズ——父に貰いし名は』（いずれも講談社文芸文庫）で見てください。

「大山と津和野にて」と「戦殺・被戦殺」は、『田をつくる』（二〇〇五、二〇〇六）に書いたものに加筆した。

「村田久の闘い」は、『村田久さんを偲んで』（二〇一二）に書いたものに加筆した。

「福沢諭吉の権謀」は、『竜一忌パンフレット』第七回（二〇一一）に書いたものに加筆した。

「田中正造の受難」は書き下ろしである。「〈民衆の敵〉と〈ランソの兵〉」の中では、「足尾銅山鉱毒事件」についてほんのわずかしか触れていない。それは、あとでちゃんと書くつもりだったからであるが、今回それが果たせて良かった。

なお、一九四五年八月までは和暦に西暦を括弧で補った。田中正造や明治憲法などからの引用は、読みやすくするためにカタカナをひらがなに改めた。旧字を新字体に改めた。適宜ルビをふった。

あとがき

これは僕の独所の音である。僕はいつも寝っころがって独りで本を読んでいて、いつの間にか眠っている。時々起き上がって自分で付けたカバーに要点をメモしている。かさかさと音がする。パソコンに入力する時はカタカタという音である。

時々庭を見やっては目の休養をしている。東から、沈丁花、木瓜《ぼけ》、小手毬、薔薇、錦木、梔子《くちなし》、金糸梅、紫陽花。手前に、躑躅《つつじ》、満天星《どうだん》、五月、百日紅、山茶花が順番に花開く。あと赤芽黐《あかめもち》、児《この》手柏《てがしわ》、黒鉄黐《くろがねもち》、伊吹、木斛《もっこく》、柿。前の花壇には水仙、百合、甘野老《あまどころ》、鈴蘭、擬宝珠、紫蘭、浜木綿、アガパンサス、ジンジャー、半夏生、朝顔など、その他に園芸店で買ってきたペチュニア、アルストロメリア、日々草など。隣には樸山《あらきやま》。裏に山桃、譲葉《ゆずりは》、紫陽花、南天、青木、紅葉、蜜柑、白式部、箱根空木など。それからトマトと、冬は春菊を少し作っている。しかし本ばかり読んでいては運動不足になるから、雑草が伸びてくれれば草取りもする（五月になると蚊が出るから注意）。草取りが一段落すると、毎日夕方の散歩は欠かせない。夏はナイターを聞きながら海コースに小一時間。正造に怒られるかもしれないが、「まさつ自然の成功」によって出来た丸い小石を拾ってくることもある。田圃コースは虫のいない冬が中心。

運動はそれだけではない。「環境権反戦反核反原発」（一句）の運動もしている（これらは一つのものである）。築城基地前の座りこみと、鹿児島、川内、福岡、小倉、伊方、上関、山口に行って、「原発は禍根」とか、「身土不二地球を汚すなNO NUKES」（一句）とかのプラカードを掲げて、「エコライフ再エネ省エネネガワット」（一句）、つまり「暗闇の思想」をささやかに訴えている。

二〇〇八年八月三〇、三一日、つれあいの運転で水俣に行った。二度目である。一度目は学生の頃（一九六八年八月）、自転車で九州を巡っていたが、ここがあの水俣かと思って通過しただけだった。今回、水俣市内を回り、埋立地から恋路《こいじ》島の涅槃図をながめ、埋立地の中の池に咲く蓮の華を確かめたが、水銀に半減期はないから、いつまでも残る。それから相思社に行った。水俣病歴史考証館では「水俣湾の魚介類すべてが有毒化しているという明らかな根拠が認められないので、……食品衛生法を適用できないと考える」という昭和三二年九月一一日付けの厚生省の文書を見て、可笑しなことを言うものだと思った。猫四〇〇号を飼育した小屋も展示されていた。その後「土本典昭さんを偲ぶ水俣の夕べ」に参加した。原田正純さんや土本亜理子さん、石牟礼弘さん、柳田耕一さん、西山正啓さん、浜本二徳さん、他のお話を、〈わっ、オールスターだ〉とか思いながら聞いていた。スーパーホテル水俣泊。

三一日、市立水俣病資料館に行き、「その時細川一チッソ附属病院長はどう動いたか」特別展を見る。細川院長は谷川雁に勧められて『民衆の敵』を読んだが、彼は「会社の敵」になれなかった。展示されていたパネルのコピーを貰った。館の屋上から遠く天草の島が見える。教育旅行プランニング（水俣駅の中にあった）の吉永利夫さんに、乙女塚の場所を訊きに行った。乙女塚は水俣病で死んだ人間、猫、魚など生類一切をまつる場である。砂田えみ子さんに会って（明さんは九三年死去）、中津での砂田明一人芝居「海よ母よ子どもらよ」公演のこと（八一年三月一三日）とか、松下さんの話などした。吉永さんに谷川雁の実家谷川眼科の場所を訊いた。肥後銀行の駐車場になっているという。行ってみると、なんだ、昨日泊まったホテルの隣じゃないか。何も知らずに生きていた。「ほっとはうす」にも行った。それから一路帰宅したが、松橋を通過してしまったのはうかつだった。谷川雁の故郷である。

二〇一二年一〇月一一日、梶原得三郎さんと一緒に、東京亀戸《かめいど》カメリアホールで、『かもめ来るころ　松下竜一と洋子』（作・演出＝ふたくちつよし、出演＝高橋長英・斉藤とも子）を観劇。三回目。四回目。感激。

一二日、西巻信行さんの案内で、館林、川俣事件跡、太田市毛里田「祈念鉱毒根絶」の碑、その近くの田圃のまわし堀、鉱毒溜など、富弘美術館、草木ダム、足尾銅山精錬所跡、足尾ダム、足尾銅山観光、小滝、中国人殉難烈士慰霊塔を見学、かじか荘泊。

一三日、佐野市郷土博物館、田中正造生家、雲龍寺、谷中遊水池を見学した。

かじか荘は小滝の谷筋の奥にあり、途中、うっそうと茂る木々の奥に石垣があり、人家や工場の跡だということが分かる。木々が茂っているのは早い時期に精錬所が移転したから、亜硫酸ガスなどの影響が少なかったからであろう。しかし、足尾の山々の裸の様は痛ましい。渡良瀬川に下りて石を二個拾った。

さらに、一一月三〇日、再び谷中遊水池に行き、谷中村遺跡（雷電神社跡・延命院墓地）、田中霊祀、藤岡町歴史資料館を見学した。谷中村遺跡では、備え付けのノートに、「渡良瀬川の上流の松木村と下流のこの谷中村を亡ぼして平気でいたヤツラの気持ちが分かりません」などと書いた。延命院墓地にある石仏（弥勒像だと思う）の写真を撮り、そして葦の生い茂る間の道路にまかれているバラス（ト）を二個拾ってきた。川原石などあるべくもなく、これが亡ぼされた村の現実なのだと思った。その後、東京に戻り、首都圏反原発連合の、金曜日の国会前集会に参加した。反原発派の都知事候補宇都宮健児氏もやってきてコールしていた。

田中正造のことは以前から興味があった。ただ、さわりのところを断片的に知っているだけであった。

由井正臣氏のNHK教育テレビ市民大学（一九九〇年一～三月）を欠かさず見、田中正造という人間の全体像を知ることができた。この放送テキスト『田中正造――民衆からみた近代史』（日本放送出版協会、一九九〇）と『田中正造』（岩波新書、一九八四）が、この小文を書く指針となった。

なお引用・要約の典拠は本文中に明示した通りです。各執筆者に感謝します。

二〇一六年一二月、道路拡幅のため、松下竜一さんの家が取り壊された。その前に蔵書を整理したが、遺言によって著書は洋子さんが保存した。その他は「厳選」して中津市立図書館に寄贈することになった。遺品の中から田中正造のパネル写真が二枚出てきた。それはくしくも本書口絵の二枚と同じであった。

梶原得三郎さんには校正かたがた初稿を読んでもらい、貴重な意見をいただきました。伊藤芳保さん（那須塩原市在住で、松下さんのファン）に資料を送っていただきました。それから築上町図書館のお世話になりました。海鳥社の西俊明さんには、互いに少しずつ関連があることから二冊分の原稿を一冊に押し込めるという僕のわがままを聞いてもらい、お世話になりました。皆さん、どうもありがとうございました。

二〇一六年一二月二一日（冬至）

新木　安利

新木安利（あらき・やすとし）
1949年，福岡県椎田町（現・築上町）に生まれる。北九州大学英文学科卒業。元図書館司書。1975年から『草の根通信』の発送を手伝う。
【著書】『くじら』（私家版，1979年）『宮沢賢治の冒険』（海鳥社，1995年）『松下竜一の青春』（海鳥社，2005年）『サークル村の磁場』（海鳥社，2011年）
【編著書】 前田俊彦著『百姓は米を作らず田を作る』（海鳥社，2003年）『勁き草の根　松下竜一追悼文集』（草の根の会編・刊，2005年）『松下竜一未刊行著作集』全5巻（海鳥社，2008年－2009年）

田中正造《たなかしょうぞう》と松下竜一《まつしたりゅういち》
人間の低みに生きる
■
2017年3月8日　第1刷発行
■
著者　新木安利
発行者　杉本雅子
発行所　有限会社海鳥社
〒812－0023　福岡市博多区奈良屋町13番4号
電話092（272）0120　FAX092（272）0121
http://www.kaichosha-f.co.jp
印刷・製本　大村印刷株式会社
ISBN978-4-86656-002-1
［定価は表紙カバーに表示］